남도민속학

표인주(表仁柱/Pyo, In-Ju)

전남대학교 박물관장과 인문대학장을 역임했고, 저서로는 『민속의 지속과 변화의 체험주의적 해명』(박이정, 2023), 『체험주의 민속학』(박이정, 2019), 『영산강 민속학』(민속원, 2013), 『남도민속학』(전남대학교출판부, 2010), 『축제민속학』(태학사, 2007), 『남도 민속과 축제』(전남대학교출판부, 2005), 『광주칠석고싸움놀이』(피아, 2005), 『남도 민속문화론』(민속원, 2002), 『남도설화문학연구』(민속원, 2000), 『공동체신앙과 당신화연구』(집문당, 1996)가 있다.

남도민속학 증보판

초판 인쇄 2023년 07월 03일
초판 발행 2023년 07월 17일

지은이 표인주 | **펴낸이** 박찬익 | **책임편집** 권효진 | **편집** 심지혜
펴낸곳 ㈜박이정출판사 | **주소** 경기도 하남시 조정대로45 미사센텀비즈 8층 F827호
전화 031)792-1195 | **팩스** 02)928-4683 | **홈페이지** www.pijbook.com
이메일 pijbook@naver.com | **등록** 2014년 8월 22일 제305-2014-000029호

ISBN 979-11-5848-898-7 (93380)

* 책값은 뒤표지에 있습니다.

NAMDO FOLKLORE

남도민속학

표인주 지음

(주)박이정

    일반적으로 민속을 민(民)의 습속으로 이해하고, 역사성을 지닌 전통문화로 인식하는 경우가 많았다. 그것은 현재 이전의 생활문화에 초점이 맞추어져 있고, 그 기준점이 시간이 되고 있음을 알 수 있다. 그러다 보니 민속이 현재의 삶과는 거리가 있는 것으로 간주되어 실천적이고 문화적 효용성의 측면에서 다소 소외된 경향이 있는 게 사실이다. 여기서 시간은 과거-현재-미래라고 하는 기독교적이며 직선형의 시간 개념이고, 공간 이동의 은유적이고 환유적인 개념에 근거한 시간관념이다. 중요한 것은 시간관념 또한 노동방식과 환경 변화에 따라 변화되고, 산업사회에 이르러서는 물질적인 시간관념으로 바뀌게 되었다는 점이다. 그런 점에서 민속의 개념 또한 직선형의 시간관념에만 근거할 것이 아니라 도리어 행위주체의 측면에서 관심을 갖는 것이 바람직하다.

    다시 말하면 민속을 민중의 생활습속으로 볼 것인지, 아니면 민족의 생활양식으로 볼 것인가에 따라 그 개념이 달라진다. 전자는 계급적 관념을 토대로 피지배계층의 생활습속을 지칭하는 것이고, 후자는 민족주의적인 시각에서 한민족의 생활양식을 의미한다. 하지만 현대사회에 이르러 계급적 개념이 소멸되고 다문화사회의 흐름 속에서 민속을 민중이나 민족의 생활양식으로 이해하는 것이 한계가 있을 수밖에 없다. 따라서 미국민속학이 민속을 잔존민속으로서가 아니라 인간의 삶 속에 살아 숨 쉬는 다양한 문화,

그리고 계급을 초월해 새로이 생기는 문화를 중시했던 것처럼, 민속의 개념을 시간관념을 초월하고 계급적이고 민족주의적인 시각을 극복하여 국가의 구성요소인 국민의 생활양식으로 인식할 필요가 있다.

민속의 개념이 환경에 따라 달리한 것처럼 민속의 분류 또한 그 영향을 받기 마련이다. 민속의 내용이나 지역, 표현매체, 향유방식 등에 따라 분류할 수 있는데, 먼저 내용을 근거로 사회민속, 세시민속, 놀이민속, 의례민속, 신앙민속, 예능민속 등으로 나누고, 지역에서 따라 농촌민속, 어촌민속, 도시민속, 호남민속, 충청민속, 강원민속, 영남민속 등으로 구분할 수 있다. 이러한 분류가 농경사회와 산업사회에서 어느 정도 의미를 갖게 되었지만 조작적 노동을 중요시 여기는 지식정보산업사회와 AI산업시대에서는 민속학의 생명력을 유지하고 그 지평을 확대하는 데 한계가 있을 수밖에 없다. 그리고 이제는 표현매체를 근거로 구술민속, 기록민속, 영상민속, 디지털민속, 공연민속, 축제민속 등으로 구분하여 이해해야 하고, 시의성을 반영하고 그 해석방식에 따라 학문 영역이 설정되어질 필요가 요구되고 있다.

예컨대 민속의 현재적인 측면에서 전통성을 강조하는 문화민속학, 몸과 마음의 일체를 토대로 생태환경을 지향하는 생태민속학, 삶의 불평등을 개선하고 공동체 복지를 추구하는 복지민속학, 속도 중심의 사회 환경 속에서 몸과 마음을 치유하는 치유민속학, 삶의 리듬으로서 일상성이 크게 작용하는 생활민속학, 행위 주체뿐만 아니라 객체와 함께 공유하고 공공성을 강조하는 공공민속학 등으로 구분하여 이해하는 것이다. 그것은 민속학을 과거와 현재 그리고 미래로 연결시켜 주는 학문으로 인식하고, 그 실용적 기반의 지속성을 획득하기 위함이다. 궁극적으로 초국가적이며 신자유주의와 신자본주의 국가정책 속에서 인간 삶의 문화적 가치를 극대화시키기 위해서도 더욱 필요하다.

필자는 민속 연구자로서 초심을 잃지 않기 위해《남도 민속의 이해》(2007)를 엮어낸 바 있다. 그런데 이 책은 사례 중심의 내용이 많아 때로는 논지의 초점이 흐려지고 산만해지는 경우가 있었다. 이러한 점을 보완하기 위해《남도민속학》(2010)에서는 사례를 대폭 줄이고 민속의 기본적인 이해에 주안점을 두었고, 민속 연구의 지평을 확대하기 위해 전파론적인 연구와 축제적인 연구, 민속에 대한 감성적 이해 등을 담았다. 그리고 그것을 토대로 본 저서에서는 민속의 지속과 변화의 체험주의적인 해명을 통해 민속을 공시적이고 통시적으로 이해할 수 있도록 했다.

　이와 같은 내용을 정리하면서 각주를 통해 글의 출처를 밝히지 못하거나, 참고문헌마저도 누락된 경우가 생길 수 있었을 것이다. 혹여 그런 일이 있다면 그것은 필자가 고의적으로 행한 것이 아니었음을 밝히니 널리 양해해 주시길 바란다.

　끝으로 바쁜 와중에도 원고를 꼼꼼하게 검토해준 박사과정의 염승연 선생과 석사과정의 전은진 선생에게 이 자리를 통해 고마움을 전한다. 이 책이 나오도록 지원해준 가족들한테도 깊은 감사의 뜻을 표하고, 특히 아내(이효진)와 큰딸(표새롬) 그리고 작은딸(표정인)에게 사랑하고 고맙다는 말을 전하고 싶다. 정년이 얼마 남지 않은 시점에서 가족의 절대적인 응원이 있었기에 오늘의 내가 있었음을 깨달았기 때문이다.

　어려운 여건 속에서도 출판을 흔쾌히 승낙해준 도서출판 박이정 박찬익 사장님과 예쁜 책을 만들어주신 편집부 직원들에게도 진심으로 감사드린다.

2023년 6월 17일

표 인 주 씀

목 차 ─────────────

제1장

가족과 마을생활

1. 가족생활

1) 가족의 개념

가족은 사회의 최소단위로서 문화형성의 기본 토대이다. 따라서 사회가 가족으로부터 관습이나 도덕, 법률 등을 통해 제도화된 것이라면, 문화는 기본적으로 가족을 중심으로 한 세대에서 다음 세대로 전승되고 계승되면서 하나의 전통을 만들어간다. 문화 전승이라는 기능은 가족생활의 가장 중요한 목적이다.[1] 따라서 전통은 사회를 형성하는 기초 조직인 가족을 중심으로 형성되고 지속되기 때문에 가족은 문화적 전통을 이어가는 공동체 가운데 가장 작은 규모의 혈연공동체이다. 혈연공동체는 통합과 사회화를 통해 지연공동체로 발전하게 되고, 하나의 마을이나 지역의 공동체로 확대된다. 다시 말하면 가족은 집이라는 공간을 토대로 이루어지며, 가족을 매개로 마을이 형성되고 도시가 형성되어 더 큰 국가를 이루게 된다. 따라서 가족에 대한 이해는 한 사회를 이해할 수 있는 가늠자가 되는 것이라 할 수 있다.

가족은 남녀 한 쌍의 부부관계를 맺게 하는 혼인을 기초로 하여 남녀의 성적 결합에 의한 공동생활 사회에만 그치는 것이 아니라 부모와 자녀로 구성된 공동사회이다. 부모는 혼인관계를 통해 자식을 낳아 그 지위를 획득하게 된 것이며, 혼인으로써 결성된 부부관계는 자녀의 출생을 통해 가족으로 확대된 것이다. 그렇기 때문에 혼인은 가족의 발생적 기초가 된다. 따라서 가족은 혼인을 통해 자녀들이 태어나 부모와 자식간의 관계를 형성한다. 이에 따라 가족은 혼인으로 맺어진 부부와 이들과 혈연관계를 갖는 자녀라는 의미를 지닌다. 부부와 자녀들이 함께 살면서 생활공동체를 이루는 집단이 바로 가족인 것이다.[2] 이처럼 가족은 혈연관계로 이루어진 사람들이 모여 가계(家計)를 공동으로 하면서 정서적으로 강한 유대감을 갖는 집단이라 할 수 있다.

이와 같이 가계를 공동으로 하는 집단을 가족과 더불어 식구(食口)라고 말하기도 한다. 예컨대 "우리 집에는 식구가 별로 없다"거나 "세 식구가 먹기에는 너무 많다"라는 말을 하는 것을 보면, 식구라는 말 속에는 동거인의 개념을 지니고 있음을 알 수 있다. 식구는 가족의 구성원만을 지칭하는 말로서 식솔(食率), 세대(世帶), 가구(家口)라는 말과 유사하다. 주로 행정용어로 사용되는 세대는 주거와 생계를 함께 하는 사람이라는 뜻이며, 혈연적인 관계를 맺고 있는 사람뿐만 아니라 혈연적인 관계가 없는 동거인도 세대에 포함되기도 한다. 그리고 주거와 가계를 같이 하는 자이거나 독신으로서 주거를 가지고 단독생활을 하는 자를 가구라고 말한다는 점에서 세대와 유사하다.

2) 가족의 유형

인간은 부모의 혼인을 통해 출생하고 성장하여 혼인을 하면 새로운 가족의 구성원이 된다. 혼인은 새로운 가족을 형성하고, 자녀의 출산을 통해 가족의 구성원이 증가하며 자녀의 분가나 부모의 사망을 통해 가족은 변화를 겪는다. 이에 따라 가족은 환경이나 역사 및 사회적인 요인 등에 따라 다양한 형태를 지니고 있기 마련이다. 따라서 가족은 거주형태에 따라 부부가족, 직계가족, 대가족, 수정가족 등으로 나누기도 하고,[3] 가족 구성원의 수에 따라 대가족과 소가족으로 나누기도 하며, 그 구성원들의 관계에 따라 직계가족과 방계가족으로 구분하기도 한다.

부부가족은 흔히 핵가족으로 알려져 있는 가족의 유형으로 소가족이라고 할 수 있다. 부부와 아직 혼인하지 않는 자녀들로 구성되어 있는 부부가족은 직업의 다양화와 정보산업화가 이루어진 현대사회에서 흔히 나타나는 가족 유형이다. 특히 오늘날 우리 사회에서 부부가족이 가장 많은 비율을 차지하고 있어서 농어촌이나 도시지역 할 것 없이 일반적인 가족의 유형으로 파악된다. 부부가족에서는 자녀가 결혼을 하면 부모로부터 독립을 하여 별도의 가족으로 분리되기 때문에 항상 한 쌍의 부부만이 존재한다는 점에서 부부 중심의 가족이라고 할 수 있다.

직계가족은 부부와 장차 가계를 계승할 아들의 가족으로 구성된 유형이다. 직계가족은 각 세대마다 한 쌍의 부부만이 함께 거주할 수 있기 때문에 횡적 확산으로는 제한되어 있지만 종적으로는 제한되지 않는다. 옛날에는 증손까지 보는 경우가 어렵지 않았고, 조혼의 풍습 때문에 고손자까지 보고 사는 경우가 적지 않았으니 한 집에서 4대가 함께 살기도 했다. 여기서 가계를 이어갈 부부만이 직계가 되며 가장권과 살림살이 경영권을 계승한다. 이에 따라 직계가족에서는 가장의 지위를 물려받은 장남이 부모와 동거하면서 부모를 봉양할 의무를 갖기 때문에 부부관계보다는 부모와 자녀관계를 강조하기도 한다. 장남은 직계가족을 이어가고, 그 여타의 자녀들 부부는 분가를 하여 방계가족을 이룬다. 일반적으로 직계계통의 장남의 집을 '큰집'이라고 하며, 방계계통의 차남이하의 집을 '작은집'이라고 부른다.

대가족은 할아버지를 중심으로 하여 아버지 형제간들과 그 부인들, 즉 나에게는 백모와 숙모들이 함께 살며, 그 부부들의 소생인 사촌끼리도 함께

사는 가족을 말한다.[4] 따라서 대가족은 종적으로 이어지는 세대 수의 제한이 없다는 점에서 직계가족과 유사하지만, 횡적인 확산에도 제한을 두지 않는다는 점에서 직계가족과 다르다. 이처럼 대가족은 종적으로나 횡적으로 무한정 확산되는 속성을 가지고 있는데, 수세대에 걸친 다수의 가족 구성원이 한 집안에서 공동생활을 한다는 것이 특징이다. 가족 구성원은 언제나 가장의 통제 아래 공동생활을 완수하고, 가장은 가족 내부의 통제뿐만 아니라 가족을 대표하여 사회의 단위를 구성한다. 그러므로 가족은 또한 친화를 주로 삼아 대외적으로는 단일체가 된다. 가족은 같은 조상 아래서 전체의식을 가지고, 감정적 융합으로서 일체화되어 연대의식을 가지고 생활의 공동과 재산의 공유가 영위되는 것이다.[5] 이와 같은 대가족은 노동력을 확보하려는 의도와 유교적인 이념의 반영에서 비롯되는 가족형태가 아닌가 한다. 대가족을 유지하기 위해서는 무엇보다도 경제적인 기반의 뒷받침이 있어야 가능하다.

수정가족은 가족유형을 지탱해주는 경제적인 조건과 거주적 조건이 일치하지 않는 데서 생겨나는 이른바 '변형된 가족 형태'이다.[6] 부부가족 형태를 취하고 있는 부모는 경제력이 없기 때문에 장남에게 생활비 등의 경제적인 원조를 받고 있는가 하면, 한 울타리 안에서 살고 있는 듯하지만 안채와 바깥채 혹은 일층과 이층처럼 주거공간이 나뉘어져 식사를 비롯한 일상생활을 각각 독립적으로 유지하는 경우가 있다. 이와 같이 가구가 분리되어 있지만 경제적으로 독립되어 있지 않거나, 가구가 통합되어 있지만 경제적으로 분리되어 있는 가족의 형태를 취한 것으로 부부가족도 아니고 직계가족도 아닌 변형된 가족의 형태가 현대사회에서 점차 많이 나타나고 있다. 이것은 부부관계를 중시하는 가치관의 반영에서 비롯된 것이 아닌가 한다.

3) 가계(家系)계승

가계계승은 아버지가 소유하고 있는 한 집안의 가장권을 자식에게 물려주고, 시어머니가 가지고 있는 한 가정의 살림살이 경영권을 며느리에게 물려줌으로써 이루어진다. 가장권은 가족을 외부에 대표할 수 있는 대표권(代表權), 가족 구성원을 지휘 감독할 수 있는 가독권(家督權), 그리고 집안의 모든 재산을 관리할 수 있는 재산권(財産權), 조상에 대한 제사를 받들 제사권(祭祀權)으로 가정의 모든 것을 총괄하는 권리이고, 살림살이 경영권은 주부권이다. 가계계승은 주로 재산권, 제사권, 주부권 중심으로 이루어지지만, 실질적으로는 유교에서 가계계승은 조상제사로 상징화되어 있기 때문에 제사권을 물려받는 것이 곧 집을 잇는 행위가 된다.

일반적으로 재산권과 제사권은 시대의 변화에 따라 다양한 상속관행을 가지고 있는데, 재산권과 제사권의 상속 관행은 서로 밀접한 관계 속에서 이루어져왔다. 재산상속은 어떻게 보면 제사상속의 관행에 따라 많은 영향을 받았음을 알 수 있다. 혈연 중심의 가족공동체에서는 무엇보다도 조상의 제사를 받들어 모심으로써 혈연공동체의 유대관계 강화를 꾀하고자 했다. 따라서 가계계승에서 가장 중요한 것이 제사상속의 관행이기 때문에 제사를 받들어 모시는 자녀를 중심으로 재산이 분배되기 마련이었다. 이처럼 제사상속은 재정적인 뒷받침이 동반되어야 하기 때문에 당연히 재산상속의 관행에 영향을 미치기 마련이다.

제사상속은 고려시대 이전에는 제자녀윤회봉사(諸子女輪回奉祀)가 크게 성행했다. 특히 조선 초기에서 17세기 이전에는 주자학이 크게 보급되지 않았기 때문에 아들과 딸이 조상제사를 돌아가면서 지내는 것이 일반적이었다. 당시에는 혼인을 하면 사위가 처가로 들어가는 처가살이혼이 성행했던 까닭에 출가한 딸도 친정의 제사를 지내는 것이 가능했다. 조상의 제사를 수행하기 위해 '봉사위(奉祀位)' 혹은 '승중위(承重位)'라는 명목으로 재산을 따로 떼어두어, 자녀들은 이를 공동관리 하면서 여기서 얻어지는 수익으로 제사를 지내기도 했다.[7]

하지만 주자학이 조선 중기까지는 그리 일반화되지 않았지만 17세기 후기로 접어들면서 양반은 물론 서민층에 이르기까지 확대 보급되었다. 이 시기에 반친영제도가 정착하고, 장자와 장손을 우대하는 사회적 분위기와 맞물리면서 제사상속에서 점차 딸이 배제되기 시작했다. 특히 딸은 출가하면 곧 다른 집안의 사람이 되고 남편을 따르는 도리가 중요하다고 강조하는 경우가 많았고, 그와 더불어 사위와 외손들이 서로 책임을 미루며 제사를 빼먹는 경우가 많았다. 결정적으로 아버지의 혈통, 즉 부계를 중시하는 주자학의 종법제도에 따라 제사에서 딸들이 배제되었다. 결국 제자녀윤회봉사(諸子女輪回奉祀) 관행은 제자윤회봉사(諸子輪回奉祀)로 이행하고, 18세기에는 아들들을 중심으로 행해 온 윤회봉사가 중지되고 오직 장자만이 제사를 주관하는 장자봉사(長子奉祀)로 굳어져 감을 알 수 있다.

제사상속의 관행이 이처럼 17세기 중엽을 경계로 많은 변화가 있었듯이 재산상속의 관행도 이와 무관하지 않다. 재산상속의 주요 대상은 노비와 토지이며, 그 외 소와 말이나 생활용품 등을 물려주기도 한다. 노비와 토지 가운데 여자가 친정에서 가지고 온 것도 상당수 있어서 이들에 대한 처분권은 여자가 가지고 있었다. 그래서 17세기 중엽까지는 일반적으로 재산상속이 자녀균분분할상속(子女均分分割相續)이라는 관행에 의해 이루어졌다. 17세기 중엽에서 18세기까지는 자녀균분분할상속이 우세하기는 하지만, 장남우대 남녀차별의 자녀차등상속 형태가 등장하고 증가하기 시작한다.[8] 그리하여 18세기부터는 장남우대 남녀차별의 상속형태가 일반화되어 가고 있음을 알 수 있다. 18세기는 본격적으로 부계 중심 사회가 정착되는 시기이다.

가계계승에서 중요한 것은 주부 중심으로 이어지는 살림살이경영권이다. 살림살이경영권을 내놓는다는 것은 실질적으로 살림살이의 본거지인 안방을 내놓는다는 의미를 지니고 있기 때문에 '안방물림'이라고 한다. 안방물림은 한 가정의 살림살이를 맡아왔던 시어머니가 연로해짐에 따라 그 살림살이 경영권을 맏며느리에게 물려주는 일을 말한다. 시어머니가 안방물림의 상징인 곡식을 보관하고 있는 대청이나 창고에 있는 쌀뒤주의 열쇠나, 중요한 물건을 보관하고 있는 벽장이나 장롱 등의 많은 열쇠꾸러미와 안방을 맏며느리에게 넘겨주는데, 그 시기는 지역이나 가정에 따라 다소 차이가 있으나 대체로 시어머니가 나이가 많아 더 이상 집안 살림을 도맡아서 이끌어가기 어렵거나, 며느리가 시집와서 아들을 낳고 어느 정도 집안 살림을 무리 없이 이끌어갈 수 있다고 판단이 되든지, 혹은 시어머니가 돌아가심으로써 이루어지기도 한다.

2. 친족과 문중

1) 친족의 개념과 범위

친족(親族)은 나를 낳아준 부모를 중심으로 하여 같은 핏줄을 가졌거나 혼인을 통해 관계를 맺은 사람들의 집단으로 가족이 확장된 혈족과 인척을 말한다. 혈족은 부모와 자식 관계를 비롯한 형제자매관계의 혈연관계를 맺고 있는 사람들이며, 인척은 혼인에 의해 나와 관계된 사람들이다. 예컨대 혈족은 부모, 조부모, 외조부모, 숙부, 외숙부, 고모, 이모, 사촌, 조카 등은 나와 같은 핏줄을 가지고 있기 때문에 혈족이며, 외숙모, 고모부, 이모부 등은 나와 같은 핏줄을 가지고 있지 않기 때문에 인척이 된다.

친족은 친척(親戚), 친속(親屬), 족척(族戚), 족속(族屬)이라고 부르기도 하는데, 이는 한자로 표기된 용어로서 어느 거나 동의어로 해석해도 별 문제가 없을 듯하다. 다만 부계의 혈족을 족(族)이라 하고, 모계의 혈족을 척(戚)이라고 부르는 경향이 있을 뿐이다. 그리고 친족을 나눔에 있어 종족(宗族), 모족(母族), 처족(妻族), 혼인을 더하여 네 종류로 나누고 있는데,[9] 이는 중국의 관례를 본받은 것으로 보인다. 그러나 일반적으로 친족이라 함은 삼족을 말하는 것으로 종족, 모족, 처족이 주류를 이루고 있다.

친족의 관계를 나타내 주는 것이 촌수(寸數)이다. 촌수란 혈연관계의 멀고 가까움을 측정하는 단위로서 촌수가 가까울수록 인연이 더 가까운 것으로 인식한다. 촌수는 부모 자식간의 관계가 1촌이고, 형제간이 2촌이다. 즉 종적인 관계는 1촌이고 횡적인 관계는 2촌으로 계산한다. 예컨대 나의 숙부의 촌수는 나와 아버지의 촌수 1촌에 아버지와 형제간의 촌수 2촌을 더하면 3촌이 되는 것이고, 할아버지의 형제라면 나와 할아버지의 2촌에 할아버지 형제간의 촌수 2촌을 더하면 4촌이 되는 것이다.

일반적으로 친족의 범위는 10촌 이내로 한정하는 것이 상례로 되어 있다. 특히 친족의 범위로 부계로는 상하 4대와 수평적으로 8촌까지이고, 모계로는 상 4대, 하 2대, 수평적으로 6촌까지이며, 처가로는 상하 2대와 수평적으로 4촌까지를 말한다. 하지만 1977년 가족법에서는 8촌 이내의 부계혈족, 4촌 이내의 모계혈족, 남편의 8촌 이내의 부계혈족, 남편의 4촌 이내의 모계혈족, 처의 부모, 배우자가 친족범위에 해당되었다. 그 후 1989년 개정된 가족법에서는 8촌 이내의 부계와 모계혈족, 4촌 이내의 인척, 배우자로 새로 조정되었다.[10] 이것은 친족으로서 모계의 범위가 점차 확대되고 있음을 알 수 있다.

2) 성씨와 문중

성씨(姓氏)는 혈통의 관계를 나타내기 위한 수단으로서 씨족 중심에서 벗어나 서로의 가통(家統)을 호칭하기 위한 방법으로 등장하였다. 고대의 건국 신화를 통해 보면 성씨가 일찍이 존재했던 것으로 보이나 초기에는 지배계층만이 성을 가질 수 있었던 것으로 보인다. 삼국시대에는 왕실에서 고구려의 고씨, 백제의 부여씨, 신라의 박씨, 석씨, 김씨 등의 성씨를 주로 사용하였고, 고려시대에는 귀족 관료들도 성씨를 사용하였으며, 조선초기에는 양민들까지도 사용하였다. 그리고 조선 후기에는 노비나 천민들도 성씨를 사용하게 되면서 성씨의 사용이 조선시대를 거치면서 보편화된 것으로 생각된다. 성씨는 1486년에 편찬된 《동국여지승람》에는 모두 277성이 수록되어 있을 만큼 광범위하게 확산되었고, 2000년 인구 및 주택 센서스에서는 286개의 성씨로 알려지고 있다.

성씨를 좀더 세분화한 것이 본관(本貫)이다. 본관은 관향(貫鄕), 관적(貫籍), 선향(先鄕) 등으로 부르기도 한다. 본관은 인구가 증가하면서 같은 성만으로 조상을 구분할 수 없게 되자 조상들의 출생지나 정착지를 성씨 앞에 붙이는데서 유래된 것이다. 예컨대 같은 김씨 중에서도 김해김씨, 광산김씨로 구분하고, 같은 이씨 중에서도 전주이씨, 경주이씨 등으로 구분하였던 것이다. 본관은 초기에 신분의 표시로 사용되기도 했으나, 후대에 접어들면서 신분질서의 유지와 효과적인 징세(徵稅)를 위해 하층에까지 확대되기도 했다.[11]

또한 같은 본관이라도 집안간의 위계를 질서화하고, 우월의식을 갖도록 하기 위해 다시 구분할 필요가 있는 경우 파(派)를 사용하기도 한다. 대개 자신들 조상들 가운데 유명한 학자나 고관 혹은 동성마을의 입향조인 경우 그분의 이름이나 시호를 파의 이름으로 사용한다. 이를 파시조라고 부른다. 특정 시기에 뛰어난 인물이 배출되거나 새로운 정착지를 개척하면 이를 계기로 새로운 파가 형성된다.

성씨, 본관, 파는 모두 씨족간의 동류의식을 강화하기 위한 수단으로 활용되었으며, 성씨와 파벌간의 질서를 기록한 것이 바로 족보이다. 족보는 시조를 중심으로 현재 생존해 있는 후손에 이르기까지 계보를 기록한 것으로 조상과 나의 혈통을 연결해 주는 구실을 한다. 이와 같이 족보의 초기적 모습은 가문의 혈통 및 가계를 기록한다는 차원에서 출발되지만, 후대에 오면서는 가문의 권위를 나타내고 우월감을 나타내기 위해 편찬되기도 하고, 임진왜란 이후 신분상승의 도구로 사용되기도 한다. 그러다 보니 자신들 조상의 행적을 미화시켜 기록한 경우가 많았다. 일반 민가에서 간행한 우리나라 최초의 족보는 1476년(성종 7년)에 편찬한 《안동권씨성화보》로 알려져 있다.

이와 같이 성씨나 본관 또는 파를 같이하는 집단을 거대친족조직인 문중이라 한다. 문중은 친족의 확산형으로서 부계혈통의 전체를 가르키며, 본관과 성을 그 표시로 한다. 일반적으로 문중이라 할 때 시조가 분명하여 계보를 정확히 추적할 수 있는 친족조직으로서 파문중을 가리킨다. 파문중의 중심 조상은 실존인물인 파시조이다. 문중의 실질적인 활동은 파문중을 중심으로 이루어진다. 문중의 임원은 문장과 유사로 구성되어있는데, 문중을 대표하고 문중회의의 좌장 역할하는 사람을 문장(門長)이라 하며, 그 아래 여러 명의 유사(有司)가 있다. 대개 문장은 연령이 많고 항렬이 높으며 학식과 덕망을 갖춘 사람으로 선출된다.

문중은 5대조 이상 조상들의 시제를 봉양한다. 시제는 대외적으로 문중을 과시하는 기회이기도 하지만 무엇보다도 문중 성원들의 단합을 도모하는 계기가 되기도 한다. 시제를 지낼 때 많은 자손들이 참여하기 때문에 시제를 지낸 후 문중회의를 여는 경우가 많다. 문중이 원활하게 시제를 지내기 위해서는 무엇보다도 경제적인 기반을 갖추어야 하는데, 이를 위해 문중에서는 위토(位土), 선산, 재실(齋室) 등의 공유재산을 마련해둔다. 이러한 재산을 관리하는 것도 문중의 역할이다.

뿐만 아니라 문중은 족보를 편찬하는 일도 한다. 족보에는 대문중 단위로 편찬되는 대동보(大同譜)와 파문중 단위의 파보(派譜)가 있다. 대동보는 같은 시조 아래에 각각 다른 계파와 본관을 가지고 있는 씨족을 함께 수록하여 만든 족보이고, 파보는 시대가 변천함에 따라 증가되어 가고, 그 표제에 연안김씨파보, 경주이씨 좌랑공파보, 순창설씨 함경파세보 등과 같이 본관과 성씨 외에 지파의 중시조명 또는 집성촌, 세거지 지명을 붙이고 있으나, 내용과 형식에서는 족보와 다름없다. 일반적으로 족보는 문중마다 다소 차이는 있겠지만 30년 단위로 편찬하는 경우가 많다.

3. 마을생활

1) 마을의 개념과 이름

마을이란 사람들이 일정한 지역에 여러 집을 짓고 생활하는 자연집단을 말한다. 가족이 혈연적인 집단이라고 한다면, 마을은 지연적인 집단의 성격이 강하다. 곧 가족이 혈연적인 측면에서 친족, 문중의 집단으로 확대되지만, 마을은 지연적인 측면에서 고을, 국가집단으로 확대된다. 이러한 점에서 가족이 혈연집단의 최소 단위이듯이 마을은 지연집단의 최소 단위라고 할 수 있다. 마을은 가족과 더불어 원초적인 사회 단위로 인식된다. 가족에서 이웃을 알게 하는 곳이 마을이다.

마을은 국가의 영향력이 미치는 최소의 단위로서 마을에 살아가는 사람들의 모습을 통해 우리 민족의 생활양식을 총체적으로 파악할 수 있다. 왜냐하면 마을은 이웃과 이웃의 모듬살이를 토대로 하는 공동체인데, 두레나 품앗이와 같은 노동공동체와 마을수호신의 보호를 받는 종교공동체로서 공동체의식을 영위하는 독립적이고 통일된 조직체이기 때문이다. 전통사회에서 마을은 독립된 공간을 가지고 있고, 마을사람들은 독립된 정체성을 유지하고 있는 것은 물론 사회문화적 통합성을 견지하고 있기 때문에 민속의 이해는 공간적으로 마을로부터 이루어져야 한다.

마을은 촌락(村落), 취락(聚落), 부락(部落), 리(里)등의 명칭으로 부르기도 한다. 마을은 촌락이라는 개념으로 사용되며, 취락은 일반적으로 촌락보다는 넓은 개념으로 쓰인다. 촌락과 같은 개념으로 부락은 일제시대에 많이 사용된 명칭이다. 일본에서 부락은 천민들이 거주하는 곳을 일컫는다고 한다. 리는 행정적인 명칭으로 몇 개의 자연마을을 통합한 것이다. 행정적으로 몇 개의 자연마을이 리로, 몇 개의 리가 모여서 면(面)이나 동(洞)으로, 몇 개의 면과 동이 모여서 군(郡)이나 구(區)가 된다.

마을은 공동체의 성격을 규명할 수 있는 다양한 이름을 가지고 있다. 일반적으로 생물이든 물체이건 간에 모든 사물은 나름대로 이름을 가지고 있는데, 그 이름은 그 사물의 본질에 적합하도록 명명되어 있다. 그렇듯 마을 이름도 마을의 자연적 조건이나 역사적인 환경, 사회문화적인 요소와 더불어 명명되는 경우가 많다. 예컨대 마을에 위치하는 자연적인 조건에 따라 양지리(陽地里), 냉천리(冷川里), 수곡리(水谷里) 등으로 부르고, 마을에 위치하는 건물에 따라 토성리(土城里), 역촌(驛村), 향교리(鄕校里), 교촌리(郊村里) 등으로, 마을에 위치하는 큰 바위 등 특정물에 따라 생여골, 입석리(立石里), 탑동(塔洞) 등으로, 마을의 도덕적 혹은 신앙적인 것에 따라 효자동(孝子洞), 당촌(堂村) 등으로, 마을의 풍수적인 조건에 따라 와우리(臥牛里), 연동(蓮洞), 주룡(舟龍) 등으로 부른다. 이처럼 마을 이름은 그곳의 문화, 역사, 환경 등을 이해하는데 단초가 되기도 한다.

2) 마을의 형성조건

　마을이 구성되려면 무엇보다도 마을을 이룰 만큼의 집들이 들어서야 하고, 그곳에 살아가는 사람들이 있어야 한다. 사람들이 집을 짓고 모여 살려면 그 자리가 사람이 살기에 적당해야 한다. 한 가정에도 울타리가 있듯이 마을에도 울타리가 있기 마련인데, 마을의 울타리는 산자락으로 이루어진 것이 바람직하다. 그래서 마을의 입지조건으로서 배산임수(背山臨水)의 아늑한 장소를 집짓고 살기엔 가장 이상적인 것으로 인식하였다. 예부터 사람들은 주로 평지보다는 산골짜기를 따라 집을 짓고 살아왔다. 일반적으로 평야지역에 위치한 마을보다는 산골짜기에 집을 짓고 사는 마을의 역사가 오래 된 경우가 많다.

　마을의 형성조건으로서 가장 이상적인 것은 기본적으로 배산임수로서 방풍득수(防風得水)를 할 수 있는 곳이다. 방풍은 바람을 막는 것으로 추운 겨울에 북쪽에서 부는 바람을 막을 수 있어야 한다. 추운 겨울에 바람을 막아야 함은 굳이 설명할 필요도 없지만, 신앙적으로 북쪽으로부터 들어오는 잡귀를 물리치기 위해서라도 당연히 북쪽을 차단하고 가려야 한다. 이를 위해 배산형국(背山形局)으로서 북쪽을 막아주는 산을 등지고 남향으로 집을 짓고, 마을의 입구도 남향이나 동향으로 길을 냈던 것이다. 그러면서 식수 및 농업용수로서 풍부한 물을 얻을 수 있는 곳이어야 한다. 그래서 방풍득수를 할 수 있는 곳에 마을이 형성되는 경우가 많았는데, 후대에는 인구가 팽창하면서 이와 같은 조건을 가지고 있는 곳은 제한되어 있어 방풍을 할 수 없어도 생업조건이 적합하면 그곳에 마을이 형성되기도 한다.

마을의 형성조건으로서 중요한 것은 삶을 영위해 나갈 수 있는 삶의 터전이 있어야 한다. 삶의 터전이 농토이든 어장이든 상관없이 사람들이 생산활동을 할 수 있는 공간이 있는 곳에 마을이 형성된다. 마을의 입지조건으로서 삶의 터전은 주거적 조건보다 우위에 있음을 알 수 있다. 방풍득수로서 주거적 조건이 열악하지만, 즉 북쪽을 가릴만한 산이 없고 도리어 남쪽에 산이 있어 마을이 북쪽을 향해 형성될 수밖에 없지만 사람들이 생산활동을 할 수 있는 삶의 터전이 넉넉하면 그곳에 마을이 형성된다. 대신 부정적인 주거적 조건을 보완하기 위해 북쪽을 가릴 수 있는 나무를 심거나 입석이나 짐대 혹은 장승을 세운다.

마을은 다른 마을과 서로 왕래할 수 있는 길의 연결이 좋아야 한다. 마을은 독립적인 공간이기도 하지만 이웃마을과 소통하여 다양한 정보를 주고받아야 한다. 소통을 위한 장치는 마을과 마을을 연결하는 길이다. 그 길을 통해 통혼권이 형성되고, 마을에서 생산되는 많은 것들이 유통된다. 내부의 정체된 마을문화에 새로운 자극을 줄 수 있는 외부의 새로운 문화가 유입되는 곳이 길이다. 길은 문명교류의 통로인 것이다. 그래서 길은 이웃마을과 빨리 소통할 수 있는 조건을 갖는 곳에 만들어진다. 그렇다 하더라도 길은 최소한 북쪽이나 서쪽은 피해야 한다. 왜냐하면 북쪽은 북망산천, 서쪽은 서방정토라고 하는 죽음의 세계로 연결되는 길의 방향이기 때문이다.

3) 마을의 유형

마을은 여러 가지의 기준에 따라 분류할 수 있다. 산업구조를 기준으로 농촌, 어촌, 화전촌, 광산촌 등으로 분류할 수 있고, 마을이 위치하고 있는 지세(地勢)에 따라 평야촌, 배산촌, 산간촌, 임하촌, 임해촌 등으로 분류할 수 있으며, 마을의 위치에 따라 집촌(集村), 산촌(散村), 가촌(街村) 등으로 분류할 수 있다. 마을을 이와 같이 여러 기준에 따라 분류하는 것은 마을이 지니고 있는 민속문화적 특징들이 다르기 때문이다. 민속은 마을의 생태적 환경, 사회문화적인 배경에 따라 형성되는 경우가 많다.

마을사람들이 주로 논농사나 밭농사에 종사하고 있으면 농촌이라 하며, 내륙지역에 많이 분포하고 있다. 바다에서 고기잡이를 주업으로 하는 경우는 어촌으로서 해안 및 도서지역에 많이 분포하고 있는데, 특히 바다와 접해 있는 곳은 농업과 어업을 병행하는 반농반어촌인 경우가 많다. 임야를 불태워 경작하는 마을을 화전촌, 광업에 종사하는 마을을 광산촌이라 한다.

마을이 평야 중간에 있으면 평야촌으로 부르는데, 큰 강이 있거나 평야가 있는 곳에 많이 분포한다. 그리고 산을 등지고 들을 내려다보는 곳으로 배산임수형의 마을을 배산촌, 산으로 둘러싸인 마을을 산간촌이라 하고 산악지역에 많이 분포하고 있다. 마을이 하천에 접해 있으면 임하촌이라고 하고, 바다에 접해 있으면 임해촌이라고 부른다. 임하촌과 임해촌은 나루터가 있는 경우가 많아 문화의 나들목 역할을 하기도 한다.

마을에 집들이 촘촘히 들어서 있으면 집촌이라 한다. 대개 주거는 모여 있는 것이 사회생활을 영위하는 데 편리하므로, 건조지역 등에서 자유롭게 물을 구할 수 없는 곳과 토지가 좁은 어촌 등에서 나타나는데, 특히 집촌은 주로 농촌지역에서 집중적으로 나타난다. 그런가 하면 산촌은 집들이 드문드문 흩어져 있는 마을로서 산거촌락(散居村落)이라고도 한다. 산촌은 마을의 특색으로 보아 집촌과 달리 마을공동체적 성격이 결여되고 혈연·지연적 결합 역시 희박하다. 가촌은 가도(街道)를 따라서 양쪽 혹은 한쪽으로 가늘고 길게 밀집해서 형성된 줄 모양의 마을이다.

4) 마을의 공간적 기능

마을은 생업터전을 공유하는 사람들의 생활공동체로서 생업공간, 주거공간, 놀이공간, 의례공간[12], 종교공간으로서 기능을 수행한다. 이와 같은 공간을 공유하면서 살아가기 때문에 마을사람들은 결속력과 일체감을 갖기 마련이다. 이러한 일체감은 '우리'라는 말로 표현된다. '우리 가족', '우리 마을', '우리 고장' 하듯이 우리라는 말은 개인적인 존재가 아니라 집단적인 존재로서 의미를 지닌다. 여기서 집단은 혈연적일 수도 있고 지연적인 성격일 수 있다. 우리는 곧 공동체인 것이다.

마을은 생산활동을 영위하는 일터로서 생업공간이다. 마을의 영역은 가정처럼 울타리를 치거나 담을 쌓아서 명확히 구분하기 어렵다. 그래서 마을 주변에 자리한 산이나 강을 중심으로 영역의 테두리를 구분한다. 이처럼 산이나 강은 우리 마을과 이웃 마을을 구분하는 경계구실을 하고 있음을 알 수 있다. 마을사람들의 일터는 주거공간의 주변 산이나 강 사이에 위치한다. 농경사회에서는 마을의 생활공간이 일터였지만, 마을이 도시화되고 산업화되면서 일터가 마을로부터 분리되기 시작했다. 오늘날 도시화된 마을에서는 더 이상 마을이 일터로서 생업공간의 기능을 수행하는 경우가 줄어들고 있는 실정이다.

마을은 휴식을 취하고 잠을 자는 집터로서 주거공간이다. 마을은 가족뿐만 아니라 이웃과 더불어 소통하고, 일터에서 일을 마치고 다음날 또 일터에 나가기 위해 휴식을 취하는 곳이다. 산업화의 영향에 따라 농촌 인구의 고령화 및 감소로 인해 노부부만이 거주하는 경우가 많아지고 있는 실정이지만 아직까지는 마을이 갖는 쉼터로서 휴식적 기능은 지속되고 있다. 설사 직장 때문에 도시로 나간 가족이 있다 하더라도 귀소본능(歸巢本能)에 따라 마을을 자주 찾기도 한다. 그러한 의식을 가지고 있기 때문에 도시에서 고향과 가까운 곳에 거주지를 마련하는 경우가 많다. 마을은 모든 사람들에게 삶의 안식처인 것이다.

마을은 여가생활을 즐기는 놀이터로서 놀이공간이다. 여가생활이라 함은 개인이나 집단에 따라 다소 차이가 있지만 공동체적인 마을에서는 대동놀이를 하면서 구성원들 간의 갈등을 해소하고, 친목도모는 물론 유대관계를 돈독히 했다. 마을에서 널뛰기, 윷놀이, 횃불놀이, 줄다리기, 고싸움놀이, 지신밟기, 화전놀이, 그네뛰기, 씨름, 강강술래 등 다양한 놀이를 행하면서 여가생활을 하였다. 그래서 마을은 남녀노소를 불문하고 모든 구성원들의 놀이적 공간이었다. 하지만 도시화된 마을에서는 전통적인 민속놀이가 그 자취를 감추게 되면서 놀이적 공간이 점차 놀이시설을 갖추고 있는 도시로 옮겨가고 있는 추세이다. 갈수록 놀이적 공간으로서 마을의 기능이 축소되고 있는 것이다.

마을은 신앙터로서 종교적 공간이이다. 가정은 가택신앙의 장소로서 여성 중심의 신앙터지만, 마을은 당산제, 당제, 산신제, 부군당제, 서낭제 등으로 부르는 공동체적인 마을신앙의 제의적 공간이다. 가정은 가족들의 안녕과 번창을 기원하는 가족 중심의 신앙생활을, 마을은 마을의 안녕과 농사의 풍요를 기원하는 마을공동체의 종교적 생활을 하는 곳이다. 하지만 사회의 변화와 더불어 교육 및 종교의 영향을 받아 마을신앙이 점차 약화되고 있어서 마을이 종교적 공간으로서의 기능을 수행하는데 어려움을 겪고 있다. 그것은 마을사람들 상당수는 교회나 성당에 다니고 있기 때문이다.

마을은 일생의례의 의례적 공간이다. 한 생명체가 탄생하는 곳도 마을 안의 가정이요, 혼례를 치르거나 회갑을 치르는 곳, 충분한 삶을 영위하고 이승과 하직하는 곳도 가정이다. 비록 일생의례가 가정에서 주로 이루어지지만 마을공동체가 참여한다는 점에서 가정은 마을의 중심공간이라 할 수 있다. 이와 같은 의례의 공간이 마을 밖으로 이동하고 있는데, 예컨대 출산의 장소가 가정에서 병원으로, 생일잔치나 회갑잔치의 장소가 연회장으로, 혼례의 장소가 예식장으로, 죽음의례를 치르는 장소가 장례전문예식장으로 이동하면서 마을이 점차 의례공간으로서 기능이 약화되고 있는 실정이다.

이와 같이 마을은 생업공간, 주거공간, 놀이공간, 의례공간, 종교공간으로서 종합적인 기능을 수행해왔기 때문에 그러한 마을을 고향이라고 하지 않았을까 싶다. 고향을 단순히 태어난 곳, 행정적으로 본적지, 학창시절을 보낸 곳 등으로 지칭하는 경우가 많은데, 이보다는 태어나서 일정한 기간동안 생업, 주거, 놀이, 의례, 종교를 공동체적으로 함께 수행했던 곳이 고향이 아닌가 한다. 하지만 마을이 도시화되고 생업방식이 산업화되면서 고향에 대한 의식도 약화되어 가고 있고, 마을의 공간적 기능들이 분산되면서 오늘날 마을은 종합적 공간 기능보다도 쉼터인 주거적 기능으로서만 그 명맥을 이어가고 있다 해도 과언이 아니다.

5) 마을의 조직

마을은 생활공동체로서 행정체계의 가장 기본 단위로서 마을의 행정업무와 관련된 조직을 공식적인 조직이라 부르고, 마을에서 구성원들에 의해 자생적으로 형성된 조직을 비공식적 조직이라 부른다. 조선시대의 공식적인 조직으로서 오가통제(五家統制)라는 제도가 있었다. 숙종 원년(1675)에 전국적으로 실시된 오가통제는 5가구 혹은 10가구를 1통으로 삼은 마을의 자치조직이었으며, 각 통마다 통수(統首)를 두어 관할하도록 하였다.

그런가 하면 마을의 신분질서를 확립하는 주된 목적으로 결성된 동계(洞契), 향약(鄕約), 동약(洞約) 등이 있다. 이러한 조직들은 주로 양반 계층이 주도했다.[13] 동계가 대부분 향약적인 성격이 강하기는 하나 임란을 전후해 상하합계(上下合契)의 형태가 나타나기 시작하면서 촌계의 성격까지 모두 아우르는 모습으로 변모하였다.[14] 즉 유교적으로 마을의 사상을 지배할 뿐만 아니라 동시에 마을의 공유재산을 관리하며, 마을의 길흉사를 포함한 대소사와 공동작업까지 관여하게 된 것이다.

촌계(村契)는 양반들이 주도하는 동계와는 근본적으로 다른 기층민들의 생활공동체 조직으로 마을의 역사와 더불어 존재했을 것으로 보인다. 촌계에는 마을사람들이라면 가구별로 의무적으로 촌계의 구성원이 되어야 하며, 새로 마을에 이사 온 사람은 규칙에 따라 정해진 기금을 내고 촌계의 회의에서 결정하면 계원이 된다. 촌계는 마을신앙을 주관하는 것 이외에 도로, 우물, 농로, 교량 등의 마을의 공공시설을 보수하고, 두레와 같은 공동노동조직을 주관하며, 임원 선출 및 회계 보고를 관장한다.

하지만 오늘날 마을의 공식적인 조직은 마을의 운영을 책임지는 조직으로서 마을총회, 반상회, 개발위원회, 부녀회, 노인회, 청년회 등이 있다. 이장 중심으로 구성된 마을총회는 행정기구의 가장 말단조직이자 마을 운영의 최고기구에 해당한다. 반상회, 개발위원회, 부녀회, 노인회, 청년회는 마을총회의 하위 조직이다. 마을총회는 주로 연말이나 연초에 개최하는 경우가 많으며, 주로 한 해 마을을 운영하면서 발생한 지출이나 수입을 결산하며, 마을의 규약을 점검하고 이장을 선출한다.

마을의 비공식적인 조직으로는 계(契)를 들 수 있는데, 계는 마을에서 자생적이고 공동체적인 성격을 지니고 있다. 계는 계원간의 상호친목을 도모하거나 상부상조를 달성하려는 목적으로 결성된 조직이기 때문에 계의 가입은 대체로 개인의 자유의사에 따라 이루어진다. 그래서 계는 결성 목적에 따라 그 종류가 다양할 수밖에 없다. 생산과 같은 경제적인 목적으로 결성된 농계, 어촌계 등이 있고, 혼인의례와 죽음의례의 원만한 진행을 위한 혼사부조와 상장부조를 겸한 혼상계, 관혼계, 상부계 등이 있으며, 교육 목적을 달성하기 위한 학계, 서당계 등이 있다. 그리고 계원들의 친목을 도모하려는 동갑계, 유산계, 화수계 등이 있다. 또한 저축을 위한 계로 쌀계, 돈계, 낙찰계 등이 있다. 이 가운데 마을에는 주로 친목계, 위친계, 종친계, 혼상계가 많다.

각 주

1   김두헌, 『한국가족제도연구』, 서울대학교출판부, 1980, 318쪽.

2   최인학 외, 『한국민속학새로읽기』, 민속원, 2001, 60쪽.

3   최인학 외, 앞의 책, 60~64쪽.

4   민속학회, 『한국민속의 이해』, 문학아카데미, 1994, 46쪽.

5   김두헌, 앞의 책, 323쪽.

6   최인학 외, 앞의 책, 63쪽.

7   최인학, 앞의 책, 71~72쪽.

8   지춘상, 『남도민속학개설』, 태학사, 1998, 130쪽.

9   김두헌, 앞의 책, 135~137쪽.

10 최인학, 앞의 책, 87쪽.

11 최운식 외, 『한국 민속학 개론』, 민속원, 1998, 402~403쪽.

12 최인학 외, 앞의 책, 42~44쪽.

13 최인학, 앞의 책, 46~47쪽.

14 지춘상 외, 앞의 책, 156쪽.

제2장

가족공동체와 마을공동체의 변화

1. 기호적 활동으로서 소통과 욕망

인간은 태어나는 순간부터 자립적으로 생존할 수 있는 존재가 아니다. 생존을 위해서는 다른 사람들, 엄마와 가족들의 보호를 받으면서 의사소통할 수 있는 능력을 가지고 세계에 첫발을 내딛는다. 인간의 신체적인 활동 가운데 가장 중요한 것이 무엇보다도 시각적 활동이다. 우리는 시각을 통해 대부분의 지식을 얻는다. 일상 경험 중 가장 흔한 이것이 우리로 하여금 아는 것을 보는 것으로 개념화하게 한다. 다시 말하면 아는 것과 관련된 다른 개념들은 보는 것과 관련된 대응 개념들에 의해 개념화된다는 것이다. 우리가 경험하고 있는 상당수가 시각을 통해서 형성된 것임을 알 수 있다. 예컨대 아는 것은 보는 것이고, 알게 되는 것이 눈에 띄는 것이며, 알 수 있음은 볼 수 있음을 의미하는 은유가 그것이다.[1] 이처럼 시각이 인간이 지식을 얻는 능력에 지배적인 역할을 하고 있다. 갓 태어난 아이들이 엄마의 행동을 관찰하고, 그것을 통해 가족들의 행동을 이해하려고 할 것이다. 여기서 아이가 경험한 것을 타인에게 전달하지 않으면 그 어느 누구도 아이의 경험을 알 수 없다. 이것은 아이 뿐만 아니라 어른들도 마찬가지이다.

인간은 서로 간의 의사소통 없이는 타인의 경험을 공유할 수 없으며, 자기 자신도 자기 경험 안에 갇혀 있기 마련인데, 이러한 것을 유폐성 (incarceratedness)이라 한다. 인간이 각자의 경험 안에 갇혀 있다는 것은 내가 다른 사람의 경험에 직접적으로 접속할 수 없고, 그 반대도 마찬가지라는 점을 의미한다. 유폐된 경험들은 인간의 삶에 생산적으로 영향을 미치지 않는 것은 물론 삶의 의미를 갖지 못한다. 그렇기 때문에 인간이 경험의 유폐성을 극복하기 위해 많은 노력을 하는데, 그것은 다름 아닌 의사소통이다. 의사소통은 삶에서 스타일의 문제가 아니라 유기체적 생존의 문제인 까닭에 인간이 생존하기 위해 의사소통을 할 수밖에 없다. 유폐된 경험들이 의사소통을 통해서 의미를 갖게 된다. 가령 내가 경험한 희노애락을 타인에게 알리고 싶을 때 그 감각적 경험 자체를 직접 전할 수 없다. 그것을 알리기 위해 사용하는 몸짓이든 소리든 언어든 모든 것은 기표들이지만 그 기표들이 희노애락 그 자체는 아니다. 다만 우리는 그러한 기표들을 통해서 타인의 감각적 경험을 이해하거나 경험할 수 있다. 이처럼 유폐된 경험들이 기표들을 통해 서로에게 이어질 수 있으며, 이러한 기표들은 기호적 해석을 거침으로써 의미를 갖게 되는, 즉 기호적 활동을 통해 의미를 갖게 된다. 감각적 경험의 본성적인 특유성과 일회성을 감안하면 그 경험의 전달과 공유가[2] 기호적으로 이루어질 수밖에 없는 것이다.

인간이 기호적 활동을 통해 삶의 가치를 파악하는 것은 물론 세계와 존재를 경험하고 인식한다. 그래서 인간이 욕구를 실현하기 위해 끊임없이 의사소통하려 하고, 그것은 기호적 활동을 통해 이루어진다. 여기서 의사소통이 의미 만들기(meaning making)의 한 과정이며, 그것은 소리나 문자를 통한 언어적 활동 이외에도 표정, 몸짓, 언어 등 외부 세계에 지향되는 모든 활동을 가르킨다.[3] 그래서 의사소통에 대한 이해가 물리적 경험과 기호적 경험이라고 하는 경험의 구조에 관한 포괄적인 이해로부터 시작되어야 한다. 의사소통은 그 본성이 기호적이며, 유폐된 경험을 전달하고 해석하는 유일한 통로인 것이다. 기호 활동이 인간의 본성이자, 그 핵심은 의사소통과 정신적이고 추상적인 확장이다. 즉 의사소통과 욕망 실현이 인간의 가장 본성적인 기호적 활동의 계기가 된다고 할 수 있다. 인간이 그토록 갈망하는 욕망 실현의 원초적 기반이 의사소통이고, 그것은 인간의 열망과 욕구 실현에 많은 제약을 가한다는 것을 말한다. 중요한 것은 의사소통의 본질적인 목적이 인간의 욕구를 실현하기 위해 이루어지고, 의사소통이 인간 경험의 유폐성을 극복하기 위한 수단이라는 점이다. 그런가 하면 의사소통의 궁극적인 목적이 새로운 인간관계를 구축하기 위한 것이기도 하다.

인간관계를 구축하는 방법 가운데 가장 중요한 것이 의사소통이다. 그것은 기호적 활동으로 이루어지고, 관계나 상황에 따라 다양하게 이루어진다. 한 실례로 상호 간의 인사방식을 보면, 인사가 단순히 상호 간의 주종관계나 상하관계를 실천하는 수직적 의사소통만이 아니라 새로운 관계를 구축하기 위함이고, 기존의 관계를 유지하기 위한 수평적 의사소통이기도 하다. 신과 인간, 어른과 아랫사람, 상급자와 하급자, 동료, 낯선 사람 등 다양한 상황과 관계에 따라 인사가 달라지지만, 중요한 것은 상호 간의 의사소통의 기본이자 새로운 인간관계를 만들어가는 출발점이라는 것이다. 이것은 인사라는 의사소통을 통해 인간의 욕망을 실현시켜 줄 수 있는 인간관계를 구축하고자 함을 알 수 있다. 따라서 인간관계가 의사소통이 추구하는 목표이자 도구이기도 한 셈이다.

인간관계가 개인적이거나 집단적일 수 있는데, 개인과 개인, 개인과 공동체[4]의 관계를 말한다. 인간이 태어나서 가장 먼저 경험할 수 있는 것이 가족이고, 그것으로부터 확장되어 마을공동체를 경험하게 된다. 가족이 혈연적이면서 수직적 구조의 공유생활 공동체이고, 마을공동체는 지연적이면서 생활공동체이고 경제적이고 특정한 이익을 추구하는 협업공동체의 성격이 강하다. 게다가 가족이 사회의 최소 단위로서 씨족문화 형성의 기본 토대이고, 마을은 지연집단의 최소 단위로서 공동체문화의 기본 토대라고 할 수 있다.[5] 여기서 가족문화의 물리적 기반이 가정과 가족이며, 공동체문화의 물리적 기반은 마을과 다양한 조직으로 구성된 공동체인 것이다. 따라서 기호적 경험인 공동체문화가 공동체에 많은 제약을 받게 되고, 물리적 경험 영역인 공동체는 자연적, 사회적, 역사적 영향을 받아 변화될 수밖에 없다.

오늘날 가족공동체와 마을공동체가 시기나 지역에 따라 다르고 다양한 모습으로 변화되어 지속되고 있다. 그러한 까닭에 이들 공동체를 특정 시기나 지역을 대상으로 치밀하게 검토하는 것이 바람직하다. 그렇지만 오늘날 공동체가 다양하게 1~4차 산업과 연계되어 복합적으로 존재하고 있는 것이 현실이고, 공동체의 지속과 변화를 파악하기 위해 과거완료(1차 산업)→과거(2차 산업)→현재(3·4차 산업)의 흐름에 맞추어 공동체의 실상을 파악하는 것도 하나의 방법이 아닌가 한다.

2. 가족공동체의 기호적 확산과 통합

일반적으로 가족(家族)은 가구(家口)나 식구(食口)의 명칭과 혼용되어 사용하고 있는데, 가족이 건조물이자 집 안이라는 공간적인 개념을 지니고 있는 집(家)과 겨레와 무리라는 개념을 지닌 족(族)의 합성어로서 '집 안에 거주하는 무리'라는 의미를 지닌 구성원적인 개념이다. 그러한 까닭에 '집 안에 입을 가진 사람'으로서 가구나 '먹는 입을 가진 사람'으로서 식구라는 말도 바로 여기에서 비롯되는 개념이다. 《한국민속학개설》에서 가족을 "결혼에 의해 결합된 부부와, 이 부부의 자녀를 구성원으로 주거를 공동으로 하며, 경제적으로 하나의 단위를 이루는 것"이라고 정의한다.[6] 이와 같은 내용을 토대로 보면, 가족이 한 울타리 안에 거주하는 ①혈연집단의 구성원, ②공동 주거생활의 구성원, ②공동경제생활의 구성원 등을 지칭하는 말임을 알 수 있다. 따라서 가족 형성은 다름 아닌 정착생활을 바탕으로 한 주거방식과 생업구조 등의 물리적 기반이 중요한 역할을 한 것으로 파악된다. 그 가운데서도 가장 핵심적인 것이 바로 생업방식이다.

인간은 기본적으로 탄수화물과 단백질을 섭취하는 것을 식생활의 과제로 삼아왔다. 선사시대 이래로 수렵채취시대에 남자들의 사냥활동과 여자들의 식물채집이 탄수화물과 단백질을 확보하기 위한 생활방식이었다. 그러다가 신석기 후기부터 이동에서 정착의 생활이 본격화되면서 농사를 지어서 탄수화물을, 가축을 길러 단백질을 섭취하게 되었다. 이것은 인간의 생업방식의 변화를 통해서 이루어진 것이다. 농경사회에서 인간의 생업방식이 기본적으로 자연환경에 의해 결정된다. 여기서 자연환경은 기후와 공간 조건을 말하고, 즉 건조하고 눈이 많거나, 습하고 비가 많든지, 사계절의 변화에 따라 생업 방식이 결정되고, 산이 많거나 평지가 많은가에 따라 생산물이 결정된다. 이러한 생업방식이 삶의 주거공간을 결정하는데도 중요한 역할을 한다. 그것이 가족 형성에도 당연히 영향을 미치기 마련이다. 이와 같이 민속에서 가족은 농경사회라는 물리적 기반을 근거로 개념화된 것으로, 울타리라는 물리적 경계를 가진 가정(家庭)이라는 공간 속에서 생활하는 혈연적이고, 공동의 주거생활과 경제생활을 영위하는 구성원을 일컫는 말이다. 따라서 가족의 개념에서 그 대상이나 삶의 내용이 생업방식의 변화에 따라 달라진다는 것을 알 수 있다.

1) 농업노동이 중심이 되는 농경사회의 대가족

농경사회에서 농업노동은 생산과 삶의 방식 그 자체이었다. 농사를 지으려면 무엇보다도 계절을 잘 파악할 수 있어야 하고, 계절에 따라 삶의 방식이 달라지기 때문이다. 그것은 바로 공간상에서 이동의 경험을 은유적으로 개념화한 시간을 바탕으로 하고 있음을 알 수 있는데, 시간이 흐르면 계절이 변화되고 그에 따라 농업노동의 방식을 선택한다. 농업노동이 전적으로 시간 인식에 따라 결정됨을 알 수 있다. 농경사회에서 인간의 욕망은 무엇보다도 농사의 풍요이다. 그것은 인간이 적절한 시간의 활용과 공간 이용을 통해서 이루어지기 때문에 시간 인식능력과 많은 것을 채울 수 있거나 많은 농사를 지을 수 있는 공간이 가치화되기 마련이다. 농사지을 공간을 많이 확보하려는 것도 이러한 인식에서 비롯된다. 농경사회에서 풍요가 농업노동을 수행할 수 있는 시간 인식능력과 공간 확보능력을 갖춤으로서 이루어진다는 것을 말한다. 농업노동에서 중요한 것이 시간에 따라 효율적으로 활용할 수 있는 충분한 인력 확보이다. 대가족이 필요한 이유도 여기에 있다.

대가족(extended family)은 가족의 구성원 수가 가정마다 다르겠지만 최소한 3세대가족이면서 6인 이상의 가족을 말한다. 대가족이 남성 중심의 수직적 관계를 통해 질서화 되고, 특히 17세기 후기로 주자학이 양반은 물론 서민층까지 확대 보급되면서 반친영제의 정착과 더불어 부계 중심의 질서가 강화되었다.[7] 특히 가장이 가족을 외부에 대표할 수 있는 대표권, 가족 구성원을 지휘 감독할 수 있는 가독권, 집안의 모든 재산을 관리할 수 있는 재산권, 조상에 대한 제사를 받들 수 있는 제사권[8] 등을 총괄할 수 있는 권한을 가지고 있고, 그것을 통해 대가족을 유지해 나간다. 그렇기 때문에 대가족은 가장 중심으로 생활이 이루어질 수밖에 없다. 대가족에서 남자와 여자의 성별은 생물학적인 개념이고, 조부모, 부모, 삼촌, 고모, 형제, 남매 등을 호칭하는 친족 명칭은 사회학적 개념이다. 하지만 삶의 태도나 방식은 아버지와 아들, 엄마와 딸이라고 하는 생물학적 관계를 통해 전승되고 학습된다. 이것은 남녀구분과 상하관계라고 하는 수직적 구조의 의사소통방식을 토대로 가족문화가 형성되고 있음을 보여주고 있는 것이다. 따라서 대가족의 가족문화의 물리적 기반이 농업노동과 부계 중심의 수직적 구조에 따른 의사소통방식이라고 할 수 있다. 덧붙여서 대가족문화와 연계하여 우리라는 말에 대한 관심도 가질 필요가 있다.

인간은 본능적으로 충분한 삶의 공간을 확보하려는 본능을 가진 동물이다. 동물들이 자기들의 영역을 표시하는 것도 이와 같은 본능의 표현이다. 가족은 물리적 경계인 울타리 안에 거주하는 구성원으로, 울타리가 가족의 생활을 보호할 수 있고, 가족이 울타리에 많은 제약을 받는다. 가족의 경계가 바로 울타리인 것이다. 우리의 개념이 대가족에서 비롯된 것으로, 울타리 안에 거주하는 가족을 모두 우리라고, 즉 구체적 대상이고 물리적 경계인 울타리 안에 거주하는 사람을 말한다. 이는 그릇 도식을 근거로 한 방이나 컵과 같이 안과 밖이 서로 다른 성격을 지니고 있는 것처럼, 울타리 안의 사람이 나와 친밀한 사람이고, 울타리 밖의 사람은 나와는 거리가 먼 사람을 의미한다. 이것은 우리의 어원이 울타리의 '울'에서 비롯되었음을 보여주는 지점이다.

이처럼 우리의 개념이 가족의 혈연적인 개념으로부터 비롯되었고, 타인이 아닌 '내편'의 의미를 지니면서 지연적인 개념으로 확장된 것으로 보인다. 즉 우리라는 말이 내편으로 내가 소속한 집단이나 공간 등을 지칭하는 말로 사용되고, 그러한 예로 우리 집, 우리 식구, 우리 회사, 우리나라, 우리 동네, 우리 고향 등이 그것이다. 이것은 인간이 공동체를 지향하고 확장하려는 의도에서 비롯되는 것으로, 공동체 지향 의식이 반영된 개념이 바로 우리라는 것을 보여주고 있다. 또한 울타리가 인간이 삶의 공간을 확보하고 가족을 보호하는 것뿐만 아니라 가축을 지킬 수 있는 수단으로 만들어진 인공물이기도 하다. 그것은 울타리 안에 함께 거주하는 모든 동물도 가족이고 우리가 될 수 있음을 말한다.

2) 산업노동에 근거한 산업사회의 핵가족

산업사회는 산업노동을 물리적 기반으로 대량 생산과 소비를 가능하게 하고, 대중매체와 교통·통신 체계의 발달을 통해 계층 간의 수평적인 의사소통이 다양하게 이루어지도록 한다. 산업사회가 대량생산을 강조하고 기술집약적 산업을 중시한 까닭에 농촌인구의 감소와 도시화가 가속화 되며, 농경사회의 가정이나 마을에서 행해졌던 유희적, 의례적, 종교적 기능이 도시로 이행되는 결과를 가져오게 하였다.[9] 게다가 농경사회에서 농업노동이 생산과 삶의 방식 그 자체였지만, 기술 중심의 산업노동은 노동력을 판매하는 도구이자 삶의 맥락이 배제된 노동을 상품화시키기도 했다. 노동 상품은 기술을 토대로 하고 대량생산에 적합한 기술집약적인 노동방식이다.[10] 노동의 상품화가 곧 시간이 물질적으로 개념화되었음을 의미한다. 시간이 자원으로, 특히 돈으로 개념화 된 것은 서구문화의 가장 현저한 특징이지만,[11] 그것은 산업사회가 본격화되면서 이루어진다. 노동자가 노동력의 대가로 임금을 받는데, 노동의 양이 시간의 양이고, 시간의 양은 임금이다. 이것은 시간이 물질이고, 자원은 곧 시간이라는 개념에 근거한다. 산업사회에서 상품의 생산과 저장이 가능한 건조물적 공간의 중요성 때문에 농업노동의 공간을 기호적 전이를 통해 건조물적 공간으로 변화시킨 것이다. 즉 농토보다는 공장과 창고 등 다양한 건조물적 공간의 가치가 확대되는 결과를 가져오게 하였다. 이러한 환경 속에서 등장한 새로운 형태의 가족 유형이 핵가족(소가족)이다.

핵가족(nuclear family)은 부부와 결혼하지 않은 자녀로만 구성된다. 핵가족이 어느 사회나 가장 기본적인 가족 형태로서, 그 규모가 5인 이하의 가족이 많고, 대가족처럼 가계계승이나 살림살이 경영권이 계승되지 않는다. 비록 핵가족이 산업사회에서 확산된 것은 산업노동을 물리적 기반으로 삼고 있는 것과 밀접한 관련이 있고, 농경사회의 대가족과 다른 점은 부모의 직업을 계승하는 경우가 많지 않다는 점이다. 그것은 직업을 계승보다도 선택의 측면에서 인식하기 때문이고, 그러한 인식이 가족문화 계승에도 적지 않은 영향을 미치고 있다. 핵가족이 농촌인구의 도시 이동과 1960년대부터 가족계획사업이 추진되면서 확산되었다. 핵가족은 농촌보다도 도시의 전형적인 가족 형태가 되었고, 공동체보다도 개인적이며, 대가족보다도 수평적인 의사소통의 구조가 확대되는 것이 특징이다. 이러한 핵가족의 확산과 더불어 대중매체와 통신의 발달이 일방의사소통 방식의 확대 그리고 물리적이고 심리적 공간이동의 단축을 초래하고, 시간의 속도 중요성을 인식하는 계기를 만들기도 했다.

3) 조작노동이 강화되는 지식정보산업사회의 수정가족

지식정보산업사회는 정보통신의 발전으로 다양한 산업에서 정보화가 이루어진 사회로서 지식정보를 주요자원으로 하는 사회이다. 그렇기 때문에 지식정보산업사회가 다양한 정보의 생산, 유통의 급격한 증대, 정보기술의 고도화 등을 중요시 하는 사회인 것이다. 특히 정보와 지식의 가치가 높아지면서 정신적 노동이 급격히 증가하고, 물질적 생산 중심에서 정보와 지식의 생산으로 이동하는 사회를 말한다.[12] 뿐만 아니라 조작(操作)노동이 확대되어 노동의 가장 원초 형태인 육체노동이 점차 줄어드는 사회이고, 여기서 조작노동은 기계나 컴퓨터 등의 기기(器機)를 조종하는 노동이다. 무엇보다도 이 사회가 시간을 초월하여 공간을 확대하는 삶을 추구하고, 시간을 단축하고 압축하는 질적인 변화를 추구한다. 즉 시간을 물질로서만 인식한 것이 아니라 속도의 중요성을 인식하게 된 것이다. 속도가 시간의 양을 줄이고, 공간의 이동을 단축시키는 역할을 하기 때문이다. 공간 이동의 단축은 담장이나 시군구의 경계, 국경 등 삶의 물리적 경계를 허물고, 통합적 공간의 삶을 확대시킨다. 공간 인식의 변화가 교류와 소통이 자유롭게 이루어지는 유통 공간의 가치가 확대되는 결과를 갖게 한다. 이러한 변화 속에서 대가족과 핵가족을 변형시킨 수정가족이 등장하게 된 것이다.

수정가족(modified family)은 공동의 경제생활과 주거생활이 일치하지 않는 변형된 가족유형이다.[13] 수정가족이 외형적으로 대가족에 대한 향수를 충족하고, 핵가족의 한계를 극복하려는 심리적 가족공동체로 보이지만, 현실적으로는 육아문제를 해결하고 경제적 결핍을 보완하려는 인식에서 비롯되는 경우도 있다. 이것은 크게 두 가지 측면에서 생각할 수 있는데, 먼저 주거생활은 독립되어 있지만 경제생활이 그렇지 않는 경우이다. 농촌에서 핵가족의 형태로 노부부는 농촌에서, 자녀부부가 도시에서 각각 생활하면서 경제적인 지원을 주고받다가, 명절 기간 동안 일시적이나마 도시나 농촌에서 대가족 형태로 통합되어 생활한다. 이러한 경우는 도시에서도 마찬가지이다. 예컨대 2층 단독주택에서 아래층에 시부모가, 위층에 아들 내외가 살거나, 아파트에서는 시부모가 앞집이나 위층에 살거나, 혹은 한 아파트 단지에 거주하는 경우가 있다. 두 번째는 도시에서 핵가족의 형태로 각각 독립적으로 생활하면서 대가족의 심리적 울타리를 갖추고 사는 경우이다. 이것은 가정의 물리적 경계를 극복하고 심리적 공감장으로 통합하려 의도에서 비롯된 것이다. 부모나 자녀들이 어느 정도 독립생활을 보장하면서 왕래가 자유로운 곳, 즉 같은 아파트 단지에 집합적으로 거주하면서 왕래한다.

수정가족은 전통적인 가족의 개념을 변화시키고 있다. 즉 가족의 물리적 경계에서 정서적 공감장으로[14] 변화된 개념이 그것이다. 농경사회에서 가족이 구성원이 소통하고 공유하는 공간에 주안점을 둔 개념이라면, 지식정보산업사회는 공간보다도 소통할 수 있는 구성원에 초점을 두고 있다. 이것은 혈연가족을 초월하여 서로 소통하고 공유할 수 있는 사람을 중요시 여기고 있는 것이다. 최근 들어 핵가족이 자녀 없이 부부로만 구성되기도 하고, 1인 가구로 구성되는 경우가 많아지면서 반려동물을 인격화시켜 가족으로 인식하기도 한다. 이처럼 가족의 개념이 혈연 중심적이고 물리적 경계가 아닌 정서적 공감장을 근거로 확대되고 있음을 확인할 수 있다. 이러한 것은 정보화로 인한 다양한 형태의 가상공간이 형성되는 것과 밀접한 관련이 있고, 특히 인터넷이나 스마트폰이 가족들 간의 쌍방의사소통을 가능하게 함으로서 가족과의 물리적 경계를 극복해주고 있는 것이다.

3. 마을공동체의 기호적 전이와 확장

마을은 각 가정의 공간이 결합되어 형성된 공동체적 공간에 국가의 영향력이 미치는 최소단위이자, 오랜 역사성을 지닌 자연집단이고 사회집단이다. 마을이 기본적으로 추운 겨울에 북쪽의 바람을 막아줄 수 있어야 하고, 식수나 농업용수로 사용할 수 있는 물이 풍족한 곳에 형성되며, 무엇보다도 농사지을 수 있는 삶의 터전이 있는 곳에 형성된다. 그러면서 이웃마을과 소통하며 다양한 정보를 주고받을 수 있는 곳을 이상적인 공간으로 인식되어 왔다. 마을은 농경생활과 정착생활이 이루어지면서 본격적으로 형성되는데, 신라시대의 마을이 호수나 인구를 기록하고 있고, 출생자와 사망자, 전출자 등이 기록되어 있으며, 징병 과세의 단위가 마을 단위로 기록되어 있는 것으로 보면[15] 마을이 중요한 생활공동체이었음을 알 수 있다. 마을이 생업공간과 주거공간의 기능을 기본으로 여가생활의 유희적 공간이자, 민속신앙의 종교적 공간이고, 혼례식과 장례식이 거행되는 의례적 공간 등의 역할을[16] 하고 있기 때문이다. 마을이 삶의 협력공간으로서 집단의식과 공동체적 가치를 중요시 여기고, 공동체적 삶의 질서를 중요시 여길 수밖에 없는 곳이다.

인간은 사회적 존재로서 경험의 유폐성을 극복하기 위해 다양한 소통을 통해 자기 욕망을 실현할 수 있는 공동체적 경험에 대한 강한 욕구를 가지고 있다. 그래서 마을이 여러 집이 모여 생활하는, 즉 공통의 생활공간을 근거로 삶의 다양한 공동체로 구성되어 있는 것이다. 마을공동체는 기본적으로 동일한 공간을 근거로 개인적인 이익을 기반으로 하고 있다는 점에서 공통적이지만, 공동체가 지향하는 목적에 따라 그 성격이 다르다. 마을공동체가 공통의 생활공간이라고 하는 물리적 기반과 공동체의 지향 목적에 따라 크게 제약을 받는다는 것을 말한다. 마을공동체를 크게 구성적 공동체(constituve community)와 도구적 공동체(instrumental community)로 구분할 수 있는데, 구성적 공동체가 공동의 실천과 목적, 도덕적 성원의식을 기반으로 하고, 도구적 공동체는 개인적 이익을 추구하는 것을 기반으로 한다.[17] 마을의 구성적 공동체로 가족과 촌계가 있고, 그 가입은 강제성을 지니지만, 그 차이는 가족이 혈연을 기반으로, 촌계가 가족을 초월한 지연을 기반으로 한다는 점이다. 도구적 공동체가 상호 간의 친목을 도모하거나 상부상조를 목적으로 하는 계(契)로서 가입은 대체로 개인의 자유의사에 따라 이루어진다. 그러한 예로 친목계, 혼상계, 상부계, 서당계, 동갑계, 화수계, 낙찰계 등이다. 이러한 구성적 공동체와 도구적 공동체가 마을마다 시기마다 다소 차이가 있지만, 마을에 거주하려면 다른 공동체보다도 촌계와 상부계에 반드시 가입하는 것이 관행처럼 여겨지는 경우도 많다.

하지만 구성적 공동체와 도구적 공동체가 그 물리적 기반인 농업노동→산업노동→조작노동으로, 즉 생업방식의 변화에 따라 소멸되거나 변화되어 지속되기도 한다. 그것은 1960년대 이후 도시화가 마을의 인구 구성을 바꾸고 인구를 감소시킨 것과 밀접한 관련이 있고, 특히 1970년대 새마을운동은 이러한 현상을 더욱 가속화시켰다. 따라서 전통적인 농촌마을, 1970년 이후의 새마을, 그리고 지자체가 본격화되는 1995년 이후의 문화마을로 구분하여 공동체의 지속과 변화 실상을 파악할 필요가 있다.

1) 농촌마을의 촌계 그리고 두레와 상부계

농촌마을의 대표적인 구성적 공동체가 촌계, 도구적 공동체가 두레와 상부계이다. 이들 공동체는 마을이나 시기마다 명칭이나 그 성격이 다르지만, 공통의 생활공간을 물리적 기반으로 하고 있다는 점에서는 유사하다. 촌계가 신앙공동체이면서 놀이공동체이고 예능공동체이며, 공동체생활 전반을 통제하고 수행하는 역할을 한다.[18] 그렇기 때문에 마을사람들이라면 의무적으로 촌계의 구성원이 되어야 하고, 마을에 새로 이주해온 사람은 규칙에 따라 정해진 기금을 내고 촌계의 계원이 된다. 촌계가 마을신앙을 주관하고, 도로 및 우물 등 공공시설을 보수하고 관리하며, 두레와 같은 공동노동 조직을 주관하기도 한다.[19] 그러한 점에서 촌계는 공동의 도덕적 의식을 바탕으로 공동의 목적을 실현하려는, 즉 마을 공간을 근거로 쌍방의사소통을 통해 강한 결속력을 구축하는 공동체인 것이다. 촌계의 임원이 마을의 행정적이고 공동체적인 임원의 역할을 겸하는 경우가 대부분이기 때문에 마을회의를 통해 선출된다.

촌계가 마을의 공식적 조직에 해당하고, 비공식적 조직인 두레와 상부계에도 적지 않은 영향을 미치기도 한다. 두레가 많은 노동력을 필요로 하는 벼농사에서 모심기를 시작할 무렵에 결성되고, 김매기가 끝나면 해체되는 노동공동체이다. 그리고 상부계는 상장례를 원활하게 거행하기 위한 것을 목적으로 결성된 의례공동체이다. 이 두 공동체는 공간상 이동의 은유적 시간을 바탕으로 생산적인 의미로서 공간적 가치를 중요시하는 관념이 바탕이 되고 있다. 두레와 상부계가 어떠한 도구적 공동체보다도 유기적인 연대감이 강하기 때문에 벼농사를 짓고 부모를 모시고 있는 가정에서는 반드시 가입해야 한다. 그것은 준강제성의 성격을 지닌다는 점에서 강제성이 강한 촌계와 유사하다. 하지만 촌계가 신앙공동체와 놀이공동체 혹은 예능공동체로서 역할이 약화되더라도 변화되어 지속되지만,[20] 두레는 일제강점기에 약화되어 1970년대까지 두레풍물굿을 통해 파편적으로 지속되다가 소멸되고,[21] 상부계는 장례전문예식장이[22] 등장하면서 약화되기 시작하였다.

이와 같이 농촌마을의 공동체가 강한 결속력을 구축하고 유기적인 연대감을 강화시켜 공동체의식을 발현시키고, 집단적인 가치를 중시하는 공동체문화를 형성하는 물리적 기반의 역할을 하고 있음을 알 수 있다. 그러한 공동체는 공통의 생활주거공간과 농업노동이라고 하는 공통의 생업방식을 물리적 기반으로 삼는다. 즉 공통의 생활주거공간과 농업노동이 공동체 형성에 많은 제약을 하고, 공동체 의식과 문화는 공동체에 의해 결정된다는 것을 의미한다. 따라서 공통의 생활주거공간과 생업방식의 변화가 공동체의 변화를 초래하고, 그에 따라 공동체 의식과 문화가 변화된다는 것이다. 이것은 모두 물리적 기반의 계기적 변화를 통해 기호적 경험이 끊임없이 변화되는 것을 보여준다.

2) 새마을의 마을총회 그리고 작목반과 농협

새마을운동은 1970년 4월 22일 '새마을가꾸기운동'을 주창하는 관주도의 운동이 1980년 <새마을운동조직육성법>에 의한 새마을운동중앙본부가 설립되어 민주도의 운동으로 전환되고, 2011년 <새마을운동조직 육성법>에 의해 '새마을의 날'이 국가기념일로 제정되는 과정을 통해 전개되어 왔다. 특히 1970년대 새마을운동이 마을환경개선사업을 비롯하여 영농기반사업, 정신계발사업과 생산소득사업 등으로 확대되나, 실질적으로 농가의 소득증대는 큰 효과를 거두지 못한다. 오히려 1979년에 이르러 농촌인구 1/3이 감소하고, 농촌에 장·노년층과 부녀자들만 남게 되는 이농현상이 심화되었다. 그리고 1980년대 전두환 정권이 새시대 정신혁명운동으로 승화시킨다는 국민운동으로 운동의 확장과 보편화를 강조하지만,[23] 이러한 일련의 과정에서 무엇보다 중요한 것은 새마을운동이 농촌마을은 물론 도시에 이르기까지 적지 않은 영향을 미쳤다는 사실이다.

새마을운동이 중요한 사회적, 국가적 이념의 역할을 하면서 마을공동체도 많은 변화가 이루어졌다. 특히 1970~1980년대는 마을의 전통적인 공동체가 약화되고 새로운 공동체가 조직되어 활동하는 시기이다. 구성적 공동체인 촌계가 신앙이나 노동, 의례적인 기능이 약화되어 공식적 조직인 마을총회로 변화되고, 그러면서 마을총회는 노인회, 부녀회, 청년회 등 공식적인 조직과 상보적 관계 속에서 활동한다.[24] 마을의 노인회가 1980년대부터 활성화되었고, 청년회는 4H(知·德·勞·體)운동이 1973년 새마을운동과 결합된 조직이다. 그리고 부녀회가 1980년 새마을운동중앙회가 발족되면서 마을 단위까지 조직되었는데, 농촌여성이 가부장적 관념 아래 사회·경제적 지위가 매우 낮았기 때문에 이를 개선하기 위해 구성되었다.[25] 이와 같이 마을의 노인회나 청년회, 부녀회 모두 새마을운동과 밀접한 관련이 있음을 알 수 있다. 새마을운동과 더불어 두레의 소멸과 상부계의 약화를 비롯한 도구적 공동체의 축소가 이루어고,[26] 새로운 공동체 작목반이[27] 결성된다.

작목반은 1970년부터 산지 생산·유통의 기초 조직으로서 농협에 의해 육성되어 왔지만, 1980년 전후에 쌀 작목반이 해체되어 새마을영농회로 흡수되고, 원예와 축산 등 이른바 성장작목 중심으로 전환된다. 이것은 상업적 영농에 대한 관심을 갖게 하는 계기가 되었다.[28] 그러면서 1980년대 중반 이후 작목반이 활성화되어 채소, 원예, 축산, 과일 등의 작목으로 확대된다. 작목반이 한 마을 내지는 2~3개 마을 단위로 이루어져 지역적 범위로 확대되기도 하고, 전국적인 협회로 발전하기도 한다.[29] 이러한 작목반은 새로운 형태의 노동공동체이면서도 친목을 도모하는 경제적 이익을 추구하려는 도구적 공동체의 성격을 지니고 있는 것이다.

새마을운동은 산업노동을 기반으로 한 산업사회와 밀접한 관련이 있고, 산업화가 농업, 농촌, 농민의 희생을 통해 공업화와 도시화를 추구하는 방향으로 전개되었기 때문이다. 산업사회는 노동이 상품화되고, 시간의 물질적 개념이 확대되며, 건조물적 공간의 가치를 중요시 여기는 사회이다. 이러한 사회에서 농촌의 경제적 침체를 극복하려 한 것이 1970~1980년대 새마을운동의 소득증대 사업이다. 1971년에 장기 저리의 정부 융자 공급, 국산품 수급 원칙 아래 농기계가 대량으로 공급되기 시작하고, 1974년 새마을 소득증대 특별사업을 시행하면서 특용작물, 원예작물, 양송이, 밤, 표고 등

21개 품목이 지정하여 추진된다. 그리고 1980년대에도 영농구조 개선사업과 과학영농, 협동생산, 유통구조 개선사업 등과 함께 소득증대 특별사업이 추진되었다.[30] 이러한 과정에서 농협이 국가 정책의 교량역할을 하면서 마을에 많은 영향력을 행사한 것이다. 예컨대 농협이 신품종 보급, 비료와 농약 공급, 각종 농자재 보급과 농업 기계화, 금융 공급 등을 주관하고 지원했다. 이에 따라 마을사람들에겐 농협의 가입이 선택이 아닌 필수와 같은 것이 될 정도로, 농협이 마을공동체에도 적지 않은 영향을 미쳤을 것으로 보인다. 실질적으로 농협이 마을의 도구적 공동체의 역할을 대체하는 데서 확인할 수 있다.

3) 문화마을의 마을총회 그리고 영농조합법인과 협동조합

1995년 민선 지방자치 부활 이후 문화체육관광부와 농림축산식품부가 지자체와 연계한 문화역사마을, 문화마을, 농촌관광마을 등의 <마을 만들기 사업>이 본격화되었다. 이 사업은 생태, 역사, 문화적 자원을 활용하여 농촌경제의 활성화를 도모하기 위한 마을문화상품을 만드는 것이다. 각 부처나 지자체마다 사업의 명칭만 다를 뿐 핵심은 문화마을 만들기라고 할 수 있다. 예를 들면 <문화역사마을 가꾸기 사업>은 방문자를 유도하여 경제적 자립이 가능한 마을을 만들기 위해 문화체육관광부가 예산을 지원하고 한국문화원연합회와 지방문화원들이 참여하는 사업으로, 2009년 13개 마을이 역사문화자원을 어떻게 활용할 것인가에 주안점을 두고 있다.[31] 이러한 사업이 도시에서도 이루어졌고, <2006년 성남의 우리동네문화공동체만들기 사업>을 통해 공동체의식이 한 지역에서 거주 기간이 길수록 증가하고, 거주자들의 협력적인 활동이 형성되는 장이 마련된 경우에 형성되며, 문화시설 공간의 쾌적한 환경 유지가 공동체의식을 증가시키는데 도움이 된다는[32] 결과를 보여주고 있다. 그리고 2009년 이후 아시아문화중심도시 사업의 일환으로 추진되는 <광주광역시 양림동문화마을 만들기 사업> 등이 대체로 자연마을이 아니라 동(洞)의 규모로 이루어지는 경우가 많았다. 그렇지만 2014년 이후 2017년까지 <문화특화지역 문화마을 사업>은 마을 공간에 기반을 둔 문화공동체를 만들어갈 수 있는 농촌과 도농복합지역의 32개 마을을 선정하여 진행되었다.

   문화마을은 마을사람들이 일과 주거가 공존하는 곳이나, 혹은 분리되더라도 주거생활과 여가생활이 공존하는 곳에서 과거의 문화를 통해 현재의 문화적인 의미를 파악하고, 미래의 문화를 창출할 수 있는 마을이다. 문화마을의 구성적 공동체가 노인회, 청년회, 부녀회를 통합한 공식적 조직인 마을총회이고, 도구적 공동체인 작목반은 영농조합법인으로 전환되고, 생산자의 이익을 보호하고 확대하기 위한 협동조합으로 발전되기도 한다. 영농조합법인의 출발은 작목반에 있고, 수도작 이외의 작물들의 상업화가 진전되고 사업적 성격이 강화되면서 지역단위 농민들의 다양한 결집체로 성장하기 시작했다. 그래서 생산과정과 판매사업 등을 공동으로 하고, 유통과 가공을 결합하려는 움직임으로 나타나기도 한다.[33] 그리고 협동조합은 2012년 협동조합기본법이 제정되어 발기인 5인 이상이면 설립할 수 있도록 완화되면서 결성된 농업생산조직체이고, 농산물을 공동으로 판매할 수 있는 생산조합의 성격이 강하다. 이것은 농업 생산조건의 변화와 더불어 농업 생산주체도 변화하고 그에 따라 새로운 농업 생산조직들이 등장하고 있는 것을 보여주고 있는 것이다. 여기서 중요한 것은 마을총회가 공통의 생활공간을 근거로 구성원들의 결속력이 강하다면, 영농조합과 협동조합은 생활공간을 초월한 외부인과의 연대감이 강하다는 점에서 차이가 있다.

문화마을에서 구성적 공동체인 마을총회가 농촌마을 촌계의 전통을 이어가고 있는 것은 공식적 조직의 성격을 지니고 있기 때문이고, 촌계의 기호적 전이를 통해 변화되어 지속된다. 도구적 공동체는 개인적 이익을 추구하는 것이 공통적이지만 그 방식과 형태가 변화되고 있다. 예컨대 두레가 작목반으로, 작목반이 영농조합법인으로 변화되고, 마을에서 지역으로 혹은 전국적으로 확대되며, 협동조합의 증가가 그것이다. 이러한 것은 인간의 욕망을 실현하려는 기호적 확장을 통해 도구적 공동체가 경제적 이익을 추구하려는 경향에서 비롯된다. 즉 문화마을의 공동체 변화가 농업 생산 환경의 변화, 즉 농기계의 확대와 자동화에 따른 대단위 농지 경영, 소품종 벼농사 중심에서 다양한 농산물 재배로 확대, 생산자와 소비자 간의 직거래 등이 실현되면서 이루어진 것이다. 이것은 근본적으로 공간상의 이동이나 물질보다도 속도가 강화된 은유적 시간관념을 바탕으로 농업노동이나 산업노동보다도 조작노동을 중시하게 되고, 생산이나 건조물적 공간보다도 유통이나 온라인 공간을 더욱 가치화시키는 것을 토대로 하고 있다.

　오늘날 문화마을 공동체는 마을의 인구 구성에 따라 크게 영향을 받는데, 과거에 비하면 인구의 감소, 남성보다도 여성 인구 증가, 고령화가 심화되고 있고, 구성원의 출신, 이주, 직업 등의 성향에 따라 영향을 받기도 한다. 특히 마을구성원이 원주민, 귀향인, 귀농인, 이주민 등으로 확대되고 있다.[34] 무엇보다도 이주여성에 대한 관심을 가질 필요가 있는데, 1990년 후반부터 국제결혼의 증가와 결혼이민자들의 정주화가 본격화되고, 2006년에 처음으로 다문화가족지원센터가 지방자치단체 차원에서 운영되기 시작하면서 마을공동체 구성에도 영향을 미치고 있기 때문이다. 이러한 환경은 공동체의 역할과 성격의 변화를 초래하기도 한다.

4. 공동체의 변화 요인

이와 같이 인간은 경험의 유폐성을 극복하기 위해 끊임없이 의사소통의 노력을 강구해왔는데, 그것은 공동체의 결성으로 이어졌고, 공동체가 물리적 기반의 변화에 따라 다양한 모습을 보여주고 있는 것을 확인할 수 있었다. 이러한 변화의 요인을 크게 두 가지 방향으로 정리할 수 있다.

먼저 농촌마을의 노동방식이 공동체 변화에 많은 영향을 미친다. 1970년까지만 해도 농촌마을의 노동방식은 자연의 변화에 따른 육체노동이 주류였지만, 새마을운동과 산업화 그리고 도시화가 가속화되는 1970~1980년대는 농기계의 확대가 이루어지고 원예농업이 본격화되는 시기다. 2차 산업이 발달하여 농기계가 육체노동을 대신하고, 원예농업이 온도 조절능력을 갖춘 각종 농자재가 생산되면서 농업의 변화가 가속화되었다. 지방자치가 본격적으로 이루어지기 시작한 1995년 이후부터는 농산물의 생산에만 그치는 것이 아니라 농산물의 가공과 유통을 요구하게 된다. 그에 따라 조작노동을 바탕으로 한 농기계의 발달과 첨단정보기술농법이 확대되고 있다. 농업이 단순히 육체노동으로만 이루어지는 것이 아니라 산업노동과 조작노동을 가능케 하는 정신노동을 요구하고 있는 것이다. 정리하자면 노동방식이 농업노동→산업노동→조작노동으로 변화되어 확대되고 있음을 보여주고 있다.

일반적으로 노동방식이 산업과 밀접한 관련이 있고, 그것은 사회의 성격을 규명하는데 중요한 역할을 한다. 예컨대 농경사회가 1차 산업 농업이 주업이고, 농업의 육체노동을 물리적 기반으로 한다면, 산업사회는 2차 산업 제조업이 중심이고, 대량생산과 노동의 상품화에 따른 기술집약적 산업노동을 물리적 기반으로 한다. 그리고 지식정보산업사회가 3차~4차 산업인

서비스업과 정보산업이 주류이고, 육체노동보다도 정신노동이 강화되는 조작노동을 물리적 기반으로 한다. 이처럼 노동방식의 변화가 가족공동체의, 즉 대가족→핵가족→수정가족으로의 변화를 초래하고, 마을공동체의 구성적 공동체인 촌계가 노인회-청년회-부녀회를 포괄한 마을총회로, 친목 및 의례적 기능의 도구적 공동체는 약화되지만, 공동 노동과 생산의 기능을 수행하는 도구적 공동체가 두레→작목반→영농법인으로 변화되는데 영향을 미쳤다.

   노동방식의 변화가 시간과 공간 관념을 변화시키고, 이것은 시간과 공간 관념 변화가 노동방식에 영향을 미치기도 한다는 것을 의미한다. 시간은 그 자체로 개념화되는 것이 아니라 공간상에서 운동과 사물에 근거한 은유적 인지과정과 사건들과 상호관계에 근거한 환유적 인지과정에 의해서 형성된다.[35] 여기서 가장 근원적인 시간 개념화 근거가 공간상의 이동과 사건이고, 그것은 다름 아닌 인간의 노동이 가장 원초적인 근거가 되는 것이다. 노동은 과거로부터 오늘에 이르기까지 인간 생존의 중요한 조건이고, 노동에서 효율성을 높이기 위한 도구가 바로 시간이었다. 즉 농업노동을 기반으로 하는 농경사회는 공간 이동적 시간관념, 산업사회가 물질 중심의 시간관념, 지식정보산업사회는 속도 중심의 시간관념을 갖게 되었던 것처럼 시간에 대한 인식이 변화되었다. 특히 속도 중심의 시간관념이 물리적 공간경계를 극복하여 공간을 통합하고, 가상공간의 삶으로 확장시키는데 중요한 역할을 하였다. 이러한 시간관념의 변화가 공간 가치의 변화에도 영향을 미친다. 농경사회는 농산물의 생산 공간, 산업사회가 건조물을 구축할 수 있는 공간, 지식정보산업사회는 다양한 물질을 유통할 수 있는 공간이나 가상공간이 중요한 가치를 갖게 한다. 즉 시간관념의 변화가 생산적 공간→건조물적 공간→유통 공간/가상공간의 가치로 변화시킨 것이다.

두 번째로 공공정책이 공동체의 변화에 적지 않은 영향을 미친다. 마을의 공동체가 노동방식에 따라 크게 변화되지만, 이것은 어디까지나 생산조건의 환경 변화와 맞물려 있다. 생산조건이 노동방식에 많은 영향을 미치고, 그것은 생산조직인 마을공동체에도 영향을 미치기 마련이다. 농경사회의 생산조건으로 자연환경이 크게 작용하지만, 산업사회와 지식정보산업사회의 생산조건은 상당부분 인공적으로 극복되면서 노동방식이 변화되고, 그에 따라 공동체도 변화된다. 특히 생산조건의 변화가 국가나 지자체에서 추진하는 공공정책의 영향을 받을 수밖에 없다. 공공정책은 기본적으로 농촌 마을의 경제성을 향상시키는데 주안점을 두는데, 산업사회와 지식산업사회의 새마을운동과 마을만들기 사업이 대표적인 예이다.

새마을운동은 근면·자조·협동의 기본 정신과 실천을 추진하는 운동으로, 1970년대 공업화 우선 정책에 따라 농촌의 후진성을 극복하려는 박정희 정권의 농촌개발정책으로부터 시작되었다. 새마을운동이 지역새마을운동, 부녀새마을운동, 새마을청소년운동 등으로 분화되었는데, 이것은 마을에서 부녀회와 청년회가 결성되어 활동할 수 있었던 배경이 되었다. 즉 부녀회와 청년회가 새마을운동 실천조직의 하나이기 때문에 마을의 중요한 공동체로로 정착한 것이다. 1970~1980년대는 농촌에서 부녀회와 청년회가 마을총회와 상보적 관계를 유지하면서 공동체운동의 중심 역할을 했다. 이러한 운동은 1995년 이후 마을만들기 사업이 전개되고 있는 오늘날까지도 지속되고 있다. 비록 청년회가 지속되고 있지만 마을 인구 고령화로 인해 예전처럼 활발하지는 않다. <마을 만들기 사업>은 문화체육관광부나 농림축산식품부, 혹은 지방자치단체에서 주도적으로 시행하는 공공정책의 하나이다. 이러한 정책의 핵심은 마을의 경제적 활성화를 도모하려는 것으로, 작목반이나 영농법인, 협동조합 등이 결성되는 계기가 되었다.

각 주

1 G.레이코프·M.존슨 지음(임지룡·윤희수·노양진·나익주 옮김), 위의 책, 351~352쪽.

2 경험의 전달과 공유는 우리가 동일한 종으로서 공유하는 삶의 형식의 유사성에 근거하기 때문에 공공성과 변이성에 따라 달라진다. 의사소통은 물리적 층위의 경험 영역에서 현저한 공공성을 드러내며, 기호적 층위로 확장되는 과정에서 점차 더 큰 변이를 드러낼 것이다. 물리적 경험이란 물리적 사물과의 직접적인 신체적 상호작용을 말한다.(노양진, 위의 책, 173~174쪽)

3 노양진, 『몸이 철학을 말하다』, 서광사, 2013, 89쪽.

4 공동체는 생활 터전을 같이 하는 집단으로 개별적인 의식과 가치보다는 집단적 의식과 가치를 중요시 하는 삶의 협력체다. 삶의 협력체 속에서 문화가 전승되고 학습되어 공유된다.(표인주, 「칠석마을 공동체의 지속과 변화」, 『호남문화연구』 제50집, 전남대학교 호남학연구원, 2011, 348쪽)

5 표인주, 『남도민속학』, 전남대학교출판부, 2014, 12~22쪽.

6 이두현 외, 『한국민속학개설』, 일조각, 1993, 41쪽.

7 지춘상 외, 『남도민속학개설』, 태학사, 1998, 126~130쪽.

8 표인주, 앞의 책, 16쪽.

9 표인주, 「홍어음식의 기호적 전이와 문화적 중층성」, 『호남문화연구』 제61집, 전남대학교 호남학연구원, 2017, 12~13쪽.

10 표인주, 「호남지역 민속놀이의 기호적 변화와 지역성」, 『민속연구』 제35집, 안동대학교 민속학연구소, 2017, 367쪽.

11 G.레이코프·M.존슨 지음(임지룡·윤희수·노양진·나익주 옮김), 앞의 책, 240쪽.

12 표인주, 『체험주의 민속학』, 박이정, 2019, 174쪽.

13 최인학 외, 『한국민속학 새로 읽기』, 민속원, 2001, 63쪽.

14 공감장이란 파편화되고 고립된 삶에 준안정적 통일성을 부여하고 지속적으로 자기를 배려하고 동시에 사회적 관계성을 구축해 나가는 삶의 기예가 펼쳐지는 장소이다.(정명중, 『신자유주의와 감성』, 전남대학교출판문화원, 2018, 198쪽)

15 이두현 외, 앞의 책, 24쪽.

16 표인주, 『남도민속학』, 전남대학교출판부, 2014.

17 최협 외, 『공동체론의 전개와 지향』, 선인, 2001, 26~35쪽.

18 최협 외, 『공동체의 현실과 전망』, 선인, 2001, 118쪽.

19 표인주, 앞의 책, 29~30쪽.

20 칠석동에서는 마을의 정기적인 전체회의를 대공사(大公事)라고 부른다. 대공사는 매년 음력 2월 초하루에 개최되는데, 마을 주민 모두가 참여하여 마을의 각종 운영에 관한 최고 의결의 장이다. 가장 중요한 안건은 임원 선출을 비롯하여 수세 결정, 고지, 가래삯, 각종 노임 등 농업활동에 관한 것이다.(표인주, 「칠석마을 공동체의 지속과 변화」, 『호남문화연구』 제50집, 전남대학교 호남학연구원, 2011, 356쪽)

21 칠석동에서는 두레가 오래 전에 단절되었지만, 두레와 같은 공동노동조직의 역할을 하는 '논메기'가 1975년도까지 지속되었다. 논메기는 고지를 먹는 사람, 품앗이, 놉, 쟁기질 삯을 받을 사람들을 중심으로 구성된다. 논메기가 끝나면 즉흥적으로 소를 타자고 제의가 이루어지고, 농악대와 일꾼들이 행진을 하면서 머슴을 태운 소를 몰고 주인집으로 향한다. 주인집에 도착하면 농악가락에 맞추어 노래 부르고 춤을 추는 풍물굿놀이를 하고, 이에 주인집은 음식으로 대접한다. 이 놀이를 칠석동에서는 '들놀이'라고 부른다.(표인주, 『남도민속문화론』, 민속원, 2002, 317쪽)

22 장례식장은 1973년부터 의례식장업과 도구 등의 대여업이 허가제로 바뀌고, 장례식장의 규격을 시행규칙으로 제정함으로써 장례식장의 공식화를 촉진하면서 장례식장이 공식적으로 탄생되었다. 이에 따라 가정에서 행해졌던 상례가 장례식장에서 본격적으로 치러지게 되었다.(김시덕, 「도시 장례식장에서 지속되는 상례의 문화적 전통」, 『실천민속연구』 제9호, 실천민속학회, 2007, 109쪽)

23 윤충로, 「새마을운동 이후의 새마을운동」, 『사회와 역사』 109권, 한국사회학회, 2016, 198~218쪽.

24 칠석동에서는 마을총회나 행사를 노인회, 부녀회, 청년회가 모두 협력해서 마을의 모든 행사를 원활하게 수행하고 있다.(표인주, 앞의 논문, 378쪽)

25 새마을부녀회의 사회·경제적 활동은 농촌여성의 사회적 자본 형성으로 이어졌고, 가정 혹은 지역사회 내에서 역할이 부여되고, 이에 상응하여 사회·경제적 지위가 향상되었다. 이 과정에서 마을부녀회 회원 간 지역사회 구성원 간의 신뢰관계가 구축되었으며, 결국 여성의 권익이 신장되고 양성평등이 크게 개선되었다.(지성태·이요한, 「ODA관점에서 본 새마을운동의 범분야(Cross-Cuting) 이슈에 관한 연구」, 『한국지역개발학회지』 28권 4호, 2016, 70쪽)

26 칠석동의 마을공동체는 마을총회, 큰상부계, 수리계, 작목반 등이고, 소규모 공동체로는 부녀회, 노인회, 청년회, 위친계, 죽령계, 옻돌계 등이 있다. 이러한 공동체의 역할은 상당부분 고싸움놀이보존회가 담당하고 있지만, 상부계인 큰상부계와 위친계는 크게 약화되어 그 활동이 미약하다.(표인주, 앞의 논문, 377~384쪽)

27 작목반이란, 거주 지역 또는 경지집단별로 동일 작목을 재배하는 농가들이 모여 협동을 통한 생산성 증대를 목적으로 활동하는 농산물 산지유통의 핵심조직이다.(이상영, 「작목반 육성과 농협의 과제」, 『한국농촌지도학회지』 제3권 제2호, 한국농촌지도학회, 1996, 219쪽)

28 이상영, 위의 논문, 221쪽.

29 윤수종, 「농업생산조직과 지역발전」, 『현대사회과학연구』 13권, 전남대학교 사회과학연구소, 2009, 65쪽.

30 황병주, 「새마을 운동을 통한 농업 생산과정의 변화와 농민 포섭」, 『사회와 역사』 90권, 한국사회사학회, 90권, 2011, 5~48쪽.

31 김둘이·소현수, 「문화역사마을가꾸기 사업의 역사문화자원 활용 방식 고찰」, 『농촌계획』 제24권 제1호, 한국농촌계획학회, 2018, 33~43쪽.

32 박수현·김태영·여관현, 「문화마을만들기에서 공동체의식 형성요인 연구」, 『한국지역개발학회지』 25권 5호, 한국지역개발학회, 2013, 226~227쪽.

33 윤수종, 앞의 논문, 67~69쪽.

34 원주민은 마을에서 태어났거나 결혼한 사람으로 지속적으로 생활해온 사람이고, 귀향인은 마을에서 태어나고 성장했지만 도시에서 생활하다가 귀향한 사람이며, 귀농인은 마을과는 연고가 없으나 농업을 위해 귀촌한 사람이다. 이주민은 국제결혼을 통해 정착한 이주여성, 농업과 관련 없는 공간을 마련하여 활동하는 사람, 거주생활만 하는 사람 등을 말한다.

35 G.레이코프·M.존슨 지음(임지룡·윤희수·노양진·나익주 옮김), 앞의 책, 207~251쪽.

제3장

물질경제생활

1. 두레와 품앗이

두레는 농촌에서 농사일을 서로 협력하고 공동 작업을 하기 위한 촌락이나 리(里) 단위의 농업노동조직을 말한다.[1] 두레는 대체로 조선 후기 농법의 발달, 즉 농법이 직파법에서 이앙법으로 바뀜에 따라 이앙 시기에 노동력의 집중화를 요구하게 되면서 대규모 노동조직의 필요성에 의해서 발생한 것으로 생각된다.

직파법이라 함은 볍씨를 논에 뿌려서 농사를 짓는 방법이고, 이앙법은 볍씨의 싹을 틔워 못자리에서 자라게 한 다음 어린 모를 옮겨 심어 벼농사를 짓는 방법을 말한다. 직파법에서 이앙법으로 바뀌면서 수확량도 크게 증가했다. 그렇지만 오늘날 농촌의 인구가 고령화되고 일손이 줄어들면서 다시 직파법으로 벼농사를 짓는 농가도 많이 생겨나고 있는 실정이다.

두레는 주로 농번기의 모내기에서 모를 심고 나서 잡초를 뽑기 위한 김매기를 마칠 때까지 시행된다. 두레에는 촌락에 거주하고 있는 마을 주민이라면 누구나 참가해야 하는 강제성을 지니기도 한다. 남도지역에서는 주로 지역에 따라 시정, 동각, 우산각, 유산각이라고 부르는 모정(茅亭)에서 두레가 결성되었다. 두레의 조직은 자연 촌락을 단위로 10명에서 크게는 50명 내외로 구성되었으며, 마을이 큰 경우는 두레 조직이 반드시 하나만 있는 것은 아니라 마을 규모에 따라 두레 조직과 그 수가 결정되었다.

두레에 참여할 수 있는 자격은 대개 16세 이상의 성인 남자들이지만, 단순히 나이가 들었다고 해서 두레에 가입할 수 있는 것은 아니다. 반드시 성인 남자로서 일할 수 있는 노동력을 가지고 있는지를 시험받아 통과된 자만 그 자격이 주어진다. 시험은 주로 무거운 절구통이나 돌을 들어 올리는 힘자랑이었는데, 이것을 남도 지역에서는 '주먹다듬이' '진서턱' '들돌들기'라고 부른다. 어찌 보면 성년의례가 유교의 식자층에서는 관례(冠禮)와 계례(笄禮)였다면, 농민들에겐 들돌들기가 성인으로서 입사의식이었던 셈이다.[2] 들돌은 항상 당산나무 아래나 모정 주위에 보관되어 있다.

두레가 결성되면 역할을 분담한다. 가령 일꾼들의 응원단이라고 할 수 있는 두레농악단의 악기를 다룰 사람, 노동의 호흡을 맞추고 노동의 피로를 덜기 위해 부르는 민요(모심기노래, 김매기노래 등)의 앞소리를 부를 사람을 먼저 선정한다. 이들은 어느 정도 민속음악적인 재능을 지닌 자들이며, 그러한 능력이 없는 자들은 당연히 일꾼으로서 그 역할을 수행한다.

두레패가 단순히 노동의 조직만은 아니다. 한편으로는 기층민들의 예술 집단으로 이해할 필요가 있다. 그것은 두레패가 단순히 일터에서 일만 하는 것이 아니라 일하면서 두레농악의 반주에 맞추어 노래를 부르기도 하기 때문이다. 이처럼 공동으로 일을 하고 노래를 부름으로써 농민문화예술의 창조의 기능을 수행하는 것은 물론 일꾼들 간의 공동체의식을 함양할 수 있고, 나아가서는 사회 통합의 기능을 수행하기도 한다.

두레의 해체는 당연히 결성했던 장소인 모정에서 이루어지고, 김매기가 끝날 무렵인 칠월 칠석이나 백중날에 많이 이루어진다. 이 때 '길꼬냉이' '풍장' '술멕이날'이라 하여 큰 놀이판이 벌어지기도 한다. 이날 두레에 가입할 자격을 부여받는 사람은 진서턱을 내야하고, 농사를 많이 짓는 가정에서는 음식과 술을 준비하여 그동안 고생한 일꾼들에게 대접하기도 한다.

결국 모정은 두레 결성의 공간이면서 해체의 공간이었던 것이다. 모정은 마을 주민들이 여름철의 더위를 피하면서 휴식을 취할 수 있도록 개방된 마루로 된 정자를 말하는 것으로 남도지역의 가장 대표적인 농경문화의 유산이다. 모정이 남성들의 여름철 휴식공간이라면, 겨울철의 휴식공간은 사랑방이라 할 수 있지만, 요즈음은 마을회관이나 복지관이 그 역할을 대신하기도 한다. 예전에는 모정에 여자들이 드나들 수 없었으나, 최근 들어 농촌 인구의 고령화와 수명 연장에 따른 여자 인구의 증가로 여자가 모정에 출입하는 경우가 많아졌다.

  모정은 대개 마을의 입구나 중앙에 있는 당산나무 아래 건립되어 있기 때문에 마을의 핵심 공간이라 할 수 있다. 모정이 마을사람들에게는 여름철의 더위를 피하여 휴식을 취하는 공간이자, 다양한 농사 정보를 주고받는 정보 교류의 공간이다. 그리고 마을 주민들은 모정에 모여 마을 대소사의 문제를 해결하기 위해 논의하는 대화의 공간으로서 사회의 관심거리를 이야기하기도 하고, 세상 돌아가는 이야기를 주고받는 곳이면서 때로는 고담(古談)를 나누고 민요를 부르기도 하기 때문에 모정은 한편으로 정치·사회·문화예술의 교류의 장이었던 것이다.

  그런가 하면 모정은 풍류의 공간이기도 하다. 서민들의 풍류(風流)가 모정을 중심으로 이루어졌다면, 지식인층의 풍류는 아무래도 누정(樓亭)에서 이루어졌다고 할 수 있다. 모정은 민요, 설화 등의 구술문학의 산실이요, 누정은 시조나 가사 등의 시가문학의 산실이라 할 수 있다. 남도지역이 풍류의 고장이라고 말하는 것은 모정과 누정이 많은 것을 근거로 하고 있음이다. 혹자는 모정의 분포권을 토대로 남도와 호남의 영역을 설정하기도 한다.

  마을 주민들의 노동조직으로서 통일된 공동체의식을 갖게 해 주었던 두레는 한국 농촌의 경제가 본격적으로 화폐경제 체제로 들어서면서 서서히

쇠퇴한 것으로 보이며, 특히 일제 말기의 농촌 말살 정책으로 인해 완전히 사라지게 이르렀다. 이 시기에는 조선총독부에서 마을 주민들이 집단으로 모이는 것을 탄압하였는데, 그 과정 속에서 두레의 결성이 어렵게 되었을 것이고, 공동체 예술인 굿물(농악)을 치는 것은 물론 공동체 놀이인 줄다리기도 하기 어려웠을 것이다. 어찌 보면 집시법 위반자들은 70·80년대 민주화 운동을 하던 사람들보다도 일제시대의 농민들이 대선배들이라 해도 틀린 말은 아닐 듯싶다.

두레와 더불어 공동노동을 위한 협동체계로서 품앗이가 있다. 품앗이는 1:1의 노동력 교환방식으로 산업화가 가속화된 오늘날에도 그 명맥을 이어오고 있다. 품앗이는 두레와 달리 개별적으로 행해지며, 소규모적이고 비강제적인 특징을 지니고 있고, 연중 그 시기를 가리지 않고 구성되어 왔다. 품앗이는 가족의 노동력만으로 농사일을 수행하기 어려울 때 주로 행해졌다. 품앗이 구성인원은 4~5명 정도이며, 남녀를 가리지 않고, 논농사보다는 밭농사에 여성들의 품앗이가 많이 이루어졌다.

농가에서 품앗이를 서로 하기 위해서는 이웃 간의 정이 두터워야 한다. 이웃과의 갈등은 농사일을 원만하게 수행하는데 적지 않은 어려움을 갖게 했다. 따라서 항상 이웃을 배려하고 자기 중심적인 행동을 하지 않으며, 항상 남을 의식할 줄 아는 삶의 방식이 필요했던 것이다. 품앗이가 본질적으로 임시적인 노동력 확보 수단의 의미를 지니고 있지만 이웃 간의 화목을 도모하고 공동체의식을 강화시키는 계기를 만들어 준다는 점에서 중요한 의미를 지니고 있다.

농촌에서 노동의 관행으로 두레와 품앗이 이외에도 '고지'와 '놉'이 있다. 고지(雇只)는 춘궁기에 식량이 부족하면 쌀이나 보리쌀을 빌려오고 그 대가로 농사일을 해주는 노동방식이다.[3] 이것은 먼저 임금을 지불하고 나중에

노동력을 요구하는 방식이다. 마치 선임금 후노동력 지불 방식과도 같다. 그런가 하면 놉은 노동력을 먼저 요구하고 나중에 그 대가를 지불하는 방식으로 선노동력 후임금 지불 방식이다. 흔히 농가에서는 이 방식으로 일꾼을 구하는 것을 '놉 얻는다'라고 말하고, 농사일을 하도록 하는 것을 '놉 부린다'라고 말한다.

두레와 품앗이가 협동 및 교환노동의 성격을 지닌 전통적인 노동형태였다면, 고지와 놉은 임금노동의 형태로서 오늘날은 이 노동 형태가 기의 주류를 이루고 있다. 비록 전통적인 노동형태가 거의 사라져 가고 있지만 두레와 품앗이의 정신만은 임금노동 현장에서 계승될 필요가 있다. 그래서 노동자와 사용자가 하나 되고, 노동자 간의 공동체적인 유대관계를 돈독히 하여 대립과 반목이 없는 일터가 되도록 다 같이 노력해야 할 것이다.

2. 의생활과 의례복

인간의 의생활은 기후, 지형 등의 자연적인 환경과 사회적 환경, 생업형태 및 종교에 따라 달리 나타난다. 흔히 우리나라에서는 의복을 크게 의례복, 일상복, 노동복 등으로 나눈다.[4] 농경사회에서는 일상복과 노동복이 크게 구별되어 있지 않았지만, 장날에 장보러가거나 혼례 잔치에 갈 때 입는 옷 그리고 외출할 때 입는 옷과 노동복은 구분되었다. 의례복이라 함은 사람이 태어나서 삶을 영위하고 죽기까지 단계별로 거치는 의례에서 입는 옷을 말한다.

우리나라는 사계절이 분명하여 옷을 계절별로 입는 경우가 많고, 전통사회에서 일상복은 대개 여름옷과 겨울옷으로 나누어진다. 여름옷은 모시나 삼베옷이 많으며, 겨울옷은 명주나 무명옷이 많았다. 삼베옷이나 무명옷은 풀을 먹여 빳빳하게 하였을 때 멋스럽다. 우리 조상들은 옷에 풀을 먹이더라도 자연의 섭리를 수용하는 지혜를 가졌음을 엿볼 수 있다. 예컨대 한여름을 시원하게 보내기 위해 입는 삼베옷에는 한냉(寒冷)식물인 보리를 재료로 만든 풀을 사용했는가 하면, 추운 겨울에 입는 무명옷에는 보온효과를 높이기 위해 쌀풀을 사용한 것이 그것이다.

농가에서 어른들은 "사람이 추운 겨울에 보리더미 속에서 얼어 죽은 사람은 있으나, 짚더미 속에서 얼어 죽은 사람은 없다"고 말하기도 한다. 보리더미는 봄에 보리를 수확하고 그 줄기를 모아 놓은 것이며, 짚더미는 짚을 쌓아 놓은 것을 말한다. 보리는 한기(寒氣)를 발산하는 식물이어서 더운 여름에 더위를 식히는데 큰 도움이 된다. 그런가 하면 벼는 온기(溫氣)를 발산한 식물인 까닭에 아무리 춥다고 할지라도 짚더미 속에서 추위를 견뎌낼 수 있다. 옛날에 서민들은 한지(韓紙)로 만든 방자리를 사용할 여력이 없었기 때문에 여름에는 대나무를 이용한 대자리를 많이 사용했고, 겨울에는 짚으로 만든 멍석을 방자리로 사용하기도 했다.

예나 지금이나 웃옷을 보면 남자 옷인지 여자 옷인지 구분이 가능하다. 그것은 단추가 남자 옷과 여자 옷에는 각각 다른 곳에 달아져 있기 때문이다. 남자 옷의 단추는 옷을 입은 사람의 입장에서 오른쪽에 달아져 있고, 여자는 그 반대이다. 그러나 전통사회에서는 저고리를 입을 때 여자와 남자의 구분이 없었던 것으로 생각된다. 다만 유교가 당시 사회 지배이념이었던 조선시대에 양반과 상민의 구별을 위해 옷을 이용한 것으로 보인다. 가령, 여성들의 치마 여밈이 양반들은 왼쪽 여밈을, 상민들은 오른쪽 여밈이었던 것을 보면, 당시 양반과 상민들의 옷 입는 모습이 서로 달랐음을 알 수 있다.[5] 이러한 것이 종국에 가서는 남자와 여자의 차별로 이어진 것으로 추측된다.

남자는 왼쪽 여밈을, 여자는 오른쪽 여밈을 하게 된 것이다.

한 인간이 태어나서 죽기까지 거치는 의례에서 입는 옷으로 배냇저고리, 백일복, 돌복, 혼례복, 수의를 들 수 있다. 배냇저고리는 아이가 태어나면 쑥물로 목욕시킨 뒤 맨 처음에 입히는 옷을 말한다. 배냇저고리를 배안에옷, 이레안에옷, 이레안적삼, 간난이저고리, 이레옷, 배내옷, 칠일적삼 등으로 부르며, 산모나 시어머니, 친정어머니 등이 출산 5개월 전에 만든다. 옷감은 주로 흰 무명이나 전감, 융, 가제로 만들고 단추 대신 실이나 옷고름을 길게 달아준다. 옷고름을 길게 다는 것은 그만큼 명이 길어진다는 뜻이다. 요즈음은 배냇저고리가 의류 회사에서 제작되어 판매되고 있다.

그러나 아이의 옷을 고를 때 실용성도 중요하지만 아이의 미래를 기원하는 마음이 듬뿍 담긴 옷을 선택하는 것이 부모의 도리라 생각된다. 그런데 개중에는 아이 중심이 아닌 부모 중심으로 부모가 좋아하는 색깔과 디자인만 생각하고 고르는 경우가 있어서 안타깝기 그지없다.

배냇저고리는 백일 전까지 입히기도 하나 주로 삼칠일 동안 입힌다. 아이가 성장해서 더 이상 입힐 수 없는 경우 그 옷을 보관해 두었다가 다음 동생이 태어나면 입히기도 하는데, 여자아이가 입었던 옷은 재수가 없다고 하여 절대로 남자아이에게 입히지 않는다. 그것은 남자와 여자의 차별에서 비롯된 것이다. 때로는 배냇저고리를 보관해 두었다가 집안 식구가 시험 보거나 재판 받을 때 몸에 지니고 가면 재수 본다고 하는 속신(俗信)도 있다.

백일복으로 남자아이는 100조각으로 만든 색동저고리에 풍차바지를 입은 뒤 남색 조끼에 보라색 두루마기와 쾌자를 입고, 여자아이는 다홍치마에 색동저고리를 입는다. 여기서 100쪽의 헝겊으로 백일복을 만들어 입은 이유는 크게 두 가지로 정리된다. 먼저, 100쪽의 헝겊으로 백일복을 지어 입히는 것은 100살까지 살라는 축원적(祝願的)인 의미에서 비롯된 것이고, 두 번째로 '백'의 숫자를 '많다'로 해석하여 많은 헝겊을 이어서 옷을 만들어 입히는 것은, 곧 헝겊조각이 명을 뜻하니 명을 많이 이어서 수명장수를 기원하기 위한 것이다. 아이의 백일잔치에서 백 집에서 얻어 온 쌀로 백설기, 수수팥떡 등 백 개를 만들어 친척이나 이웃에게 돌린다. 이때도 마찬가지로 '백'을 '많다'로 해석하여 많은 집에서 얻어온 쌀로 떡을 많이 만들어 이웃에게 돌리는 것으로 해석하는 것이 좋을 듯 싶다.

농가에서 많은 농사를 짓는 가정을 두고서 '천 석 지기'니 '만 석 지기'니 하는 경우가 있다. 이 때 '천'과 '만'은 '많다'라는 의미로 해석해야 한다. 그래서 천 석이나 만 석 정도로 많은 벼를 수확하는 농가라는 뜻이다. 운주사의 창건 전설을 보면 도선국사가 천불천탑을 세웠다고 말하고 있는데, 실제로 1,000개의 불상과 1,000개의 석탑을 세웠다고 이해하기보다는 오히려 '천'을 '많다'라고 해석하여 운주사에 많은 불상과 석탑을 세웠다라고 해석하는 것이 바람직하리라고 생각한다.

돌복은 아이들에게 가장 호사치레를 할 수 있는 옷으로, 남자아이는 색동저고리에 풍차바지를 입은 뒤 남색 조끼에 보라색 두루마기와 남색 쾌자를 입고, 머리에는 검은 복건을 씌우며 허리에 돌띠를 두른다. 그리고 여자아이는 색동저고리에 빨간 치마를 입으며, 머리는 땋아서 빨간 댕기를 드리고 타래버선을 신고 꽃신을 신는다.

혼례복은 인간이 태어나서 일생의 최고의 호사치레를 하는 옷이다. 혼례식장에서 신랑은 사모관대를 하고, 신부는 원삼 족두리 차림을 한다. 그리고 속옷으로 반드시 솜저고리나 솜바지를 입어야 한다. 아니면 저고리의 깃이나 바지허리에 솜을 넣는 시늉을 해야 한다. 그것은 솜이 부(富)와 사랑을 상징하기 때문이다. 솜이 본래 부풀어 오르는 특성이 있어서 솜처럼 신랑과 신부의 부와 사랑이 부풀어 오르라는 주술적인 의미가 반영되어 있다.[6] 그리고 신부는 모시저고리를 입기도 하는데, 그것은 시집살이가 모시처럼 시원하라는 의미가 담겨 있다.

신랑이 관복을 입는 것은 당시 사회적으로 선망의 대상이 관리였기 때문에 이날만큼은 신분의 고하를 막론하고 관복(官服)을 입을 수 있는 특혜가 주어지고 관원의 대접을 받았다. 당시 서민들은 신분상승을 위해 관리가 되는 것이 최대의 소원이었고, 그래서 서민들 입장에서 보면 관복을 입고 혼례를 치르는 것이야말로 가장 호사치레를 할 수 있는 기회였던 것이다.

신부가 원삼 족두리를 입는 것도 신분차별이 심했던 관료사회의 반영에서 비롯된 것으로 보인다. 요즈음에야 거의 대부분 신랑은 서양복을, 신부는 드레스를 입고 혼례를 치르지만, 아직도 전통혼례에서는 예전의 방식을 취하기도 한다.

수의는 머능옷, 저승옷, 호상옷이라고 부르기도 한다. 수의는 고인을 쑥물과 향물로 목욕시킨 뒤 입히는 옷이다. 여기서 쑥물과 향물은 고인을 이승적 존재에서 저승적 존재로 변신시키기 위한 매개물이다. 달리 말하면 저승의 입장에서 보면 이승적인 모습은 오염된 것이다. 따라서 오염된 것을 깨끗하게 정화시키기 위해 쑥물과 향물을 사용한 것이다.

수의는 가계(家計)가 넉넉하면 미리 마련해 두지만, 대개 아무 탈이 없는 윤달에 마련하며, 수의를 만들 때 반드시 하루 안에 마무리해야 한다고 한다. 수의를 준비하지 못한 경우는 상을 당하여 장에 가서 삼베를 구입하여 만드는데 생시에 입었던 옷과 같이 풀을 먹이고 다려서 입힌다. 남자의 수의로 저승에서는 만민이 평등하여 관복이 필요하지 않으니, 대신 이승에서 가장 큰 예복인 도포를 입는다. 여자는 혼례 때와 똑같이 입기도 한다.

3. 식생활과 의례음식

음식문화는 자연적인 조건에 의해서 크게 좌우된다. 그것은 인간의 생업 조건을 결정하기 때문이다. 생업조건에 의해서 음식의 재료가 결정되고, 그에 따른 음식문화가 형성된다. 따라서 음식도 자연히 지역성을 띠기 마련이다. 그것은 지역마다 독특한 음식문화를 가지고 있다는 것을 말한다.

밥은 찐밥에서 시작되어 삼국 후기에 끓여 짓는 조리법이 일반화되고, 그후 찐밥은 술밥이나 약식과 같이 특별음식화 되었다. 한국인은 밥을 주식으로 삼고 있는 까닭에 밥을 중시한다. 우리 음식의 발전과정을 보면, 삼국시대에는 장, 술, 젓갈 등 발효음식이 일반화되었고, 불교가 유입하면서 고려시대까지만 해도 일상음식은 주로 채소음식이었다. 그러다가 원나라가 침입한 후부터 고기 음식이 성행하고 술 문화가 발달했으며, 조선 중기 전후에 고추, 호박, 감자, 고구마 등이 유입되었다. 조선 후기에 이르러서는 음식물 종류가 다양해지면서 조리기술이 발달하여 전통 식생활의 모습으로 정착된 것이다.[7]

남도는 음식문화가 잘 발달되어 있다. 남도에는 다양하고 푸짐한 음식, 그리고 남도인의 넉넉한 마음을 토대로 음식문화가 형성되어 있다. 남도는 농경지가 여느 지역에 비해 많고, 서남쪽으로 바다를 끼고 있어서 농산물과 해산물이 풍요로운 고장이다. 그래서 남도는 다양한 농산물과 해산물을 획득할 수 있기 때문에 음식문화가 발달될 수 있는 천혜의 자연조건을 가지고 있는 곳이다.

남도의 지역성을 대표하는 음식은 뭐니 뭐니 해도 홍어요리이다. 남도에서는 집안의 큰잔치를 치를 때는 반드시 홍어요리를 준비한다. 가령, 결혼잔치나 회갑잔치 등의 대소사 잔치에서 많은 음식을 준비하지만 빠지지 않는 음식이 바로 홍어요리이다. 지금도 결혼식을 예식장에서 치르고 하객을 대중식당에서 접대하더라도 별도로 돼지고기와 홍어요리를 준비하여 하객들에게 접대한다. 이것만 보더라도 잔치에서 가장 큰 음식은 홍어요리임을 알 수 있다.

일반적으로 혼기에 찬 총각과 처녀를 만나면 언제 국수를 먹여 줄 거냐고 묻곤 한다. 이렇게 말하는 데는 결혼할 때 하객들에게 국수 대접하는 것을 전제로 한다. 그러나 실제로 남도지역에서는 결혼식에서 하객들에게 국수를 대접하는 경우는 거의 없다. 국수를 대접하는 곳은 바로 산간지대이다. 특히 우리나라 중부 이북지방에서 많이 이루어진다. 다시 말하면 단오명절을 크게 쇠고 있는 지역에서 결혼잔치 때 국수를 대접하는 경우가 많다. 그런가 하면 추석명절을 크게 쇠고 있는 남도지역은 국수가 아닌 홍어요리를 대접한다. 그러하니 남도지역에서는 혼기에 찬 처녀와 총각을 만나면 국수를 언제 먹여 줄 거냐고 묻는 것보다는 오히려 홍어요리를 언제 먹게 해 줄 거냐고 묻는 것이 합당하다.

그래서 홍어요리는 남도의 대표적인 음식인 것이다. 홍탁은 홍어회에 막걸리를 곁들여 먹는 것을 말한다. 홍탁에는 남도 사람들의 애환이 함께 서려 있다. 홍어회와 돼지고기 편육을 배추김치로 한꺼번에 싸서 먹는 것을 삼합이라고 부른다. 삼합은 그야말로 홍어회의 톡 쏘는 맛과 돼지고기의 구수한 맛 그리고 배추김치의 맵고 시원한 맛이 복합되어 있는 것으로,[8] 이 것은 남도지역에서만 맛볼 수 있는 독특한 맛이다.

음식은 일상음식과 특별음식 그리고 보양음식으로 나누어진다. 일상음식은 생존을 위한 음식이라고 한다면, 특별음식은 다시 의례음식과 명절음식으로 나누어진다. 여기서 의례음식은 인간이 태어나서 죽기까지 겪게 되는 의례와 관계된 음식이고, 명절음식은 매년 연례적으로 반복되는 명절에 먹는 음식을 말한다. 물론 명절음식에도 의례적인 의미가 담겨 있다.

의례음식의 대표적인 것은 첫국밥, 백설기, 수수팥떡, 혼인상(등뢰상)과 폐백상, 떡 등이 있고, 명절음식의 대표적인 것은 떡국, 오곡밥(찰밥), 송편, 동지팥죽 등이 있다.

첫국밥은 산모가 아이를 출산하고 나서 처음으로 먹는 음식으로 흰쌀밥과 미역국이다. 첫국밥은 먼저 산신(아이의 출산을 관장하는 신)의 상에 바치고 나서 산모에게 먹인다. 첫국밥에 들어가는 미역은 출산 일이 가까워지면 좋은 날에 구입하는데, 미역은 넓고 긴 것을 선택하며, 때로는 미역을 사면서 앞으로 태어날 아이의 성별을 예지(豫知)하기도 한다. 만약에 미역을 구입하여 보관해오다가 출산 예정일이 지나 달(月)을 넘기는 경우는 반드시 다시 새로운 미역을 구입해야 한다.

백설기는 아이가 출생하여 100일째 되던 날 백일잔치에 사용되는 음식이다. 백설기는 흰쌀가루로 찐 설기떡으로, 여기서 흰색은 순결, 청정, 소박, 결백, 신성 등을 상징한다. 우리 민족이 흰색을 좋아하는 것은 태양을 숭배하는 민족이기 때문이다. 백설기는 아이가 출생하여 백일까지 건강하게 성장한 것을 축하해주는 신성한 떡이다.

옛날에는 아이가 태어나서 백일을 넘기지 못하고 일찍 죽는 경우가 많았다. 그래서 인간이 태어나서 죽기까지의 의례 중에서 가장 경사스러운 잔치가 백일잔치와 회갑잔치인 것이다. 아이가 백일을 넘겼다고 하더라도 회갑을 넘길 만큼 수명이 길지 않았다. 그러나 오늘날 의약이 발달하면서 백일을 넘기지 못하고 일찍 죽는 경우가 거의 없어졌고, 회갑을 넘기는 경우도 많아져서 도리어 백일잔치와 회갑잔치는 예전에 비해 약화된 실정이다. 백일잔치가 돌잔치로, 회갑잔치가 칠순잔치로 옮겨가는 추세가 그것을 반증하고 있는 것이다.

어찌하든 전통사회에서 백설기는 백 집에서 얻어 온 쌀로 백 개를 만들어 백 집에서 나누어 먹어야 아이의 장래가 좋다고 한다. 여기서 백설기의 '백'은 '흰색'의 의미이고, 백 집과 백 개에서 '백'은 숫자 '100'을 의미한다. 그것은 아이로 하여금 100살까지 살라는 기원적인 의미가 담겨 있는 것이다. 혹은 숫자 100으로 해석하지 않고 '많다'로 해석할 수도 있다. 예컨대 농사를 많이 지은 대농가를 천 석 지기, 만 석 지기로 표현하고, 운주사에 천불 천탑을 조성했다는 전설 속에서 '천'이나 '만'은 '많다'로 해석하는 것이 바람직한 것처럼 백을 '많다'라고 해석할 수도 있다.

백일잔치나 돌잔치에서 반드시 수수팥떡을 한다. 수수팥떡을 하는 이유는 수수팥떡의 붉은 색이 갖는 상징적인 의미 때문이다. 백일잔치와 아이의 생일에 수수팥떡을 해주어야 자라면서 액을 면할 수 있다고 생각한다. 그래서 아이가 10세 될 때까지 생일날 아이에게 수수팥떡을 해 먹인다. 붉은 색은 재앙과 악귀를 물리치는 축귀적(逐鬼的) 기능을 수행하는 색깔이다. 의약이 발달하지 못한 전통사회에서는 아이들이 아픈 것은 잡귀(雜鬼)가 몸에 들어 와 있기 때문이라고 생각한다. 이 잡귀가 들어오지 못하도록 하기 위해 아이의 생일날 수수팥떡을 해 먹이는 것이다.

전통혼례의 혼인상에는 밤과 대추를 물린 숭어 두 마리, 수탉과 암탉, 목화씨, 정화수 1그릇, 기러기 등을 차리고, 혼인상 앞에 짚단을 놓는다. 여기서 혼인상 위에 숭어를 올리는 것은 기자(祈子)의 상징적인 의미이고, 밤과 대추를 숭어의 입에 물리는 것도 아들을 낳게 해달라는 주술적인 의미의 반영이다. 닭은 축귀적(逐鬼的)인 의미이고, 목화씨는 부(富)를 상징하며, 짚단은 재복을, 기러기는 금슬 좋은 동물을 상징한다. 폐백음식으로는 대추, 밤, 곶감, 닭 등이다. 이들의 의례적인 의미도 혼인상의 음식과 큰 차이가 없다.

떡은 곡물 조리에서 밥 짓기보다 앞서 개발된 음식으로, 역사가 길고 토착성이 짙으며 토속적인 음식이다.[9] 그런 까닭에 민속신앙과 제사에서 주된 제물이 떡이고, 가정의 여러 의례에서 주된 음식도 떡이다. 떡을 제외한 경우는 거의 없다. 신앙과 제사는 태초의 경험을 통해 재창조하기 위해 거행되는 것이기 때문에 시작하는 시간에 가장 오랜 역사성을 가지고 있고 원초적 음식인 떡을 제상 위에 차리고 제사를 지내는 것이다.

명절음식인 떡국은 '떡국을 먹으면 나이 한 살 더 먹는다'라고 말할 정도로 설날의 대표적인 음식이며, 한 해의 풍년을 기원하는 의미를 지니고 있다. 그런가 하면 정월 대보름의 오곡밥(찰밥)과 동짓날의 동지팥죽은 붉은 팥이 들어간 음식으로 재앙과 잡귀를 쫓기 위한 축귀적(逐鬼的)인 음식이다. 팔월 추석의 송편은 한 해의 농사가 풍년 된 것을 감사하는 일종의 추수감사제의적(秋收感謝祭儀的)인 의미를 지니고 있다.

4. 안방의 기능과 의미

농가에서 가정의 중심 공간은 뭐라 해도 안채의 안방이다. 안채의 안방은 양반가(兩班家)에서는 주로 안주인이 거처하는 공간이지만, 민가(民家)에서는 바깥주인인 가장(家長)과 안주인이 거처하는 공간이다. 한마디로 안방은 가정의 핵심적인 공간으로, 가정의 모든 권한을 가지고 있는 자만이 거처하는 곳이다.

안방은 가장의 공간이다. 여기서 가장이라 함은 가족을 외부에 대표할 수 있는 대표권(代表權)과 가족 구성원을 지휘 감독할 수 있는 가독권(家督權), 그리고 집안의 모든 재산을 관리할 수 있는 재산권(財産權)과 조상에 대한 제사를 받들 제사권(祭祀權)으로 가정의 모든 것을 총괄하는 권리를 가지고 있는 자를 말한다.[10] 부계 중심 사회에서 이 권한은 당연히 남자가 갖는다. 그런 까닭에 남자가 성장하여 결혼을 하면 한 가정의 가장이 된다고 말하는 것이다. 다시 말하면 결혼이란 어떻게 보면 한 남자가 가장이 되기 위한 의례라고도 말할 수 있다. 가장권을 가진 자와 그 배우자가 안방에 거주할 수 있기 때문에 가장의 권위가 바로 서야 안방의 권위가 서는 법이고, 가정의 질서가 잡히는 이유가 여기에 있다.

안방은 살림살이 경영권을 가지고 있는 안주인의 공간이다. 재산을 관리하고 가족을 대표할 수 있는 권한이 남자에게 있다면, 실질적인 집안 살림의 운영권은 여자에게 있다. 전통사회에 있어서 결혼한 며느리와 시어머니와의 갈등은 당연히 '곳간열쇠' 때문에 일어나기도 한다. 곳간열쇠를 시어머니가 가지고 있다는 것은 살림살이의 실질적인 권한을 시어머니가 가지고 있음을 의미한다.

시어머니가 살림살이 집행의 결정권을 가지고 있다면, 며느리는 시어머니의 지시에 의해 살림살이의 집행을 대행하는 역할에 불과하다. 그래서 결혼한 지 오래되어 집안의 살림을 파악하고 살림살이를 운영할 수 있는 능력을 갖추었음에도 불구하고 시어머니가 곳간열쇠를 넘겨주지 않아서 며느리와 갈등의 원인이 되는 경우가 많다.

시어머니야말로 집안의 어른으로서 위상을 확립하기 위한 수단으로 곳간열쇠를 관리하기도 하겠지만, 거꾸로 말하면 집안의 어른으로서 위상이 약화되는 것을 우려한 까닭도 있다. 비단 이러한 실상은 전통사회인 농경사회에서만 접할 수 있는 것이 아니라 산업화된 도시에서도 시어머니와 며느리가 경제권을 서로 다투는 모습에서도 나타난다. 아들의 봉급통장을 시어머니가 관리한다거나, 아니면 며느리가 남편의 봉급통장을 요구하는 과정 속에서 적지 않은 갈등이 유발되기 한다. 이것도 어떻게 보면 농경사회의 곳간열쇠를 서로 갖기 위해 다투는 고부간의 갈등과 다를 바 없다. 이처럼 안방의 공간은 가장권을 가지고 있는 바깥주인과 살림살이 운영권을 가지고 있는 안주인의 공간으로서 집안의 실질적인 모든 권한을 가지고 있는 자의 거주공간임을 알 수 있다.

한 집안의 가계계승(家系繼承)이라 함은 아버지가 소유하고 있는 가장권과 어머니가 가지고 있는 주부권(살림살이 경영권)을 자식에게 물려주는 것을 말한다. 그것은 다름 아닌 부모가 자식에게 안방을 물려주는 것을 의미한다. 부모가 안방을 물려주는 것을 '안방물림'이라고 부르기도 한다. 물론 안방물림은 시어머니가 며느리에게 곳간열쇠와 안방을 넘겨주는 의미가 강하다. 가장권과 안방물림은 지역에 따라서 조금씩 차이가 있다.

경상도 일대에서는 아들이 결혼하여 5년 내지 10년 정도 되면, 무엇보다도 집안의 모든 살림살이를 도맡아서 처리할 능력을 갖추었다고 판단하여 가장으로서 사용하던 사랑방을 그리고 부부로서 사용하던 안방을 아들내외에게 넘겨주고, 노부모는 집안의 작은 방으로 거처를 옮긴다. 이를 '은거제'라고 부른다.[11] 이와 같이 은거제의 모습은 주로 옛 신라지역에서 주로 나타나고 호남지역에서 찾아보기 힘들다.

호남지역에서 가계계승은 노부모가 돌아가셔야 그때야 비로소 자식이 가장권을 행사한다. 다시 말하면 부모의 사후에 완전한 의미의 가장권과 주부권이 계승되고 가장과 부부가 사랑과 안방을 점유하게 된다. 만약에 시아버지가 돌아가시고 시어머니만 생존한 경우 가장권은 아들에게 계승되지만, 주부권을 그대로 시어머니가 가지고 있어 당연히 안방도 시어머니가 계속해서 거처한다. 그렇지만 시어머니가 돌아가시고 시아버지만 생존한 경우 당연히 주부권은 며느리에게로, 가장권은 아들에게로 계승되고, 시아버지는 집안의 작은 방으로 거처를 옮긴다. 이렇듯 호남지역에서 안방은 가장권을 가지고 있는 자가 거처하는 공간이기도 하지만, 실질적으로 살림살이 경영권을 가지고 있는 자의 공간임을 알 수 있다.

안방은 대외적으로 귀한 손님을 접대할 수 있는 공간이다. 물론 공간의 여유가 있는 반가(班家)에서는 사랑방에서 접대하는 경우도 있지만, 민가(民家)에서는 주로 안방에서 손님을 접대한다. 귀한 손님을 접대할라치면 안방 청소는 말할 것도 없고 화상실 청소를 비롯해 온 집안 청소부터 한다. 안방에 손님이 들어 계시면 가족들은 안방 주변에 얼쩡거리지 않고 각별히 행동거지를 조심한다. 이렇듯 안방에서 울타리 밖의 귀한 손님을 비롯해 이웃을 접대한다는 것은 안방이야말로 이웃과 이웃을 연결시켜주는 지연적(地緣的)인 유대관계를 강화시켜주는 기능을 수행하고 있음을 알 수 있다.

하지만 요즈음 들어서 도시에서는 안방에 침대를 들여놓으면서 대외적인 접대 공간의 기능이 상실하여 단순히 안방이 잠만 자는 공간으로 축소되고 있는 실정이다. 도리어 안방이 사생활의 보호 차원에서 공개되는 것을 꺼리는 사람도 많아졌다.

안방은 가족의 구성원들을 통합하는 공간이요, 자녀들을 양육(養育)할 수 있는 공간이다. 가족회의를 하더라도 집안의 중심인 안방에서 이루어지며, 가족들과 식사 또한 안방에서 이루어진다. 자식들이 부모와 대화하는 곳도 안방이며, 잘못을 하여 질책을 당하는 곳도 안방이다. 안방은 그야말로 가정교육의 공간인 셈이다. 가문의 전통을 이어가고 교육받는 곳도 안방이다. 따라서 안방은 단순히 울타리 안의 중심 공간일 뿐만 아니라 문중이라고 하는 혈연적(血緣的)인 유대 관계를 돈독하게 해주는 것은 물론 혈연 중심의 문화를 생산해 내는 공간이기도 하다.

대개 작은 방은 아들내외가 거주한다면 안방은 시아버지내외가 거주한다. 작은 방에서 아들내외가 대를 이어갈 자손을 생산하면, 그 아이는 안방에서 시부모와 함께 가족 구성원으로서 가정교육을 받으면서 성장한다. 그런 까닭에 안방은 자녀들의 양육의 공간으로서 역할도 하고 있는 것이다. 자녀들이 성장하여 어느 정도 학교에 들어갈 나이가 되면 다른 방에서 거처하게 된다.

안방은 의례와 신앙의 중심 공간이다. 안방에서 수행되는 의례를 통해 혈연적인 유대관계를 강화시키고, 혈연집단을 중시하는 경향을 낳게 되는 곳도 안방이다. 사람이 태어나서 죽음을 맞이하기까지 각종 의례를 거치는데 안방이 그 중심 역할을 한다. 안방에서 가족 구성원들의 출산의례와 생일잔치, 죽음의례, 그리고 명절마다 거행되는 각종 의례가 거행된다. 고려 말까지 가정의 공간은 살림의 공간과 가택신앙의 공간이었으나, 조선 태조 7년(1398)에 예조의 건의에 따라 절에서 승려들에 의해 올려지던 조상숭배의례를 금하고, 가정에서 후손들로 하여금 조상숭배의례를 거행토록 하니, 가정이 의례의 공간으로서 기능이 더욱 강화되었고, 특히 안방이 더욱 그러하게 되었다.

안방은 명절에 차례나 또는 4대조 조상까지 기제사를 지내, 선영들의 뜻을 받들어 모시는 조상신앙의 중심 공간이다. 조상에 대한 신앙심은 조상신이 한 가문과 자손들을 돌보고 지켜 주며, 화복(禍福)을 좌우한다고 믿는데서 기인된다. 그래서 조상을 잘 모시면 복을 받고 자손이 번창하게 되고, 그렇지 아니하면 도리어 화를 미치게 하여 가족들이 불행해진다고 믿는다. 조상숭배는 문헌상으로는 고려 말에 논의되기 시작해서 조선조에 들어서자 본격화되기 시작한 것으로 짐작된다.

결국 안방이 가장의 공간이요, 안주인의 공간이요, 양육의 공간이요, 가족 통합의 공간으로서 가정축제의 공간이기도 하다. 그리고 안방이 의례와 신앙의 중심공간인 까닭에 안방의 기능이 회복될 때 비로소 가정의 질서를 바로 잡는 계기가 될 것이다.

각 주

1   국립민속박물관, 『한국의 두레』, 국립민속박물관 학술총서 13, 1994.

2   지춘상 외, 『남도민속학개설』, 태학사, 1998, 149쪽.

3   민속학회, 『한국민속학의 이해』, 문학아카데미, 1994, 60쪽.

4   민속학회, 앞의 책, 85쪽.

5   최인학 외, 『한국민속학새로읽기』, 민속원, 2001, 111쪽.

6   민속학회, 앞의 책, 87쪽.

7   민속학회, 앞의 책, 90~91쪽.

8   지춘상 외, 앞의 책, 194쪽.

9   지춘상 외, 앞의 책, 209쪽.

10 지춘상 외, 앞의 책, 127쪽.

11 지춘상 외, 앞의 책, 127쪽.

제4장
세시풍속과 민속놀이

1. 세시풍속의 개념과 구성

세시풍속은 일 년을 주기로 사계절의 일정한 날에 주기적, 반복적으로 되풀이되는 행동양식과 생활양식을 일컫는 것으로 일련의 연중행사를 말한다. 세시라는 말은 한 해를 의미하는 세(歲)라는 말과 사계절을 뜻하는 시(時)라는 말의 합성어이다. 세시라는 말은 세사(歲事), 월령(月令), 시령(時令) 등으로 불리기도 해 특히 계절의 의미가 강조되어 왔다.

오늘날의 세시풍속은 농경사회에서 산업사회로의 급격한 변화를 통해, 즉 사회의 구조와 사유체계 그리고 사회적 이념 등의 변화를 통해 다양하고 복합적인 면모를 지니게 되었다. 특히 자연 운행의 법칙에 따른 자연력과 생산 주기의 생업력에 따른 전통적인 세시풍속, 그리고 기념일이나 공휴일 등의 영향을 받아 새로운 모습으로 변용되거나 첨가된 세시풍속 등이 그 예이다. 여기서 전통적인 것은 약화된 경우가 많으나 도리어 새롭게 전개된 것은 그 폭이 확대되었음을 볼 수 있다.

인간은 공간과 시간의 경험 속에서 삶의 방식을 찾아낸다. 인간이 경험하는 시간은 두 가지로 나누어지는데, 의례에서 경험하는 시간은 거룩한 시간이라 할 수 있겠고, 의례적인 의미를 배제한 일상적인 경험 가운데 겪게 되는 시간을 세속적인 시간이라 할 수 있다. 종교적인 인간이 겪는 세속적인 시간은 의례에 의해서 주기적으로 정지된다. 의례가 거행되는 거룩한 시간은 흐르지 않고 반복되는 시간의 경험이며, 근원적인 시간에로의 회귀라고 말 할 수 있다.

이처럼 신앙인에게 있어서 태초의 시간의 경험은 시간의 재창조를 의미하는 것으로 의례를 통하여 종말과 재생에 참여함으로써 흐름의 시간을 단절한다. 그리고 '그때의 처음'을 현재적으로 실현하는 것이다.[1] 이러한 사례는 새해의 축제라든가, 계절에 따른 절기적인 의례, 성만찬 등으로서, 그러한 의례적 경험을 보여주는 전형적인 것들이다

이와는 달리 인간이 경험하는 시간은 직선형 시간관과 순환형 시간관으로 나누어지기도 한다. 인간은 동물과 식물의 성장과정을 통해서 시간을 경험하기도 한다. 인간은 동물의 성장과정을 통해 시간적으로 반복되지 않고 과거, 현재, 미래라고 하는 일회적이며 직선적인 시간을 경험하게 되었을 것이고, 또한 식물의 성장과정을 통해 반복되며 순환되는 시간을 경험해 온 것으로 생각된다.

직선형 시간관은 과거, 현재, 미래라고 하는 시간 인식처럼 일정한 방향으로 흐르기 때문에 반복이 불가능한 시간인 반면, 순환형 시간관은 일정하게 순환되고 반복되는 시간이다. 따라서 직선형 시간관에서 보면 모든 사건은 일회적이지만, 순환형 시간관에서 보면 반복적이기 마련이다.[2] 가령, 3·1운동, 8·15 해방, 5·18민주화운동은 그 당시로서는 일회적인 사건이었지만, 순환형 시간관에 의해 매년 기념행사를 갖는 것은 반복적인 간접체험을 통해 의미를 지니게 된다. 인간이 경험한 것들 중에서 매사의 모든 일이 일회적이지 않고 반복적일 때 그 의미가 지속되고 더욱 확대된다. 인간 삶의 풍요를 기원하는 거룩한 시간 속에서 경험한 모든 것도 순환형 시간 속에서 반복되어질 때 의례적인 의미가 지속되고 확대되는 것이다. 그래서 작년에 했던 행위와 동일한 행위가 올해도 다시 반복되는 것이다.

세시풍속이란 물론 신화적 시간관이라고도 하는 순환형 시간관에 기초하여 성립된다. 세시풍속은 단순한 시간의 변화를 반복적으로 역동적이고 의미 있는 시간의 흐름으로 뒤바꾸는 기능을 수행하기도 한다. 따라서 세시풍속을 지탱하는 원리는 순환형 시간과 반복의 원리다.

순환형 시간관은 자연의 순환에 따른 식물의 생장 주기를 반영하고 있어서 자연력(自然曆)이라고 할 수 있다. 자연력에 따라 삶의 기초라고 할 수 있는 의식주 문제를 해결하는 과정 속에서 자연력이 그대로 생산력(生産曆)이 되었던 셈이다. 체계적인 책력을 가지지 못한 상태에서 자연력은 생산력을 좌우하고 문자력을 형성하게 하기도 했다.

농가의 생산력이라 할 수 있는 농가점후법(農家占候法)이 각 지방마다 전해 내려왔다. 때로는 농가점후법이 농사를 짓는데 있어서 유용한 경우가 있어서 미신적인 것이라고 무시할 것이 못된다. 농가점후법은 농민들의 치밀한 관찰과 경험을 통해서 형성된 것으로 역법이 없던 시기에는 농사를 짓는 기준이 되었을 것으로 추정된다. 가령, 느티나무 잎이 윗부분에서부터 피어나면 천수답부터 모를 심는다던가, 오갈피나무 잎이 피면 보리밭 김을 맨다 등이 그 예이다.

자연력이 아닌 외래의 체계적인 역법이 우리나라에 들어오기 시작한 것은 5세기 이후로 송나라의 원가력(元嘉曆)이 그 시초였고, 고구려는 영류왕 7년(624년)에 당나라에서 역서를 구한 일이 있고, 신라는 문무왕 14년(674년)에 인덕력(麟德曆)을 들여왔다고 하는 것이 삼국사기에 전하고 있다. 그 후 1895년(고종 32)에 태양력을 공식적으로 사용하기 전까지는 태음력을 사용해 왔다. 태음력은 천체의 움직임에서 달을 기준으로 삼는 역법으로서 하늘의 달이 차고 기우는 주기성으로 한 달을 인식했는가 하면, 태양력은 하늘의 해를 기준으로 삼는 역법으로서 1일을 '하루 해'라 하여 하루를 인식했음을 알 수 있다.

농경사회에서 자연현상의 기후 변이는 매년 농사를 짓는데 매우 긴요한 것이어서 자연현상에 대한 관찰의 정확성을 기할 필요가 커졌던 것이다. 그래서 이른바 24절기(節氣)가 활용되었다. 그것은 태양력적(太陽曆的)인 것이다. 태음력이 윤달을 두어서 한 달씩 날짜가 밀릴 수 있는 점에 비해, 24절기는 계절의 추이에 따라 상당한 정확성을 가진다.

흔히 농가에서는 24절기를 아는 것을 "철을 안다"라고 하여, 농군이 "철을 안다"라는 것은 농사를 지을 수 있는 성숙한 농군이 되었음을 말한다. 그래서 인간이 성장하여 사리분별력이 있고 성숙한 모습을 두고 "철들었다"라고 표현하는 경우가 있다. 농경사회에서 인간이 철들었다고 말하는 것은 농사를 지을 수 있는 나이가 되었음을 말하는 것이요, 농사를 지을 수 있다라고 말하는 것은 계절을 인식하여 24절기라고 하는 생산력에 근거한 농사철을 인식할 수 있는 능력을 갖추었다는 말에서 비롯된 것이다. 따라서 24절기는 일 년을 24단위로 나누어 계절의 변화를 기준으로 한 순수한 태음력도, 태양력도 아닌 이른바 태음태양력(太陰太陽曆)이라고 할 수 있다.[3] 세시풍속은 24절기에 따라 절일(節日)이 있는데, 매달 고루 배치되어 있다.

세시풍속이 일정한 날에 반복적으로 수행되기 때문에 일정한 날을 절일(節日) 혹은 명절(名節)이라고 부르기도 한다. 명절이라는 말속에는 마디를 뜻하는 절(節)이라는 말이 지시하듯이 네 개의 단위로 쪼개고, 다시 12개의 마디로 쪼개어 각 마디별로 명절을 배치하여 생활리듬의 박차를 가했던 것으로 생각된다. 이와 같은 명절은 사계절에 따라 행사 내용이 결정되었음을 볼 수 있다. 여기서 사계절은 음력 24절기에 의하면, 봄철은 1월의 입춘(立春)에서부터 3월 곡우(穀雨)까지, 여름철은 4월의 입하(立夏)에서부터 6월 대서(大暑)까지, 가을철은 7월의 입추(立秋)에서부터 9월 상강(霜降)까지, 겨울철은

10월의 입동(立冬)에서부터 12월 대한(大寒)까지를 말한다. 그리고 12개의 마디는 월별로 쪼갠 것으로 월별로 명절을 배치하기도 하였는데, 가령 정월 설날과 대보름, 2월 초하루, 3월 삼짇날, 4월 초파일, 5월 단오, 6월 유두, 7월 백중, 8월 추석, 9월 중구, 10월 상달, 11월 동지, 12월 제석 등이 그것이다.

따라서 세시풍속은 24절기에 따라 월별로 구성되어 다양한 성격을 지니고 있음을 알 수 있다. 설날과 1월, 7월, 8월의 보름은 토속적인 명절로 간주되지만, 3월 3일, 7월 7일, 9월 9일은 음양사상을 근거로 하여 정착된 것으로 생각되고, 4월 초파일은 불교문화의 영향을 받아 정착된 것으로 생각된다. 그리고 입춘과 동지는 태양력을 근거로 형성된 것으로 생각된다.

그러나 오늘날 전통적인 세시풍속은 설과 추석을 제외하고는 시대의 추이에 따라 많이 사라져 가고 있는 실정이다. 실제로 설과 추석도 전통적인 모습으로부터 많은 변화를 하고 있는 것이 사실이다. 이러한 것은 세시풍속이 국경일이나 공휴일의 영향을 받아 변화되고 있음을 보여 주는 것이다. 예컨대 한식날의 세시행사가 국경일인 4월 식목일로 옮겨진다던가, 10월 상달의 시제가 4월 식목일 혹은 4월 초파일 등 국경일로 옮겨지기도 한다.

뿐만 아니라 5월 단오 명절을 크게 쇠었던 지역에서는 추석 명절이 공휴일로 지정되는 바람에 오히려 단오 명절이 약화되고 추석 명절이 부각되는 모습을 볼 수 있다. 추석 명절은 벼농사를 많이 지어 왔던 한강 이남 서부 평야지역에서 크게 쇠어 왔으며, 보리농사를 주로 하는 한강 이남 동부 및 북한 지역에서 추석보다는 단오 명절을 크게 쇠어 왔다.

이와 같은 것은 인간의 생활 리듬이 종래에는 명절 중심으로 형성되었으나, 오늘날은 국경일이나 공휴일 중심으로 바뀌면서 일어나는 현상 중의 하나라고 볼 수 있다. 그런 까닭에 이제는 기독교의 축제일인 12월의 크리스마스날도 하나의 명절로 자리잡아가고 있는가 하면, 요즈음 청소년층에서 연례적으로 반복되고 있는 기념일도 세시풍속의 하나로 수용하여 관심을 가져야 할 실정에 달하고 있다.

청소년층에서 연례적으로 반복되어지는 기념일은 발렌타인데이(2월 14일)를 비롯해서 캔들데이(1월 14일), 화이트데이(3월 14일), 블랙데이(4월 14일), 로즈데이(5월 14일), 키스 또는 오렌지데이(6월 14일), 블루데이 또는 미리생신(7월 14일), 링데이(8월 8일), 인형데이(10월 14일), 빼빼로데이(11월 11일), 안개꽃데이(11월 14일), 고래밥데이(12월 12일), 양말데이(12월 14일) 등이 있다.

2. 설날과 대보름 명절

1) 설날

설날은 음력 1월 1일로서 한 해의 첫째 날을 뜻하니, 새해의 첫 출발 일로서 중요한 날이다. 설날은 한자로 원일(元日), 원단(元旦), 정초(正初), 세수(歲首), 신일(愼日), 달도(怛忉) 등으로 쓰기도 한다. 설이라는 어원은 크게 다섯 가지로 말해지고 있다.

하나는 《동국여지승람》에서 보듯 '몸을 삼간다'는 신일(愼日)이라고도 지칭한다. 따라서 설날은 몸을 삼가는 날이고, 한 해의 첫출발로서 중요한 날이다. 설날을 삼가는 날이라고 했던 것은 중요한 날인만큼 행동을 함부로 하여 경거망동하지 말라는 것이다. 그것이 설날을 종교적이고 삼가는 마음을 가지는 날이 되게 했던 것 같다.[4] 두 번째 새해가 시작되어 '섧다', '슬프다'는 뜻에서 나왔다는 것이며, 세 번째 나이를 뜻하는 살(歲)의 고어 '술'에서, 네 번째 새로 솟아난다는 뜻과 마디의 뜻을 지닌 산스크리트어 살(sal)에서 나왔을 것으로 보기도 한다.[5] 다섯 번째 설쇠, 설장고, 설소리, 설북 등에서 보듯 본래 처음을 뜻하고 으뜸을 뜻하는 말에서 비롯된 것[6]으로 말하기도 한다.

따라서 설날을 맞이하기 위해 개인적으로는 목욕재계를 하여 몸과 마음을 정결히 하고, 각 가정에서는 집안 곳곳을 대청소하여 청결하게 한다. 그리고 설을 가족과 함께 지내기 위해 객지에 나간 모든 가족들이 고향으로 귀향하여 가족공동체를 회복하는 날이 다름 아닌 설날인 것이다. 오늘날에도 설날이 되면 민족의 대이동이라는 말이 있을 정도로 모든 가족들이 함께 모여 설을 쇤다.

(1) 설 명절을 쇠기 위한 준비

① 세찬

세찬이란 설에 차리는 음식으로 설날의 차례상에 올리거나 세배 오는 사람들을 접대하기 위해 준비하는 여러 가지 음식을 말한다. 설날의 세찬 가운데 대표적인 음식은 떡이다. 떡은 멥쌀가루를 쪄서 안반 위에 놓고 쫄깃쫄깃하게 되도록 메로 쳐서 가래떡을 만들고 이것이 굳어지면 썰어서 떡국거리로 준비해두었다가 설날 아침이 되면 떡국을 끓여 먹었다. 설날에 흰떡을 끓이는 풍습은 흰색의 음식으로 새해를 시작함으로써 천지만물의 신생을 의미하는 종교적인 뜻이 담겨있다고 한다.[7] 그리고 떡가래의 모양에도 의미가 있는데, 시루에 찌는 떡을 길게 늘려 가래로 뽑는 것에는 재산이 쭉쭉 늘어나라는 축복의 의미를 담고 있고, 가래떡을 둥글게 써는 이유는 둥근 모양이 엽전 모양과 같아 그 해에 재화가 충분히 공급되기를 바라는 기원이 담겨 있다.[8] 떡 이외에도 세찬으로 편육, 족편, 각색 전유어, 빈대떡, 빙사과, 매작과, 만두과, 엿강정, 표고전, 새우전, 떡산적, 갈비찜, 겨자채, 한과, 약과, 산자, 다식, 수정과, 식혜 등 여러 가지 음식이 있다. 세찬의 준비는 가

세에 따라 가짓수와 양이 다르지만 모두 정성을 다해 만든다.

② 세주

세주란 한 해 동안의 무병장수를 기원하기 위해 설날에 가족들 혹은 이웃과 함께 마시는 술을 말한다. 술은 데우지 않고 찬술을 마시는데, 여기에는 봄을 맞는 뜻이 포함되어 있다 한다. 세주는 오랜 풍속으로 가정주부들이 담그는 일이 많았다. 고려시대까지만 해도 세주를 많이 담가 마셨으나 조선시대에는 점점 담가 마시는 경우가 줄었으며, 요즈음은 세주 대신 청주 혹은 전통주를 사용하는 경향이 있다.

③ 설빔

설빔은 설날에 남녀가 모두 새 옷을 입는 것을 말하는 것으로 세장(歲粧)이라고도 한다. 한 해를 맞이하는 새날 아침에 설빔을 입고 조상과 이웃에게 새해 인사를 한다. 묵은해의 다사다난했던 일들을 떨쳐버리고 새해에는 일 년 동안 태평하기를 기원하는 새로운 각오와 마음을 함께 담고 있다. 전통사회에서는 주로 남녀 할 것 없이 설날이 가까워지면 집집마다 살림 형편에 따라 나이와 처신에 맞도록 설빔을 마련했는데, 살림이 넉넉한 반가에서는 비단이나 명주로 도포, 두루마기, 바지·저고리, 치마, 버선, 대님 등을 새 솜을 넣어 정성껏 마련했고, 어린이들에게는 색이 든 옷감에다 솜을 넣어 만들어 주었다. 그러나 농가에서는 집에서 손수 짠 무명 가는 베 옷감으로 솜을 넣어 만들어 입었다. 요즘이야 한복보다는 양복이 훨씬 많아졌고, 생활한복의 착용도 부쩍 늘어나고 있는 실정이다. 한복을 입는다 해도 한복집에서 구입하여 입는 경우가 대부분이다. 설빔이 한 해의 출발인 설날의 기쁨을 한층 더해 주었다.

(2) 제의적인 행사로서 차례, 성묘, 세배

설날은 해가 바뀌어 한 해가 시작되는 첫날이기 때문에 어른과 돌아가신 조상들에게 예를 올릴 필요가 있다. 산 사람에게는 세배가 인사이지만 조상에게는 차례와 성묘가 인사이다. 즉 차례와 성묘는 기제사의 대상인 조상에게 지내는 제사로서 조상에 대한 세배라면, 세배는 살아계시는 조상에게 예를 갖추어 절을 올리는 것을 말한다. 차례와 성묘의 차이는 제사를 지내는 장소의 차이가 있을 뿐 조상에 대한 세배라는 점에서 동일하다. 돌아가신 조상에게 제사를 지내고 잔치를 하는 것은 죽은 이를 살아있는 사람처럼 섬기는 것과 같아서, 곧 차례와 성묘 그리고 세배는 웃어른 공경과 조상숭배 등의 유교적인 의미를 지니고 있다. 차례와 성묘가 조상과 자손의 유대관계를 돈독하게 하는 의례적 장치라면, 세배는 살아있는 혈족 간의 유대관계를 강화시켜는 역할을 한다. 다시 말하면 차례와 성묘 그리고 세배를 통해 혈연공동체를 회복하여 가정의 번창을 꾀하고자 함이다.

① 차례

차례는 조선시대 관혼상제의 규범이었던 주자의 《가례》를 비롯한 예서에는 그 기록이 보이지 않는다. 다만 차례의 형식은 사당에서 행하는 참례(參禮)와 천신례(薦新禮) 등에서 추정해 볼 수 있다.[9] 다만 차례의 이칭으로 '삭망차례(朔望茶禮)', '사절차례(四節茶禮)', '천신차례(薦新茶禮)' 등이 있는데, 삭망차례는 매월 1일과 15일에 지내는 것이고, 사절차례는 설날, 한식, 단오, 추석에 지내는 것이며, 천신차례는 대보름날, 삼짇날, 유두, 칠석, 중양, 동지, 섣달 그믐날 등의 명절에 지내는 것이다.[10] 설날의 차례는 사절차례로서 조상의 위패가 있을 경우에는 사당에서 지내지만, 사당을 모시지 않는 일반 농가에서는 대청이나 안방 등에서 지내는데 주로 안방에서 지낸다. 설날은 일반적으로 가정의 안방에서 조상의 위패나 지방, 사진 등을 모시고 차례를 지낸다. 차례는 제사 중에서 간략한 제사를 '차(茶)를 올리는 예'라는 뜻에서 비롯된 것으로 기제사의 절차보다 간편하다. 우선 독축을 하지 않는 점이 다르다.

차례와 기제사가 조상숭배의 연장선상에서 행해진다는 것은 공통적이라고 할 수 있으나, 의례적인 성격은 약간씩 차이가 있음을 알 수 있다. 즉 차례는 명절날 아침에 지내는 낮제사인 반면에, 기제사는 자시(子時)에 지내는 밤제사이다. 그리고 차례에서는 기제사와는 달리 시절음식을 차린다. 차례는 기제사와 더불어 고려 말 정몽주에 의해서 건의되었고, 명종(1546~1566) 이후 서민들까지도 4대 봉사를 묵인하게 되면서 오늘날의 격식을 갖추게 된 것으로 생각된다.

설날의 차롓상에는 반드시 시절음식으로 떡국을 올리고, 그리고 세주(歲酒)를 올린다. 이 떡국을 먹어야 나이를 한 살 더 먹는다고 한다. 떡국에는 본래 꿩고기를 넣어 끓였다고 하나 지금은 주로 닭고기나 쇠고기를 넣는 것이 일반적이다. '꿩 대신 닭'이라는 말도 여기서 비롯된 것으로 생각된다. 세주는 주로 집에서 담그는 농주이며 청주를 사용하기도 한다.

차례의 순서를 보면, ①자손들이 차례상 앞에 모이고 음식을 진설한다. 그런 다음 ②종손과 집사가 분향하고, 술잔에 술을 따라 모사(茅沙) 위에 세 번 부어 반 잔 정도 남겨 제자리에 놓는 강신(降神)을 한다. 강신은 하늘로부터 조상신을 모시는 절차이다. ③참신(參神)은 자손이 참여하여 제주 이하 모든 남자는 재배하고, 여자는 4배를 한다. 여기서 강신보다 참신을 먼저 하는 경우가 있는데, 그것은 제사지낼 때 조상의 신주를 모시는 경우 신주 자체가 신체이기 때문에 조상으로 여겨 참신을 먼저 하고 강신을 한다. ④더운 음식을 올리는 진찬(進饌)을 하고, ⑤차례는 독축(讀祝)을 하지 않고 단잔(單盞)만 올리기 때문에 기제사처럼 초헌, 아헌, 종헌 하지 않고 헌잔(獻盞)을 한다. ⑤집사가 술잔을 마저 채우고 밥에다 수저를 꽂고 젓가락을 올려놓는 유식(侑食)을 하는데, 자손들이 조상들에게 식사를 권하는 의식이다. ⑥집사가 수저와 젓가락을 치우는 철시(撤匙), ⑦제사를 마치면 조상이 자리를 떠나가는데, 마지막으로 인사드리는 일동재배로 사신(辭神)을 한다. ⑧제사를 마치고 신주를 제자리로 모시고, 상을 물린 다음 음복(飮福)을 한다. 차례에서 가장 핵심적인 대목은 음복이다. 음복은 차례상에 올려져 있는 음식을 자손들끼리 나누어 먹는 것을 말하는데, 이것은 조상과 자손의 혈연적인 유대관계를 강화시켜 주는 구심점 역할을 한다.

차례를 모시는 곳은 자손들이 거주하고 있는 곳인데, 이것은 조상들께 자손들의 사는 모습을 보여주는 의미도 지니고 있고, 자손들이 거주하는 곳에서 조상 중심으로 조상과 자손의 혈연적인 공동체 의식을 강화시켜 주는 계기도 된다. 그러나 최근 들어 설날이 3일간의 공휴일인 탓에 조상에 대한 차례를 콘도나 호텔 등 휴양지에서 모시는 경우가 있다고 하니, 이는 조상 중심이 아닌 지극히 자손 중심의 사고의 발상에서 비롯된 것이라 하지 않을 수 없다. 차례가 조상이 아닌 자손 중심으로 모셔지는 것은 조상숭배의 약화와도 무관치 않다. 조상숭배의 약화는 조상에 대한 자손들의 태도에 있어서 형식성만 보여주기 마련이다.

② 성묘

성묘는 설날에 묵은해를 보내고 새해를 맞이했다는 인사로 조상의 묘에 고하는 예다. 묘소가 잘 있는지를 살펴보러 간다고 하여 '성묘(省墓)'라고 부르고, 간단하게 묘소에서 차례를 지낸다고 하여 '산소차례(山所茶禮)'라고 부르는데, 이것은 대체로 묘제 또는 성묘의 의미로 통용되었다.[11] 이처럼 성묘는 본래 자손들이 조상의 묘소를 살펴보기 위해 찾아가면서 간단한 의례를 거행했던 것으로 보이나, 가정에서 지내는 차례가 확대되어 오늘날 성묘 풍습으로 자리 잡은 것으로 보인다. 곧 생존한 어른들에게는 세배를 하지만 돌아가신 조상에게는 생시처럼 인사를 드리는 것이 성묘다. 성묘는 차례를 지내고 세배를 한 연후에 다녀오는 경우가 많다. 농가에서 차례를 지내고 난 뒤 집안의 어른들에게 먼저 세배하고, 성묘를 한 뒤 일가친척들에게 세배를 한다. 그리고 마을 어른들에게 세배를 다닌다. 이와 같이 조상들께 차례를 지내고 성묘를 하는 것은 풍년을 빌고 가족들의 건강과 가정의 평안 등을 비는 일종의 종교적인 의미를 지니고 있다.

③ 세배

세배는 보통 차례가 끝나면 집안의 어른들께 순서대로 절을 하고 새해 첫 인사를 드리는 것을 말한다. 세배가 끝나면 차례를 지낸 떡국으로 아침을 먹고 일가친척들을 찾아 세배를 드린다. 농가에서는 일가친척들에 대한 세배가 끝나면 마을 어른들에게 세배를 다닌다. 근래에 농가에서는 번거로움을 피하고, 경로의식을 높이기 위한 수단으로서 마을 어른들을 한 자리에 모시고 청년회에서 단체로 세배를 올리기도 한다. 그리고 부녀회에서 음식을 준비하여 어른들을 대접하고 하루를 즐겁게 지낼 수 있도록 배려하기도 한다. 이러한 것은 마을민 전체가 모여 정담을 나누는 계기를 마련해주기 때문에 마을 주민들과의 지연적인 유대관계를 돈독하게 해준다.

흔히 설은 개인적이고 폐쇄적이며 소극적인 혈연 중심의 명절이라 하고, 대보름은 집단적이고 개방적이며 적극적인 마을 공동체의 명절이라고 한다. 즉 설은 혈연을 중시하는 명절이라고 한다면, 대보름은 지연을 중시하는 명절의 성격을 지니고 있어서 서로 다름을 알 수 있다. 하지만 설날에 청년회와 부녀회의 주도로 마을 어른들을 모셔 놓고 단체세배를 하는 것은 혈연적인 관계를 바탕으로 지연적인 유대관계의 확대를 도모한다는 점에서 의미가 있다 하겠다.

세배를 하면서 손아랫사람들이 어른들에게 '새해에 복 많이 받으십시오'라고 말하면, 어른들은 소원성취나 건강을 비는 뜻에서 덕담을 해 주며 음식을 대접하기도 한다. 어린이들에게는 복돈을 주기도 한다. 손아랫사람들이 '새해에 복 많이 받으십시오'라고 말하거나 어른들이 덕담을 하는 것은 언어행위를 통해 복을 많이 받으라는 것으로서, 이는 언어 속에 주술성이 반영되어 있다고 생각하는 언령사상(言靈思想)을 근거로 행해진 것이다.

새해에 복을 받으라는 인사는 예축적(豫祝的)인 의미를 지니고 있다. 새해에 복을 기원해 줌으로 인해 한 해 동안 아무 탈 없이 그리고 소망하고자 하는 모든 일이 이루어질 것이라고 미리서 예상하고 축하해주는 의미를 갖고 있다. 이때의 복은 지극히 인사를 받는 사람을 중심으로 한 당사자 혹은 가정의 복일 수 있으나, 주로 개인 지향의 복이며 복합적인 성격을 지닌 복이다.

(3) 유희적인 행사로서 정초의 민속놀이

정초의 민속놀이로 널뛰기, 윷놀이, 연날리기, 승경도놀이, 돈치기, 화투놀이 등이 있으며, 이중에 아직까지도 윷놀이와 화투놀이는 정초의 대표적인 민속놀이로 전승되고 있다. 하지만 여타의 민속놀이는 거의 그 자취를 감추고 말았다.

① 널뛰기

널뛰기는 정초에 설빔을 한 젊은 여자들이 하는 활기가 넘치는 놀이이다.

《경도잡지》에 의하면, 항간에서 부녀자들이 짚 베개를 가로지른 위에 널빤지를 사용하고 양쪽 끝에 갈라 서서 굴려 뛰기를 하면 몇 자씩이나 올라간다. 그때 패물들이 울리는 소리가 쟁쟁하고 지쳐서 떨어져 나가는 것을 패자로 인정한다. 이것을 '초판희(超板戱)'라 한다. 이와 같은 널뛰기는 오늘날 설날보다는 지역축제의 현장에서나 관광객을 위한 행사장에서 접할 수 있게 되었다.

② 화투놀이

화투놀이는 열두 달을 상징하는 열두 묶음의 패로 짝을 맞추어 끝수를 다투는 놀이다. 화투는 본래 중국의 투전이 유럽으로 건너가 카드가 되었고 그것이 포르투갈 상인들에 의해 일본에 전래되면서 만들어지게 되었다. 화투는 우리나라에 19세기 말 20세기 초에 들어와 다양한 형태로 발전한 것으로 보인다.[12] 화투는 모두 48장으로 일 년 열두 달을 상징하는 열두 묶음의 패로 구성되어 있다. 각 패에는 열두 달을 각각 상징하는 화초문양이 있다. 화투로 하는 놀이로는 민화투, 고스톱, 육백, 삼봉, 짓고땡, 섯다 등이 있다.

③ 윷놀이

윷놀이는 남녀노소 구분 없이 모든 사람들이 집안과 밖에서 즐겨왔던 놀이이다. 윷놀이는 우리의 토착화된 놀이이긴 하지만 본래는 중국에서 전래한 저포(樗蒲)의 일종인 것이다. 윷놀이의 대표적인 방법은 동그라미 29개의 윷판을 놓고 말 4개가 먼저 다 돌아오는 것이다. 이것은 윷을 던져서 나오는 끝수대로 말 4개를 각각 또는 그 중 몇 개를 포개 얹어서 같이 진행시키고 4개의 말이 모두 상대방 말보다 먼저 윷판의 최종점을 빠져나오는 편이 이기는 방법이다.[13] 윷놀이의 윷은 밤윷과 장작윷으로 나누어지며, 호남지역에서는 대개 참윷이라고도 부르는 밤윷을 가지고 윷놀이를 하는가 하면, 중부지역을 비롯한 산간지역에서는 장작윷을 사용하여 윷놀이를 하는 경향이 있다. 이것은 지역의 자연적 조건과 관련이 있는 것으로 생각된다. 호남지역은 평야가 많은 곳으로 따뜻하고 온난한 날씨여서 야외에서 멍석을 깔아놓고 윷을 종지기에 담아 흔들다가 윷을 던지는 실외용의 윷놀이라고 한다면, 산간지역에서는 방안에서 윷을 두 손으로 모아 던지는 실내용의 윷놀이라고 할 수 있다. 호남지역에서는 윷을 만들 때 탱자나무를 많이 사용하는가 하면, 중부지역에서는 박달나무나 밤나무를 사용하여 만든다.

요즈음도 정초에 화투놀이와 윷놀이를 많이 하고 있다. 하지만 반드시 정초에만 국한되는 것은 아니다. 지방에 따라서는 겨울철뿐만 아니라 여름철에도 벌어지는 경우가 많고, 명절이 아닌 상갓집에서 벌어지기도 하는데, 무엇보다도 도구의 준비가 간단하고 오락성이 강한 민속놀이이기 때문이다. 이처럼 화투놀이와 윷놀이는 오락성이 강해서 도박으로 발전하는 경우도 허다하다.

(4) 주술적인 행사로서 속신행사

정초의 속신으로 세화(歲畵), 삼재 막는 법(三災免法), 패일(敗日), 야광귀(夜光鬼) 쫓기, 머리카락 태우기(元日燒髮), 복조리, 오행점, 윷점, 날씨점, 달불이, 토정비결 등이 있으나, 날씨점과 달불이는 한 해 농사의 풍흉(豊凶)을 점치는 것이고, 복조리를 제외한 나머지는 개인의 한 해 운수를 점치는 것들이다. 그렇지만 복조리와 토정비결을 제외한 모든 것들은 거의 소멸되었다. 지금도 정초에 복조리를 사서 문지방 위에 걸어두기도 하고, 토정비결을 많이 보기도 한다.

① 야광귀쫓기

야광귀 쫓기는 설날 밤에 하늘에서 내려와 신발을 훔쳐가는 귀신인 야광귀를 쫓기 위해 체 등을 걸어두고 머리카락을 태워 마당에 뿌리는 풍속이다. 《동국세시기》에 의하면, 이름이 야광인 귀신이 이날 밤 민가에 내려와 아이들의 신발을 두루 신어보다가 발 모양이 들어맞는 것을 신고 가버리면 그 신발의 주인은 불길하다고 한다고 한다. 그래서 아이들은 그것이 무서워서 다 신발을 감추고 일찍 불을 끄고 잠들어 버린다. 그리고 체를 대청마루 벽이나 마당 가운데 장대를 세워 걸어둔다. 그것은 야광귀가 찾아와 체를 보고는 구멍을 세다가 순서를 잃어버려 새벽닭이 울 때까지 결국 다 세지 못하고 도망간다고 하는 것이다.

② 머리카락태우기

머리카락 태우기는 설날 해가 질 무렵에 문밖에서 한 해 동안 모은 머리카락을 태움으로써 병을 물리치는 풍습이다. 옛날에는 남녀 모두가 머리카락을 길렀는데, 머리를 빗다가 빠지는 머리카락을 함부로 버리지 않고 종이로 만든 상자 등에 모아두었다가 설날 해질 무렵에 문 밖에서 불에 태워 없앴다. 호남지역에서는 섣달 그믐날 저녁에 하는 경우도 있다.

③ 복조리

정초에 복조리를 사서 집안 문지방 위에 걸어 두는 풍습은 복조리가 복을 긁어 담는 도구라고 인식하는 데서 비롯되었다. 복조리를 걸어 둘 때는 그 안에 동전을 넣어두기도 하는데, 그것은 재물이 모인다고 믿는 데서 기인된 것이다. 복조리는 '복'과 '조리'의 합성어이다. 조리는 가는 대나 철사로 제물 자루를 내고 조그마하게 삼태기 모양으로 만든 것으로 쌀이나 보리 등

곡식을 물에 담가 일어 돌을 걸러 내는 주방 도구이다. 조리로 곡식을 이는 것을 '조리질한다'고 한다. 조리질을 하면 돌들은 물속에 가라앉고, 많은 곡식들이 물속에서 부풀어 올라서 이 곡식들을 건져내면 돌을 걸러낼 수 있게 된다. 조리에 복이 첨가된 것은 곡식이 부풀어 오르듯이 복도 그처럼 부풀어 오르라는 주술적 심성이 내재되어 있는 데서 비롯된다. 곡식은 복을 상징한다. 곡식이 복을 상징하는 것은 곡령신앙(穀靈信仰)과 밀접한 관련을 맺고 있는 것으로 보인다. 곡식은 부녀자 중심의 가택신앙에서 중요한 신체로 활용되기도 한다. 곡령신앙과 연계하여 형성된 복조리의 풍습에서 곡식은 재복과 식복의 상징이다. 이처럼 재복과 식복을 기원하기 위하여 주술적인 행위로서 정초에 복조리를 사서 집안에 걸어두게 되었던 것이다.

④ 토정비결

토정비결은 지금도 정초가 되면 도시에서나 농촌의 많은 가정에서 보는 점복 중의 하나이다. 잡지 부록 등의 책의 형태로 서점에서 잘 팔릴 정도로 아직까지 토정비결을 많이 보는 모습을 확인할 수 있다. 토정비결은 조선조 명종 때 토정 이지함이 만든 예언서인데, 조선조 말기부터 보급된 것으로 보인다.

토정비결은 개인의 점괘를 산출하여 보는 것으로 그 방법은 크게 태세수(太歲數), 월건수(月建數), 일진수(日辰數)로 나누어 본다. 먼저 태세수에 나이를 합하고 이를 8로 나누어 남는 숫자를 첫괘로 한다. 다음은 월건수에 태어난 월을 합하는데 큰달이면 30을, 작은 달이면 29를 합하여 6으로 나누고, 거기에서 남는 수를 둘째 괘로 한다. 세 번째는 생일 숫자에 일진수를 합한 수를 3으로 나누고 남은 수를 마지막 괘로 한다. 이상과 같이 해서 점괘 숫자를 산출해 낸 다음에 토정비결의 같은 괘의 숫자를 찾으면 1년간의 종합적인 점괘와 12개월의 달별로 점괘가 나온다. 이를 읽으면 한 해의 운수와 매 달의 운수를 읽을 수 있다는데서 토정비결의 특색을 찾을 수 있다.

2) 대보름 명절

대보름이란 음력으로 정월 보름 즉 한자로는 도교적인 명칭인 '상원(上 元)'이라 한다. 그 해의 첫 보름이요, 만월이 뜨는 날이기에 대보름이라 부른 것이다. 농가에서는 태양력에 의해 봄이 드는 입춘절과 함께 대보름을 기준 으로 여름농사를 준비해왔기 때문에 대보름날은 특별한 의미가 있는 날이 다. 대보름은 농사를 짓기 전에 맞는 첫 번째 만월로서 농사를 짓기 위한 기 준으로 삼았다.

게다가 보름달이 여신(女神)과 대지(大地)와 관련되어 있어서 생산과 밀접 한 관계를 지닌 것으로 인식되어 왔는데, 달이 초승달에서 차차 커져 보름 에 만월이 되고, 다시 작아지는 현상을 곡물(穀物)과 대비시켜 씨를 뿌리고 자라서 여물고 다시 씨로 돌아가는 것과 같은 것으로 생각하여 달을 풍요 와 다산을 상징하는 것으로 믿어져왔다. 그런 까닭에 농경을 위주로 한 우 리 민족은 정월 대보름을 어느 명절보다도 성대하게 보냈는데, 그것은 세시 풍속이 대보름을 전후해 집중되어 있는 것만 보아도 알 수 있다. 이처럼 정 월 대보름뿐만 아니라 6월 유두, 7월 백중, 8월 한가위, 10월 하원 등 만월 이 떠오르는 15일 보름을 명절로 삼은 것이다.

대보름에는 풍년을 기원하는 행사와 한 해의 농사 풍흉을 점치는 행사가 주류를 이룬다. 《동국세시기》에 의하면, "이날 온 집안에 등잔불을 켜놓고 밤을 세운다. 마치 섣달 그믐날 밤 수세(守歲)하는 예와 같다."라고 하고 있 는데, 일부 지방에서는 잠을 자지 않거나 집안 곳곳에 불을 밝혀 두기도 하

고, 배를 가지고 있는 가정에서는 배의 선실과 기관실에 불을 환하게 밝혀
두기도 한다.

(1) 대보름 명절 쇠기 위한 준비

대보름을 쇠기 위해 가족들은 목욕재계를 하고 집안 곳곳을 청소한다. 그
리고 대보름 음식을 준비한다. 대보름의 음식으로는 오곡밥, 약밥, 복쌈, 부
럼, 묵은 나물, 귀밝이술, 백가반, 팥죽 등이 있는데, 이 가운데 가장 대표적
인 시절음식은 오곡밥과 약밥이다.

대보름 음식을 준비하기 위한 식재료는 찹쌀, 차수수, 팥, 차조, 콩, 대추,
밤, 꿀, 참기름, 간장, 잣, 참취나물, 배춧잎, 김, 호두, 은행, 무, 박나물, 버섯,
순무, 콩나물, 고사리, 가지, 시래기 등이다.[14] 이와 같은 식재료는 밭에서 재
배한 채소류나 산에서 채취한 산나물로서 나물로 할 수 있는 것이 무엇이
든 풍성하게 준비한다. 대보름에는 나물명절이라고 말할 수 있을 만큼 많
은 나물을 만든다.

① 오곡밥

오곡밥은 쌀, 콩, 팥, 보리, 수수, 조 들 중에서 반드시 다섯 가지로만 하는
것이 아니라 집안에 따라 조금씩 다르기도 하겠지만, 주로 여러 가지 곡식
을 넣어 지어먹는다는 뜻에서 곡식의 총칭인 오곡이라는 말을 써서 이를 오
곡밥이라 하는 것으로 보인다. 이러한 것은 오곡의 풍요를 기원하는 데서
비롯되는 것이다. 경기도에서는 오곡밥은 14일 저녁 일찍이 먹고, 15일 아
침에는 찰밥을 해 먹는다. 하지만 호남지역 농가에서는 14일 밤에 오곡밥
대신 찹쌀과 팥을 넣은 찰밥을 많이 해 먹기도 한다.

약밥은 찹쌀, 대추, 밤, 꿀, 잣, 콩 등을 섞어 쪄서 만든다. 《동경잡기》와

《삼국유사》에 의하면 신라시대부터 대보름에 약밥을 지어먹는 풍습이 있었던 것으로 보인다. 경기도와 전남의 농가에서는 보통 찰밥을 해먹는 경향이 있고, 도시에서는 약밥을 주로 많이 해먹는다. 전남에서는 이 찰밥이나 약밥은 보통 시루에 쪄서 먹기 때문에 시루밥이라고 부르기도 한다.

② 복쌈

복쌈은 대보름날에 밥을 김이나 취나물에 싸서 먹는 것을 말한다. 복쌈을 '복과(福裹)' 혹은 '박점(縛占)'이라고도 한다. 복쌈의 '쌈'이란 '싼다'는 뜻이므로 복쌈이란 '복을 싸서 먹는다'는 뜻을 지니고 있다. 취, 호박, 고비, 고사리, 가지, 시래기 등을 가을에 말려 두었다가 볶아서 먹고, 또 이 나물로 밥을 싸서 먹거나, 구운 김으로 싸서 먹었는데 개성 등지에서는 들깻잎으로 싸 먹기도 한다. 복쌈은 여러 개를 만들어 그릇에 볏단을 쌓듯이 성주님께 올린 다음 먹으면 복을 받는다고 한다. 복쌈은, 곧 개인의 식복을 기원하기 위한 차원에서 형성된 음식민속이다.

③ 부럼

부럼은 일 년 동안 무사태평하고 종기나 부스럼이 나지 않게 해 달라고 호두나 은행, 무 등을 깨물어 먹는 것을 말하고, 귀밝이술은 청주 한 잔을 데우지 않고 마시면 귀가 밝아진다고 해서 마시는 술이다.

(2) 제의적인 행사로서 차례, 유지지, 뱃고사, 마을신앙, 용왕제
① 보름차례

대보름에도 설과 마찬가지로 조상들에게 차례를 지내는데, 이를 '보름차례'라고 부르기도 한다. 보름차례는 정월 대보름날 지내는 명절 제사로 대

보름날 새벽이나 아침에 명절 음식을 차려 놓고 지내는 천신차례(薦新茶禮)
이다. 차례상에는 찰밥이나 약밥 혹은 오곡밥을 올리고 많은 나물을 차린
다. 조상상은 물론이고 성주신을 비롯한 가택신들에게도 따로 상을 차린다.
특히 곳간에 반드시 음식을 차리는데, 소를 기르는 가정에서는 외양간에 상
을 차리기도 한다. 대보름 차례는 설과 추석과는 달리 상대적으로 소략된
경우도 있고, 그 절차도 약식화된 경우가 많다. 물론 차례를 유교식의 제례
절차에 따라 설날의 차례처럼 모시는 경우도 있지만, 주부가 새벽에 대보름
음식을 차려 놓고 비손으로 축원의례를 행하는 경우가 많다. 주부가 올리
는 경우는 가정의 안녕을 기원하는 축원을 하면서 비손을 한다.

② 유지지

유지지는 농가에서 정월 14일이나 보름날 아침에 산에서 생소나무를 베
어다 봉우리에 푸른 잎가지를 조금 남기고 가지를 쳐낸 후 위쪽을 짚으로
엮어 둥지모양을 만들어 우물이나 마당, 외양간 옆, 안방 문 앞 처마 끝에
세워 놓고, 그 주위에는 여러 가지 농작물을 걸어 풍년을 기원하는 것을 말
한다. 유지지에는 벼, 보리, 조, 수수, 기장, 콩, 팥 등 여러 가지 곡식을 싸서
매달아 놓기도 한다. 그 밑에는 목화송이나 새끼줄 등을 늘어뜨려 놓는 형
태가 일반적이다. 그리고 '몇 섬들이로 농사가 잘되게 해달라'는 뜻으로 가
마니를 달기도 하고, '이삭이 방망이처럼 크라'는 뜻으로 다듬이 방망이를
매달기도 한다. 또 화려하게 집안 호주의 이름자를 쓴 장원기를 달기도 하
고, 우순풍조(雨順風調)를 비는 뜻으로 바람개비를 달기도 한다. 곡식을 싸서
매달아 놓은 나무를 볏가릿대라고 부르며, 지역에 따라서는 화간(禾竿), 화
적(禾積), 볏가리, 노적가리, 낟가릿대, 농사장원기, 유지기, 주저리 등으로 부
르기도 한다. 볏가릿대는 가정에서 세우는 경우가 있는가 하면 마을 단위로

세우는 경우도 있다. 볏가릿대를 내릴 때는 그 앞에 제상을 차려 놓고 독축과 함께 풍년을 기원하는 제사를 지낸다. 이처럼 유지지는 농부들의 진솔한 마음과 자연재해 극복의 염원을 담은 풍농기원 의례임을 알 수 있다.

③ 뱃고사

뱃고사는 수신(水神), 선신(船神)에게 배의 안전과 뱃길의 수호 그리고 선원들의 무탈과 풍어를 축원하는 제의로서 뱃굿, 행선고사, 도장굿, 선망굿, 배선왕굿이고도 부른다.[15] 어촌 지역에서 배를 가지고 있는 각 가정에서는 별도의 제상을 갖추어 배에 가서 뱃고사를 지낸다. 만선 때처럼 배에다 여러 가지 기(旗)를 달고 선주 집에서 메, 술, 시루떡, 고사리, 돼지머리 등의 제물을 정성껏 장만해서 배 안에 모셔져 있는 배서낭에게 제사를 지낸다. 배서낭이 여자인 경우는 돼지머리를 올리지 않는다. 뱃고사는 어부들이 배가 일년 동안 무사 운항하기를 빌며, 풍어를 기원한다. 정초의 뱃고사는 종종 점쟁이나 단골을 불러 푸닥거리를 하는 경우도 있을 정도로 성대하게 지내지만 출항할 때 간소하게 지낸다.

④ 마을신앙

마을신앙은 부족국가시대로 거슬러 올라가는 긴 역사성을 지니고 있다. 마을신앙은 주로 정월에 집중되어 있으며, 그것도 대보름에 집중되어 있는 것이 특징이다. 마을신앙은 제의의 시기에 따라 매년 연례적으로 지내는 것과 2~10년씩으로 몇 년마다 한 번씩 지내는 경우가 있는데, 전자는 지역마다 당산제, 장승제, 부군당제, 도당굿, 당산제, 당제, 골맥이동신제, 포제, 본향당굿, 서낭제, 성황제, 단오제, 산신제 등의 다양한 명칭을 가지고 있는가 하면, 후자는 별신제나 별신굿이라는 명칭을 가지고 있음을 볼 수 있다.

또한 제의의 내용에 따라 독축을 중심으로 유교식의 제의 절차에 따른 제사형(靜肅型)의 마을신앙, 유교식 제의 절차에 따른 제의 내용을 가지고 있으면서 음악과 춤 그리고 극 등을 통해 축제적인 분위기 속에서 이루어지는 풍물굿형과 무당굿형의 마을신앙으로 구분할 수 있다. 특히 오늘날 풍물굿형과 무당굿형의 마을신앙은 풍물과 단골의 약화로 그 전승의 단절 위기에 봉착하고 있는 실정이라 할 수 있다.

　물론 때로는 지역축제의 소재로 활용되는 경우도 있기는 하다. 그런 경우라면 어떤 식으로든 전승의 토대가 마련되어 지속되리라고 생각된다. 가령, 진도 영등제라든가, 안동 하회별신굿, 강릉 단오제, 부여 은산 별신제, 완도 장보고당제 등이 그 예이다.

　⑤ 용왕제

　용왕제는 풍어를 기원하기 위한 해안지역의 풍속으로서 주로 대보름에 모셔진다. 당산제나 산신제 등의 마을제사를 모시는 마을에서는 후반부에 따로 갯제 혹은 용왕제라고 해서 선창가나 갯가에서 제사를 지내기도 한다.

　이와 같이 정월 대보름의 제의적인 행사는 가정 단위의 행사와 마을 단위의 행사가 있는데, 가정의 제의적 행사는 조상신을 비롯한 가택신에 지내는 차례, 농경신에게 지내는 유지지세우기, 배서낭에게 지내는 뱃고사가 있다. 내륙지역이나 해안지역 모두 조상숭배의 의식 속에서 차례를 지낸다는 공통점을 가지고 있지만, 내륙지역에서는 풍농을 기원하는 유지지세우기를, 해안지역에서는 풍어를 기원하는 뱃고사를 한다는 점에서 차이가 있다. 이것은 대보름의 제의적인 행사가 생업적인 환경과 밀접한 관련이 있음을 보여주고 있는 것이다.

(3) 유희적인 행사로서 대보름 민속놀이

대보름 민속놀이는 네 가지 유형으로 분류할 수 있다. 먼저 풍년을 기원하는 민속놀이로 달집태우기, 달맞이, 쥐불놀이, 횃불싸움, 기세배 등이 있고, 두 번째로 편싸움 계통의 민속놀이는 줄다리기, 등싸움, 고싸움, 석전 등이 있으며, 세 번째로 기복 또는 점복의 종교적 심의와 상통하고 예방적 의미를 가진 민속놀이로 축귀놀이, 액막이놀이 등이 있다. 네 번째로 연날리기, 지신밟기, 제기차기, 팽이치기, 돈치기 등 기타민속놀이가 있다.

① 달집태우기

달집태우기는 마을의 청장년들이 주축이 되어 짚을 모으고, 생솔이나 생대를 쪄다가 마을의 공터에 원추형의 달집을 만들어 놓았다가 14일 밤 달이 떠오를 때를 기다려 함성을 지르면서 불을 지른다. 그리고 풍물패의 청년들이 각 가정의 지신밟기를 해 주고 나서 짚이나 솔잎을 모아 가지고 와서 달집을 만들어 놓았다가 달이 뜨면 불을 피우기도 한다.

보름달은 풍요의 상징이고, 불은 모든 부정과 사악을 살라 버리는 정화의 상징이다. 따라서 달이 떠오를 때 달집을 태우는 것은 농사의 풍요를 기원하는 것이요, 모든 사악을 정화시키기 위함이라 할 수 있다.[16] 달이 떠오르면서 불길이 솟구치면 마을 사람들은 달집 주위를 돌면서 신명나게 풍물을 친다. 대나무가 불에 탈 때 폭죽 터지는 듯한 소리가 나는데, 이 소리에 잡귀가 마을 밖으로 도망가고, 불길이 이웃마을보다 높이 올라가면 풍년이 든다고 해서 경쟁적으로 많은 땔거리를 모아 불을 지피기도 한다. 그리고 달집이 다 타서 넘어질 때에 그 넘어지는 방향을 가지고 한 해의 농사 풍흉을 점치기도 한다.

달집을 짓는 것은 달님(月神)을 집 안에 모시기 위한 것으로 공동체신앙에서 당집을 짓고 그 안에 신격(神格)을 모시는 행위와 같다. 달님을 모신 달집에 불을 지르는 것은 음(陰)인 달(月)과 양(陽)인 불(火)의 결합을 통해 우주만물의 생생력을 극대화시키기 위한 것으로 생각된다. 그러할 때 생생력이 극대화된 달집을 향해 마을 사람들이 소망을 기원하면 되돌아오는 것 또한 극대화되기 때문이다. 실제로 전남 구례에서는 달집신이라 하여 달집 앞에 제삿상을 차려 놓고 제사를 지내기도 한다. 달집태우기는 놀이＋달맞이＋농악＋잰부닥불＋농사점＋부스럼예방하기가 결합된 대보름의 종합민속임을 알 수 있다.

② 달맞이

달맞이는 남도지역 뿐만 아니라 전국적으로 분포하고 있는 대보름날의 풍속이다. 전주지역의 사례를 보면, 대보름날 저녁에 달이 동쪽에서 솟아오를 때면, 사람들은 달맞이를 하기 위해 뒷동산에 올라간다. 한겨울이라 춥긴 하지만 횃불에 불을 붙여 가지고 될 수 있는 한 만월(滿月)을 보기 위해 산길 따라 뒷동산에 오르는 것이다. 동쪽 하늘이 붉어지고 대보름달이 솟을 때에 횃불을 땅에 꽂아 두고, 두 손을 모아 합장을 하며 제각기 소원을 기원한다. 그런 뒤 보름달의 형체와 높낮이, 그리고 떠오르는 방향을 보고 농사점을 치기도 한다. 달맞이는 될 수 있는 한 남보다 먼저 보는 것이 길한 것이라 생각하여, 서로 앞 다투어 산에 올라간다.

③ 쥐불놀이

쥐불놀이는 정월 14일 밤에 어린아이나 청년들이 자기네 논과 밭둑에 쥐불을 놓으며 노는 풍속으로 '논두렁 태우기'라고도 부른다. 횃불을 들고 들판에 나가 쥐불을 놓게 되면 해충이 알을 낳아 놓은 잡초를 태우게 되어 농사에 유익하고, 전염병을 옮기는 들쥐들을 없애는 데도 도움이 된다. 쥐불놀이는 처음에는 자기의 논과 밭둑을 태우면서 시작하여 이웃집의 논두렁을 태우게 되고 마을의 어린이들이 집단화되면 이웃마을의 쥐불놀이와 경쟁적으로 이루어지도 한다. 쥐불놀이를 흔히 들불놀이, 횃불놀이로 혼용하기도 하는데, 이는 쥐불놀이가 편싸움 형태로 발전한데서 비롯된 것이다. 쥐불놀이를 하면서 위아래의 어린이나 청년들이 이리저리 뛰어다니면서 경쟁적으로 넓은 지역에 불을 지르러 다니거나 상대방의 횃불을 끄기도 한다. 이와 같은 행동들이 서로 경쟁적으로 전개되면서 집단적인 횃불싸움으로 발전한다.

④ 기세배

기세배는 정월 대보름에 행하는 집단적인 놀이로서 7~10여 마을이 모여서 행하는 대동놀이다. 무엇보다도 먼저 참가한 마을의 서열이 농기(農旗)의 제작 연대에 따라 결정되는데, 그것은 마을의 성촌 역사와 밀접한 관련이 있다. 이것은 마을뿐만 아니라 농신(農神)의 서열에도 작용된다. 그래서 맏형 마을이 결정되면 그 마을에서 농기놀이가 이루어진다.[17] 기세배는 크게 농기의례, 합동세배, 순례세배, 뒷풀이 등 4단계로 구성되어 있다.

먼저 농기의례는 정월 14일 밤에 각 마을에서 당산나무 앞에 농기를 세우고, 주과포를 갖춰 제상을 차린 뒤 마을의 좌상이 제사를 지낸다. 농기의례가 끝난 다음날 합동세배를 한다. 합동세배는 각 마을의 농기들이 모여서 맏형에 해당하는 마을의 농신에게 형제의 서열에 따라 자기 마을 농기를 숙여 절을 한다. 합동세배가 끝나면 순례세배를 하게 되는데, 아무 마을이나 무조건 갈 수 있는 것은 아니고 사전에 세배를 받고자 하는 마을에서 허용했을 때만 가능하다. 따라서 기세배를 가려면 사전에 세배의 수용 여

부를 타진해야 하고, 그 방법은 기세배를 가려는 쪽에서 영기 두 개를 가지고 가서 상대편의 마을 앞에 꽂아 놓는다. 만약 그 마을에서 세배를 거절하고자 할 경우 꽂혀 있는 영기 앞에 자기 마을의 영기를 꽂아 두면 된다. 순례세배가 끝나면 뒷풀이로서 풍물놀이나 덕석몰이 등 각 마을의 풍물의 기예를 마음껏 발휘하면서 10여 마을의 풍물은 물론 마을사람들 모두가 하나되는, 공동체의 결속력을 강화하는 자리가 되고 고을축제로 발전하게 되는 것이다.

⑤ 줄다리기

줄다리기는 중국, 일본, 버마 등 여러 나라에서도 행해지고 있으나, 우리나라의 줄다리기는 중부 이남지역에 집중적으로 분포되어 있다. 이로 볼 때 줄다리기는 수도농경(水稻農耕)과 깊은 관계가 있음을 시사해 준다.

줄다리기는 크게 줄의 제작 과정, 줄놀이 과정, 줄다리기 과정, 줄의 처리 과정으로 나누어진다.[18] 줄의 제작과정은 가가호호에서 짚을 거출하여 동네 앞 공터나 당산나무 아래서 줄을 만드는 과정이다. 줄을 만들면서 마을사람들은 '줄도시기'라 하여 노래를 부르기도 하고, 풍물이 흥겹게 어우러지기도 한다. 줄은 외줄과 쌍줄이 있으며, 쌍줄은 주로 한강이남 서부지역인 평야지역에서 많이 사용되고 있다. 줄이 제작되면 '용'을 상징하는 줄을 메고 동네 안을 돌아다니거나 동네 주변에 있는 논밭으로 돌아다니기도 한다. 줄을 메고 돌아다니는 것은 용신을 모시고 다니는 것으로 동네 샘물이 잘 나오도록 하고, 그해의 농사 풍년을 기원하기 위한 데서 비롯된 것으로 보인다. 줄을 메고 다니면서 상대편의 줄을 만나면 시위나 육담 등으로 힘의 우위성을 과시하기도 한다. 줄다리기 장소에 모이면 암줄과 숫줄을 결합하는 의례를 수행하기도 하는데, 결합과정이 후대에 각색되기는 했지만 숫줄과 암줄에 신랑과 신부를 각각 태워 혼례를 치루기도 하고, 성행위를 간접적으로 묘사하는 숫줄의 진격을 통해 암줄과의 결합을 하기도 한다. 줄의 결합이 이루어지면 남녀 대항으로, 혹은 남성과 여성을 상징하는 팀을 구성해 줄다리기가 이루진다. 가령, 윗마을과 동부팀은 남성을, 아랫마을과 서부팀은 여성을 상징하는 팀이다. 여성팀이 이겨야 그해 농사가 풍년이 든다고 하는 속신을 가지고 있다. 이러한 속신 때문에 여성팀이 승리하기 위해 남성팀이 줄을 잡아당기려고 할 때 방해공작을 펼치기도 한다. 할머니들이 남성팀으로 가서 가시나무로 남성들이 줄을 잡지 못하도록 방해를 하면, 그 사이에 여성팀이 줄을 잡아당기면 이기게 되는 것이다.

남도지역의 줄 처리과정은 지역마다 약간씩 차이를 가지고 있다. 동네 앞 큰 강이나 냇물이 흐르는 하천이 있는 지역에서는 줄을 강물에 띄워 보내는 곳이 있는가 하면, 산간지역에서는 대개 불사르는 경우가 많다. 어떤 곳에서는 줄을 사다가 소에게 먹이거나 퇴비로 사용하기도 한다. 그런데 남도의 서부지역인 부안, 김제, 고창, 정읍, 영광, 나주, 무안 일대의 평야지역에서는 줄을 당산나무나 입석 그리고 짐대(솟대)에 감아두는 경우가 많다. 이를 '줄감기' 혹은 '옷입히기'라고 한다. 부안군 보안면 우동리와 부안읍에서는 짐대에, 정읍에서는 입석과 당산나무에, 영광과 무안 일대에서는 입석에 줄을 감는 경우가 많이 나타나고 있다.

일반적으로 당산제를 모시는 마을에서는 먼저 당산제를 모시고 나서 줄다리기를 하고 그런 뒤 줄감기를 하여 간단한 의례를 수행하는 경우가 많다. 쌍줄일 경우 대개 암줄은 '할머니'를 상징하는 신체에, 숫줄은 '할아버지'를 상징하는 신체에 감아둔다. 이와는 반대로 무안군 현경면 모촌마을에서는 줄다리기를 먼저 하여 줄을 감아 놓고 나서 당산제를 지내기도 한다. 이처럼 줄을 감아두는 것은 용신의 상징인 줄을 상위신인 당산신(堂山神)에게 바쳐 당산신으로 하여금 용신을 붙잡아 두도록 하는 것이니, 한편으론 용신을 모시는 행위라고 볼 수 있다. 그런가 하면 영광 지역에서는 당산제를 지내지 않아도 마을 사람들은 줄다리기를 하고난 뒤 입석에 줄을 감아 놓는다거나, 혹은 줄다리기를 하지 않았어도 그냥 줄을 만들어 입석에 감아 놓기도 한다.

물을 관장하는 신격은 수신인 용신인데, 농사에 있어서 물은 풍년을 결정짓는 요소이다. 그래서 쌀농사지역에서는 물의 풍요를 기원하기 위해 용신을 모시는 의례가 행해졌는데, 이것이 바로 줄감기이다. 줄감기가 끝나면 마을사람들은 그 주위에서 풍물을 치며 축제적인 분위기가 고조되어 절정에 다다른다.

⑥ 등싸움

전북 고창에서는 줄다리기가 시작되면 양팀의 등이 앞쪽에 위치하여 줄다리기와 연계해서 등싸움이 벌어진다.[19] 등싸움의 등(燈)은 가늘게 쪼갠 대나무 2개를 이용해 등의 골격을 만들고, 겉에 청색이나 홍색의 물을 들인 한지를 씌워 그 안에 촛불을 켠 것이다. 이렇게 등이 만들어지면, 간짓대나무(대나무) 꼭대기에 삼각형의 등걸이를 만들어 꼭대기에는 제일 큰 등을 매달고, 그 아래에 40여개의 청사초롱의 등을 매단다. 이 등을 세우기 위해서는 건장한 청년 3~4명이 대나무를 잡고 있어야 하고, 또 대나무에 끈을 매달아 잡을 수 있는 4명의 줄잡이도 있어야 한다. 뿐만 아니라 등을 보호할 수 있는 남자들도 필요하다.

등이 제작되면 줄다리기 양편에 서서 화려한 불빛을 뿜어내는 등을 세우고 줄다리기가 행해진다. 이 과정 속에서 등싸움이 벌어지는데, 상대편의 사람들이 몰래 간짓대에 매달린 등을 흔들거나, 혹은 줄을 잡아 당겨 등을 넘어뜨리든지 한다. 심지어는 등을 맞히도록 돌을 던져 등에 불이 붙도록 하기도 한다. 하나의 등에 불이 붙으면 전체의 돌을 던져서 등을 맞혀 등불이 붙도록 하기도 한다. 그래서 먼저 등이 넘어지거나 불타 없어지면 승패가 결정되니 등지기(등을 지키는 사람)들이 필사적으로 등을 보호하려고 해서, 때로는 심한 몸싸움이 벌어지기도 한다. 뿐만 아니라 등싸움이 투석전으로 발전되기도 한다.

줄다리기와 등싸움이 끝나면, 그 일행들이 주재소에 달려가 돌을 던지기도 하여 항일의식을 고취시키기도 했다. 그로 인해 줄다리기나 등싸움을 하지 못하도록 하는 일본 경찰의 탄압이 있었고, 때로는 줄을 매고 혹은 등을 들고 도망 다니는 경우도 있었다고 한다.

고창 오거리 줄다리기처럼 등의 등장은 타 지역에서도 찾아 볼 수 있다. 가령, 장흥 대보름 줄다리기에서 청사초롱, 광주 광산 고싸움의 횃불이 그 예이다. 이처럼 줄다리기에서 불의 등장은 놀이 공간의 신성화를 도모하기 위한 것으로 생각된다. 놀이공간의 신성화를 위해 불이 등장하고, 여기에 줄다리기가 가지고 있는 싸움과 경쟁의 속성이 첨가되면서 격정성을 지닌 등싸움으로 발전한 것이다.

⑦ 고싸움놀이

고싸움놀이[20]는 정월 14일 자시에 당산제를 지내고 나면, 15일부터 본격적으로 시작된다. 상칠석마을과 하칠석마을 사람들 간에 고싸움을 하기로 합의가 이루어지면 젊은이들이 가가호호 돌아다니면서 논농사 형편과 성의에 따라 볏짚을 거출한다. 일반적으로 한 편의 고싸움놀이를 만드는 데 소요되는 짚은 대개 400~500다발 정도이다. 짚을 제외한 고를 만드는 데 필요한 재료는 직경 3㎝ 가량의 통대나무 30~50개 정도 필요하고, 지렛대로 사용될 직경 20㎝, 길이 5m~9m 가량의 통나무가 필요하다. 그리고 멜대라고 하는 가랫장으로 사용하기 위해 직경 15㎝, 길이 4m~6m에 이르는 통나무 5~6개가 소요되고, 받침대라고 하는 굉갯대는 직경 15㎝, 길이 2m~3m에 이르는 Y자형의 나무가 필요하다.

고의 제작은 정월 13일과 14일에 동네 앞 큰길에서 이루어지는데, 줄드리기, 줄도시기, 고머리 만들기, 고몸뚱이 만들기, 꼬리 만들기, 고머리 세우기, 가랫장 달기, 손잡이줄 달기, 고다듬기로 나누어 진행된다.

볏짚을 다듬어 세 사람이 달려들어 세 가닥으로 나누어 쥐고 오른쪽으로 비비꼬면서 3합의 줄을 꼬아간다. 줄드리기가 끝나면 다시 드린 줄을 또다시 3합으로 꼬아 가는 것을 줄도시기라고 한다. 곳대가리는 직경 3~4㎝ 정도의 통대를 20개 가져다가 땅바닥에 놓고 메로 두들겨 쪼갠다. 그래서 쪼개진 대를 몇 군데로 묶은 뒤 3합의 줄로 감아 나간다. 타원형 줄로 감은 대나무를 휘어서 곳대가리를 만든다. 곳대가리가 만들어지면 지렛대라고 하는 약 10m의 통나무를 고의 밑에 넣고 줄로 감는다. 이를 고몸체만들기라고 한다. 고의 몸체가 다 만들어지면 고 몸체에서 나온 줄을 이용하여 두 가닥의 꼬리줄을 만들고, 곳대가리를 45도 각도로 추켜 세운다. 그리고 '굉갯대'라는 Y자형의 나무를 몸체에 들어 있는 지렛대와 연결시켜 묶는다. 마지막으로 고를 어깨에 메고 또 고를 부딪힐 때 치켜 밀기 위한 '가랫장'을 단다.

고싸움놀이는 음력 정월 열흘 경 어린이들의 고살고싸움부터 시작된다. 어린이들이 5~6m 정도의 고살고(골목고)를 만들어 가지고 상대방의 마을 앞을 돌아다니면서 승전가를 부르며 응전해오도록 유인한다. 이 광경을 지켜보던 15~16세 정도의 청소년들도 합세하여 이튿날은 20여 세의 청년들까지 소규모의 고싸움이 벌어지는데, 이때가 열이틀 경이다. 이처럼 칠석동 마을 상하촌 어린이들이 조그마한 고를 만들어 서로 어르고 놀리면서 싸움이 커져 15일에는 온 동네 남녀노소가 참여하는 본격적인 놀이가 되어 절정을 이루고, 16일부터는 패자 편이 재도전하기도 해서 20일까지 계속되다가 그래도 승패가 결정 나지 않을 때는 2월 초하루에 고를 풀어 줄을 만들어 줄다리기로 최후 승패를 가리는 민속놀이다.

놀이의 편은 동부와 서부로 나누어진다. 동부는 남자를 상징하는 상촌(상칠석)마을로 놀이패가 구성되며, 서부는 여자를 상징하는 하촌(하칠석)마을로 놀이패가 구성된다. 놀이공동체의 구성은 강제성에 의해 결성되는 것이 아니라 자율적으로 결성된다.

놀이공동체의 구성원은 줄패장, 고의 멜꾼, 꼬리줄잡이, 풍물패, 깃발의 기수, 횃불잡이로 구성된다. 줄패장은 줄을 가지고 싸우는 패거리의 우두머리라는 뜻으로 줄패장의 지휘에 의해 싸움을 전개한다. 그런 까닭에 줄패장은 그 마을에서 덕망과 영향력이 있으며, 고싸움놀이에 대해서 잘 알고 있을 뿐만 아니라 힘이 센 사람으로 선정된다. 고의 멜꾼은 대개 70~80명의 인원으로 힘이 세고 누구보다도 투지와 승벽심이 강한 장년층이 맡는다. 꼬리줄잡이는 대개의 경우 여자들이 담당하고, 그 인원은 70~80명 정도이다. 풍물패는 고싸움놀이의 행진에서부터 고싸움놀이가 끝날 때까지 전의를 북돋고 신바람을 불러일으키는 역할을 한다. 풍물패는 각 팀마다 징 2, 꽹과리 4, 장고 4, 북 5, 소고 10, 양반, 할미, 조리중, 포수 등 29명 정도로 구성된다. 깃발과 기수는 각 팀마다 농기 1개, 사각 영기 4개로 구성된다. 횃불잡이는 각 팀마다 10여명 정도이다. 따라서 고싸움 놀이공동체는 370~410명 이상으로 구성된다.

고의 제작이 완료되면 고를 메고 각각 자기 마을의 앞을 행진하는데, 서부팀은 하칠석 앞을, 동부팀은 상칠석 앞을 행진한다. 이 때 각 팀의 풍물패들이 동행하면서 놀이의 축제적인 분위기를 고조시키고 전의를 북돋운다.

때로는 상대편의 고를 만나면 서로 힘의 우위성을 과시하기 위해 시위를 하기도 한다. 각자의 동네 앞을 행진한 다음 동네 앞 논으로 향하여 본격적으로 놀이를 시작한다. 지금은 전수관의 마당에서 놀이가 이루어진다.

놀이판에 도착하면 상호 간의 전의를 북돋울 수 있는 노래와 환호성을 지르면서 전열을 가다듬는다. 서로가 싸울 수 있는 분위기가 고조되면 줄패장의 지휘에 따라 두 고가 정면을 대하고 싸움을 준비한다. 앞으로 전진했다가 뒤로 후퇴하는 것을 몇 번 거듭하다가 줄패장이 "밀어라"하는 명령이 떨어지면 놀이꾼들은 함성을 지르며 상대방 고의 정면에 부딪친다. 그러면 상대방의 줄패장을 밑으로 밀어내려고 줄패장들 간의 심한 몸싸움이 벌어진다. 전세가 불리하여 줄패장이 "빼라"라는 명령을 하면 놀이꾼들은 고를 받아 어깨에 메고 뒤로 물러서면서 풍물패의 신명나는 가락에 맞추어 전열을 정비한다. 이처럼 전진과 후퇴를 통한 정면 공격과 회전을 통해 측면 공격을 반복하면서 1시간가량 정도 싸움이 벌어진다. 싸움이 끝나면 패한 팀이 다시 도전하려고 드나 승리한 팀은 고머리를 돌려 응전하지 않고 승전가를 부르면서 자기 마을로 향한다.

⑧ 축귀놀이

축귀놀이는 정월 보름에 여성이 주체가 되어 마을신앙의 뒤풀이 의례로 이루어진다.[21] 마을신앙이라 함은 흔히 남성 중심의 신앙으로만 인식하는 경향이 많다. 하지만 전북 완주, 정읍 일대에서는 철저하게 남성을 배제한 여성 중심의 마을신앙이 전승되기도 했다. 여성들이 제사의 모든 절차를 담당하니, 제사 내용 또한 무속적인 성격이 강하게 나타나기 마련이었다. 여성들이 제사를 지낸 뒤에 동네를 돌아다니며 본격적으로 축귀놀이를 시작한다. 이들은 집단적으로 눈만 가리지 않은 채 겉옷 끝자락을 들어 올려 뒤

집어쓰고 풍장을 치며 동네 곳곳을 돌아다니는데, 겉옷을 뒤집어쓰고 동네를 돌아다니는 것은 붉은 것이 묻어 있는 속옷으로 동네 안에 있는 잡귀들을 밖으로 내몰아내는 일종의 적극적인 축귀의식인 것이다. 이것은 속옷에 묻어 있는 붉은 것만으로 잡귀를 몰아내고 있는 것이 아니라, 속옷이 대개 흰 옷이라는 점에서 밝음으로 어둠의 상징인 잡귀를 퇴치하는 상징적인 의미도 지니고 있음을 볼 수 있다.

⑨ 액막이놀이

액막이놀이는 주로 호남의 동부 산간지대에서 행해졌다.[22] 이 놀이는 정월 보름에 당산제가 끝나면 여성들이 인근 마을에 디딜방아를 훔치러 간다. 디딜방아를 훔치기 위해서는 여성들이 쥐 죽은 듯이 접근해야 하고, 때에 따라서는 상대편의 마을 사람들과 큰 싸움이 벌어지기도 한다. 디딜방아를 훔쳐서 동네로 돌아오는 길에 여성들은 기세등등하게 축원가를 부르며 마을 남성들에게 한껏 과시하기도 한다. 이것은 마을신앙과는 별개로 여성들이 훔쳐온 디딜방아를 동네 앞에 세우고, 그 위에 '피보재기'라고 하는 피 묻은 고쟁이나, 아니면 황토흙을 바른 고쟁이를 뒤집어 씌워 놓는다. 그것은 마치 붉은 것이 묻어 있는 은밀한 여성의 속옷을 입고 거꾸로 서 있는 모습으로 많은 사람들이 오가는 동네 앞에 서 있는 것이다. 그 주위에서 마을사람들이 신명나는 풍물놀이를 하는 것은 잡귀의 범접을 막고 마을의 안녕을 축원하는 것이지만, 성의 해방감을 통해 풍요로운 생산을 도모하는 의식이라고도 할 수 있다. 정월이 지나면 디딜방아는 훔쳐왔던 동네에 되돌려주거나 아니면 동네 앞 개울가의 다리로 사용하기도 한다.

⑩ 연날리기

연날리기는 정초부터 시작하여 마을 앞이나 냇가에서 띄우는데, 정월 보름에 절정을 이룬다. 연은 그 종류가 다양하여 100여 종에 이르는데, 꼭지연, 반달연, 치마연, 동이연, 초연, 박이연, 발연 등이 있다.[23] 일반적으로 연날리기는 오락성이 강한 연날리기와 속신적인 성격이 강한 액맥이 연날리기가 있다. 연날리기의 놀이 방법은 높이 띄우기와 재주부리기, 연줄 끊어먹기 등이 있다. 그리고 액맥이 연날리기는 정월 보름에 하는데, 정월 보름이 되면 달맞이를 하고 난 후 각자 띄우던 연을 가지고 나와 액(厄)맥이 연을 날린다. 연에다 액(厄)자를 쓰기도 하고, '송액(送厄)'이나 '송액영복(送厄迎福)'이니 하는 글씨를 써서 날리기도 하며,[24] 또 연에 자기의 생년월일과 성명을 써서 얼레에 묶었던 실을 끊어 멀리 날려 보내기도 한다. 그렇게 함으로써 그 해의 액운을 멀리 날려 보낸다는 의미를 지니고 있다. 액맥이 연날리기가 끝나면 모든 연날리기는 마무리된다. 예전에는 만일 대보름 이후에도 연을 날리는 사람이 있으면 서로 모여서 고리백정이라고 욕설을 퍼붓기도 했다고 한다.[25] 이와 같은 연날리기는 아이들만 하는 것이 아니었고 어른들 또한 많은 정성을 들여 연을 만들어 날리기도 했다.

⑪ 지신밟기

지신밟기는 이웃과 이웃을 통합시켜주는 마을축제로서 지신(地神)을 달래기 위해 연주되는 풍물을 말하는 것으로, 풍물이 있는 마을은 마을제사를 지낸 후 뒷풀이 행사처럼 거의 지신밟기를 했으며 호남의 대표적인 마을축제 중의 하나이다. 지신밟기에는 풍물패만 참여하는 것이 아니라 마을의 남녀노소 불문하고 모두 참여하는 공동체적이고 축제적인 행사가 바로 지신밟기인 것이다.

지신밟기[26]의 인사굿은 그 집 주인에게 지신밟기를 하겠다고 고(告)하는 것으로 집 주인과의 상견례인 셈이다. 인사굿을 통해서 집주인과 모든 풍물꾼들이 함께 인사를 한 차례 한다. 인사굿이 끝나면 마당굿이 진행되는데, 마당굿은 마당에서 한바탕 흥겹게 노는 과정이다. 이 과정에서 개인놀이는 하지 않으며 잡색놀이로서 개인놀이를 대신한다. 마당놀이에서는 느린 가락에서 빠른 가락으로 전환하여 각종 다양한 진법을 구사하며 연주한다. 그리고 잡색들의 흥겨운 놀이가 펼쳐지고 나면 주인은 풍물꾼들을 위한 술상을 마련하여 대접한다.

마당놀이가 끝나면 성주풀이가 시작된다. 성주풀이를 하기 위해서는 먼저 그 집의 안방 앞 마루에 고사반(告祀盤)을 마련하여야 한다. 고사반은 소반에 쌀을 담고 그 위에 발원하는 사람의 나전(나이 수대로 놓은 돈)을 놓고, 또 밥그릇에 쌀을 담고 거기에 촛불을 밝히고 숟가락을 꽂는다. 그리고 그 위에 무명실을 틀어 꼬아서 얹어놓으면 된다. 고사반이 마련되면 상쇠는 성주풀이에 앞서서 성주풀이에 대한 덕담을 한다. 이때 풍물꾼들은 모두 악기를 들고 고사반 주위에 모여든다. 그러나 연주는 하지 않고 상쇠의 덕담이나 노래의 사이사이에 추임새를 넣으면서 전체적인 풍물의 판을 이끌어간다. 상쇠의 덕담이 끝나면 장고잽이의 굿거리장단에 맞추어 성주풀이가 불리어진다. 풍물꾼들은 자신의 악기를 연주하지 않고 성주풀이를 들으면서 사이사이에 추임새를 넣는다.

성주풀이가 끝나면 액맥이를 한다. 액맥이도 성주풀이와 마찬가지로 상쇠의 덕담 위주로 진행된다. 상쇠의 덕담이 끝나면 장고잽이의 자진머리 장단에 맞추어 액맥이 노래가 불리어진다. 액맥이에 이어서 중천맥이가 이어지는데, 이 또한 액맥이와 같은 방식으로 진행된다.

중천맥이를 끝내고 상쇠는 풍물패를 정비하기 위해 풍물가락을 연주하면서 마당에서 원을 그리며 행진한다. 풍물꾼들은 상쇠의 뒤를 따라 자기의 자리를 찾아 대열을 정비한다. 풍물패의 정비가 끝나면 상쇠는 정지굿을 하기 위해 부엌으로 향한다. 정지굿은 부엌에서 연주되는 풍물굿인데, 풍물패가 부엌에 입장하면 상쇠는 일채가락을 몰아서 일·이·삼채로 모는 가락으로 전환하여 마무리가락으로 풍물의 가락을 끊는다. 이 때 집 주인은 미리 솥뚜껑을 뒤집어 놓고 그 위에 쌀을 놓고 물을 한 그릇 떠 놓아야 한다. 쌀에는 초를 꽂아서 촛불을 밝혀 둔다. 가락의 연주가 끊기면 상쇠는 덕담을 한다. 상쇠의 덕담이 끝나면 이채가락, 삼채가락을 순서대로 몇 차례 반복하면서 연주한 후에 마무리가락을 연주하고 풍물가락을 끊는다. 그러면 대포수가 솥뚜껑 위에 있는 쌀을 집어서 사방에 뿌리면서 "훠이, 훠이" 하며 외친다. 상쇠는 빠른 가락으로 풍물을 연주 한 후에 부엌에서 나온다.

부엌에서 나오면 장독대에서 천룡굿을 한다. 풍물패가 도착하면 장독대를 바라보고 일렬횡대로 늘어선다. 이 때 집 주인은 정지굿에서와 마찬가지로 장독대 위에 작은 소반을 마련한다. 소반 앞에서 풍물패는 인사굿 가락을 연주하면서 절을 한 차례 한다. 인사가 끝나면 상쇠는 철룡님 달래는 가락을 몇 차례 반복해서 연주하고 이 때 대포수는 소반 위에 놓인 쌀을 집어 "훠이 훠이" 외치면서 사방에 조금씩 뿌린다. 이 행위는 잡신을 쫓는 행위이다. 한바탕 풍물이 연주된 후 상쇠가 인사굿 가락을 치면서 전 풍물패가 한 차례 절을 한다. 인사가 끝나면 상쇠는 풍물패를 인솔하고 장독대를 빠져 나온다.

천룡굿이 끝나면 지신밟기의 모든 과정을 마치는 과정으로 마당놀이가 진행된다. 마당놀이는 집 주인에게 고맙다는 인사를 하는 인사굿이라 하기도 한다. 풍물꾼들은 상쇠의 뒤를 따라 마당에서 왼쪽으로 원을 그리며 돌면서 흥겹게 풍물을 연주한다. 이 때 구경나온 사람들도 함께 어울려 흥겨운 춤을 추며 풍물패와 하나가 된다. 한바탕의 춤이 이루어지면 대포수는 그 집 주인을 모셔다가 풍물꾼들의 앞에 세운다. 풍물패는 집 주인과 한 차례 인사를 마치고 다른 집을 방문하기 위해 날당산굿을 치면서 나온다. 이때 풍물패의 대열은 입장의 순서와는 달리 풍물의 상쇠가 맨 앞에 선다.

(4) 주술적인 행사로서 속신행사

주술적인 속신행사로는 가수(嫁樹), 까치밥주기, 두더지방아, 새쫓기, 걸판 거두기, 댓불놓기, 망울불넘기, 매생이심기, 엄나무걸기, 노두놓기, 제웅치기, 나무 아홉 짐하고 밥 아홉 번 먹기, 다리밟기, 더위팔기, 무먹기, 실공드리기, 다래끼빠치기, 노래기침주기, 모깃불놓기, 뱀치기, 꼬막먹기, 나무그림자점, 달불이, 달점, 사발재점, 소밥주기, 실불점, 달맞이, 복토훔치기, 용알뜨기 등이 있다.[27] 이들은 그 목적에 따라 농사 풍년을 기원하거나 액맥이, 수명장수 및 건강을 기원, 해충 방지, 점풍류, 기복을 위한 속신행사로 나눌 수 있다. 그렇지만 이와 같은 속신행사는 과학과 종교의 발달과 교육 등의 영향을 받아 대개는 단절된 것으로 파악된다.

① 농사 풍년을 기원하는 속신행사

가수는 정월 대보름날에 과일나무의 가지 사이에 돌을 끼워 둠으로써 그해의 과일이 많이 열리기를 기원하는 풍속으로 '과일나무 시집보내기'라고 부른다. 이와 같은 행위는 경기·충청지역에서 많이 이루어졌는데, 주로 감나무, 대추나무, 배나무, 호두나무 등에 많이 했다. 까치밥주기는 정월 대보름날 아침에 까치가 와서 먹으라고 소쿠리에 몇 가지의 음식을 담아 처마 끝이나 장독대 혹은 담장 위에 놓아두는 것이다. 이것은 까치를 농사의 피해를 주는 대상으로 인식하여 밥을 주는 행위를 통해 농사의 피해를 예방하고자 함이다.

두더지방아는 정월 대보름 전후하여 한 해 동안의 두더지 피해를 막기 위해 절구공이를 들고 집안 곳곳 혹은 밭을 돌면서 "두더지 잡자"하고 반복해서 외치고 다니며 땅을 찧는 풍속이다. 두더지방아는 두더지가 야행성이기 때문에 낮에 하지 않고 밤에 한다. 두더지는 땅 속을 헤집고 다니기 때문에 집터와 밭에 심각한 피해를 준다. 따라서 두더지 피해를 막아야 밭작물의 풍년을 기대할 수 있기 때문에 두더지방아는 중요한 세시행사이다.

새쫓기는 정월 대보름날 아침에 곡식의 피해를 막고 풍년을 기원하기 위해 새를 쫓는 모의적인 행위이다. 새쫓기는 지역에 따라 까마귀쫓기, 솔개쫓기, 까치쫓기 등으로 부르며, 이것은 주로 아이들이 중심이 되어 행해지며 "참새 들새 훠이 훠이"하고 큰 소리로 외치면서 새쫓는 시늉을 한다.

② 액맥이로서 속신행사

걸판거두기는 주로 각 가정에서 차례를 지낼 때 성주 이외의 음식상을 차리는데, 그 음식을 거두어 가져다가 먹는 것을 말하는데, '걸판가져다먹기'라고도 부르며, 질병이나 재앙을 미리 막기 위함이다.

댓불놓기는 정월 보름날 집안 청소를 하여 집안 마당에 통대나 피마자대, 고춧대를 얹어 놓고 불을 피워 그 튀는 소리로 귀신을 쫓는 풍속으로, 가랫불놓기, 잰부닥불넘기라고도 부른다. 주로 대나무를 태우기 때문에 댓불놓는다고 한다. 댓불을 피워놓고 자기 나이 수대로 불을 뛰어 넘어 다니면 한 해 동안 좋지 않는 일을 피할 수 있다고 한다.

망울불넘기는 달맞이를 하기 위해 가지고 간 짚이나 나무에 불을 붙여 놓고 그 불을 뛰어넘어 다니는 것으로 짚불타넘기, 불넘기, 보름불놓기라고도 부른다.

매생이심기는 정월 14일 밤에 부녀자들이나 아이들이 오곡밥을 짓기 위해 마련한 삶은 팥을 가지고 밭에 가서 자기 나이 수만큼 "매성아, 금년에 머리 아프고 배 아픈 것 다 가져가라"라고 외치면서 땅 속에 묻는다. 이렇게 액맥이를 하고 나면 한 해 동안 무사히 보낼 수 있다고 한다.

엄나무걸기는 정월 대보름에 사람에 해를 끼치는 잡귀나 역귀가 집안으로 범접하는 것을 미리 막기 위해 걸어두는 일종의 액맥이 행사이다. 엄나무는 줄기나 가지에 날카롭고 굵은 가시가 촘촘히 돋아나 있어 잡귀나 병마가 이 나무를 보면 무서워서 감히 범접하지 못한다고 인식한다. 그래서 엄나무 가지나 굵은 줄기나 엄나무 가지 묶음을 대문 위쪽에 걸어둔다.

노두놓기는 액땜을 하기 위해 착한 일을 하는 풍속으로, 그 해 신수가 불길한 사람이 정월 보름날 밤에 적선을 해야 액운을 면할 수 있다고 해서 개천에 다리를 놓거나 유둣돌을 놓았다. 혹은 다리 대신 가마니나 돌을 넣은 오쟁이 같은 것을 놓음으로써 남을 위해 적선을 하는 것이다. 액운을 면하기 위해서는 남을 위해 선한 일을 베풀어야 한다고 생각했기 때문이다.

제웅치기는 정월 14일 밤에 행하는 액맥이 풍속의 하나로, 직성(直星)의 액을 쫓고 화를 면하기 위한 술법을 말한다. 직성은 아홉 개가 있어 9년마다 한 번씩 돌아오는데, 남자는 11, 20, 29, 38, 47, 56세에, 여자는 10, 19, 28, 37, 46, 55세에 직성이 든다. 직성이 든 해에는 만사가 여의치 않을 뿐만 아니라 병이 들거나 불행한 일을 당하게 된다. 그러므로 미리서 이 액을 물리치기 위해 제웅치기를 한다. 제웅은 짚으로 배나 허수아비를 만드며, 그 속에 노잣돈이나 쌀을 넣고 액년이 든 사람의 생년월일일시를 적어 개천이나 바닷가에 띄워 보내거나 마을 앞에 내다 버린다.

③ 수명장수 및 건강의 기원으로서 속신행사

실공드리기는 실을 성주신에게 바치고 수복(壽福)을 기원하기 위한 것으로 '명(命)공드리기'라고도 부른다. 14일 저녁에 시루떡을 해서 성주께 올리면서 시루떡 옆에 쌀을 가득 담은 쌀그릇을 올린다. 쌀그릇 위에 숟가락을 꽂고 거기에 긴 실을 수복을 기원할 사람의 나이 수만큼 둥글게 접어서 서린다. 이렇게 해서 촛불이 꽂혀 있는 시루떡으로는 보름의 불(火)공을 드리고, 이 실로서는 실공을 드린다. 이것을 명공 드리는 일이라 한다. 이것은 점을 쳐서 그 해 수가 사나운 식구가 있을 때 그 사람을 위해 행한다.

나무 아홉 짐 하고 밥 아홉 번 먹기는 9라는 숫자를 매개로 밥을 먹는 것을 비롯해 모든 행동을 아홉 번씩 하는 풍속으로, 정월 대보름에는 밥을 먹어도 아홉 번 먹어야 하고, 나무를 해도 아홉 짐을 해야 하며, 책을 읽어도 아홉 번 읽어야 한다. 무슨 일이든 아홉 번씩 행동을 해야 한 해 동안 건강하게 잘 보낸다고 한다.

다리밟기는 정월 대보름날에 다리를 밟는 풍속으로, 다리를 밟으면 일 년간 다리병이 없다고 하여 남녀노소 할 것 없이 나이 수만큼 다리밟기를 하였다.

더위팔기는 정월 대보름날 아침에 해가 뜨기 전에 만난 사람에게 "내 더위"하며 더위를 파는 풍속으로, 개인의 건강을 기원할 목적으로 행해진다. 더위팔기는 가족이나 어른들에게는 하지 않으며 친구들 사이에서 하는 경우가 많다.

무먹기는 정월 대보름날 무병장수를 기원하기 위해 무를 깨물었던 것으로 일종의 부럼깨물기 풍속이다. 보름날 아침에 첫닭이 울면 무를 썰어서 먹으면서 "무사태평"을 외치면서 먹는다. 무를 먹으면 속병이 없으며, 부스럼이 생기지 않고 치아의 건강에도 좋다고 한다.

다래끼빠치기는 정월 14일 밤에 눈에 다래끼가 나지 않도록 예방하기 위한 풍속으로, 밥을 김으로 조그맣게 싸서 만든 김쌈을 말한다. 다래끼빠치기는 눈에 난 다래끼를 우물에 빠트리는 말로, 14일 저녁 남녀아이들이 김에 밥을 조금 싸서 우물에 빠트린다는 것을 말하는데, 이것을 용왕밥 준다고 한다. 이렇게 하면 눈의 다래끼나 몸의 부스럼을 예방할 수 있다고 생각하는 것이다.

④ 해충 방지를 위한 속신행사

노래기침주기는 지붕 위에 솔가지를 던지거나 처마에 꽂아두는 것으로 '사내기쫓기'라고도 부른다. 노래기를 쫓기 위해 "노래기 침준다, 노래기 침준다"라고 외치면서 솔가지를 지붕 위에 던지거나 처마 끝에 돌아가면서 끼운다. 여기서 솔가지는 침을 상징하는데, 생활의 피해를 주는 노래기를 퇴치하기 위해 솔가지를 이용한 것이다.

모깃불놓기는 정월 대보름을 전후하여 집안 곳곳을 청소하여 쓰레기를 태우면 모기가 없어진다고 하는 예방주술적인 것으로, 쓰레기에 쑥이나 생솔가지를 넣어 연기를 피우면 일 년 내내 모기에 시달리지 않는다고 한다. 정월에는 쓰레기라도 집밖으로 쓸어내면 복이 나간다고 생각하여 버리지 않고 모아두었다가 대보름을 전후로 하여 태웠다. 이때 연기가 많이 나기 때문에 '모깃불 놓는다'고 하였다.

뱀치기는 뱀이 집안에 들어오는 것을 예방하기 위해 하는 것으로, 진대끌기, 뱀쫓기, 뱀그슬리기 등으로 부른다. 뱀을 상징하는 물건으로, 예컨대 왼새끼에 머리카락을 매달고 약간 그슬려서 만들거나, 아주까리대에 여자머리카락, 짚신, 고추 등을 매달아 뱀 모양으로 만들던지, 막대기 끝에 여자머리카락을 한 줌 매달아 만든다. 이것을 끌고 다니면서 "뱀치자 뱀치자"하고 외치면서 집안을 돌아다닌다.

⑤ 점풍류로서 속신행사

꼬막먹기는 정월 보름날 꼬막을 먹거나 꼬막의 상태를 보고서 그 해 풍년을 점치는 것을 말하고, 나무그림자점은 정월 대보름날 밝은 달이 떴을 때 사람 키만큼의 나무를 마당 가운데 세워 놓고 그 나무에 비치는 그림자 길이로 한 해의 풍흉을 점치는 것으로, 그림자의 길이가 길면 풍농으로 점친다.

달불이는 일종의 콩점으로 농가에서 일 년 농사의 풍흉을 콩이 불은 정도를 보고 예측하는 점복인데, 수수깡 속에 열두 달을 표시하는 구멍을 파고 그곳에 열두 개의 콩을 넣고 수수깡을 동여매서 우물 속에 넣어두었다가, 보름날 새벽에 꺼내어 확인하여 콩이 많이 불어있는 달은 비가 많아 풍년이 든다고 점을 친다.

달점은 정월 대보름날 떠오르는 달의 빛깔, 모양, 두께 등을 보고 점을 치는 것으로, 달빛이 진하면 풍년이 들고 흐리면 흉년이 든다고 하며, 달이 남쪽으로 치우쳐 있는 해변이 풍년 들고, 북쪽으로 치우쳐 있는 산촌이 풍년 든다고 한다.

사발재점은 정월 대보름에 풍흉을 점치는 풍속으로 사발점치기라고 부른다. 사발에 곡식과 재를 담아 지붕 위에 올려놓으면 바람에 의해 사발 안의 곡식이 재와 함께 날려가기 마련이다. 대보름 아침에 그것을 살펴보고 바람에 날려갔음에도 불구하고 곡식이 그대로 남아 있으면 그 해 풍년이 들고 없으면 흉년이 든다고 점을 친다.

소밥주기는 정월 대보름날 아침에 소에게 밥과 나물 등을 함께 차려 주어 소가 먼저 먹는 것을 보고 그 해 농사의 풍흉을 점치는 농사점이다. 소가 곡식이나 밥을 먼저 먹으면 그 해 농사가 잘 될 것으로 여기며, 나물 등을 먼저 먹으면 농사에 좋지 않은 징조라 생각한다. 소는 중요한 농경수단으로서 보름날에 밥과 떡을 차린 상을 소 앞에 놓고 소가 일 년 내내 아무런 사고 없이 일 잘하기를 기원하기도 한다. 궁극적으로 한 해 농사가 풍년 들기를 기원하는 데서 비롯된 것이다.

실불점은 정월 14일이나 15일 저녁에 어린아이들이 실(絲)을 가지고 행하는 점으로 '실(絲)점' 혹은 '실불점치기'라도 한다. 먼저 자기의 키만큼 긴 길이의 실을 준비하여 자기 나이 수만큼 매듭을 만든다. 이것을 방의 시렁 등에 묶어 밑으로 드리우게 하고 밑에서 불을 붙인다. 불이 타는 것을 보아 잘 타면 길(吉)하고 잘 타지 않으면 불길하게 생각한다.

⑥ 기복적인 속신행사

달맞이는 정월 보름날 달을 보며 복을 기원하는 행사로, 동쪽에서 뜨는 달을 맞이한다 하여 '영월(迎月)'이라 하기도 하고, 달을 바라본다 하여 '망월(望月)'라고도 한다. 달맞이는 동쪽 하늘이 붉어지고 대보름달이 솟을 때에 횃불을 땅에 꽂아 두고, 두 손을 모아 합장을 하며 제각기 소원을 기원한다. 농부들은 풍년들기를 기원하고, 처녀총각들은 좋은 배필 만나 결혼하게 해달라고, 손이 귀한 집안의 부녀자들은 집안의 대를 이을 아들을 낳게 해달라는 등 모든 사람에게 각자에 알맞은 풍요와 번성 등을 기원한다. 달맞이는 될 수 있는 한 남보다 먼저 보는 것이 길한 것이라 생각하여, 서로 앞 다투어 산에 올라간다.

복토훔치기는 정월 14일 밤에 부잣집의 흙을 훔쳐다가 자기네 집 마당에 뿌리거나 부뚜막에 발라놓으면 부잣집의 복이 흙과 함께 따라와서 자기네도 잘 살게 된다고 믿어 부잣집의 흙을 훔쳐오는 풍속이다. 복토훔치기 풍속은 거름이나 물, 미역, 돌, 땔나무 등을 훔치는 것으로 이어지기도 한다.

용알뜨기는 우물에 있는 용의 알을 뜬다는 뜻으로, 대보름날 아침에 부인네들이 닭이 울 때를 기다렸다가 서로 앞 다투어 우물물을 길어오는 풍속이다. 우물은 그 전날 밤에 하늘에서 내려온 용이 알을 낳는 곳으로 새벽에 이 우물물을 떠오는 것은 집안에 복을 가져오는 것을 의미하기 때문에 '복물뜨기', '복물퍼오기'라고도 부른다.

3) 봄철의 세시풍속

봄철의 세시풍속은 24절기에 의하면, 1월의 입춘(立春)에서부터 3월 곡우(穀雨)까지의 세시풍속이라고 할 수 있다. 세시명절로서는 1월의 설날과 대보름날을 제외한 입춘, 2월 초하룻날, 3월 삼짇날과 한식날 등이 있다. 입춘과 초하룻날 그리고 삼짇날의 세시명절은 거의 중단된 것으로 보이며, 다만 한식날의 세시행사만 지금도 지속되고 있다. 그것도 한식날의 세시행사가 점차 공휴일인 4월 식목일로 옮겨가는 양상을 띠기도 한다.

(1) 입춘

입춘은 24절기의 하나로 대개 음력으로 설과 대보름 사이인 정월 13일경이며, 양력으로는 대개 2월 4일이다. 입춘날 각 가정에서는 대문과 기둥에 좋은 글귀를 써서 붙이기도 하는데, 홍석모의 《동국세시기》 정월 입춘조에 보면, "대궐 안에서는 춘첩자(春帖子)를 붙인다. 향토대부와 민가 및 상점에서도 모두 춘첩을 붙이고 송도(頌禱)한다. 이를 일컬어 춘축(春祝)이라 한다"고 한다. 이 춘축을 대문이나 기둥에 붙이는데 일반적으로 입춘방 붙인다고 한다. 춘축으로 흔히 볼 수 있는 문구로는 '입춘대길(立春大吉) 건양다경(建陽多慶)' 등이 있다. 그러나 이 같은 춘첩은 상류층의 민속이고 일반 민가에서는 그리 성행치 않았다.

입춘날 농가에서는 보리뿌리점을 하기도 하는데,《열양세시기》에 의하면, "보리뿌리를 캐어 뿌리가 세 가닥 이상이면 풍년이고, 두 가닥이면 보통이고, 한 가닥이면 흉년이 든다"고 한다. 그리고 제주도에서는 입춘점이라 하여 입춘날에 바람이 불면 1년 내내 바람이 많다고 하며 밭농사에 나쁘리라고 예측하기도 한다.

(2) 하리디랫날

2월 초하루를 '하리디랫날'이라 한다. 그 이름이 지역에 따라서 다소 차이가 있으며, 그 정확한 어원은 아직 밝혀진 바 없다. 옛날에는 이날도 명절로 여겼으며 차례를 지냈다고도 하나, 오늘날은 다만 관념적인 명절로만 생각할 뿐이다. 이 날이 되면 산에서 칡을 캐는 어린이들을 볼 수 있는데, 이날 캔 칡은 약이 된다고 한다. 또 이 날 콩을 볶아 주머니에 담고 다니면서 먹기도 한다.

전남지방에서는 '좀볶기', '굼벵이 볶기', '버러지 볶기'라 부른다. 콩을 볶으면서 '새알 볶아라, 쥐알 볶아라, 콩볶아라'라고 말을 하면, 새와 쥐가 없어져 곡식을 축내는 일이 없어진다고 한다. 이것은 유감주술적인 측면에서 행해지는 것으로 해석된다. 그리고 이 볶은 콩을 먹으면 일년 내내 무병하고, 집 주위나 논밭에 볶은 콩을 뿌리면 집안에 노랭이가 없어지며 논·밭에 병충해가 없어진다고 한다. 농가에서는 2월 초하루부터 본격적으로 일을 시작한다. 이 날은 곳에 따라 당산제를 모시거나 줄다리기를 하는 곳도 있다.

그리고 홍석모의《동국세시기》2월조를 보면 "영남지방의 풍속에 집집마다 신에게 제사를 지내는 것을 영등신이라 한다"라는 기록이 보이는데, 호남지역에서는 영등할머니라 부르고 있다. 영등할머니는 바람을 관장하는 풍신(風神)이기 때문에 바람이 생업과 밀접한 관계가 있는 어촌에서 주로 모신다.

영등할머니는 2월 초하룻날 내려 왔다가 2월 15일에서 20일 사이에 올라 간다. 따라서 영등할머니가 내려오는 날과 올라가는 날에 떡을 해 놓고 제사를 모시기도 한다. 영등할머니가 내려 올 때 며느리를 데리고 올 때는 비가 내리고 딸을 데리고 올 때는 다홍치마가 나부껴 예쁘게 보이게 산들바람이 분다고 한다. 그래서 비가 오면 '물영등'이라 하고, 바람이 불면 '바람영등'이라 한다. 또 햇볕이 나면 '불영등'이라 하여 농사의 풍흉점을 치기도 한다.

(3) 한식

한식은 동지로부터 105일째 되는 날로 청명(淸明) 안팎에 든다. 대개 양력으로 4월 초순경이다. 농가에서는 이날부터 농사가 시작된다고 생각한다. 이 날은 중국 진나라 충신 개자추의 설화가 전하고 있는데 그래서 성묘일로 되었다고 한다. 우리나라에서도 이 날 선산에 가서 성묘를 하기도 하고 조상의 묘를 살피는 풍속이 전하고 있다.

(4) 삼짇날

3월 3일은 삼짇날이라고 한다. 이 무렵에는 강남 갔던 제비가 돌아오는 날이라 하여 제비맞이라는 풍속도 전해진다. 홍석모의 《동국세시기》 3월조를 보면 "진달래꽃을 따다가 찹쌀가루에 반죽하여 둥근 떡을 만들고 그것을 기름에 지진 것을 화전(花煎)이라 한다."라는 기록이 있다. 이에 따르면 진달래가 만발할 즈음에 부녀자들이 간단한 취사도구를 챙겨서 삶의 공간으로부터 이탈하여 계곡이나 산 속으로 들어가 하루를 즐기는 봄나들이를 했음을 알 수 있다.

삼짇날은 3이라는 양수가 겹치는 날인지라 봄철의 시작을 장식하는 명절이다. 그래서 전국적으로 화전놀이가 성행했던 것이다. 화전놀이는 원래 조선 전기까지만 해도 남녀가 한데 어울려 음주가무를 즐기는 일이 심심찮게 있었던 것으로 보인다. 특히 백호 임제의 '화전회시(花煎會詩)'를 보면 남녀가 함께 어울렸음을 알 수 있다. 화전놀이의 내용이 완전하게 갖추어진 것은 조선 후기, 그것도 19세기 초의 일이다.[28] 조선 후기에 여성 중심의 화전놀이가 이루어진 것으로 생각된다.

화전놀이를 하면서 화전가를 지어 돌아가면서 읊조리기도 했고, 민요들을 부르기도 했다. 이러한 화전놀이는 여성 해방의 축제공간이 되기도 했고, 여성들의 예술창작 공간이 되기도 했다. 이처럼 여성들의 봄나들이는 그 형식은 다르지만 오늘날에도 이어진 것으로 보이는데, 부녀회의를 중심으로 관광버스를 대절하여 봄여행을 가는 것이 그것이다.

3. 여름철의 세시풍속과 단오명절

1) 여름철의 세시풍속

여름철의 세시풍속은 24절기에 의하면, 4월의 입하(立夏)에서부터 6월 대서(大暑)까지의 연례행사를 말한다. 여름은 만물이 성장하는 때이고 양기가 성하므로, 고대 제천의례에서는 5월의 제사를 중요하게 여겼다. 여름철의 세시행사로 4월에는 초파일이 있고, 5월에는 단오가, 6월에는 유두의 명절이 있다. 아직도 4월 초파일과 5월 단오의 세시행사가 지속되고 있다.

(1) 석가탄신일

4월 8일은 석가모니의 탄생일이라 전해지며 욕불일(浴佛日)이라 부르기도 하는데 민간에서는 초파일이라 한다. 이 초파일에는 각 가정에서 등을 만들어 연등행사를 한다. 이 연등행사는 이능화의《조선불교통사》에 의하면, 나라의 풍속으로 왕궁과 국도로부터 향읍에 이르기까지 1월 보름에 이틀 밤을 연등하였는데, 1010년에 성종이 폐지하였다. 다시 1011년 2월 보름에 연등하는 것이 상례가 되었지만, 1245년부터는 4월 초파일에 연등하는 것이 정착되어 오늘에 이른 것으로 보인다.

연등의례의 등(燈)은 '죽음으로부터 부활'을 상징하고 전형적인 다산숭배의 한 형태이다.[29] 초파일이 되면 많은 부녀자들이 절에 찾아가 연등을 단다. 등의 종류는《동국세시기》에 쓰여 있는데 무척 다양하다. 가령 학, 사자, 호랑이, 거북이, 사슴, 잉어, 자라 모양 등이 그것이다. 초파일날 등불을 밝히는 연등회가 베풀어지고 이어서 불자들이 스님의 뒤를 따라 독경하면서 탑을 도는데 이를 탑돌이라 한다. 탑을 돌면서 제각기 소원을 속으로 되뇌인다. 탑돌이를 할 때 범패가 연주되기도 하지만, 호남지역에서는 삼현육각이 등장하는 예도 많아 민속적으로 의식화되어 있음을 보이기도 한다.

(2) 유두

6월 15일은 유두라고 한다.《동국세시기》6월 유두조를 보면, "십오일을 우리나라 풍속에 유두일이라 한다. 그리고 동쪽으로 흐르는 물에 머리를 감아 불길한 것을 씻어 버린다"고 하는 것으로 보아 유두라는 말은 물에 머리를 감는 데서 유래한 것으로 보인다. 이날 물맞이를 하면서 무병과 재액을 빌기도 하는 이러한 풍습이 6·70년대까지만 해도 각 지방에 전승되어왔던 것으로 생각된다.

유두날에는 용신(龍神)이 곡창의 수확량을 정하는 때라고 해서 들에 나가 일을 하지 않으며, 만약 일을 하게 되면 농사를 망치게 된다고 해서 쉰다. 또 용왕제라고 해서 떡과 간단한 음식을 장만하여 "물고"나 밭의 모서리에 차려 놓고 제를 지낸다. 그러면 그 해 병충해가 없이 농사가 잘된다고 한다.

(3) 복날

6월에는 뚜렷한 절일은 아니나 복날이 들어 있다. 복날에는 복다름이라고 해서 부모님께 국수와 닭고기, 쇠고기를 대접하면서 여름을 무사히 넘기기를 축원했고, 머슴들은 보신한다고 해서 개울가에서 개를 잡아먹기도 했다. 속담에 "복날 개 패듯 한다"라는 말이 여기서 연유된 것이다.

2) 단오명절

5월 5일은 1년 중 가장 양기가 왕성한 때이므로, 단오를 '천중가절(天中佳節)' 또는 '천중절'이라고 부르며 특히 숭상해왔다. 단오는 우리나라 4대 명절[30]의 하나로서 '수릿날', '천중절(天中節)', '중오절(重五節)', '단양(端陽)수리' 등으로 불리어진다.

수릿날은 떡을 수레바퀴처럼 만들어 먹었다는 데서 비롯되었다는 설도 있다. 다시 말하면 수리치로 떡을 해 먹고 조상에게 차례를 지내기 때문에 수릿날이라고 하기도 한다.[31] 또한 《열양세시기》 5월 단오조에 보면, "우리나라 사람들은 단오일(端午日)을 수뢰일(水瀨日)이라고 하여 이날 죽은 중국의 굴원을 제사지내는 데서 유래하게 되었다"고 한다. 그리고 '수리'라는 말은 '고(高), 상(上), 봉(峯), 신(神)' 등의 의미로 해석하여 수릿날을 상일(上日), 신일(神日)로 풀어서 10월 상달과 동의어로 해석하기도 한다.[32] 단오 명절은 북쪽으로 갈수록 번성하고, 남쪽으로 갈수록 약해진다. 대신 남쪽에서는 추석 행사가 강해진다.

(1) 단오 명절을 쇠기 위한 준비

① 단오음식

단오 음식으로는 수리취편, 제호탕, 앵두편, 창포주 등이 있다.[33] 여기서 제호탕은 여름을 맞게 되어 더위를 이기고 보신하기 위해 마시던 청량음료의 일종이고, 앵두편은 앵두를 살짝 쪄서 굵은 체에 걸러 살만 발라서 설탕을 넣고 졸이다가 녹두녹말을 넣어 굳힌 것이다. 단오의 중요한 음식은 수리취편으로, 일명 '차륜병', '단오병'이라고도 한다. 차륜병이란 절편을 만들 때 둥근 수레바퀴 모양으로 찍어 만든 데서 유래했다. 수리취 절편은 멥쌀가루에 파랗게 데친 수리취를 곱게 다져 섞어 쪄서 절편모양이 곱도록 참기름을 발라가며 둥글고 넓적하게 밀어 빚어서 수레바퀴 모양의 떡살로 찍어낸다.

그리고 창포주는 단오에 마시는 창포로 빚은 술로서, 창포주를 마시면 질병을 퇴치한다고 생각했다. 창포주는 창포뿌리를 잘게 썬 것을 그늘과 햇볕에 말려 명주 주머니에 넣어 청주 한 말에 담가서 밀봉해 두었다가 3개월 후에 보면 색깔이 푸르다. 곧바로 쌀 한 말을 푹 쪄서 넣는다. 그래서 단단해 봉해두었다가 7일 후에 사용한다.

② 단오빔

그리고 단오날에 새 옷을 입는데, 이것을 '단오빔'이라고 한다. 《동국세시기》에 의하면 "단오에 부채를 서로 선사하고 소녀들이 청홍의 새 옷을 입고"라는 기록을 보면 남녀의 새 옷, 청홍의 새 옷, 새로 지은 녹색저고리와 붉은 치마와 같은 표현은 단오에 새 옷을 입는 것에 큰 의미를 둔 것으로 보인다.[34] 유만공의 《세시풍요》에 의하면 단오의 옷을 술의(戌衣)라 했는데, 술의란 신의(神衣), 곧 태양을 상징하는 신성한 의상인 셈이다. 정월 보름이 달의 축제라고 한다면 단오는 태양의 축제이기 때문이다. 이처럼 설, 단오, 추석과 같은 큰 명절에는 새 옷을 입는데, 단오날에는 남녀가 새 옷을 갈아 입고 가묘(家廟)에서 차례를 지냈다.

(2) 제의적인 행사로서 단오절사와 단오고사
① 단오절사

단오날의 제의적인 행사로 단오를 맞아 새로 수확한 앵두를 천신하고 조상에게 제사를 올리는 '단오절사(端午節祀)'가 있고, 또한 집안의 평안과 오곡의 풍년, 그리고 자손의 번창을 기원하는 산신에 대한 '단오고사(端午告祀)'가 있다.

단오날 조상에게 제사지내는 것은 단오차례, 단오절사라고 부르는 사절차례(四節茶禮)이다. '절사(節祀)'란 계절이나 명절이 바뀜에 따라 지내는 제사이다. 신라에서는 8월의 가배 행사처럼 5월에 단오 행사를 거행했다는 기록이 있고, 고려시대 현종 6년(1015)에 제사와 관련한 절일로는 정월 초하루와 5월 단오에 돌아가신 조부모와 부모에게 제사를 지냈다는 기록이 있으며, 《고려사》에 의하면 단오에 제례 형식을 갖춘 절사를 지냈다.

그리고 고려 말에는 단오와 추석에는 그 계절에 나오는 음식을 올리고 술을 드리며 축문은 없다고 하여 소위 단오절사가 계속 이어져 왔음을 확인할 수 있다. 하지만 논농사의 비중이 커진 조선 후기 중부 이남지역에서는 절일로서의 단오의 비중이 점차 줄어들었다.[35] 단오날 차례의 제의적 내용은 설날의 차례와 큰 차이가 없을 것으로 보이나, 음식에 있어서 다소 차이가 있다. 설날에는 떡국을, 단오날에는 수리취편이나 앵두편을 차례상에 올렸을 것으로 보인다.

② 단오고사

단오고사는 대체로 산간지역에서 산신을 대상으로 행한다. 단오고사를 '산맥이'라고도 부른다. 단오고사를 지내는 장소는 집안의 장독대 옆이나 마을 뒷산의 나무 아래가 많은데, 제사 이름을 집안에서 제사를 지내는 경우는 단오절사, 뒷산에서 제사를 지내는 경우는 산맥이라고 부르는 경우가 많다.

산맥이는 동이 틀 무렵에 부녀자가 마을 뒷산에 있는 나무에다 산맥이 줄을 걸어놓은 뒤 그 아래에 음식을 차려놓고 지내는 제사를 말한다.[36] 동이 틀 무렵에 부녀자들은 정성껏 준비한 제물과 부엌 한 쪽에 걸어둔 산맥이 줄(왼새끼)을 함지박에 담아 머리에 이고 마을 뒷산의 개인 산맥이 나무로 향한다. 제물을 진설하고 술잔을 올리고 나면 절을 반복한다. 그리고 무릎을 꿇고 가족들의 생년월일을 열거하면서 여러 가지 축원을 한다. 축원이 끝나면 제물을 조끔씩 던지면서 "산신님, 산신님 많이 잡수시고, 그저 가내 무사 바랍니다."라고 외친다. 그래서 해가 떠오를 무렵에 제사를 마치고 산을 내려온다.

(3) 유희적 행사로서 단오 민속놀이

① 그네타기

《송사(宋史)》에 보면, "고려는 단오에 그네놀이를 한다"고 한 것으로 보아 고려 때는 일반화된 민속놀이의 하나였던 것으로 보인다. 본래는 그네타기가 잔치나 가무백희에 포함되어 있었기 때문에 상류계층에서만 화려한 놀이로 즐겼던 것인데, 이규보의 시를 보면, 상류층의 놀이었던 그네타기가 후대에 민간화 되어 성행했음을 알 수 있다. 이러한 전통은 그대로 조선시대로 이어진다.

그네타기는 주로 나뭇가지에 줄을 매어 늘이고 줄 아래에 앉을깨를 걸쳐 놓고 올라가 양손으로 줄을 잡고서 몸을 날려 앞으로 나갔다 뒤로 물러났다가 하는 놀이로, 혼자 타거나 둘이 타는 것이 일반적인 놀이 방법이다. 그러나 광주시 남구 칠석동에서는 외줄로 그네를 타기도 한다. 그네타기는 단오뿐만 아니라 4월 초파일부터 단오까지 하기도 한다.

② 씨름

씨름은 중국의 전국시대에 성행된 놀이의 하나로, 우리나라에서는 고구려의 고분벽화 등에서 씨름하는 모습을 볼 수 있다. 《동국세시기》에 보면 "젊은이들이 남산의 왜장이나 북악산의 신무문 뒤에 모여 씨름을 하여 승부를 겨룬다. 그 방법은 두 사람이 서로 상대하여 구부리고 각자 오른손으로 상대방의 허리를 잡고 왼손으로 상대편의 오른발을 잡고서 일시에 일어나 상대를 번쩍 들어 팽개친다. 그리하여 밑에 깔린 사람이 진다"라고 기록되어 있다.

씨름은 두 사람이 맞잡고 힘과 기술을 부리어 상대를 먼저 땅에 넘어뜨리는 것으로 승부를 결정하는 놀이로, 씨름의 어원은 영남방언에 서로 버티고 힘을 견주는 것을 '씨룬다'라고 한다. 따라서 타동사 '씨루다'가 '씨룸'으로 다시 '씨름'으로 명사화된 것이 아닌가 한다.

씨름은 경기 방식에 따라 선씨름, 바씨름, 띠씨름, 왼씨름, 오른씨름이 있다. 선씨름은 서서 하는 씨름이고, 띠씨름은 허리에 두른 띠를 두 손으로 잡고 하는 씨름이고, 바씨름은 오른팔과 다리에 샅바를 감고 겨루는 씨름이다. 왼씨름은 샅바를 오른쪽 넓적다리에 매고 상대방이 이를 왼손으로 잡고 겨루는 씨름이고, 오른씨름은 왼쪽 넓적다리에 맨 샅바를 상대방이 오른손으로 잡고 겨루는 씨름이다.[37] 왼씨름은 중부나 경상도에서 많이 행해졌고, 전라도에서는 오른씨름을 많이 했다. 그리고 씨름은 반드시 단오날에만 하는 것이 아니라 7월 백중 혹은 8월 추석에 하는 경우도 많다.

(4) 주술적 속신행사

① 단오장(端午粧)

단오장은 단오에 나쁜 귀신을 없앤다는 뜻에서 행해졌던 여자들이 치장(治粧)하는 것을 말한다. 창포를 삶은 물에 머리를 감으면 머리가 윤기가 있고 부드러워진다고 하여 주로 여성들이 단오날에 머리를 감았다.《동국세시기》5월 단오조를 보면, "남녀 어린이들이 창포탕을 만들어 세수를 하고 홍녹색의 새 옷을 입는다. 또 창포의 뿌리를 깎아 비녀를 만들어 수(壽)나 복(福)의 글씨를 새기고 끝에 연지를 발라 두루머리에 꽂는다. 이렇게 함으로써 재액을 물리친다. 이것을 단오장(端午粧)이라 한다"라고 기록하고 있다. 이와 같이 단오장은 벽사의 의미를 지니고 있다.

② 상추이슬분바르기

상추이슬분바르기는 부녀자들이 5월 단오날 아침 일찍 일어나 밤새 상추 잎에 떨어진 이슬을 모아 얼굴에 바르는 풍속이다. 상추는 줄기 높이가 1m 정도이고 큰 타원형의 잎을 가진 한해 혹은 두해살이풀이다. 큰 타원형의 상추 잎은 초여름의 농작물 잎보다는 많은 양의 이슬을 모을 수 있는 효과적인 수단이었기에 이슬을 모으기 위해 이용한 것으로 보인다. 이슬은 순결함과 청정(淸淨)함을 상징하고, 물에는 원초적으로 생명력과 정화력이 있다고 믿어왔기 때문에 물은 곧 여성적 생산력을 상징한다. 따라서 이슬을 마시거나 얼굴에 바른다는 것은 몸 안에 있는 재액을 정화시켜 청정하도록 하기 위함이다. 그것도 아침이 하루 일과의 시작이요 정화와 벽사의 기능을 수행하는 시간이기 때문에 아침이슬은 더더군다나 영험한 물일 수밖에 없다. 단오날 아침에 부녀자 혹은 아이들이 이슬을 마시거나 얼굴에 바르는 것은 몸 안에 있는 재액을 몰아내고 오염된 것을 정화시켜 생명력이 있고 순결한 몸을 유지하기 위함이다.

③ 익모초즙먹기

단오날이 되면 온갖 풀이 약이 된다고 하여 산과 들에서 풀을 뜯어 즙을 내서 먹기도 하고 말리기도 한다. 특히 쓰디쓴 익모초즙(益母草汁)을 먹으면 식욕이 왕성해지고 속병이 없어진다고 한다.

4. 가을철의 세시풍속과 추석명절

1) 가을철의 세시풍속

가을철의 세시풍속은 24절기에 의하면, 7월의 입추(立秋)에서부터 9월 상강(霜降)까지의 주기적으로 반복되는 풍속을 말한다. 7월에는 칠석과 백중이, 8월에는 추석, 9월에는 중양절의 절일이 있다. 가을철의 세시명절 중에서 8월 추석을 제외한 대개는 약화되거나 단절되고 있는 실정이다.

(1) 칠석날

7월 7일 칠석날에는 각 가정에서 몇 가지의 나물과 떡 그리고 정화수 등 간단한 음식을 준비하여 장독대나 우물가에 제단을 만들어 올리고 칠성신에게 가족의 수복(壽福)을 빌었다. 혹은 절의 칠성당에 가서 불공을 드려 가족들의 수복을 빌기도 하고, 단골을 찾아가 가족들의 수복을 빌기도 한다. 일반적으로 칠석날 밤에는 견우와 직녀가 만나는 날이요, 저녁에 비가 오면 이 두 사람의 이별의 눈물이라고 말하고, 아울러 그 이튿날 까치와 까마귀의 머리털이 빠진 것은 까치들이 오작교를 만들고 그 위를 견우와 직녀가 건너갔기 때문이라고 한다.

(2) 백중

7월 15일을 백중이라 하고, 한자로는 백종(百種), 백중(百中), 백중(白衆) 등으로 쓰고 있다. 이 날을 중원(中元)이라고도 한다. 《동국세시기》 7월 중원조를 보면, "십오일을 우리 나라 풍속에 백종일(百種日), 혹은 망혼일(亡魂日)이라 한다. 대개 여염집 사람들은 이날 저녁 달밤에 채소·과일·술·밥 등을 차려 놓고 죽은 어버이의 넋을 부른다"라는 기록이 있다. 이렇듯 농가에서도 조상에게 차례를 올리기도 한다. 이날은 농사일이 거의 끝나는 날이므로 머슴날이라 해서 머슴들이 쉰다. 전남의 강진에서는 흥겨운 땅뺏기 놀이가 행해지기도 하고, 광주지방에서는 다례를 모시고 성묘를 하는 집안도 있고 농장원(農壯元)을 한 상머슴을 소에 태우고 풍장놀이를 했을 뿐 아니라 씨름판이 벌어지기도 했다.

(3) 중구

9월 9일은 중구 또는 중양(重陽)이라고 한다. 중구는 양수인 9가 겹쳤다는 뜻이다. 중양절은 명절로서 생각하기보다는 다만 길일로 간주하고 있는 정도에 그치고 있다. 간혹 농가에서는 단풍놀이를 하기도 한다.

2) 추석명절

문화는 역사적 형성물이며, 자연적 혹은 사회적 소산물이다. 기층문화는 누가 뭐라 해도 민속문화가 주류를 이룬다고 생각할 수 있다. 한국 기층문화의 영역을 크게 단오권, 추석권, 추석·단오복합권의 3대 영역으로 나누고, 한강 이북은 단오명절권, 한강 이남 서부지역은 추석명절권, 낙동강을 중심으로 한 영남지역은 추석·단오복합권으로 나눌 수 있다.

추석은 중추(中秋), 가윗날, 한가위라 불리는데, 그 유래는 《삼국사기》의 기록에 "7월 보름부터 8월 한가윗날까지 신라 6부의 여자들이 편을 갈라 두레 길쌈을 하고, 진 편에서는 술과 음식을 장만하여 이긴 편에게 사례했다. 이때 가무백희(歌舞百戱)를 하고 놀았는데, 이를 일컬어 가배(嘉俳)라 한다"고 했다.

가배는 '가위', 가운데 즉 보름이라는 뜻을 담고 있다. 그러나 이것이 추석의 유래라고 보기는 어렵고, 먼 옛날부터 달(月)의 명절이며 추수감사제의적 성격을 지닌 제천(祭天)의 축제에서 비롯된 것으로 생각된다. 이 같은 뒷받침은 추석의 대표적 놀이인 호남지역의 강강술래놀이를 보면 알 수가 있다.

추석은 '중추(中秋)', '가윗날', '한가위'라 불리는데, '더도 덜도 말고 한가윗날만 같아라'는 속담이 있을 정도로 풍성한 명절로서 우리나라 4대 명절 중 하나이다. 우리 농촌의 가장 큰 명절은 설은 신년(新年)의 첫날이니까 당연히 큰 명절이기 마련이고, 설을 빼면 만월(滿月)에 행해지는 정월 대보름과 팔월 한가위라 할 수 있다. 농경(農耕)이 정월 대보름에 시작되어 8월 한가위 무렵은 '5월 농부 8월 신선'이라는 속담도 있듯이 수확의 시기이다. 따라서 8월 한가위는 추수감사제의적(秋收感謝祭儀的)인 명절인 것이다.

(1) 추석 명절을 쇠기 위한 준비

① 집안청소와 벌초

추석이 되면 객지에 나간 가족들도 모두 귀향한다. 가족과 친지들이 모여서 그간의 정담을 나누면서 추석준비를 한다. 추석을 쇠기 위해 집안 곳곳을 청소하고 마을사람들이 공동으로 마을 주변을 청소하기도 한다. 뿐만 아니라 조상들의 묘소를 둘러보며 벌초를 한다. 벌초는 추석 성묘를 앞두고 조상의 묘소를 찾아 잔디를 깎고 잡초를 제거하는 일을 말하는 것으로, 추석을 쇠기 전 일정한 날을 잡아 조상의 묘를 찾아 벌초를 한다. 벌초하기 전에 간단한 과일을 차려 놓고 절을 하거나 음식을 차리지 않고 절만 하는 경우도 있다. 여기서 자손들이 거주하는 가정의 공간을 청소하는 것이나, 조상이 계시는 묘소를 정리하는 것은 모두가 제의적인 공간을 정화하는 것으로서 본격적인 축제를 거행하기 위함이다.

② 추석빔과 추석음식

추석을 쇠기 위해 준비하는 것은 복식과 음식인데, 추석에도 가족들이 추석빔을 하고 조상에게 차례를 지내기 위해 새 옷을 준비하거나 입었던 옷을 깨끗하게 빨아서 준비한다. 추석음식은 송편, 토란국, 닭찜, 갈비찜, 화양적, 누름적, 배화채, 배숙, 빈대떡 등이 있다. 《동국세시기》 8월 추석조를 보면, "술집에서는 햅쌀로 술을 빚고, 떡집에서는 햅쌀로 송편을 만들었다. 또 무와 호박을 섞어 만든 시루떡과 찹쌀가루를 쪄서 반죽하여 떡을 만들었다"고 했듯이 추석의 대표적인 시절음식으로 송편을 들 수 있다.

송편은 햅쌀가루를 반죽하여 햇녹두, 팥, 참깨 등을 소로 하여 반달모양으로 빚은 떡이다. 송편이란 이름은 솔잎을 켜마다 깔고 찌기 때문에 붙여졌으며, 떡에서 솔잎 향기가 나 입맛을 돋운다.[38] 송편의 종류로 흰 송편 외에 쑥을 넣은 쑥 송편, 모싯잎 송편 등을 들 수 있고, 속은 콩가루·팥·돈부콩 등을 넣었으며, 그 크기도 커서 어른이 세 번 정도 베어 먹어야 할 정도였다. 처녀들은 송편을 곱게 만들어야 좋은 곳으로 시집간다고 해서 정성껏 만들기도 했다.

또한 〈농가월령가〉에 "8월령에 북어쾌 젓조기로 추석 명절 쉬어보세 신도주, 올벼송편, 박나물, 토란국을 선산에 제물하고 이웃집 나눠 먹세"라는 구절이 있듯이, 토란국이 추석의 시절음식임을 알 수 있다. 추석에는 올벼심리를 해야 하기 때문에 어느 정도 여문 벼를 베어다가 손으로 훑어서 솥에 쪄서 말린 쌀을 준비한다. 이 쌀을 올벼쌀, 올기쌀, 오리쌀이라고 부르기도 한다.

(2) 제의적인 행사로서 차례, 성묘, 올벼심리

① 차례와 성묘

추석에는 한 해 동안 농사를 지어 그해 수확한 햇곡식으로 음식을 준비하여 조상에게 가장 먼저 예를 갖추어 제사를 지낸다. 제의 방식은 다름 아닌 차례와 성묘인데, 설과 추석에는 차례도 지내고 성묘도 한다. 따라서 추석의 차례는 사절차례(四節茶禮)로서 설날과 제의적 성격이 크게 다를 바 없고, 다만 제사음식은 모두 그 해 수확한 곡식으로 마련한다는 점과 시절음식인 송편을 차례상에 올린다는 점에서 다소 차이가 있을 뿐이다.

② 올벼심리

올벼심리는 '올벼천신(薦新)'이라 하며 지역에 따라서 조금씩 차이가 있는데, 주로 추석에 많이 하지만 추석을 전후하여 적당한 날을 받기도 하고, 철이 늦어 벼가 미처 여물지 못하는 경우는 9월 중구에 하기도 한다. 햇곡식이익으면 쌀 한 되 가량 장만할 만큼 벼를 베어내서 볏단 그대로 실로 매어 방문 앞에 달아 놓고 절을 하기도 하고, 음식을 장만해서 고사를 지내기도 한다. 또 잘 익은 나락을 베어다가 선영에 제사지내고, 쪄 말려서 샘, 당산, 마당, 곡간 등에 받쳐 놓기도 한다.

그런가 하면 추석을 전후해서 잘 익은 벼, 수수, 조 등의 이삭을 한줌 묶어 기둥이나 벽에 걸어두는 일을 올벼심리라고 한다. 올벼심리를 할 때에 이웃을 청해서 주연(酒宴)을 베푸는 수도 있고, 떡을 사당에 천신(薦新)하고 터주에 올리는 일도 있다. 올벼심리를 하면 풍년이 든다고 하며 또 다음 해에 풍년들게 해달라고 신에게 비는 뜻도 포함되어 있다. 올벼심리는 조상숭배를 위한 신곡천신(新穀薦新)이라는 도미의례(稻米儀禮)적인 행사로서, 한 해 동안 농사를 지어 가장 먼저 조상에게 바치고 제사를 지내는 추수감사제적인 성격을 지닌 세시행사이다.

(3) 유희적 행사로서 추석 민속놀이
① 강강술래

강강술래는 서남해안지역에 전승되는 추석놀이의 대표적인 부녀자들의 놀이이다. 이 놀이의 연원과 그 역사적 유래에 대해서 여러 가지 이설이 있지만 놀이시기, 놀이방법, 놀이꾼의 주체 등을 감안한다면 일 년의 농사를 시작하고 마치면서 하늘에 감사드리는 제천의식에 그 뿌리를 두고 있는 것으로 보인다.

강강술래는 수십 명의 부녀자들이 밝은 달밤에 손에 손을 잡고 둥글게 원을 그리며 노래하면서 추는 춤인데, 놀이의 구성은 늦은강강술래, 중강강술래, 잦은강강술래로 되어 있으며, 원무(圓舞)를 추면서 소리를 메기면 "강강술래"라는 후렴구를 받아 소리한다. 그리고 그 부수적인 놀이로 지역에 따라 약간씩 차이가 있기는 하나 남생아 놀아라, 청어 엮자, 청어 풀자, 지와 밟기, 덕석몰기, 쥔쥐새끼놀이, 문열어라, 가마등, 도굿대당기기 등이 있다. 이 같은 놀이를 번갈아 하면서 밤새 논다.

② 중로보기

중로보기(반보기)는 추석에 많이 행하는 것으로 원래는 시집간 딸이 친정 집에 자주 가지 못하니, 친정식구를 보기 위해 명절날 중간쯤에서 만나 음 식을 나누어 먹으면서 회포를 푸는 풍습이다. 그런데 이러한 풍습이 발전하 여 때로는 이웃마을 부녀자들끼리 중간쯤 냇가나 넓은 공터에서 만나 음식 을 나누어 먹으면서 유대관계를 돈독하게 하기도 하고 강강술래를 하기도 한다.

5. 겨울철의 세시풍속과 동지

1) 겨울철의 세시풍속

겨울철의 세시풍속은 24절기에 의하면, 10월의 입동(立冬)에서부터 12월 대한(大寒)까지의 세시풍속을 말한다. 겨울철의 세시풍속은 10월에 상달이 라 시제를 지내고, 11월에 동지, 12월에 제석의 절일이 있다. 아직까지 10월 을 상달이라 하여 각 문중에서 시제를 많이 모시고 있으나, 점차 4월 5일 식 목일로 옮겨가는 경우도 나타난다. 그리고 11월 동지는 예전처럼 종교적인 의미를 지닌 행사가 이루어지지는 않지만 시절음식을 맛보는 정도로 지속 되고 있다. 12월의 제석은 그 형식은 다르지만 아직도 심층적인 의미는 지 속되고 있다.

(1) 상달

10월을 상달이라고 하는 의미는 그 해의 햇곡식을 신이나 조상에게 올리기에 가장 좋은 달이라는 뜻이다. 그래서 10월에는 옛날부터 5대조 이상의 조상묘에 제사를 올렸는데 이를 시제, 시향(時享), 묘제라 부른다. 이 같은 상달이라는 관념은 고구려의 동맹, 예의 무천, 마한의 농공제의가 모두 10월에 행해졌음과 무관하지 않을 것이다. 10월 15일을 하원(下元)이라 부르고 있으나 상원(上元)과 중원(中元)과 같은 세시풍속은 거의 찾아 볼 수가 없다. 다만 주부가 목욕을 하고 그 해 추수한 쌀을 성주단지, 조상단지, 제석오가리, 철융단지에 쌀을 넣는다. 들어 있었던 쌀의 상태를 보고서 길흉을 점쳐보기도 했다 한다.

(2) 제석

음력으로 12월은 섣달이라고 하고, 마지막 날을 그믐날이라고 한다. 그믐날을 제석(除夕)이라 하며, 이 날에는 빚이 있는 사람은 해를 넘기지 않고 갚아야 하고 받을 사람도 다 받는다. 이는 그 해 일은 그 해에 마무리한다는 뜻이 담겨져 있다. 그믐날은 묵은해와 새로운 해가 서로 교차되는 날로서 묵은 감정과 묵은 때를 말끔히 씻겨 내고 새롭고 순결한 시간을 기다리는 날이기도 하다.

유득공의 《경도잡지》에 보면, "온 집안에 등불을 켜 놓는데 외양간, 변소까지도 각각 하나의 등잔을 켜 놓고 밤샘을 한다. 이것을 수세(守歲)라고 한다. 속담에 제야(除夜)에 잠을 자면 눈썹이 희어진다고 한다. 그렇기 때문에 어린이들이 이를 심히 꺼린다. 혹 자는 아이가 있으면 다른 아이가 쌀가루를 반죽하여 발라주고 깨워 거울을 보라고 하면서 킬킬거린다"라고 적고 있다. 이 같은 풍속은 오늘날에도 그대로 전승되고 있다.

제석에 여기저기 불을 켜 놓은 것은 불의 축귀주력(逐鬼呪力)을 빌어 정화하고 사악한 것을 몰아내고 새해를 맞이하자는 데서 온 것으로 보인다. 어린이에게 잠을 자지 못하게 하는 것은 가는 해를 되돌아보아 정리하게 하고 새해를 깨끗한 마음으로 맞이하자는 근신의 뜻이 담겨져 있다 하겠다.

지금도 농가에서는 그믐날에 집안 곳곳에 불을 환히 밝히는 모습을 찾아볼 수 있다. 이것은 한 해 동안 묵은 것을 불사르고자 하는 것으로, 여기서 묵은 것은 가족이나 친구 등 인간관계에서 야기된 갈등이나 오해, 그리고 인간의 건강성을 헤치는 부정적인 모든 것을 말한다. 묵은 것의 불사름은 정화시켜 새로운 모습을 갖도록 하기 위함이다. 새로운 모습이 곧 희망차고 건강한 모습으로 새롭게 출발할 수 있는 준비된 모습이기 때문이다. 이러한 모습을 가지기 위해 묵은 것을 불사르는 것은 한 해의 마무리의 중요성을 강조하고 있는 것이다.

그믐날 밤에 잠을 자지 않고 밤을 지새우는 것은 한 해의 마무리보다는 새해를 맞이하는 것에 더 의미를 두고 있는 모습임을 알 수 있다. 밤을 지새우는 방법으로 전통사회에서는 다양한 민속놀이가 행해지기도 했는데, 아이들은 닭살이, 딱지치기, 말타기, 나이 먹기, 말 타기, 글자 찾기, 고누, 실뜨기, 다리세기, 소꿉놀이 등 야외에서 혹은 실내에서 다양한 민속놀이를 하면서 밤을 새웠고, 어른들은 윷놀이, 장기, 바둑, 화투, 투전, 쌍륙, 골패, 실꾸리감기 등의 민속놀이를 하면서 새해를 맞이하였다. 밤을 지새우는 것은 혼자서 새해를 맞이하는 것이 아니라 무리를 형성해서 함께 맞이하고자 하는데서 민속놀이를 했던 것으로 생각된다.

2) 동지

양력 12월 22일은 동짓날로서 작은설이라고 부른다. 주나라 때 동지를 세수(歲首)로 삼았는데 동지 팥죽을 먹어야 한 살을 더 먹었다고 한다. 한 살을 더 먹는다는 것은 새해가 시작되었음을 의미한다. 따라서 동짓날은 시작하는 의미가 있는 날로서 '시작이 반이다'라는 말을 생각케 한다. 동지는 입춘과 같이 태양력의 절기에서 비롯된 명절이다.

홍석모의《동국세시기》에 보면, "동짓날을 아세(亞歲)라 한다. 팥죽을 쑤는데 찹쌀가루로 새알모양의 떡을 만들어 그 속에 넣어 새알심을 만들고 꿀을 타서 시절음식으로 삼았다. 그리고 팥죽을 문짝에 뿌려 상서롭지 못한 것을 제거하였다"고 한다. 그리고 《형초세시기》에 "공왕씨가 재주 없는 아들을 하나 두었는데, 그 아들이 동짓날에 죽어 역귀신(疫鬼神)이 되었다. 그 아들이 생전에 팥을 두려워하였으므로 동짓날 팥죽을 쑤어 물리치는 것이라 하였다"라고 기록하고 있다. 이 중국의 풍속이 우리나라에 전래하여 동짓날에 동지죽을 쑤어 조상께 올리고, 대문이나 벽, 부엌, 마당, 담장 등에 뿌려 잡귀의 출입을 막는 민속으로 정착된 것으로 보인다. 이처럼 우리나라에서도 붉은 색인 팥은 축귀색(逐鬼色)으로 여겨지고 있으므로 팥죽을 쑤어서 뿌린다는 것은 이 주력을 이용해서 벽사진경하자는데 그 뜻이 있다 하겠다.

동짓날 팥죽은 말피를 상징하고 역귀는 말피를 무서워하기 때문에 팥죽을 쑤어서 뿌린다고도 한다. 광주지방에서는 동짓날 팥죽을 쑤어서 담장이나 대문에 뿌리기도 하는데, 전북 진안에서는 팥죽제라 하여 당산나무나 장승에 바치기도 하고, 또 새집을 사서 이사 갈 때도 팥죽을 쑤어서 뿌리기도 한다.

붉은 색과 관련된 민속행위는 팥죽을 쑤어 뿌리는 것뿐만 아니라 당산제를 지낼 때 화주와 제주 집 앞, 동네 입구, 당산 주변에 황토를 까는 것이라든가, 정월 보름에 마을 여자들이 인근 마을에 가서 디딜방아를 훔쳐다가 동네 앞에 거꾸로 세워 놓고 여자의 붉은 피가 묻어 있는 고쟁이(속곳)를 씌워 놓는 놀이에서도 찾아 볼 수 있다. 이러한 행위는 모두가 붉은 색이 가지고 있는 주력(呪力)을 이용해 잡귀를 몰아내자는 데서 비롯되는 민속행위이다.

각 주

1   정진홍, 『종교학 서설』, 1985, 전망사, 23쪽.

2   지춘상 외, 『남도민속학개설』, 태학사, 1998, 233쪽.

3   장주근, 『한국의 세시풍속』, 형설출판사, 1989, 34쪽.

4   장주근, 앞의 책, 58쪽.

5   민속학회, 『한국민속학의 이해』, 문학아카데미, 1994, 111쪽.

6   지춘상 외, 앞의 책, 238쪽.

7   최남선, 『조선상식(풍속편)』, 동명사, 1948.

8   조후종, 『세시풍속과 우리 음식』, 한림출판사, 2002, 41쪽.

9   『한국세시풍속사전』(정월편), 국립민속박물관, 2004. 48쪽.

10   정경주, 『한국고전의례상식』, 신지서원, 2000, 294쪽.

11   국립민속박물관, 앞의 책, 46쪽.

12   국립민속박물관, 앞의 책, 428쪽.

13   장주근, 앞의 책, 86~91쪽.

14   조후종, 앞의 책, 83~86쪽.

15   국립민속박물관, 앞의 책, 326쪽.

16   표인주, 『한국인의 생활양식과 전통문화예술』, 민속원, 2004, 47쪽.

17   『전북학연구』(III), 전라북도, 1997, 288~289쪽.

18   표인주, 앞의 책, 48쪽.

19   표인주, 『남도민속문화론』, 민속원, 2002, 207쪽.

20   표인주, 『광주칠석고싸움놀이』, 피아, 2005.

21   표인주, 앞의 책, 52쪽.

22   표인주, 앞의 책, 52쪽.

23   『한국민속대관』4, 고려대학교 민족문화연구소, 1995, 358~359쪽.

24   최상수, 『한국 지연의 연구』, 고려서적, 1958, 7쪽.

25   장주근, 앞의 책, 93쪽.

26   박용재, 『광산농악』, 광산문화원, 1992.

27   국립민속박물관, 앞의 책, 135~196쪽.

28   권영철·주정달, 『화전가연구』, 형설출판사, 1981.

29   김경학 외, 『암소와 갠지스』, 산지니, 2005, 47~48쪽.

30   우리나라의 4대 명절은 설날, 한식, 단오, 추석이라 할 수 있다.(이두현 외, 『한국민속학개설』, 일
조각, 1993, 236쪽.)

31   장주근, 앞의 책, 236쪽.

32   김택규, 『한국농경세시의 연구』, 영남대학교출판부, 1985, 263쪽.

33   조후종, 앞의 책, 115~116쪽.

34 국립민속박물관, 『한국세시풍속사전』(여름편), 2005, 170쪽.

35 국립민속박물관, 앞의 책, 152쪽.

36 국립민속박물관, 앞의 책, 148쪽.

37 국립민속박물관, 앞의 책, 196쪽.

38 조후종, 앞의 책, 150쪽.

제5장

시간민속(時間民俗)의 지속과 변화

1. 시간민속의 물리적 기반

시간은 의식적으로 구성된 개념이 아니라 무의식적이고 자동적으로 사용하는 관습적인 개념을 토대로 이해할 필요가 있다. 관습적으로 이해하는 시간은 운동, 공간, 사건과 같은 개념들과 밀접한 관련이 있다. 시간은 그 자체로 개념화되는 것이 아니라 적지 않게 은유적, 환유적으로 개념화되기 때문이다.[1] 먼저 시간의 은유적 개념은 공간 속에서 운동에 대한 우리의 이해를 통해 이루어진다. 즉 운동이 일차적인 것이며, 시간은 운동에 의해 은유적으로 개념화된다. 공간상의 운동의 관점에서 개념화된 것이 시간인 것이다. 이것은 인간이 정지해 있고 사물이 이동하는 경우와 인간이 이동하고 사물이 정지해 있는 경우를 통해 이해할 수 있다. 사물의 이동은 천체(해와 달)의 이동을 비롯해 물체의 수직·수평적 이동, 물의 흐름 등을 말하고, 인간의 이동은 정지된 사물을 배경으로 이루어지는 것을 말한다. 이들은 기본적으로 공간상의 이동이라는 공통점을 가지고 있다.

두 번째로 시간의 환유적 개념은 공간상에서 발생한 사건들의 상호관계뿐만 아니라 규칙적이고 반복적인 사건들을 통해 이루어진다. 사건들은 공간에서 이루어지는 운동과 상호 관련되기도 하고, 사건들의 경험을 통해 시간을 경험한다는 것이다. 사건이 지향적이고 연속적인 것처럼 시간 또한 마찬가지이다. 우리가 사건을 연속적인 것으로 경험하기 때문에 시간도 연속적이다. 주기적 사건은 시작과 끝이 있으며, 시간은 분절적이고 사건의 반복을 헤아릴 수 있다. 그렇기 때문에 시간은 측정될 수 있는 특성을 가지고 있는 것이다.[2] 이와 같이 우리가 시간을 경험하는 것은 사건에 의해 우리의 신체화된 시간 개념화에 의존한다. 즉 시간은 사건들의 경험에 근거한다는 것을 의미한다.

정리하자면 시간 개념이 공간상에서 운동과 사물에 근거한 은유적 인지과정과 사건들과 상호관계에 근거한 환유적 인지과정에 의해서 형성된다. 인지적 관점에서 볼 때 공간에서 운동과 사건은 시간보다 더 기본적이고, 공간에서 운동과 사건의 경험을 통해 시간을 개념화할 수 있다는 것이다. 이처럼 공간상의 운동 경험에 근거한 시간은 우리의 삶의 체계를 구조화하고, 우리의 세계와 물리, 역사를 이해하는데 중요한 역할을 한다. 이것은 공간 이동의 경험적 지식이 축적되어 형성된 인식 수단이 시간이기 때문이다.

인간이 경험한 시간은 도형의 기본요소라고 할 수 있는 점과 선으로 표현할 수 있다. 앞서 환유적 개념에서 사건을 헤아릴 수 있듯이 시간도 측정될 수 있다고 한 것처럼, 사건의 내용을 시간의 양으로 이해할 수 있듯이 시간의 처음과 끝이 '출발점과 도착점'이고, 처음과 끝을 연결한 선을 '시간의 양'으로 표현할 수 있다. 여기서 시간의 양은 공간 이동의 운동량을 말한다. 뿐만 아니라 시간의 양은 사건을 비롯한 물질적인 양을 측정하는데도 활용되기도 한다. 가령 시간의 은유를 통해 인간이 수행하고자하는 사업계획을 설명한다면, 시간의 출발점이 사업개시이고, 시간의 도착점은 사업목표이다. 그리고 사업내용은 물질적인 양에 해당한다. 이러한 과정을 시간적으로 설명할 수 있다. 이렇듯 시간의 개념화 근거가 공간상의 이동과 사건이기 때문에 그것은 다름 아닌 인간의 노동이 가장 원초적인 근거가 되는 것이다.

인간이 시간을 인지하고자 했던 것은 생존하기 위한 것이고, 삶의 편리성을 확대하려는 노력의 일환이다. 그것은 바로 인간의 풍요로운 의식주생활 해결이다. 시간은 인간의 의식주생활의 체계화에 중요한 역할을 했고, 의식주의 해결은 바로 노동을 통해 이루어졌다. 그렇기 때문에 노동은 다름 아닌 시간의 물리적 기반에 해당한다고 말할 수 있다. 노동은 인간이 공간상에서 물자를 획득하기 위해 행동하거나, 그것을 이동시키기 위한 행동, 즉 몸을 움직여서 생활에 필요한 물자를 얻기 위한 행동이다. 그렇기 때문에 과거로부터 오늘에 이르기까지 노동은 인간 생존의 중요한 조건인 셈이다. 인간이 노동에서 효율성을 높이기 위한 도구가 바로 시간이었던 것이다.

시간은 노동에서 뿐만 아니라 정치, 사회, 종교 전반에서 권력의 도구로 이용되어왔다. 이러한 것은 문명의 발달과정에서 시간의 활용이 은유적으로 확장된 것이다. 정치적 통제 수단으로서 시간을 활용하는 것은 물론 종교적 권능을 강화하기 위한 수단으로 이용했고, 그것은 궁극적으로 인간을 통제하기 위한 수단으로 활용한 것임을 알 수 있다. 정치적 혹은 종교적 건물에 시간을 알리는 종탑이 있거나, 시계탑이 있는 것도 이와 무관하지 않다. 노동에서는 정치나 종교와는 달리 권력의 도구로 시간을 활용하기 보다는 생산의 효율성을 극대화하기 위해서였다. 이처럼 시간은 우리 인간의 삶모든 영역에서 중요한 역할을 해 왔음을 알 수 있다.

노동은 형태나 방식에 따라 육체적 노동, 정신적 노동, 조작적(操作的) 노동 등으로 구분된다. 노동의 가장 기본적이며 원초적인 형태는 몸의 움직임을 통해 이루어지는 육체적 노동인데, 육체적 노동도 자급자족을 위한 노동과 잉여생산을 목표로 하는 것이 다를 수밖에 없다. 자급자족의 노동이 농경사회의 노동형태라면, 잉여생산의 노동은 산업사회의 노동이라는 점에서 그렇다. 정신적 노동은 지식정보산업사회가 형성되면서 더욱 증가했고, 조작적 노동은 미래에 더욱 확대되어 나타날 것이다. 인공지능의 발달이나 조작적 노동의 확대는 그만큼 육체적 노동의 양을 감소시킨다.

노동은 자본주의적 개념이 등장하면서 더욱 변화되고 다양한 모습을 지닌다. 자본주의 등장은 서구의 근대화와 밀접한 관련이 있는데, 이 시기에 시간의 관념 또한 변화를 겪을 수밖에 없었다. 서구 문화의 가장 현저한 특징 중 하나는 일반적으로 시간이 자원으로, 특히 돈으로 개념화된다.[3] 그 결과 시간을 낭비한다거나 저축한다는 것은 자원(돈)을 낭비하거나 저축하는 것으로 인식하였다. 이러한 것은 <시간은 자원(돈)> 은유과정을 통해 이루어진 것이다. 그에 따라 인간이 일하는 시간의 양에 따라 돈을 지불하는, 즉 시급제, 월급제, 연봉제라는 제도가 등장하였다. 이처럼 시간을 물질적인 것으로 개념화하고 있는 것을 보면, 시간이 노동과 밀접한 관련이 있음을 알 수 있다.

이처럼 시간 인식의 변화는 당연히 노동 형태의 변화를 초래한다. 예컨대 수렵채취시대에는 노동이 공동으로 발생하고 집단적이었다. 사냥하거나 열매를 채취하고, 물고기 잡는 행동과 같은 노동은 혼자서 할 수 있는 것이 아니라 공동체적인 방식으로 할 수밖에 없었을 것이다. 그렇기 때문에 노동의 성과물 또한 공동으로 분배되었고, 생산과 소비가 일치하는 노동형태를 가졌을 것으로 짐작된다. 그런가 하면 농경사회는 본격적인 정착사회를 이루면서 공동체생활을 해야 했기 때문에 더욱 시간의 중요성을 인식하게 되었다. 농사를 잘 지으려면 무엇도다 계절을 잘 알아야 하고, 그것은 철을 아는 것으로 농부가 농사지을 능력을 지녔음을 의미한다. 뿐만 아니라 농경사회에서도 또한 수렵채취시대의 공동노동 관행이 지속되었을 것이고, 그것은 공동체노동으로 발전했을 것이다. 비록 생산물을 공동으로 분배하지는 않더라도 어느 정도 생산과 소비의 일치가 지속되는 시기이다. 농경사회 이전까지는 어느 정도 시간 개념화의 원초적 근거가 되었던 육체적 노동이 중심이 되었던 것으로 보인다.

　산업사회는 대량생산을 강조하고 기술집약적 산업을 중시하는 사회이다. 그러한 까닭에 이 시기에는 다양한 생산 활동이 이루어지고 농촌인구의 감소와 도시화가 가속화 되었다. 그것은 농경사회에서 행해졌던 유희적, 의례적, 종교적 기능이 도시로 이행되는 결과를 가져왔다.[4] 농경사회에서는 농업노동이 생산과 삶의 방식 그 자체였지만, 기술 중심의 산업노동은 노동력을 판매하는 도구이자 삶의 맥락이 배제된 노동 상품에 불과했다.[5] 즉 농경사회 이전의 노동은 노동과 삶이 일치했다면, 산업사회에서는 노동과 삶이 분리되고, 노동이 상품화되었다는 것이다. 노동의 상품화는 곧 시간이 물질적으로 개념화되었음을 의미한다. 노동자는 노동력의 대가로 임금을 받는데, 노동의 양이 시간의 양이고, 시간의 양이 임금이다.

　인간이 지식정보산업사회에 효율적으로 적응하기 위해서는 무엇보다도 과거에 경험했던 시간관념을 바꾸어야 한다. 지식정보산업사회는 다양한 정보의 생산, 유통의 급격한 증대, 정보기술의 고도화 등을 중요시 하는 사회이다. 특히 정보와 지식의 가치가 높아지면서 정신적 노동이 급격히 증가하는 사회라고 할 수 있다.[6] 뿐만 아니라 조작적 노동이 확대되면서 육체적인 노동은 점차 줄어드는 사회이다. 무엇보다도 이 사회는 시간을 초월하여 공간을 확대하는 삶이 이루어지면서 시간을 양적으로 중요시 여기는 것이 아니라 단축하고 압축하는 질적인 변화를 추구하고 있다. 그것은 시간을 낭비하지 않고 저축하는 것을 중요시 여기는 관념을 갖게 된 것이다.

　오늘날 마을공동체에서 겪고 있는 생활도 이러한 변화를 고스란히 겪고 있다. 즉 농경민적 사고를 바탕으로 산업사회를 경험하고 지식정보산업사회 삶의 패러다임에 직면하고 있는 것이다. 무엇보다도 마을공동체 구성원들의 변화가 급격하게 이루어지고 있는데, 종래는 거의 원주민으로만 구성되었지만, 최근 들어 원주민, 귀향인, 귀농인, 이주민(거주자, 외국인 며느리) 등으로 구성되는 경우가 많아지고 있다. 또한 구성원들의 직업이 다양해지고, 이러한 것은 공동체 구성에 적지 않은 영향을 미치고 있다. 게다가 두레노동이 해체되는 것을 시작으로 공동체노동이 약화되고, 그것을 극복하기 위해 작목반이나 협동조합 등 새로운 공동체가 만들어지고 있기는 하나 노동의 형태가 많은 변화를 겪고 있다.

2. 12달 세시행사의 실상과 특징

세시행사는 1년을 주기로 일정한 날에 반복되는 행사를 지칭하는 말로, 세시(歲時)는 한 해를 의미하는 세(歲)와 사계절을 의미하는 시(時)라는 말의 합성어이다. 따라서 세시행사는 일 년이나 사계절의 연중행사라고 할 수 있다. 이러한 세시행사는 자연적, 사회적, 역사적 영향을 받기 때문에 지역마다 다르고, 시기마다 다를 수밖에 없다. 이것은 공동체마다 다른 것은 물론 개인마다 다를 수 있다는 것을 의미한다. 세시행사는 시간을 기준으로 반복되는 행사로 시간은 물론 그 시기에 행해지는 행동이 다양한 의미를 갖기 마련이다. 따라서 세시행사를 크게 농경사회를 근간으로 하고 있는 세시명절과 산업사회의 국가적 차원에서 행해지는 기념일, 관계공감대와 이익실현을 위한 기념일로 구분하여 이해할 필요가 있다.

1) 농경사회 농업노동을 근거로 한 세시명절

농업노동을 근거로 하고 있는 세시명절이 월별로 배치되어 있는데, 《한국의 세시풍속》[7]과 《한국민속대관》[8], 그리고 《남도민속학》[9]과 《한국농경세시의 연구》[10]를 중심으로 정리하면 다음과 같다.

월	세시명절	세시행사 내용
1월	설날	설빔, 차례, 세배, 세찬, 세주, 성묘, 덕담, 문안비, 복조리, 세화, 야광귀쫓기, 머리카락사르기, 삼재 막기, 경로행사, 법고 등
	정초행사	널뛰기, 윷놀이, 연날리기, 화투놀이, 승경도놀이, 돈치기, 용왕제, 십이지일 등
	입춘	춘축, 보리뿌리점, 입춘굿 등
	대보름	유지지세우기(볏가릿대), 복토훔치기, 용알뜨기, 부럼, 귀밝이술, 다리밟기, 나무시집보내기, 새쫓기, 오곡밥, 묵은나물과 복쌈, 백가반, 나무아홉짐, 약밥, 곡식안내기, 제웅치기, 나무조롱, 더위팔기, 개보름쇠기, 모깃불과 모기쫓기, 방실놀이, 뱀치기, 잰부닥불넘기, 매생이심기, 엄나무걸기, 노두놓기, 뱃고사 등
1월	대보름	달맞이와 농사점(달점), 사발재점, 그림자점, 달불이, 집불이, 소밥주기, 닭울음점, 실불점 등
	대보름	솟대세우기, 달집태우기, 지신밟기, 동제, 별신굿, 안택, 용궁맞이(용왕제), 헌식과 봉기, 기세배, 사자놀이, 관원놀음, 들놀음과 오광대탈놀음, 쥐불놀이, 줄다리기, 고싸움, 보름줄다리기, 등싸움, 나무쇠싸움, 차전놀이, 석전, 횃불싸움, 놋다리밟기, 디딜방아훔치기, 축귀놀이, 연날리기 등
2월	초하루	노래기쫓기, 콩볶기, 영등굿, 좀생이점, 개구리알먹기, 춘추석전 등
3월	삼짇날	화전놀이, 활쏘기, 풀각시, 풀놀이 등
	한식	성묘, 춘계석전 등
4월	초파일	연등행사, 낙화놀이, 탑돌이, 봉선화물들이기 등
5월	단오	단오차례, 단오고사(산맥이), 단오굿, 씨름, 그네뛰기, 상추이슬분바르기, 창포탕과 창포비녀, 익모초즙먹기, 대추나무시집보내기, 단오선, 단오부적, 제호탕과 옥추단, 태종우, 대옻겨심기 등 ,
6월	유두	유두천신, 용왕굿, 물맞이 등
7월	칠석	칠석맞이, 샘제 등
	백중	두레삼, 호미씻기, 풍장놀이, 땅뺏기놀이, 마불림제, 우란분회 등
8월	추석	차례, 올벼심리와 풋바심, 강강술래, 씨름, 소놀이, 소싸움과 닭싸움, 거북놀이, 가마싸움, 반보기와 근친, 추계석전, 조리희 등
9월	중구	단풍구경 등
10월	상달	고사, 조상단지모시기, 말날, 시제, 김장 등
11월	동지	동지팥죽 등
12월	그믐날	폭죽놀이, 묵은세배, 수세 등
윤달	공달	이사, 집수리, 선산단장, 수의, 이장 등

위의 표는 단순히 월별 세시명절과 그 내용을 평면적으로 제시하고 있지만, 제의적인 내용을 비롯해 점복행위와 주술적인 행사, 민속놀이 등으로 구성되어 있다. 이를 통해 몇 가지 의미를 파악할 수 있는데, 하나는 세시명절의 성격을 이해할 수 있다는 점이고, 두 번째는 시간에 초점을 맞추어 의미를 파악할 수 있으며, 세 번째는 생업방식의 하나인 농업과 조상신을 섬기는 의례에 관한 것이다.

(1) 세시명절의 성격을 파악할 수 있다.

장주근이 세시명절의 성격과 형성 요인으로 자연적, 농경문화적, 종교적인 요인을 지적한 것처럼,[11] 세시행사는 지역마다 자연환경이 다르고 그에 따라 생업방식이 다르기 때문에 다양한 모습을 지닌다. 무엇보다도 자연환경은 생업방식을 결정하는데 중요하게 영향을 미친다. 논농사나 밭농사가 중심이 되거나, 아니면 논농사와 밭농사를 병행하는 경우, 논농사와 어업을 겸하는 경우를 보면 자연환경이 생업방식을 결정하고 있음을 알 수 있다. 그에 따라 당연히 세시행사가 형성되는 것이다. 뿐만 아니라 인간은 유한한 존재로서 초월적인 존재에 의탁하여 어려운 난관을 극복하려 한다. 그것은 바로 신앙생활, 즉 종교적인 방법이다. 그래서 종교적인 관념이 작용한 세시명절이 형성될 수밖에 없다. 이와 같은 세시명절의 성격을 다섯 가지로 정리할 수 있다.

첫 번째로 1월 15일 대보름과 8월 15일 추석은 그 어느 세시명절보다도 오랜 역사성을 지닌 토속적 세시명절이다. 이들 세시명절의 핵심은 달(月)과 관련된다. 달은 한 달을 주기로 변화를 한다는 점에서 여성의 생체주기와 일치하고, 달이 차고 기우는 것처럼 생생력을 가지고 있으며, 여성 또한 생산성을 가지고 있다는 점에서 모두 풍요를 상징한다. 무엇보다도 농사 풍요의 대상이 된다는 점이다. 이것은 농경이 시작되면서 형성된 관념이었으며, 그에 따라 1월 15일 대보름은 한 해 농사의 풍요를 기원하는, 즉 기풍제의적인 명절이었고, 농사의 수확이 이루어지는 8월 15일 추석은 한 해 농사 풍요에 감사하는 추수감사제의적인 명절의 성격을 지닌 것으로 이해할 수 있다.

두 번째로 1월 1일 설날, 3월 3일 삼짇날, 5월 5월 단오날, 7월 7일 칠석날, 9월 9일 중양절은 음양사상의 영향을 받아 형성된 세시명절이라고 할 수 있다. 한국인의 삶은 적지 않게 음양사상에 입각해 체계화되어 있는 경우가 많다. 가령, 오른손(오른쪽)과 왼손(왼쪽)을 구분하여 사용하는 것을 비롯해, 특히 양(陽)의 수를 선호하는 것이 그것이다. 수의 배열에서 양의 수가 홀수이고, 음의 수는 짝수이다. 한국인이 선호하는 수로 3인 것은 양의 수 1과 음의 수인 2가 결합하여, 즉 음과 양의 결합이 번창을 상징하는 의미를 지녔기 때문이다. 특히 사찰에서 석탑의 층수가 3층탑, 5층탑, 7층탑 등 홀수가 대부분이라는 점도 양의 수를 선호하는데 비롯된 것이다. 5월 5일은 양기가 가장 충만한 날이고, 9월 9일은 양의 수가 겹친 중양절(重陽節)이라고 한 것을 보면, 이러한 관념이 세시명절 형성에도 적지 않게 영향이 미쳤을 것으로 보인다.

세 번째로 4월 초파일은 불교적 축제일이다. 불교가 삼국시대에 왕권국가를 정착시키는데 중요한 역할을 하면서 불교를 국교로 삼았고, 그것은 고려시대까지 지속됨으로써 불교가 한국인의 삶에 많은 영향을 미쳐왔다. 의식주는 물론 의례생활, 신앙생활 할 것 없이 폭넓게 불교적인 의식이 자리하고 있다. 그 가운데 중요한 세시명절의 하나가 초파일이다. 하시만 조선왕조 이후는 불교적인 행사가 위축되었지만 여전히 초파일이 세시행사로 지속되고 있다. 초파일의 핵심적인 행사는 다름 아닌 연등행사이고, 중요한 것은 불에 관한 행사이다. 등불이 인도에서 죽음으로부터 부활을 상징하고 전형적인 다산숭배의 한 형태이고,[12] 세시행사 가운데 쥐불놀이를 비롯한 잰부닥불넘기, 달집태우기, 등싸움, 횃불싸움, 낙화등놀이 등에서 불은 생산(풍요), 재액, 정화, 주술적인 의미를 지니고 있다.[13] 초파일의 연등행사가 오늘날까지도 지속되고 있는 것은 연등이 갖는 의미와 불이 갖는 의미가 결합되어 있는 것과 밀접한 관련이 있다.

네 번째로 모든 세시명절이 태음력을 근거로 하지만, 입춘과 동지는 태양력을 근거로 하고 있다. 고종 32년(1895)에 태양력을 공식적으로 사용하기 전까지는 태음력을 사용해왔다.[14] 입춘은 대개 2월 4일 경으로 동지로부터 44일째 되던 날이며, 설과 대보름 사이인 경우가 많다. 농가에서 입춘날의 중요한 행사가 '보리뿌리점'이라는 것은 농사가 시작된다는 의미를 지니고 있다. 그런가 하면 동지는 12월 22일로 밤과 낮의 길이가 같으며, 낮의 길이가 길어지기 시작하는 첫날이다. 입춘과 동지의 공통점은 '시작된다'라는 점이고, 차이점은 입춘은 생산력으로서 농사의 시작이고, 동지는 태양력적인 첫날이라는 점이다. 입춘날의 농경의례를 보더라도 농사의 시작을 확인할 수 있고, 동지에 팥죽을 먹으면 나이 한 살을 더 먹었다고 한 것을 보면 동지가 한 해의 시작임을 알 수 있다. 동지가 '작은 설'이라는 관념이 남아 있는 것도 본래 설을 동지에 지냈기 때문으로 보인다. 이러한 점에서 입춘과 동지는 시작이라는 시간적인 의미를 지니고 있다.

(2) 시간을 초점으로 세시명절의 의미를 파악할 수 있다.

세시명절이 12달에 골고루 배치되어 있지만, 1월에 집중되는 세시행사가 많고, 설날에 대한 관심을 통해 시간적인 의미를 파악할 수 있다. 1월은 사계절 12달 가운데 시작하는 첫 달이고, 1일은 1년의 시작이 이루지는 첫

날이다. 1월 달은 설날을 비롯하여 다양한 정초행사, 입춘, 대보름 등 다양한 세시명절이 진행된다는 점에서 나머지 11달과는 비중이 다르다. 게다가 1월 1일 설날은 세시명절 가운데 가장 큰 명절이다. 시간에 초점을 맞추면 1월은 시작하는 첫 달이고, 12월은 마지막달이며, 1일은 한 해의 첫날로서 시작이고, 섣달 그믐날은 한 해의 마지막인 셈이다. 시간적으로 1월과 1일은 일 년 동안 인간의 삶이 시작하는 출발점이라는 의미를 갖는다. 그래서 한 해의 풍요로운 생산을 기원하는 것과 안녕을 빌고 복을 기원하는 것이 이루어진다. 그것은 부정적인 것보다도 긍정적인 삶의 기대감을 크게 갖게 하는 시기라는 것을 바탕으로 하고 있다. 이와 같이 시작한 첫 달과 첫날에 다양한 세시명절이 진행되는 것은 시간이 갖는 의미와 밀접한 관련이 있음을 알 수 있다.

한 해의 첫 달이면서 첫날은 설날이다. 임재해는 설의 어원을 새날이자 으뜸날이라 했고, 설은 새해 첫날로서 최초로 겪게 되는 시작의 날이라는 의미를 갖고 있다고 했다.[15] 시간은 공간적 이동의 은유적 개념이기 때문에 시작하는 처음은 출발점으로 계획을 세우는 단계이고, 마지막 날은 종착점으로서 계획을 달성하고자 하는 목표지점이다. 한 해 삶의 내용은 첫날부터 마지막 날까지 몸을 움직이면서 경험한 것들을 말한다. 그 내용은 한 해라고 하는 시간의 양이자 삶의 내용인 것이다. 그렇기 때문에 삶의 내용이 시작하는 첫 달과 첫날이 시간적으로 중요한 의미를 갖는다. 이것은 삶의 가르침으로 '시작이 반이다'라는 격언을 갖게 하는 것도 이와 무관하지 않다. 시간은 인간의 몸과 두뇌에 의해 창조된 것이지만, 시간이 길이(척도), 흐름(이동), 낭비(물질) 등의 은유적 개념[16]을 가지고 있어서 삶의 세계를 이해하는 데 중요한 역할을 한다.

(3) 세시명절의 물리적 기반이 농업이라는 것을 파악할 수 있다.

세시명절의 물리적 기반이 농업이라는 것은 세시행사 내용을 통해 확인된다. 1월의 세시행사로 입춘날의 보리뿌리점과 입춘굿, 대보름의 달맞이와 농사점, 그리고 동제, 달집태우기, 줄다리기, 고싸움놀이, 기세배 등의 공동체 민속놀이 등이 농사의 풍요를 기원하고, 2월 초하루의 좀생이점과 영등할머니의 하강을 통해 농사 풍요를 점치는 행위가 모두 농업과 밀접한 관련이 있다. 그리고 5월의 단오굿이나 6월 용왕굿, 7월의 호미씻기와 풍장놀이, 8월의 올벼심리와 풋바심, 10월의 고사와 조상단지 모시기 등도 모두 농업과 관련된 세시행사이다. 농업이야말로 한국 세시명절의 중요한 물리적 기반임을 말해주고 있는 것이다.

농업에서도 두레와 같은 농업노동의 공동체가 세시행사의 물리적 기반으로서 중요한 역할을 하는데, 그것은 공동체 민속놀이가 대표적이다. 농사의 성패는 이웃과 마을공동체의 관계에 달려 있다고 해도 과언이 아니다. 그들의 관계를 바탕으로 형성된 것이 마을공동체 조직이다. 그 조직은 농업노동의 공동체 역할을 하는 것은 물론 놀이공동체의 역할을 한다. 이러한 놀이공동체를 바탕으로 1월 대보름의 솟대세우기, 달집태우기, 지신밟기, 동제, 별신굿, 기세배, 줄다리기, 고싸움, 보름줄다리기, 등싸움, 나무쇠싸움, 차전놀이 등이 이루어졌던 것이고, 7월의 호미씻기, 풍장놀이, 땅뺏기놀이 등, 8월의 소놀이와 거북놀이 등도 마찬가지이다. 이들 놀이는 농업을 근거로 형성된 민속놀며, 무엇보다도 중요한 것은 농업노동의 공동체가 중요한 역할을 한다는 점이다. 따라서 공동체의 와해는 경제, 사회적인 변화가 영향을 미쳤겠지만 무엇보다도 농업의 경작방식이 크게 영향을 미쳤다고 할 수 있다. 그것은 농약과 농기계의 등장이 농업노동의 획기적인 변화를 가져왔고, 적지 않게 공동체 민속놀이에도 영향을 미친 것이다.

농업을 물리적 기반으로 한 세시명절은 기본적으로 공간상에서 운동과 사물에 근거한 은유적 인지과정을 통해 인식한 시간 개념을 근거로 하고 있다. 특히 농업노동은 다양한 움직임을 통해 인간에 필요한 물자를 획득하는 과정이기 때문에 시간의 흐름에 맞추어 그에 적합한 노동을 한다. 다시 말하면 시간의 흐름에 따라 노동이 다른 것이다. 봄철의 농업노동 다르고, 여름철 농업노동이 다른 것은 식물의 성장 과정이 시간에 따라 다르기 때문이다. 농업노동에서는 움직이는 물체의 이동에 근거하여 시간을 인지한다. 예컨대 일하다보면 시간이 흘러갔다거나 훌쩍 지나가버렸다고 표현하거나, 일할 시간이 다가오거나 끝나간다든지, 이러한 것은 삶에도 그대로 반영되어 인생이 빠른 속도록 지나가니 짧다거나, 젊은 시절은 왜 이렇게 짧은지 등으로 표현한다. 이러한 것은 공간상에서 운동과 사물의 은유화를 통해 시간을 인식한 것이고, 농업노동과 밀접한 관련이 있음을 확인할 수 있다.

(4) 세시명절에서 조상신의 의례를 중요시 하는 것을 파악할 수 있다.

세시행사 가운데 조상신의 행사가 바로 차례와 시제인데, 차례는 설날, 한식, 단오, 추석에 지내며, 지역에 따라 대보름에도 지내기도 한다. 그러한 까닭에 유교를 숭상하는 사회에서 차례를 모시는 명절을 큰 명절이라 한 것이고, 한국의 4대 명절을 설날, 한식, 단오, 추석을 일컫는 것은 모두 조상신을 섬기는 차례에서 비롯된 것이다. 뿐만 아니라 이들 명절에 성묘를 하는 데서도 조상신의 의례를 확인된다. 일반적으로 차례는 집에서 돌아가신 조상을 섬기는 의례이고, 성묘는 산소에서 이루어진다는 점에서 장소의 차이가 있다. 특히 설날에 부모님과 집안 어른들께 세배하는 깃도 살아계신 조상을 섬긴다는 점에서 조상숭배적 의미를 지닌다. 이와 같이 세시행사 중 조상신을 섬기는 명절을 중요시 여긴 것은 모두 한국인의 조상숭배 의식에서 비롯된 것으로 보인다.

조상신의 의례는 명절뿐만 아니라 10월의 세시행사를 통해서 확인할 수 있다. 10월을 상달이라고 한 것은 조상신을 섬기는 달이기 때문이기도 할 텐데, 10월 세시행사의 하나는 각 가정에서 조상단지를 모시는 행위이고, 두 번째는 문중에서 시제를 모시는 것이다. 조상단지 모시기는 조상신의 신체를 교체하는 의례이고, 그 해 농사를 지어서 가정주부가 햇곡식으로 묵은 곡식을 교체하고 간단한 의례를 거행한다. 그리고 시제는 문중 단위로 선산에서 행해지는 제사로, 5대조 이상의 조상을 대상으로 한다. 일반적으로 기제사는 4대조 조상까지 집안에서 기제사나 차례로 모시지만, 그 이상의 조상은 문중의 시제로 통합하여 모신다. 오늘날에 와서는 이와 같은 조상신을 모시는 범위가 바뀌고 있지만, 시제는 단순히 조상신을 섬기는 것뿐만 아니라 자손들이 시제를 통해 혈연적인 뿌리를 파악하고, 나아가서는 혈연공동체의 결속을 강화하는 역할을 한다.

2) 산업사회 공공적 공동체에 근거한 기념일

기념일은 국가가 어떤 특정한 날을 기념하기 위해 제정한 날을 말한다. 1973년 3월 30일 <각종 기념일 등에 관한 규정>이 제정되어 시행되어 오고 있는데, 기념일은 법률로 지정된 ①국경일, ②관공서의 공휴일에 관한 규정에 의한 법정공휴일, ③각종기념일 등에 관한 규정에 의해 정부가 제정하고 주관하는 국가기념일로 구분된다. 국경일은 <국경일에 관한 법률>에 따라 국가의 경사로운 날을 기념하기 위한 날로서, 다른 공휴일보다 격이 다소 높은 날이기 때문에 태극기를 게양하는 것이 권장된다. 이에 비해 법정공휴일은 <관공서의 공휴일에 관한 법률>(대통령령)에 의해 공휴일이 된 날,

즉 관공서가 쉬는 휴일이다. 그렇기 때문에 일요일은 항상 법정공휴일이다. 그리고 국가기념일은 <각종 기념일 등에 관한 규정>(대통령령)에 따라 정부가 제정하고 주관하는 법정기념일이다. 따라서 한국인의 삶에 영향을 미치고 있는 기념일을 정리하면 다음과 같다.

월	날짜	행사	종류	내용
1월	양력 1일	새해 첫날(양력 설날)	법정공휴일	1949년 공휴일 지정
	음력 1일	설날	법정공휴일	1989년 공휴일 지정 1985~1988년까지 민속의 날
2월	양력 10일	문화재 방재의 날	법정기념일	문화재청 행사
3월	양력 1일	삼일절	국경일	
	양력 8일	여성의 날	법정기념일	여성가족부 행사
4월	음력 8일	부처님오신 날	법정공휴일	1975년 공휴일 지정
	양력 15일	식목일	법정기념일	1949년 공휴일 지정/2006년 해제
	양력 19일	4·19혁명 기념일	법정기념일	국가보훈처 행사
5월	양력 1일	근로자의 날	법정기념일	고용노동부 행사
	양력 5일	어린이날	법정공휴일	1975년 공휴일 지정
	양력 8일	어버이날	법정기념일	보건복지부 행사
	양력 15일	스승의 날	법정기념일	교육부 행사
	양력 18일	5·18민주화운동 기념일	법정기념일	국가보훈처 행사
	셋째월요일	성년의 날	법정기념일	여성가족부 행사
	양력 21일	부부의 날	법정기념일	여성가족부 행사
6월	양력 6일	현충일	법정공휴일	1956년 공휴일 지정
	양력 10일	6·10민주항쟁기념일	법정기념일	안전행정부 행사
	양력 25일	6·25전쟁일	법정기념일	국가보훈처 행사
7월	양력 17일	제헌절	국경일	1949년 공휴일 지정, 2008년 공휴일 해제
8월	양력 15일	광복절	국경일	1949년 공휴일 지정
	음력 15일	추석	법정공휴일	1949년 공휴일 지정
9월	양력 7일	사회복지의 날	법정기념일	보건복지부 행사
	양력 10일	자살예방의 날	법정기념일	보건복지부 행사
10월	양력 1일	국군의 날	법정기념일	국방부 행사
	양력 3일	개천절	국경일	1949년 공휴일 지정

월	날짜	행사	종류	내용
10월	양력 9일	한글날	국경일	1949년 공휴일 지정/1991년 공휴일 해제/2013년 공휴일 재지정
	양력 15일	체육의 날	법정기념일	문화체육관광부 행사
11월	양력 3일	학생독립기념일	법정기념일	교육부·국가보훈처 행사
	양력 11일	농업인의 날	법정기념일	농림축산식품부 행사
12월	양력 25일	성탄절	법정공휴일	1949년 공휴일 지정
	양력 31일	제야의 종	기타	

위의 표에 보면 월별로 다양한 기념일이 배치되어 있는데, 1949년 5월 24일에 국무회의를 통해 국경일(國慶日)과 공휴일(公休日)이 제정되어 6월 4일부터 본격적으로 기념일(記念日)이 지정되어 시행되어 오고 있다. 그 당시 공휴일은 일요일, 국경일(3·1절, 제헌절, 광복절, 개천절), 양력설, 식목일, 추석, 한글날, 성탄절, 기타 정부에서 수시 지정하는 날이었다. 이 가운데 음력설보다도 양력설이, 부처님오신 날보다도 성탄절이 먼저 공휴일로 지정되었다. 이것은 당시의 근현대화라고 하는 사회문화적 분위기와 이승만 정권의 친기독교적인 성향과 밀접한 관련이 있다. 그리고 부처님오신 날이 1975년 10월 14일에 공휴일로 제정된 것은 국가재건최고회의 의장 출신인 박정희 정권의 친불교적인 성향이 영향을 미쳤을 것이다.

2019년 기준으로 정부에서 주관하고 있는 기념일이 51종이고, 지방자치단체에서 지정하는 기념일을 포함하면 훨씬 많은 기념일이 개최되고 있다. 이와 같은 기념일의 등장은 한국의 공공적 공동체가 크게 영향을 미쳤고, 근현대화와 적지 않은 관계를 맺고 있다. 한국의 근현대화는 한국전쟁을 경험하고 난 뒤 이승만과 박정희 정권에서 본격화되었다. 그것은 전통적인 1차 농업노동보다는 2차 산업노동을 중시하는 사회에 직면하게 되었고, 특히 60년대 경제개발과 70년대 새마을운동은 노동형태의 변화에 크게 작용했다. 그 시기는 한국사회의 농촌인구 감소와 2차 산업노동을 바탕으로 한 도시화가 본격적으로 가속화되었기 때문이다. 이와 같은 변화 속에서 오늘날 한국인의 삶에 적지 않게 영향을 미치고 있는 기념일의 특징을 몇 가지로 정리할 수 있다.

첫째로 한국인의 자주독립성과 민족성을 강조하는 기념일이다. 자주독립성과 민족성은 국가와 민족의 정체성을 구성하는데 중요한 역할을 한다. 정체성은 오랜 기간에 걸쳐 형성되고 누적된 환경, 사회, 역사, 문화적 경험의 산물이다. 그렇기 때문에 정체성은 공동체의 결속을 강화시켜주고 지속시켜 주는 역할을 한다. 뿐만 아니라 공동체 구성원들의 자부심과 소속감을 갖도록 해 준다.[17] 이와 같은 의도에서 삼일절, 학생독립기념일, 광복절, 제헌절, 개천절, 한글날, 4·19혁명 기념일, 5·18민주화운동 기념일, 6·10민주항쟁기념일, 6·25전쟁일, 현충일 등의 기념일을 국가 차원에서 제정하여 다양한 행사를 개최해 온 것으로 생각할 수 있다.

두 번째는 문화적 전통성을 강조하는 기념일이다. 문화적 전통성은 설날과 추석날을 공휴일로 지정했다는 점에서 확인할 수 있다. 한국인의 전통적인 세시행사가 설날을 중심으로 정월에 집중되어 있고, 벼농사를 주업으로 하고 가을철의 대표적인 추수감사제의 명절이 추석이라는 점을 근거로 전통문화계승발전의 의미를 구현하려는 의도에서 비롯된 것이다. 비록 설날이 1949년도에는 양력설을 기준으로 삼았지만, 1985년부터 1988년까지는 음력설을 민속의 날로 개념화하여 문화적 전통성을 이어가고자 했으며, 1989년에는 민속의 날이 아니라 설날의 명칭을 회복하게 되면서 공휴일로 지정되었다. 이와 같이 설날과 추석은 한국 전통문화의 상징적인 기념일인 셈이다.

세 번째는 유교적 관념과 가족공동체성을 강조하는 기념일이다. 그러한 예로 어린이날, 어버이날, 스승의 날, 성년의 날, 부부의 날이 있다. 이들은 사랑, 효도, 존경, 배려 등의 유교적 가치를 지속시키고 구현하기 위한 기념일이다. 이것은 어린이를 사랑하여 미래를 준비하기 위함이고, 스승의 가르침을 통해 사회적 인간으로서 성장하여 부모를 공경하며, 부부관계를 통해 가족공동체의 건강함을 지속시키고자 하는 의도가 강하게 반영되어 있다. 사회의 최소 단위인 가족의 건강한 정서적 문화를 토대로 미래지향적인 사회의 발전과 민족의 부흥을 꾀하고자 하는데서 비롯된 것으로 생각한다.

네 번째로 종교적 축제의 기념일이다. 그것은 부처님 오신 날과 성탄절을 말하는데, 불교와 기독교와 관련된 기념일이다. 이처럼 특정 종교와 관계된 축제일을 공휴일로 제정하고 있는 것은 공휴일 정책이 종교적 환경의 영향을 받고 있음을 보여주고 있는 것이다. 대한민국 헌법 제20조에는 종교의 자유를 인정하고 국교는 인정되지 아니하며 종교와 정치를 분리하고 있다. 그럼에도 불구하고 특정 종교와 관계된 축제일을 공휴일로 제정하는 것은 어떠한 국가적인 명분도 존재하지 않는다. 다만 이것은 공공적으로 정치와 종교를 분리하고 있지만, 정서적이며 정치적인 논리에 입각해 특정 종교와 관계된 축제를 공휴일로 지정하고 있는 것으로 해석할 수밖에 없다.

다섯 번째로 사회문화적 복지를 강조하는 기념일이다. 인간은 경제성장이 이루어지고 인간 삶의 질을 중시하게 되면, 삶의 공동체도 중요하지만 개인의 권리도 중요하게 여긴다. 더불어서 문화, 복지, 건강 등에 대한 관심도 증가하게 된다. 이와 같은 관점에서 문화재 방재의 날, 사회복지의 날, 체육의 날 등의 기념일에 대한 관심을 갖게 된 것으로 보인다. 문화재 방재의 날은 단순히 문화재 지킴이에서 벗어나 문화유산의 올바른 이해를 토대로 우리 문화의 중요성과 소중함을 일깨워주는 날이기도 하다. 사회복지의 날도 국민들의 사회복지에 대한 이해를 증진시키고 관심을 갖도록 하는 날이고, 체육의 날은 국민의 체력을 증진하여 공동체간의 결속 강화는 물론 심신을 단련하여 건강한 삶을 갖도록 하는 날이다. 이와 같이 앞으로 다양한 공동체 혹은 직능별로 기념하는 날이 더욱 증가할 것으로 예상된다.

여섯 번째로 노동적 가치를 강조하는 기념일이다. 그 예로 근로자의 날과 농업인의 날이 해당한다. 모든 인간은 존엄과 가치를 갖는 것처럼 노동자 또한 마찬가지이다. 인간은 삶의 다양한 영역에서 차별을 받지 아니하고, 행복을 추구할 권리를 갖는 것처럼 노동적 가치가 존중되고 강조하는 기념일이 근로자의 날이다. 이 기념일은 주로 2차 산업현장에 종사하는 노동자들의 권익과 복지를 강화하기 위한 날로 인식하는 경우가 많았지만, 근로자는 다양한 직종에 종사하는 모든 노동자를 지칭하는 말이다. 근로자는 다름 아닌 2차 산업노동에 종사하는 경우가 많다.

산업노동에 종사하는 근로자는 앞서 농업노동에서 경험한 시간 개념을 반복하기도 하지만, 노동 형태에 따라 다소 차이가 있다. 농업노동은 계절에 따라 다르지만, 산업노동은 계절보다는 제품의 완성 과정에 따라 달라진다. 농업노동을 통해 획득한 물자는 시간의 흐름, 즉 계절에 따라 결정되지만, 산업노동을 통해 획득한 물자는 계절의 영향을 받지 않고 제품을 완성하는 시간의 양에 따라 결정된다. 시간의 양이 제품을 생산하는 양, 즉 시간은 물자를 획득할 수 있는 양이다. 이것은 다시 물자가 돈이라는 환유적 과정을 통해 <시간은 돈>의 은유로 확장된다. 산업노동을 중요시 여기는 사회에서는 당연히 시간을 돈으로 인식한다. 산업노동 현장에서 일하는 시간만큼 제품이 생산되기 때문에 그 시간에 근거하여 급여를 제공하고 있는 것이다.

이처럼 산업노동에 종사하는 근로자는 삶의 여가생활을 확대하고자 노동 시간을 줄이고 싶어 하고, 근로자를 감독하는 생산기관은 제품의 생산을 증가시키기 위해 노동 시간을 늘리고 싶어 한다. 이런 점에서 사용자와 근로자간의 적지 않은 충돌이 발생하고 갈등이 형성된다. 이것은 시간을 통해 추구하고자 하는 관점이 다른 데서 비롯된 것이다. 산업노동에 종사한 사용자와 근로자는 당연히 물질적 관점에서 인식하는 시간을 일상적인 삶에 반영하기 마련이다. 실제로 시간을 아껴야 돈을 번다고 생각하는 것이라든가, 돈을 낭비하는 것은 시간을 소비하는 것으로 생각하고, 삶의 공간상에서 아무 움직임이나 이동을 하지 않고 시간을 보내는 것은 인생을 허비하는 것으로 생각하는 것도 이러한 관념에서 비롯된 것으로 보인다.

근로자의 날이 있음에도 불구하고 농업인의 날을 지정한 것은 오랜 역사성을 지닌 농업노동에 종사하는 농민들의 권익 향상을 도모하고, 농업이 국민 경제의 바탕임을 국민들에게 인식시키고 농업의 활로 모색하기 위해 제정한 것이다. 농업인의 날은 농경민적인 삶의 방식이 존중되어야 하고, 그것이 한국인의 삶의 근본임을 강조하기 위한 날이기도 하다. 시간이 돈이라고 인식하고 있는 산업사회에서도 농업은 여전히 지속되고 있고, 농업노동에 근거한 삶이 지속되고 있기 때문이다.

지금까지 국가가 제정하고 시행하는 기념일을 중심으로 살펴보았지만, 앞으로는 공공적 기관이 주관하는 축제에 대해서도 관심을 가질 필요가 있다. 축제는 제의적, 유희적, 의례적, 경제적인 행사로서[18] 1년을 주기로 반복되는 연중행사이기 때문이다. 1992년 지방자치 실시 이후 축제가 기하급수적으로 증가하고 있다. 2019년 문화체육관광부에 등록된 축제만 해도 884개인데, 이것은 2일 이상 지역주민, 지역단체, 지방정부, 불특정 다수인이 함께 참여하는 문화관광축제, 특산물축제, 문화예술제, 일반축제 등을 말한다.[19] 이러한 축제가 일회성으로 그치지 않고 반복적으로 거행되고, 지역 중심의 종합문화예술행사라는 의미를 지니고 있다. 게다가 축제를 공휴일을 고려하여 그 시기를 결정하기도 하고, 국경일이나 지역의 기념일과 연계하여 개최하는 경우도 많아서 더욱 관심을 가져야 한다. 기본적으로 세시명절이나 기념일이 축제적 성격을 지니고 있기 때문에 더욱 그렇다.

3) 산업사회 관계공감대와 이익실현을 위한 기념일

국가가 제정한 기념일 이외에도 다양한 직능단체나 상업 목적으로 지정하여 세속화 시킨 기념일도 적지 않다. 그것은 주로 생산단체나 연령 혹은 계층별로 이루어지는 경우가 많다. 이러한 기념일은 역사적, 문화적 기원을 가지고 있지 않지만, 주로 80년대를 전후로 발생한 것으로 일본이나 외부의 다양한 경제적 요인이 작용하여 형성된 것이다. 기념일을 개인에 따라 다양한 차이를 보이고 있지만, 연례적으로 반복되는 행사를 중심으로 정리하면 다음과 같다.

월별	날짜	행사	행사 내용
1월	양력 14일	다이어리데이	연인들끼리 일기장을 선물하는 날
2월	양력 14일	밸런타인데이	여자가 좋아하는 남자에게 초콜릿 따위를 선물하는 날
3월	양력 3일	삼겹살데이	축협의 행사, 삼겹살 먹는 날
	양력 14일	화이트데이	남사가 좋아하는 어자에게 사탕을 선물하는 날
4월	양력 14일	블랙데이	2/3월에 선물을 받지 못한 남녀들이 외로움을 달래는 날
5월	양력 2일	오리데이 오이데이	농협의 행사, 오리고기 먹는날 농촌진흥청의 행사, 오이 먹는 날
	양력 14일	로즈데이	연인들끼리 장미꽃을 주고 받는 날
6월	양력 14일	키스데이	연인들이 입맞춤하는 날이고 머그잔을 선물하는 날
7월	양력 14일	실버데이	연인들이 은반지를 주고 받는 날
8월	양력 8일	장어먹는 날	전북 고창군의 축제행사, 풍천장어를 먹는 날
	양력 14일	그린데이	연인끼리 숲에서 무더위를 달래는 날
9월	양력 14일	포토데이	연인끼리 기념사진 찍는 날
10월	양력 14일	와인데이	연인들끼리 포도주 마시는 날
	양력 24일	사과데이	친구나 애인이 서로 사과를 주고 받는 날
11월	양력 11일	빼빼로데이 가래떡데이	빼빼로 과자를 선물하는 날 가래떡 먹는 날

월별	날짜	행사	행사 내용
11월	양력 14일	무비데이 쿠키데이	연인끼리 영화 보는 날 좋아하는 사람에게 쿠키를 주는 날
12월	양력 14일	머니데이 허그데이 양말데이	애인에게 이벤트 해주는 날 연인, 가족, 친구에게 포옹하는 날 연인에게 양말을 선물하는 날

위의 표에서 보면 기념일이 매월 14일마다 이루어지고, 그 외 3월 3일, 5월 2일, 8월 8일, 11월 11일에도 이루어지면서 점차 기념일이 증가하고 있는 것을 확인할 수 있다. 일반적으로 이와 같은 현상은 밸런타인데이나 화이트데이가 연인들 중심의 기념일이 정착되면서 그로 인해 매월 14일의 기념일이 증가되었고, 그것을 토대로 여타의 기념일도 형성된 것으로 생각한다. 이러한 기념일에서 두 가지의 의미가 파악된다.

하나는 연인들 중심의 기념일이 많고, 인간과 인간의 욕구적 관계, 즉 관계공감대를 추구하려는 것이 특징이다. 그것은 매월 14일에 이루어지는 기념일이 대표적이다. 밸런타인데이나 화이트데이는 연인들의 축제로서 관계의 결속력을 강화하거나 새로운 관계를 만들어가는 날이다. 사탕이나 초콜릿을 주고받는 경우가 많은데, <사랑은 사탕>의 은유를 토대로 이루어진 것으로 사탕이 달콤한 것처럼 달콤한 사랑을 추구하고자 하는 인식에서 비롯된 것이다. 이처럼 매월 14일의 기념일에 선물하고 그에 따라 행동하는 것은 욕구적 관계를 만들어가는 은유적 표현의 실천이다. 어떻게 보면 매월 14일의 행사는 인간과 인간의 관계를 확장해가는 과정에서 증가한 것으로 생각한다. 즉 연인의 관계에서 우정의 관계, 가족의 관계 등으로 확대되면서 14일의 기념일이 증가한 것이다. 하지만 이러한 기념일은 상업적인 마케팅의 일환으로 등장했다고 하는 비판적 견해도 적지 않다. 중요한 것은 이러한 기념일이 다양한 관계를 바탕으로 지속적으로 이루어지고 있다는 점에 주목해야 한다.

두 번째로 경제적 목적을 구현하기 위해 기념일이 증가하고 있다. 삼겹살데이나 로즈데이, 사과데이, 와인데이, 오리데이, 오이데이, 장어먹는 날 등이 그것이다. 이들 행사는 기본적으로 지역경제의 활성화, 상품의 판로를 모색하려는 마케팅의 하나로 기념일을 기획하여 홍보하고, 그것이 소기의 경제적 성과를 올리고 있다는 점에서 의미를 지닌다. 이것은 연인들 중심의 기념일이 서로 선물을 주고받는 행사로 정착하고 그 경제적인 효과가 기반이 되었다. 앞으로 이러한 기념일이 각 지역의 축제행사와 연계하여 더욱 증가할 것이다.

이와 같이 공동체보다도 개인 중심의 기념일 행사가 많아지게 된 것은 시간을 마케팅의 수단으로 활용하면서 나타난 현상이다. 축협의 돼지고기 소비를 증가 시키기 위한 기념일, 농협의 농산물 판로를 확대하기 위한 기념일 등은 <시간은 물질(돈)> 은유를 토대로 하고, 시간은 돈이라는 경제적인 의미를 토대로 이루어진다. 일반적으로 농업노동이 중심이 되는 농경사회에서는 시간의 흐름에 따라 인간이 필요한 물자를 획득하지만, 분업화되고 전문적인 산업노동을 요구하는 산업사회에서는 물자를 획득하기 위해 시간을 활용한다는 점에서 차이가 있다. 특히 산업사회의 시간 마케팅은 다름 아닌 시간을 효율적으로 활용해서 다양한 상품을 판매하고자 함이고, 이것은 경제적 목적을 구현하는데 그 목적이 있다.

3. 세시행사의 지속과 변화

세시행사는 기본적으로 생업구조와 밀접한 관련을 맺고 있기 때문에 그 변화에 따라 약화되고 변화되기 마련이다. 생업구조는 자연환경의 변화를 비롯해 사회적 구조, 역사적 사건 등에 영향을 받는다. 산업화 이전에는 농업을 주업으로 삼는 경우가 많아 농업노동의 방식에 따라 삶의 체계가 이루어졌고, 그 이후에는 도시화가 가속화되고 2차 산업을 비롯한 다양한 형태의 산업이 발달하면서 그에 따른 노동방식이 등장하게 되었다. 세시행사 또한 이러한 변화를 토대로 단절되거나 혹은 변화를 통해 지속되어 온 것이 사실이다. 따라서 세시행사의 지속과 변화에 어떠한 요인이 작용하고, 세시행사의 본질적인 의미가 어떻게 변화되는가, 그리고 어떠한 세시행사가 새롭게 정착될 것인지를 파악하는 것도 중요한 의미를 갖는다. 이를 크게 다섯 가지로 정리할 수 있다.

먼저 농업노동보다는 다양한 산업노동을 근거로 한 세시행사가 더욱 확대될 것이다. 농업노동을 근거로 형성되었던 세시명절은 설날과 대보름 그리고 추석 정도 지속되고 있다. 그 여타의 세시행사는 소멸되거나 잔존기억으로 남아있다. 1차 산업에서 2차 산업으로의 경제적 전환이 농경사회의 많은 변화를 초래했는데, 특히 농업노동 공동체 와해가 그것이다. 비록 일제강점기에 공동체의 탄압으로 인해 공동체 세시행사가 상당부분 약화되거나 위축되는 경우가 많았더라도 그 이면에는 무엇보다도 농약과 농기계의 등장이 중요한 역할을 했다. 이것은 농업노동의 변화를 초래했고, 급기야는 농촌에 거주하는 사람들의 삶을 바꾸는데도 중요한 역할을 하였다.

도시의 구조는 농업보다도 2차 산업을 근간으로 형성되는 경우가 많아 당연히 산업노동에 종사하는 근로자가 대다수를 차지한다. 산업노동을 중시하는 공공적 공동체가 근로자를 위한 다양한 행사를 제정하여 시행하고, 이것은 근로자의 권익단체인 노동조합이나 유관 기관의 영향을 받을 수밖에 없다. 그래서 근로자 삶의 체계를 토대로 이루어진 세시행사는 농경사회의 세시행사와는 다르기 마련이다. 이에 따라 농업을 기반으로 형성되었던 세시행사는 약화되고, 산업노동을 바탕으로 한 새로운 세시행사가 등장하게 되는데, 다름 아닌 공공적 공동체가 주도적으로 관여하는 기념일이 그것이다.

두 번째 공휴일 정책이 세시행사 지속에 적지 않은 영향을 미치고 있다. 공휴일은 '공공기관이 쉬는 날'이라는 말에서 비롯된 개념이다. 공공기관이 쉬는 날은 생산기관에도 영향을 미치고, 우리의 삶에도 많은 영향을 미치고 있다. 특히 공휴일 가운데 일요일은 우리의 삶에 적지 않은 영향을 미쳐왔다. 일주일 단위 삶의 질서가 형성된 것은 갑오개혁 기간인 1895년 이후이고, 최근 들어서 모든 삶이 토요일과 일요일 중심으로 반복되고 있는데, 즉 생일잔치, 회갑잔치, 돌잔치, 결혼식을 비롯한 일생의례 상당수가 주말에 집중적으로 이루어지고 있는 것이나, 축제를 비롯한 다양한 세시행사도 주말에 집중되는 것이 그것이다. 이러한 것은 일요일뿐만 아니라 공휴일까지도 확장되어 나타나고 있다. 중요한 것은 공공기간이 쉬는 날에 다양한 삶의 행사가 이루어지고 있다는 것인데, 공휴일이 우리 삶의 질서체계인 세시행사에 적지 않은 영향을 미치고 있음을 보여주고 있는 것이다.

농경사회의 세시명절 가운데 설날과 추석만이 공휴일로 지정되어 있다. 이러한 공휴일 정책이 전통적인 세시행사의 변화를 초래하였다. 김택규는 한국의 명절권을 한강 이북의 단오권, 호남의 추석권, 낙동강 유역의 추석 단오 복합권으로 구분한 바 있다.[20] 이것은 추석과 단오가 추수감사제의적 성격을 지닌 중요한 명절임을 말해주고 있는 것이다. 그리고 고려와 조선시대의 관공서에서 단오에는 3일 쉬고, 추석에는 하루 쉬었다고[21] 하는 것으로 보면 무엇보다도 단오가 중요한 명절이었음을 확인할 수 있다. 그런데 추석은 공휴일로 지정되고, 단오는 공휴일에서 배제됨으로써 단오명절의 세시행사가 약화되거나 단절되었다고 해도 과언이 아니다. 이러한 현상은 바로 공휴일 정책의 영향이라고 하지 않을 수 없다.

뿐만 아니라 우리 헌법에 종교의 자유를 인정하여 국교를 지정하고 있지 않음에도 불구하고 부처님오신 날과 성탄절을 공휴일로 지정하고 있다. 이것은 정치와 종교의 분리를 강조하고 있지만, 그 이면에는 종교적 환경이 정치에 적지 않게 영향을 미치고 있음을 보여준다. 문화의 꽃이라고 부르는 종교가 그 민족의 문화적 정체성을 형성하는 중요한 역할을 한다. 그렇지만 부처님오신 날과 성탄절을 공휴일로 지정하는 것은 한국 문화적 정체성과도 부합되지 않기 때문에 당연히 해제되어야 한다. 어찌됐건 공휴일 정책이 세시행사에 많은 영향을 미치고 있음을 알 수 있다.

세 번째 시간 개념의 확대가 세시행사에 적지 않은 영향을 미치고 있다. 시간 개념의 확장이 농업노동을 근거로 한 세시명절은 점차 약화시키고, 1949년 이후 산업노동을 근거로 한 기념일은 한국의 삶의 주기 속에서 중요한 역할을 하고 있으며, 나아가서는 다양한 계층과 직종 그리고 연령대의 기념일을 더욱 증가시키는데 중요한 역할을 하고 있다. 농경사회에서 농업노동을 근거로 한 시간 개념은 <시간은 공간상에서 이동과 사건>은유를 통해 형성된 것이어서 시간의 흐름에 따라 삶이 체계화 되었고, 무엇보다도 시간 인식 능력을 중요시 여겼다. 즉 시간에 따라 인간이 필요로 하는 삶의 물자를 확보할 수 있다고 생각했기 때문이다.

농경사회의 시간 개념이 <시간은 자원(돈)>은유를 통해 확장되면서 시간이 돈이고, 돈이 곧 시간을 의미한다는 삶, 그에 따라 산업노동을 근거로 한 삶의 방식이 형성되었다. 이것은 삶에서 시간의 중요성을 강조하고 있고, 삶의 풍요를 극대화하기 위해 시간을 최대한 활용해야 한다는 인식을 갖게 했다. 단순히 시간의 흐름에 따라 인간이 필요로 하는 물자를 확보하는 것이 아니라, 도리어 풍요로운 것을 확보하기 위해 시간을 어떻게 활용해야 할 것인지를 고민하게 된 것이다. 나아가서 물질화된 시간 개념을 마케팅의 전략으로 활용하는 단계로까지 확대되고 있다.

　네 번째 세시행사의 본질적인 의미 변화가 이루어지고 있다. 앞서 세시행사의 실상을 파악해본 것처럼 세시행사는 다양한 의미를 지니고 있다. 그러한 세시행사의 본질적 의미는 약화되고, 공휴일과 더불어 명절이나 기념일을 단순히 여가생활 하는 날로 인식하는 경향이 증가하고 있다. 특히 공휴일로 지정된 세시행사가 국가나 공공적 공동체가 추구하는 세시행사의 본질적 의미보다 잠시 노동의 시간을 멈추는, 즉 휴식을 취하는 여가적 시간을 갖고자 하는 경우가 많아지고 있다. 그것은 공휴일을 이용하여 가족이나 단체 여행을 가거나, 여가생활을 확대하려는 삶을 통해서 확인된다. 이것은 세시행사를 노동하지 않고 단순히 여가생활 하는 날로 개념화하는데 적지 않은 영향을 미치게 될 것으로 보인다.

　다섯 번째로 밸런타인데이나 화이트데이 등 관계공감대를 형성하는 기념일이나, 공동체의 경제적 목적을 실현하기 위한 기념일도 점차 증가할 것으로 생각한다. 이러한 기념일은 세시명절과 국가 주도 기념일의 물리적 기반과는 다른 모습을 가지고 있다. 세시명절이 전통적인 농업노동의 공동체를 근거로 하고, 기념일은 국가나 공공적 공동체를 근거로 한다면, 최근에 증가하고 있는 다양한 기념일은 특정 연령층이나 계층, 이익단체 등을 근거로 이루어지고 있다는 점에서 차이가 있다. 하지만 앞으로 우리 사회에서 정치 및 경제 발전이 이루어지면서 인간의 수직적인 관계보다 수평적 관계가 더욱 확대되어 다양한 주장이 분출될 것이다. 그것은 세시행사가 다양하게 이루어지고, 획일적이고 강제성이 강한 기념일보다는 개성과 자율성을 토대로 한 기념일을 더욱 증가시키게 될 것으로 생각한다.

각 주

1   G.레이코프·M.존슨 지음(임지룡·윤희수·노양진·나익주 옮김), 『몸의 철학』, 도서출판 박이정, 2018, 207~251쪽.

2   G.레이코프·M.존슨 지음(임지룡·윤희수·노양진·나익주 옮김), 위의 책, 209쪽.

3   G.레이코프·M.존슨 지음(임지룡·윤희수·노양진·나익주 옮김), 위의 책, 240쪽.

4   표인주, 「홍어음식의 기호적 전이와 문화적 중층성」, 『호남문화연구』제61집, 전남대학교 호남학연구원, 2017, 12~13쪽.

5   표인주, 『체험주의 민속학』, 박이정, 2019, 317쪽.

6   표인주, 위의 책, 174쪽.

7   장주근, 『한국의 세시풍속』, 형설출판사, 1989.

8   고대민족문화연구소, 『한국민속대관』 4, 고대민족문화연구소 출판부, 1995.

9   표인주, 『남도민속학』, 전남대학교출판부, 2014.

10 김택규, 『한국농경세시의 연구』, 영남대학교출판부, 1985.

11 장주근, 앞의 책, 16~22쪽.

12 김경학 외, 『암소와 갠지스』, 산지니, 2005, 47~48쪽.

13 표인주, 「민속에 나타난 불의 물리적 경험과 기호적 의미」, 『비교민속학』제61집, 비교민속학회, 2016, 139~166쪽.

14 표인주, 『남도민속학』, 전남대학교출판부, 2014, 54쪽.

15 최인학 외, 앞의 책, 47~73쪽.

16 G.레이코프·M.존슨 지음(임지룡·윤희수·노양진·나익주 옮김), 앞의 책, 250쪽.

17 표인주, 『체험주의 민속학』, 박이정, 2019, 150쪽.

18 표인주, 『축제민속학』, 태학사, 2007, 24쪽.

19 https://www.mcst.go.kr/kor/s_culture/festival/festivalList.jsp

20 김택규, 앞의 책, 453쪽.

21 최정훈·오주환, 『조선시대의 역사문화여행』, 북허브, 2013.

1. 공간으로서 가정의 의미

인간은 가정을 하나의 소우주로 보고 자기가 살고 있는 집 주위에 울타리를 만들어 자기들만의 공간을 확보하고자 하는 심리를 지니고 있다. 울타리는 자기 삶에 대한 침해를 받게 되니, 삶의 안녕을 확보하기 위해서라도 인간은 반드시 울타리를 만들고자 한다. 여기서 울타리는 그 안에 살고 있는 인간들을 보호해 주고, 삶의 풍요를 보장받는 공간의 경계표시기도 하다. 그 공간에 대한 출입구도 편리하고 좋은 방향을, 가능한 남동쪽을 선택해서 만든다.

인간은 출입구를 통해 그 공간에 들어갔을 때만 인간으로서 대접을 받게 된다. 출입구는 자기가 가지고 있는 세계와 밖의 세계를 연결해 주는 통로이면서 매개역할을 한다.[1] 울타리는 그 안에 거주하고 있는 사람들을 보호하기 위해 외부로부터 차단을 위한 막음의 장치라고 한다면, 출입구는 울타리 안의 공간과 울타리 밖의 공간을 연결해 주는 열림의 장치인 셈이다.

인간이 출입구를 통해 들어가지 않고 월장을 해서 들어간다면, 그 행위는 그 안에 있는 인간들의 삶을 침해한 것으로 생각하고 거기에 대한 제재를 받게 된다. 인간들도 이렇듯 신들도 월장을 하여 울타리 안으로 들어가지 않는다. 일반적으로 신들은 인간이 다니는 길을 통해서 다닌다고 인간은 믿는다. 그렇기 때문에 제사를 지낼 때 대문을 활짝 열어 두어 조상신이 출입할 수 있도록 한다든가, 사람이 죽으면 저승사자가 먹을 사자상을 대문 앞에 차려 놓기도 하고, 굿을 하거나 제사를 지낼 때 잡귀에게 주는 '물에밥'을 대문 앞에 차려 놓는 것이다.

울타리의 안과 밖은 대문의 안과 밖을 의미한다. 안은 여성, 밖은 남성으로 상징된다. 여성은 안에 있는 사람, 즉 아내(안해)이다. 남성은 밖의 사람, 즉 바깥양반 곧 남편이다. 이처럼 대문의 안과 밖의 구별이 남녀 성별의 구분이 되기도 하는 것은 유교의 영향을 입은 것이라 할 수 있다. 울타리 안의 안마당은 패쇄된 공간이지만, 바깥마당은 타인이 왕래하고 이방인에 의해 침해될 수 있는 공간이다.

뿐만 아니라 바깥마당은 잡귀가 범하기 쉬운 공간이기도 하다. 패쇄된 공간인 집안은 수호신을 맞이하여 숭배하는 신성한 곳이기도 하고, 밖으로부터 부정을 막고, 잡귀들과 대립하여 질서를 지키는 보루이기도 했다. 집 안은 여성 중심의 신앙적 기반이어서 삶의 주도권은 당연히 여성에게 있었다. 특히 살림살이의 주도권은 남성보다는 여성이 쥐고 있었다.

울타리 안의 가정은 살림의 공간이자 의례의 공간이다. 가정에서 수행되는 의례를 통해 혈연적인 유대관계를 강화시키고 혈연집단을 중시하는 경향을 낳게 되는 곳도 가정이다. 고려 말까지 가정의 공간은 살림의 공간과 가택신앙의 공간이었으나, 조선 태조 7년(1398)에 예조의 건의에 따라 절에서 승려들에 의해 올려 지던 조상숭배의례를 금하고, 가정에서 후손들로 하여금 조상숭배의례를 거행토록 하니, 가정에 의례의 공간적 기능이 더욱 강화되었음 볼 수 있다.

인간은 삶의 안정을 확보하기 위해 누군가에게 의존한다. 주로 의존의 대상은 영험하고 신성성을 지닌 종교적인 대상이다. 종교적인 대상 즉, 전지전능한 신격에게 의지하고 삶의 풍요를 기원하는 차원에서 행해지는 행위가 제사라 할 수 있다. 인간은 제의의 과정 속에서 공간을 인식하고 우주를 제의의 대상으로 인식하기도 한다. 따라서 인간은 생활 영역을 근거로 우주를 소우주와 대우주로 인식하고, 소우주가 혈연적인 가족공동체가 거주하는 가정이라면, 가정과 혈연적인 영역을 확대하는 마을을 대우주로 인식한다.

2. 가택신앙의 개념

가택신앙이란, 가정의 각 공간마다 각기 그 공간을 관장하고 있는 신이 존재하는 것으로 믿고, 가업의 번창과 가족들의 안녕을 기원하는 것을 목적으로 가족 중의 주부가 제사 및 고사 등을 정기적으로 혹은 부정기적으로 지내는 것을 말한다.[2] 이는 가신(家神)신앙 등으로도 부르고, 마을신앙과는 달리 혈연 중심이면서 개인 신앙이라 할 수 있다.

전통사회라는 신앙공간을 배경으로 전승되어 온 가택신앙은 집안 위주로서 개인 중심의 신앙이지만, 주부들이 주가 되어 여성과 불가분의 관계를 갖는 신앙이다. 특히 가부장적인 전통사회에서 여성으로서 위치를 지켜 주는 구실을 해 왔다고 볼 수 있다. 기층민들의 주부들이 주가 되기 때문에 형식성이나 이념성, 여성 배제성을 가진 유교적인 조상제사와는 달리 소박하고 다분히 현실 지향적인 성격을 지니고 있다.

가택신앙은 형태와 내용은 매우 복잡하다. 그리하여 지역의 가문에 따라 각기 다른 양상을 보이고 있고, 무속신앙과도 밀접한 관련을 맺고 있다. 무속신앙이 여성 중심의 신앙이듯 가택신앙도 여성 중심의 신앙이라는 점에서 두 신앙은 서로 친연성을 갖고 있다. 마을신앙이 유교적인 내용으로 남성 중심으로 여성이 소외되면서 여성은 더욱 무속신앙이나 가택신앙에 집착하여 신앙적 기반을 확보하게 된다. 이 기반은 유교의 남성원리에 입각한 제사와는 대립된 신앙적 근거이기도 한다.

가정에서 여성들의 신앙적 대상이 되고 있는 신격들은 각 처소마다 다른데, 안방에 조상신이나 삼신, 대청에 성주신, 부엌에 조왕신, 장독대에 철륭, 측간에 측신, 대문간에 문신, 뒤꼍과 안뜰에 터주신와 업신이 좌정하고 있다. 이 외에도 안뜰에 우물이 있는 경우 우물신을 모시기도 한다. 제주도에서는 뒤꼍에 칠성신을 모시기도 한다. 조상신은 조상숭배와도 깊은 관련이 있는 것으로 혈연적인 유대를 강화시켜 주는 기능을 수행한다.

가부장적 사회에서 조상신은 중요한 신격이며, 때로는 마을신앙으로 확대되기도 한다. 측신 이외의 신격들은 대체로 가족들에게 우호적인 선신(善神)의 성격을 지니지만, 측신은 부정적인 신으로서 악신(惡神)의 성격을 지니고 있다. 가택의 신격들은 주로 안방, 대청, 부엌, 측간, 장독대, 우물, 뒷뜰, 대문 등에 좌정하고 있는데, 일률적이지 않고 각 지역마다 신격의 명칭이라든가 신체(神體)의 모습 및 의례행위가 다양하게 나타난다.

신체의 형태로는 단지, 독, 종발, 바가지, 병 등 그릇류가 일반적이나, 창호지에 쌀을 넣어 만든 주머니나, 대나무 가지에 창호지를 매달아 놓은 것, 또는 조리, 한지(韓紙), 볏짚 등을 사용하여 쌀이나 나락, 오곡 혹은 물을 담아 놓기도 한다. 주로 단지형태가 일반적이다.[3] 그래서 신체의 형태에 따라 신격의 이름이 조상동우, 조상단지, 제석단지, 신주단지, 성주단지, 지앙독, 지석오가리, 성주독, 조왕단지 등으로 불린다. 그것은 신격 밑에 '- 단지' '-독' '- 동우' '- 오가리' 등의 이름을 붙이는 데서 알 수 있다.

쌀이나 나락 그리고 오곡을 담아 신체로 삼는 것은 곡식이 조령이나 가운 그리고 부를 상징하는 곡령사상과 연계되면서 곡물을 넣어 봉안해 온 것이다. 곡물은 신의 상징이며, 신의 음덕에 의한 부(富)의 기원 형태라 할 수 있다.

제사의 주체는 마을신앙과는 서로 다른 모습을 지닌다. 마을신앙은 마을이라는 공동체의 풍요와 안녕을 기원하는 공동체 제의로서 사제자 집단이 지연적 성격을 지닌 남성 중심이라고 한다면, 가택신앙은 가정을 중심으로 가족이라는 혈연공동체의 안녕과 풍요를 기원하는 지극히 여성 중심의 제사라 할 수 있다. 이는 유교의 영향과 깊은 상관성을 가지고 있다.

조상제사는 여성의 배제 속에서 이루어지는 남성 중심의 제사이기에 제사상속은 장자가 상속을 받지만, 가택신앙에서 제사권은 시어머니로부터 맏며느리가 상속을 받는다. 제사도 조상제사나 공동체신앙은 당연히 남자들이 주재를 하지만, 가택신앙은 주부들이 전담한다. 그렇기 때문에 제의 절차가 축문을 읽어야만 하는 유교식의 제사처럼 체계적이지 못하고 비손이 중심이 되는 단순한 절차로 그친다. 비록 가택신앙이 여성이 중심이기 때문에 단순한 제의적 내용을 가지고 있지마는 정초라든가 가을에 무당을 불러 안택굿이나 가을치성 등 경사굿을 하기도 해 무속적 제의 내용을 가지기도 한다.

3. 각 처소의 가택신

1) 조상신

조상신앙은 한 가정에서 명절이나 4대조의 조상까지 제삿날에 제사를 지내 선영들의 뜻을 받들어 모신다. 주로 조상신은 장손의 집에서만 받들어 모셔지며, 차남의 집에서는 모시지 아니 한다. 조상에 대한 제사는 남자들이 중심이 되어 유교식의 예법에 따른 기제(忌祭)나 시제(時祭)가 있으나, 이외에도 가정의 주부가 중심이 되어 행해지는 신앙의례도 있다.

조상에 대한 신앙심은 조상신이 한 가문과 자손들을 돌보고 지켜 주며, 화복을 좌우한다고 믿는데서 기인된다. 그래서 조상을 잘 모시면 복을 받고 자손이 번창하게 되고, 그렇지 아니하면 도리어 화를 미치게 하여 가족들이 불행해진다고 믿는다. 조상숭배는 문헌 상으로는 고려 말에 논의되기 시작해서 조선 조에 들어서자 본격화되기 시작한 것으로 짐작된다.

조상신은 각 가정에서 제석주머니(경기도), 조상단지와 세존단지 혹은 부루독과 부루단지(영남지역), 조상님과 제석(충청도), 조령숭배(제주도), 남도(호남) 지역에서는 지석오가리, 지석(帝釋)단지, 신주단지, 세존(世尊)주머니, 올기심리라 하여 신체에서 구체화된다. 신의 이름을 조상할매, 조상, 조상단지, 지석신, 가신(家神), 선영, 선조, 조상위패 등으로 불리우나 조상할매와 조상이 주류를 이루고 있다. 지석오가리는 장남의 집에서만 모시게 되며, 안방의 시렁 위에 올려놓는 경우가 많다.

지석(帝釋)이라는 신 이름은 조령신(祖靈神), 농신, 삼신, 수명신 등의 다양성을 띠지만, 조령신과 관련되어 있음을 알 수 있다. 제석은 불교적인 신 이름으로서 단군신화에서 '古記云 昔有桓因 謂帝釋也'라고 한 기록으로 보아 제석이 조상을 뜻하는 것으로 생각된다. 따라서 지석오가리나, 김알지신화에서 김씨 왕가의 시조 김알지는 계림 나무가지에 걸린 황금궤(黃金櫃)에서 탄생하였다고 하였으니, 황금궤는 조령숭배의 조상단지와 같은 맥락에서 이해될 수 있다.

뿐만 아니라 전남 영광군 안마도 당신화에서도 당너머 바닷가에 표류한 궤짝을 열어 보니 철마가 들어 있어 이를 당에 모셔 당신(堂神)으로 삼은 것과 제당에 항아리를 놓고 그 속에 당목(천)과 노잣돈 주머니를 넣어 두었다는 것 또한 조상단지와 같은 맥락에서 이해할 수 있다.

따라서 조상신은 원초적인 여신성, 농신성, 시조신의 신화적 미화로서 조령성, 삼국시대 이래로 불교성, 조선 이후에 4대 봉사라고 하는 유교제례성, 삼신성[4] 등의 다양한 성격을 지니고 있음을 짐작할 수 있다.

　신체의 유형으로 크게 세 가지로 나누어 볼 수 있다.[5] 먼저, 단지나 큰 항아리에 쌀을 가득 채워 놓고 창호지로 봉한 다음, 단지의 경우 안방 시렁에 모셔 놓고, 항아리인 경우 안방 한쪽 구석이나 대청에 모셔 두는 형태이다. 단지나 항아리의 쌀은 햇곡식이 나면 햇곡으로 바꾸어 넣고, 묵은 쌀은 가족끼리만 밥을 지어 먹는다. 두 번째, 곡식 3되가 들어갈 수 있는 주머니를 만들어 쌀을 가득 채워 안방에 걸어두는 형태이고, 세 번째, 대나무로 만든 석짝 속에 할아버지와 할머니의 성명을 기록한 한지를 넣어 안방 시렁에 올려놓는 형태인데 이를 신주단지라고 부른다. 이것은 주로 담양 일대에서 나타난다.

　남도지역에서 조상신 신체의 유형은 단지에 곡식을 가득 채워 창호지로 봉한 다음 안방 시렁이나 구석, 혹은 대청마루의 시렁에 모셔 두는 형태이다. 단지에 넣는 곡식은 주로 쌀과 나락이지만, 영남지역에서는 주로 보리를 넣기도 한다. 남도지역에서는 주로 햅쌀이나 나락을 넣는다. 햅쌀을 갈아 넣을 때는 주부가 목욕재계를 한 다음 깨끗한 옷을 갈아입고서 교체한다. 이 때 묵은 쌀은 밥을 지어서 가족들끼리만 먹는다. 단지에 쌀을 봉안한 것은 곡령신앙과 관련되는 것으로서 도작문화의 편린으로 보인다.

　그리고 남도지역에서 발견되는 신체의 유형으로 4대조의 위패를 모신 감실을 안방 선반 위에 모셔 두는 형태와 조상의 사진을 안방 벽에 걸어 두는 형태이다. 이는 최근에 형성된 것으로 생각한다. 감실은 조선조 사당의 영향으로 사당은 경제적인 뒷받침이 있어야 소유할 수 있는 것이어서, 경제적인 여유가 없는 가정에서는 사당 대신 감실을 사용한 것으로 생각된다. 감실은 사당 건축의 축소된 모형으로서 사당의 모습과 유사하다. 감실은 남도의 해안지역은 물론 내륙지역에서도 나타난다.

조상신에 대한 제일(祭日)은 전국적으로 일정치 않으나, 보통 정월 보름, 유월 유두, 칠월 칠석, 팔월 보름, 식구들의 생일이 되고 형식은 신체 앞에 음식을 차려 놓는 것이 일반적이다. 주로 주부에 의해 진행되고, 가족의 수명장수를 기원하는 정도다. 주로 남도지역에서는 설, 보름, 팔월 추석에 신체 앞에 촛불을 밝히고 음식을 차려 놓는다.

신체가 감실인 경우는 반드시 감실의 문을 열어 놓는다고 한다. 제물은 주로 뫼, 떡, 채소, 과일, 조기, 술등이 진설된다. 경우에 따라서는 정화수만을 바치는 경우도 있다고 한다. 독축은 하지 않으며 대신 비손을 한다. 이러한 제의는 모두 주부가 전담한다.

2) 성주신

최고의 가택신인 성주는 가옥의 중앙에 위치하면서 집안의 제일의 주신격으로서 성주대감, 상량신, 성주조상 등이라고 불리운다, 성주의 명칭은 세 가지로 해석되는데, 그 하나는 성주(城主), 즉 군수라는 이름에서 파생된 것이고, 두 번째로 불(火)에서 한역되어 왔다는 것으로 '부루단지'에서 그 원형을 찾을 수 있으며, 세 번째로 하느님을 나타내는 상주(上主)에서 음운이 변하여 성주로 변했다는 것이다.[6] 이 말은 무가의 성주풀이의 내용을 토대로, 즉 천신이 하강하여 인간이 최초로 집짓는 법을 마련해 주고 성주신으로 좌정하였다는 것을 들어 성주는 천신이 가택신으로 좌정한 것이기 때문에 천신을 가르키는 상주에서 온 말이라는 뜻이다. 이처럼 세 가지 중 어느 것이 옳다고 단정지울 수는 없으나, 다만 남도지역에서는 성주라고 호칭되는 것이 일반적이다.

성주신은 조상신처럼 장손의 집에서만 모시는 것이 아니라 인간이 거주하는 주택이면 모두 모시는 신격으로 흔히 볼 수 있는 신격이다. 성주신은 가옥의 상량 때에 대청의 대들보 위에 봉안되고, 다시 낙성 때에도 모셔질 뿐만 아니라 매년 10월 상달에는 제신(祭神)으로 해서 안택의 굿을 하기도 한다. 그래서 그 신격은 강력한 선신(善神)으로서 많은 가정에서 받들어 모셔지고 있는 것이다.

특히 성조왕신은 가주(家主)의 수호신으로서, 성조대도감은 가옥의 수호신으로서 신봉되는데, 이는 무속신적인 성격을 지니고 있음을 볼 수 있다. 따라서 성주신의 신격은 가내의 제일 주신격으로 집 주인, 상량신(上樑神) 등으로 주관되었고,[7] 여기에 조령신과 곡령신적인 관념까지도 곁들이고 있어서, 가내의 평안, 농사의 풍년, 부귀, 번영, 무병, 어린 아이들의 질병까지도 치유되기를 기원하는 제사의 대상이 되고 있다. 이러한 치성은 명절이나, 생일, 조상의 제삿날 등의 시기에 이루어지는 경우가 많다.

성주의 신체로는 두 가지 형태로 나누어 볼 수 있다. 하나는 단지의 형태이고, 다른 하나는 대나무가지에 창호지를 매달아 안방 벽이나 용마루에 걸어 두는 형태이다. 단지는 동우 혹은 독으로 부르기도 하며, 남도지역에서는 성주동우나 성주독 혹은 성주단지, 경남지역에서는 부루독이라 부르기도 하고, 일반적으로 성주동우라 불리운다.

단지 속에는 첫수확을 해서 찧은 햅쌀을 넣기도 하고, 보리쌀을 넣기도 한다. 한지 형태의 신체는 대나무 가지에 한지를 매달고, 엽전을 넣는 일도 있고, 한지 위에 쌀들을 한지에 붙이는 경우도 있다. 남도지역의 성주 신체는 단지라고 하는 독의 형태가 일반적이고, 해안 지역(신안)에서는 한지 형태의 신체도 조사되기도 한다.

성주는 대청 구석이나, 대청 대들보, 안방 윗목, 안방 문설주 위 등에 모셔지는 것으로 지역에 따라 다르다. 남도지역에서는 장손 집에서는 주로 대청마루 구석에 모시는 경우가 많고, 차남 이하의 집에서는 주로 안방에 모시는 경우가 많다. 일반적으로 대청마루에 모시는 것이 전국적이다.

3) 조왕신

조왕은 조왕신, 조왕님, 부엌신, 조왕할매, 조왕대감이라고도 불리며, 그 신격은 화신(火神), 재물신으로 인식되고 있다.[8] 조왕이 화신으로 인식되고 있는 것은 불을 때는 아궁이를 맡고 있기 때문이며, 또한 재물신으로 인식되고 있는 것은 아궁이에 불을 땜으로써 음식을 만들기 때문이다. 그래서 조왕신앙은 특히 부녀자들의 전유물처럼 되어 버린 것 중의 하나로서 가장 한국적인 모성애를 보여주는 신앙이라 할 수 있다. 게다가 지극히 조왕신앙은 자녀들에 대한 정성을 쏟는 신앙 대상이 되기도 한다.

부엌에는 부정을 씻는 정화력이 있다 하겠는데, 그것이 조왕신의 화신성(火神性)과 조왕신의 신체로 물을 담아 놓는 그릇이라는 점을 염두에 둘 때 불과 물이 가지는 정화력에서 발원한다는 데서 의미가 있다.[9] 불과 물의 정화력은 예컨대 무당굿의 첫 부정거리에서 물에 재(灰)를 담아서 부정을 씻는데, 이 재는 불을 상징한 것이라 할 수 있다. 여기서 불이 가지는 정화력은 이사 가는 집에 성냥을 사가지고 가는 것이나, 고인이 입었던 옷을 불의 기운에 쏘인 뒤 자손이 입는 것과 신부가 신랑집에 들어 올 때 모닥불을 건너 오는 것 등에서도 보인다. 물이 가지는 정화력은 기독교의 세례나, 불교의 욕불(浴佛)이나, 우리의 마을신앙에서 제관들이 목욕재계를 하는 것 등에서 보듯이 다양하게 나타난다.

조왕의 형태는 지역에 따라 다르고, 남도지역에서는 부뚜막 뒤 중앙 정면에 흙으로 조그만 단을 만들거나 부뚜막 뒤 큰 솥과 작은 솥 사이에 흙으로 단을 만들어 그 위에 물을 담은 작은 중발을 올려놓아 두든가 하면, 강원지역에서는 부뚜막 벽에 접은 창호지나 명태를 걸어 놓든지, 아니면 조그마한 그릇에 쌀을 담아 솥 뒤 부뚜막에 놓아두기도 한다.

한편 충청도에서는 큰 솥 뒤 객지에 출타한 사람의 물을 채운 그릇을 놓아두기도 하고, 경북지역에서는 조왕신에 제사를 할 때 솥뚜껑을 뒤집어 놓고 거기에 백지를 깐 다음 그 위에 제물을 차려 놓듯이 특별한 신체를 갖추고 있지 않음을 볼 수 있다. 조왕의 신체를 남도지역에서는 조왕중발, 조왕보세기, 조왕물그릇, 중보시기라 부르기도 한다. 중발에는 언제나 물이 채워져 있다. 이 물은 주부가 아침 일찍 일어나 매일 우물에 가서 길러다 물을 갈아 준 것이다. 물을 갈아 주고 묵은 물은 아무데나 버리지 않고 깨끗한 곳이나 샘에 버린다.

조왕신앙은 주로 주부가 정월 보름이나, 유두, 백중, 추석, 섣달 그믐날 등 세시명절에 정성스럽게 가장이나 아이들의 복을 기원하며, 특히 객지에 출타한 사람이 있으면 출타한 사람의 안전을 기원하는 신앙이다. 이러한 신앙이 주택의 개량으로 많이 단절되었으나 아직도 운수업을 하는 가정이나 사찰의 부엌에는 조왕이 남아 있음을 볼 수 있다.

4) 삼신

삼신은 삼신할머니, 지앙할머니(남도지역), 세준할머니(강원도), 삼승할망(제주도)이라고도 불리는데, 그 명칭에서 알 수 있듯이 여신으로서 기자의 대상신이며, 출산 및 육아 그리고 산모의 건강까지 담당하는 신격으로 받들어 모셔져 왔다. 더군다나 의학의 도움을 받지 못한 옛날에는 산모나 아이의 사망률이 많았기에 삼신신앙은 주부들에겐 중요한 신앙 중의 하나였다.

특히 남성 중심의 부계사회에서는 남아 존중의 경향이 강하고, 게다가 여자들이 아이를 낳지 못하면 칠거지악에 해당되어 여자들은 반드시 자식을 낳으려고 삼신에게 많은 공을 드리기도 했다. 삼신에 대한 제사는 산 후 3일, 삼칠일, 백일, 가족의 생일, 명절, 조상의 제삿날에 메, 미역, 냉수 한 그릇씩 차리고 수저를 놓지 않는 것이 공통적이다.

삼신은 산신(産神) 혹은 삼신(三神)으로 표기하기도 한다. 그러나 삼신(三神)의 표기는 그릇된 표기로 생각되며, 우리말에 태(胎)를 가르켜 '삼'이라고 하는 것이나,[10] 탯줄을 삼줄이라고 불리는 것으로 보아 삼신은 태신(胎神)으로 산신(産神)을 의미하는 것으로 이해를 해야 바람직하다.

삼신의 신체 봉안은 지역에 따라 다양하나 남도의 일부 지역에서는 주로 바가지에 쌀을 가득 담고 그 위를 창호지로 덮은 뒤 금줄을 동여매어 아랫목 시렁 위 한쪽에 모셔 두고, 햅쌀이 나오면 바가지의 쌀을 햅쌀로 바꾸어 넣기도 한다. 반면에 경상도에서는 안방 시렁에 새끼를 얽어 그물처럼 만들고, 거기에 쌀이나 보리 그리고 타래실을 넣은 바가지를 얹어 놓고, 봄에는 보리로, 가을에는 쌀로 갈아 넣는다.

또한 충청도에서는 삼신주머니라 하여 주머니 두 개를 만들어 그 속에 쌀을 넣어두기도 하고, 혹은 한쪽은 쌀을, 다른 한쪽은 미역을 넣어 두기도 한다. 쌀은 햅쌀이 나오면 갈아 넣는다. 경기도에서는 창호지나 헝겊 또는 실을 안방구석에 높이 매달아 놓기도 한다.

삼신의 신체를 지양동우 혹은 삼신단지(남도지역), 삼신바가지(경상도)라고 부르며, 지양동우나 지양상의 쌀과 미역은 첫국밥을 지어 산모가 먹는다. 첫국밥은 산모가 아이를 낳고 맨 처음 먹는 밥을 말하는 것으로, 산모는 첫국밥을 먹기 전에 먼저 산모의 젖꼭지에 바른 다음 먹는다. 첫국밥뿐만 아니라 세이레까지 끼니마다 이 쌀과 미역으로 밥을 지어먹기도 한다.

남도지역의 지앙상에 대한 의례는 크게 세 가지로 나누어 볼 수 있다. 먼저, 기자의 목적으로 안방에 지앙상을 차려 놓고 의례를 수행하는 경우가 있다. 이것은 앞서 말한 지앙상처럼 마련 해 놓고 아기를 타기 위해 단골네를 불러다가 지앙상 앞에서만 공을 들이기도 하고, 또는 부엌이나 영험한 산에 가서 아기를 타 가지고 와 지앙상 앞에서 공을 드리는 경우도 있다. 명산이나 부엌에서 아기를 타 오는 경우는 주부가 떡시루를 머리 위에 이고 있으면 단골네가 비손을 하여 떡시루가 떨어지도록 한다, 이 떡시루를 주부가 치마로 받아 가지고 와서 지앙상 위에 올려놓고 비손을 하면 아이를 탄다.

두 번째로, 아이와 산모의 건강을 위해 지앙상 앞에서 비손하는 경우이고, 세 번째로는 산모가 젖이 적으면 동네 샘에서 젖을 타와 지앙상 앞에서 의례를 수행하는 경우가 있다. 그나마 최근에는 아이의 출산을 병원에서 하게 되어 이러한 지앙상은 물론 삼신의례도 보기 드물게 되었다. 다만 차렛상을 차리면서 방바닥에 짚을 깔고 그 위에 간단한 음식을 차린 지앙상을 차리는데서 삼신신앙의 모습을 찾아 볼 수 있을 뿐이다.

5) 철륭신

가택신으로서 철륭신은 타지역에서는 선명하지는 않으나 충북에서는 철륭신을 터주라는 지신으로 인식하고 있다는 점에서 철륭신과 지신(터주)의 친연성을 상정해 볼 수 있다. 남도지역에서 철륭당은 마을신앙의 제당과 가택신앙의 제당으로 구분된다. 마을 제사에서 철륭당은 대개 할아버지 신격이 좌정하고 있는 것으로 인식하고 있고, 가택신앙의 철륭당은 일반적으로 뒤꼍이나 장독대 주위에 모셔지고, 천룡신(天龍神)으로 인식하고 있음을 볼 수 있다.

집 안에 모셔지는 철륭의 신체는 두 가지 유형이 있다. 하나는 집 뒤 자체를 철륭이라고 생각하여 뒤꼍에 쌀이나 한지를 담고 입구를 봉한 동우리를 묻고 그 위를 짚 주저리를 세우는 형태인데(진도, 무안),[11] 이는 경기도나 충청도 지역 터주의 신체와 유사한 것으로 보아 남도지역에서는 철륭을 터주와 같은 개념으로 인식하고 있는 것이 아닌가 한다. 두 번째로, 장독대에 모시는 경우인데, 특별한 신체가 없고 물을 담은 중발을 장독대 위에 올려놓는 경우이다(광주). 철륭의 주변 나무를 베면 자식들이 탈이 난다 하여 절대로 베지 않는다고 하는 속신을 가지고 있다. 철륭신의 신체는 여타의 가택신처럼 항상 모셔져 있는 것이 아니라 집안 우환이 끊이지 않고 재해가 일어나는 경우에 모시는 경향이 많다.

장독대에 철륭신을 모시고 공을 드리고자 할 때에는 장독대에 정화수만을 차려 놓고 매일 물을 갈아준다. 이러한 신앙은 앞서 언급한 조왕중발과 유사하며, 주부들이 매일 혹은 7일, 17일, 27일에 목욕재계를 하고 장독대 간장독 위에나, 장독대 곁에 대발을 만들어 그 위에 정화수를 올려놓고 자손들을 위해 비손을 하기도 한다. 장독대에 차린 젯상을 철륭상이라고 부른다.

또 간장을 담근 후에 숯과 붉은 고추를 띄우고, 금줄을 치거나 아니면 버선의 모양으로 창호지를 오려서 거꾸로 붙여 놓기도 하는데, 이것은 간장의 맛을 지키기 위한 축귀적인 행위라고 할 수 있다. 그것은 장독대가 고추장이나, 된장, 간장 등 식생활의 부식 재료가 되는 음식과 양념 재료를 보관하는 곳이어서 한 가정에서 대단히 중요한 공간이기 때문에 축귀적인 행위를 수행하기 마련이다. 뿐만 아니라 정월 보름에 찰밥을 해서 장독대에 차려

놓기도 한다.

6) 지신

지신은 한 가옥의 터나 한 마을의 터를 관장하고 있는 신격으로, 가옥의 터를 관장하는 신격은 터주 혹은 터주대감이라고 한다.[12] 지신의 신체는 지역마다 다양한 모습을 지니고 있는데, 경북지역에서는 단지 속에 오곡을 넣고 창호지로 봉하여 짚으로 감은 뒤 김칫독 묻듯이 뒤꼍에 묻고, 매년 추수 후 10월에 오곡을 갈아 넣는다. 이를 터주단지 혹은 지신단지라고 부른다.[13] 한편 충북지역에서는 빈 시루에 쌀을 담은 사발을 넣고 짚으로 지붕을 씌운 형태로 터주단지라 하는데, 충북 제천에서는 뒤뜰 담이나 장독대에 모시고 이를 청룡단지라고 부르기도 한다. 경기지역에서는 단지에 벼를 넣어 장독대 옆에 놓고 짚으로 지붕을 만들어 씌운 형태로서 터주까리라고 부른다.

지신은 집안의 안녕과 풍작 그리고 가업의 번창을 기원하기 위해 모시고, 10월 중 택일하여 행하는 것이 보통이고, 지역에 따라서는 설날, 삼짇날, 6월 15일, 칠석날 등에 행하기도 한다. 제물은 매우 간단하여 시루떡이나 나물 그리고 술 등이 진설되는 것이 일반적이다. 제사를 지내고 떡을 조금씩 나누어 각 방, 부엌, 헛간, 마루, 장독대 등에 놓아두었다가 먹기도 한다.

흔히 집터가 세다고 말하는 것은 지신이 강하여 잘 노한다고 한다. 그럴 경우 집 안의 땅을 함부로 파서도 안되고, 흙일을 함부로 해서도 안된다. 그렇지 아니하면 가족 중의 일원이 재앙을 받게 되는데, 이를 동티라고 한다. 동티가 나면 재앙을 면하기 위해 고사를 지내기도 한다. 남도지역에서는 지신의 재앙으로 인해 동티가 날 때 간단한 제사를 지내고, 독경을 읽는 경우도 있다.

뿐만 아니라 지신을 누르기 위하여 지신밟기를 하기도 한다. 지신밟기 역시 우물터나 곳간터, 장독터 등 여러 공간이 자리하고 있는 터를 누르기 위한 것으로 정초에 많이 한다. 이는 풍물을 치면서 지신을 달램으로써 한 해 동안 그 가정이 평안하게 지내기 위함이다.

7) 업신

남도에서는 '업(業)'을 한 집안에서 살림이 그의 덕이나 복으로 늘어간다는 동물이나 사람을 가르킨다. 업은 곧 인간의 재복(財福)을 관장하고 지키는 신격(神格)으로 가택신(家宅神) 중 하나이다.[14] 농가에서 특히 '업신(業神)'을 중요시해 왔다. 업은 두꺼비와 거북이로 대개 구렁이가 많지만, 모두 복과 재물을 상징하는 동물로서 언제부터인지는 알 수는 없으나 고래로부터 재복을 관장하는 신으로 인식해 왔다.

농경사회에 있어서 재복은 다름 아닌 풍요로운 농산물의 획득이었을 것이다. 농가에서 경제적인 부(富)의 기준은 창고에 얼마나 많은 곡식이 쌓여 있는가이고, 또한 얼마나 많은 농사를 짓고 있는가이었다. 곡식이 곧 재물(財物)이었던 셈이다. 이 재물을 수호하는 신격이 업신이다. 따라서 농가에서 밥을 먹으면서 밥을 흘린다든가, 곡식을 부주의하게 취급하거나 흘리게 되면 재복이 달아나는 것으로 생각했기 때문에 큰일로 생각하지 않을 수 없었다. 그야말로 쌀 한 톨도 소중히 했던 것이다.

그 집안의 흥하고 쇠함은 업신에게 달려 있으니, 아낙네들은 업신을 지극정성으로 모시기 마련이었다. 농가에서는 집안 어디엔가 구렁이가 살고 있다고 생각한다. 구렁이는 초가지붕 속에 살기도 하고, 헛간이나 나무 더미 혹은 짚 더미 속에 살기도 한다. 그리고 부잣집에서는 곡물 창고에 살기도 한다고 한다.

　간혹 비가 온 뒤에 구렁이가 슬금슬금 기어 나와 마당을 배회하고 다니면, 농가에서는 구렁이가 집 밖으로 나가지 못하게 하고 집 안 어디론가 다시 들어가도록 한다. 이를 위해 구렁이가 인간의 머리카락의 냄새를 싫어한다 하여 머리카락을 태워 연기로서 구렁이를 몰아넣기도 한다. 그런데 구렁이를 징그럽게 생각하여 집 밖으로 몰아내면 구렁이가 나가면서 재산까지 가지고 나간다하여 그 집안은 머지않아 가운(家運)이 기운다고 하는 속신을 가지고 있다.

　이처럼 구렁이뿐만 아니라 두꺼비에 대한 관념 또한 유사하다. 비가 온 뒤에 두꺼비가 토방이나 부엌 앞에까지 엉금엉금 기어 들어오기도 하는데, 이 경우에도 집안사람들은 두꺼비를 함부로 하지 않고 그냥 그대로 내버려둔다. 그러면 두꺼비가 집안 어디론가 기어들어간다. 두꺼비도 구렁이처럼 재복을 관장하는 신으로 생각한다. 이런 속신은 요즈음이야 옛날이야기인 것처럼 되었으나 옛날 농가에서는 구렁이에 대한 믿음이 아주 강했다.

　집안의 가족 중 한 사람이 '인업'이라 하여 업을 지닌 경우도 있다. 가령 며느리가 임신하여 출산일이 다가 오면 시어머니는 '떡두꺼비' 같은 아들을 낳게 해달라고 삼신할머니에게 공을 들이기도 하고, 또한 그런 덕담을 하기도 한다. 다시 말하면 임신한 여자를 보면 "떡두꺼비 같은 아들을 낳으라"고 덕담을 하기도 한다. 덕담을 하는 것은 언어행위 속에 주술성(呪術性)이 있다고 생각하는 데서 비롯된다. 가령, "새해에 복을 많이 받으세요"라고 말을 한다든지, 더위팔기를 말하기로서 하는 것이라든가, 또한 말이 씨가 되니 입조심 하라는 등등의 언어행위가 이루어진 것은 곧 말하기 속에 주술성이 있다고 생각하기 때문이다.

　집안의 한 아이가 태어난 뒤부터 집안 살림이 불어나고 가운(家運)이 솟쳐럼 일어나 집안이 날로 번창한다던가, 혹은 새 식구인 며느리를 맞이한 이후부터 집안의 살림이 불어난 경우가 있다. 그러할 때 가족들은 아이나 며느리가 업이 들었다 하여 아이나 며느리를 부를 때 '업둥이'라고 부르기도 하고, '복둥이'라고 부르기도 한다. 업이 들었다 함은 곧 업이 복을 의미하는 것으로서 아이가 태어나면서 복을 가지고 온 것이고, 또한 새 며느리가 들어오면서 복을 가지고 왔기 때문에 집안이 번창한 것으로 생각한 것이다.

대개 업신은 가정의 재복을 관장하는 신이지만, 농촌마을에서는 마을 단위로 재복을 관장하고 지켜주는 업신을 모시기도 한다. 그 업신의 신체(神體)로는 주로 두꺼비나 거북이 형상을 한 '업독'이다. 가정에서 업신을 중요시 여기듯이 마을에서도 업신을 지극 정성스럽게 모신다. 때로는 업독으로 인해 인근 마을이나 사찰과 갈등을 일으키기도 한다.

마을에서 신주단지처럼 여기고 있는 업독(業石)들의 사례를 살펴보면, 먼저, 전남 곡성군 겸면 송강리 송강마을의 업독을 들 수 있다. 이 마을에는 업독이 동네 앞 '업독거리'라고 하는 곳에 놓여 있는데, 직경이 50cm~95cm의 타원형 모양의 화강석에 10여개의 성혈(性穴)이 조식되어 있다. 성혈이 조식되어 있는 것으로 보아 업신의 기능뿐만 아니라 기자신앙의 대상이 되기도 했음을 짐작케 한다. 실제로 마을 주민들은 예전에 아들을 낳지 못한 가정에서 업독 앞에 떡시루 위에 촛불을 꽂아 놓고 공을 들여 아들을 낳기도 했다고 전해진다. 이처럼 영험한 업독을 이웃마을 사람들이 자꾸 훔쳐갈려고 하니까 업독을 마을 회관 앞에 가져다 놓고 콘크리트로 고정시켜 놓았다.

이처럼 업독을 지키려고 하는 마을 사람들의 정성은 전남 곡성군 입면 금산리 외금마을에서도 찾아 볼 수 있다. 업독은 현재 동네 권태주 씨 대문 앞에 위치하고 있다. 원래는 동네 앞 입석 근처에 놓여 있었으나 도난 우려가 있어 1994년도에 동네 안으로 옮겨 놓았다고 한다. 이 업독은 규모가 길이

60cm, 높이 40cm이고 조각된 흔적이 없는 자연석인데, 마치 머리가 45°각도로 하늘을 향하고 있는 두꺼비가 앉아 있는 모양을 하고 있는 것처럼 보인다. 그래서 마을사람들은 이 업독을 '두꺼비 바위'라고 한다. 이 바위가 동네 앞에 있는 것은 마을의 재복을 지켜 주는 것으로 생각하여, 두꺼비 바위의 머리를 항상 동네 앞 농토를 향하도록 한다. 그렇지 않고 다른 마을을 향하게 하면 마을의 재복이 그 마을로 흘러간다고 믿어 반드시 두꺼비 머리가 농토를 바라보도록 한다. 이는 풍요로운 재화의 상징이라고 할 수 있는 두꺼비의 배설물을 마을 안쪽에 배설하도록 하기 위함이다.

이러한 모습은 전북 순창군 동계면 구미리 마을에서도 찾아 볼 수 있다. 구미리 마을에는 동네 앞에 장승이 있고 그로부터 50여m 떨어져 있는 동네 입구 도로변에 거북이 모양을 한 업독이 놓여 있다. 거북이 머리의 방향은 마을 바깥쪽을 향하고 있어 거북이의 배설물을 마을 안 쪽에 배설하도록 했다. 거북이는 장수의 상징으로써 생명을 관장하는 신성한 동물일 뿐만 아니라 이 마을에서는 재복을 가져다주는 신성한 동물로 인식되어지기도 한다. 거북이바위가 이 마을의 업독인 것이다. 이 거북바위에 얽힌 이야기를 보면 다음과 같다.

구미리에는 만수탄 건너편에 우두봉(牛頭峰)이 있고, 그 너머에 취암산이 있는데, 취암산 골짜기에 절이 하나 있었다고 한다. 이 절의 중들이 아침에 어디로 시주를 갈까 하고 쳐다보면 꼭 구미마을 밖에는 갈 데가 없었다고 한다. 그런데 맨날 구미마을만 시주를 다니다 보니 어찌하여 저 마을은 저렇게 잘 사는데 우리 절은 빌어먹어야 하는지 생각을 하게 되었다. 그러던 중에 그 절에 묶고 있는 도승이 가만히 본께 아무래도 거북이한테서 무슨 조화가 있는 것이라 생각하고, 한밤중에 중들을 시켜서 거북이의 꼬리가 구미마을 방향으로 두르고 있는 것을 돌려서 절을 향하도록 해놓았다. 그

랬더니 절의 살림도 불어나고 불사중창도 하게 되어 자꾸 좋은 일이 절에서 많이 생겼다고 한다. 그러던 중 마을사람들도 눈치를 채고 다시 거북이 꼬리를 마을을 향하도록 해 놓으니까, 밤에는 절의 중들이 다시 되돌려 놓았다. 그러면 다시 마을사람들이 되돌려 놓게 되었는데, 이처럼 중들과 마을사람들 간에 서로 실랑이가 밤낮으로 반복되었다. 그런데 도승이 안되겠다 싶어 지팡이로 "요놈이!" 하면서 거북이의 머리를 치니까 머리가 뚝 떨어져버렸다고 한다. 그래서 그 거북이 머리를 만수탄 강물에 던져버렸다고 한다. 그런 뒤 그 절은 폐사되어버리고, 구미마을은 그런 데로 잘 살아왔다고 한다. 그런 연유로 지금의 거북바위는 머리가 없게 되었다고 한다.

이상으로 업은 재복을 지켜주는 신이었음을 알았고, 재복은 곡식을 소중히 여기는 마음임을 알았다. 최근 들어 경제적인 풍요로움으로 인해 곡식을 함부로 취급하거나 음식을 낭비하는 모습을 흔히 주변에서 볼 수 있다. 이는 곧 우리의 풍요로움을 포기하고 잃는 것과 같으니 이제라도 전통사회의 우리 선조들처럼 곡식을 생명처럼 여기고 절약하는 것이 바람직하다고 본다.

8) 측신

측신은 뒷간(변소)을 담당하는 신격으로서 주당, 측간귀신, 칙간조신, 변소각시 등이라고 부르면서 변덕스럽고 화장을 즐긴다는 등의 관념을 가진 젊은 여신으로 상정하고 있다.[15] 측신이 좌정하고 있는 측간은 악취가 많이 나는 곳으로, 측신 또한 신경질적이고 사나운 신격으로 알려져 있다.

칙간귀신은 머리카락이 길어서 그것을 발에 걸고 세는 것이 일이라고 한다. 그러다가 사람들이 변소에 올 때 놀라게 하면 그 머리카락을 뒤집어 씌워 사람에게 탈이 생기도록 한다.[16] 그래서 야간에 측간에 출입을 할 때는 멀리서부터 헛기침을 하고 들어가야 한다고 한다. 이것은 갑자기 측간에 들어가 측신을 놀래게 하면 화를 당한다고 생각하기 때문이다. 이로 인해 각 가정에서는 측신을 신앙의 대상으로 삼기보다는 오히려 두려움의 대상으로 인식하기도 한다.

측신은 6자가 들어 있는 날에만 있고, 그 외에는 외출하여 부재한 것으로 알려지고 있기 때문에, 그 날에는 측간 출입을 조심한다. 특히 가정의 신격들은 집안이나 가족을 돕는 쪽인데 비하면, 측신은 탈이 나게 하는 존재로서 두려움의 대상이 된다. 제주도[17]에서는 측신과 조왕신은 불구대천 원수이기 때문에 부엌과 측간 사이에는 부지깽이나 지푸라기 하나라도 왕래하면 동티난다고 하는 속신이 있어서 삼가는 경향이 있다.

남도지역에서 측신에 대한 별다른 의례는 없으나, 섣달 그믐날이나 정월 보름에 불을 환하게 밝혀 둔다. 간혹 부엌에서 넘어져 다치면 측간에 가서 비손을 하고, 회갑잔치를 할 때에 측간 앞에 음식을 차려 놓고 절을 하는 경우도 있다. 또한 보름에 측간에 물과 찰밥을 섞어서 뿌리기도 하고, 보름에 찰밥을 얻어다가 명이 길어지라고 측간 곁에 앉아서 먹기도 한다. 그리고 가족 중에 두드러기와 같은 간지럼병 환자가 있으면 환자를 측간 앞에 앉혀 놓고, 측간의 짚을 빼서 불살라 그 연기를 쏘여 주면서 빗자루로 씻어 주면 낳는다고도 한다.

9) 문신

문신은 대문을 지키는 신으로 대문을 통한 잡귀의 출입을 단속하고 조상신과 같은 선신(善神)만을 들어오게 한다. 또한 재액을 들어오지 못하도록 하고 재복만 들어오도록 하는 수문장의 역할을 한다. 사찰에서 사천왕상과 같은 역할을 한 셈이다.

문신신앙은 현재 서울이나 제주도에서 많이 나타나고, 남도지역에서는 이렇다 할 만한 자료를 접하기 어렵다. 다만 대문에 원단이나 입춘날에 입춘대길이나 용과 호랑이의 한자어 글씨를 써 붙이는 모습을 볼 수 있다. 제주도에서는 집안의 출입로를 지키는 주목지신과 정살지신이라고 하는 문신이 있는데,[18] 이러한 신앙적 모습은 고래로 벽사진경을 위해 처용의 화상을 그려 문에 붙이는 풍습에서도 찾아 볼 수 있다.

10) 칠성신

칠성신은 북두칠성을 신격화한 것으로 수명장수, 소원성취, 자녀성장, 평안무사 등을 비는 신인데, 특히 아이들의 수명장수를 비는 대상신이다.[19] 남도지역에서는 아이의 수명장수를 기원하기 위해 이름을 '칠성'이라고 짓는 경우도 있고, 불가에서는 사찰의 칠성각의 칠성신에게 공을 드리기도 한다.

또한 각 가정에서는 장독대에 대나무를 세워 정화수 그릇을 올려놓거나, 아니면 장독대 곁 큰 돌 위에 정화수 그릇을 올려놓든지, 혹은 뒤꼍에 조그마한 제단을 마련하여 정화수 그릇을 올려놓고 매월 7일, 17일, 27일에 주부가 목욕재계하고 자손들을 위해 칠성님께 비손하기도 한다. 칠성신앙이 자녀들의 안녕을 기원하고 정화수 그릇을 올려놓는다는 점에서 장독대의 철륭신과 조왕신의 친연성을 찾아 볼 수 있다.

각 주

1 지춘상 외, 『남도민속학개설』, 태학사, 1998, 395쪽.

2 박계홍, 『한국민속학개론』, 형설출판사, 1992, 237쪽.

3 민속학회, 『한국민속학의 이해』, 문학아카데미, 1994, 145~146쪽.

4 이두현 외, 『한국민속학개설』, 일조각, 1993, 172쪽.

5 민속학회, 앞의 책, 147쪽.

6 민속학회, 앞의 책, 149~150쪽.

7 장주근, 「가신신앙」, 『한국민속대관』3, 고려대학교 민족문화연구소, 1995, 94~95쪽.

8 민속학회, 앞의 책, 151쪽.

9 이두현 외, 앞의 책, 174쪽.

10 민속학회, 앞의 책, 147쪽.

11 장주근, 「가신신앙」, 『한국민속대관』3, 고려대학교 민족문화연구소, 1995.

12 민속학회, 앞의 책, 153쪽.

13 박계홍, 앞의 책, 243쪽.

14 지춘상 외, 앞의 책, 408쪽.

15 이두현 외, 앞의 책, 178쪽.

16 장주근, 앞의 책, 112쪽.

17 현용준, 『제주도 신화』, 서문당, 1976.

18 민속학회, 앞의 책, 155쪽.

19 장주근, 앞의 책, 115쪽.

1. 마을신앙의 역사

공동체라는 것은 생활 터전을 같이 하는 집단으로 개별적인 의식보다는 집단의식이 중요시되고, 개인의 가치보다는 집단적인 가치를 중시하는 삶의 협력체라 할 수 있다. 삶의 협력체 속에서 문화는 전승되고 학습되어 공유된다. 마을 마을신앙도 마찬가지로 삶의 협력체 속에서 학습되어 수행되는 하나의 종교적인 현상으로 공동체가 종교적 전통을 유지시키는데 중요한 수단이 되기 마련이다.

공동체는 그 결속단위에 따라 국가공동체와 지역공동체 혹은 마을공동체 등으로 나눌 수 있듯이, 마을신앙도 마찬가지로 제사 주재 집단의 범위에 따라 국가제사와 지역제사 혹은 마을제사로 나눌 수 있다. 이들 제사의 차이는 공동체의 결속단위가 확대될수록 국가나 관이 주도하는 제사의 성격을 지닌 반면에, 공동체의 결속단위가 축소되는 경우는 오히려 기층민이 주도적으로 제사를 지내오고 있음을 알 수 있다. 다만 사제집단과 제사 참여 범위가 다를 뿐 본질적으로 별다른 종교적 차이를 드러낸 것은 아니라고 본다. 일반적으로 연구자들은 마을제사의 기원을 국가 주도로 이루어진 고대제의에서 찾는 것만 보아도 짐작된다.

마을신앙은 부족국가시대로 거슬러 올라가는 긴 역사성을 지니고 있다. 부족국가였던 정월이면 하늘에 제사를 지내는 부여의 영고(迎鼓), 10월이면

밤낮으로 음주가무를 하며 제를 올리는 예의 무천(舞天), 국중대회를 열고 수신(隧神)을 맞이하여 제사지내는 고구려의 동맹(東盟), 오월과 10월에 하늘에 제사하는 삼한의 천신제(天神祭), 백제의 제천(祭天) 등의 고대제의는 마을신앙의 한 형태로, 이들 제의는 모두 그해 농사의 풍년을 기원하는 기풍제의적인 성격과 그 해의 농사 풍년을 감사하는 추수감사제의, 혹은 나라의 태평을 기원하는 집단적인 신앙이었다.

그러한 집단제의가 후대로 내려오면서 삼국시대에 불교가 이 땅에 들어오기도 하지만, 하늘과 산천에 제사하고 시조묘를 세워 시조신에게도 제사를 지낸다. 심지어 신라에서는 명산대천을 대사, 중사, 소사로 차별화시켜 제사를 지내기도 했다. 왕은 명산 아래에서 천신에게, 대천에서 지신에게 제사를 지내고, 제후들은 사직신에게 제사를 나누어 지내기도 한 것으로 보아 제사의 성격에 따라 사제자 신분이 다름을 볼 수 있다. 신라가 삼국을 통일한 이후에도 신라 왕실이 가지고 있는 산천에 대한 호국신앙을 반영하여 명산대천을 사전(祀典)에 등재하여 국가가 주가 되어 제사를 지냈다.

고려시대는 통일신라에서 정비한 예악 제도를 답습한 것이 많다. 국가적인 제사로서의 사전에 관한 것은 《고려사》 예지(禮志)를 통해서 파악할 수 있다. 제사의 규모에 따라 대사(大祀), 중사(中祀), 소사(小祀)로 구분하여 제사를 지냈고, 오악, 명산대천, 용신에게 제사를 많이 지냈다. 오악에 관한 제사는 산신에 대한 제사이다. 산신은 산의 생활뿐만 아니라 평야에서 농사를 짓는 경우 풍년과 복을 기원하는 대상이므로 공동체의 신앙에서 가장 오랜 역사성을 지닌 신이다. 산신은 후에 서낭신이나 당산신의 형태로 변화한다. 서낭신은 성황신으로 인식되기도 하는데, 서낭신은 원시적이며 그 원형이 산신사상과 맥을 잇고 있으므로 고유한 산악숭배와 밀접한 관련이 있다. 하지만 성황신은 고유의 토속적이 신이 아니라 중국으로부터 유입된 신이다. 중국에서 성황은 성(城)과 연못이며, 성황신은 성터와 연못을 지켜주는 신으로 지역 수호신의 기능을 갖는다. 우리나라가 중국의 성황신을 숭배하게 되는 시기는 고려 중엽부터이다. 고려 문종 때 신성진에 성황신사를 두었고 위엄 있게 숭배했으며, 고려 고종 23년(1236)에 몽골병이 온양을 포위했을 때 군민이 합심하여 이를 물리치자 왕은 '성황신이 몰래 도운 공이 있다'고 하여 신의 이름에 봉직을 더한 일이 있다.[1] 이 기록으로 보면 고려에서 이미 성황신을 인식하고 있었음을 알 수 있다.

조선시대에는 고려시대의 제사를 상당 부분 계승하지만 유교적인 이념에 입각해 조정되는 경우가 많았다. 조선시대 사전으로 유교의 명분질서를 보여주는 것은 《국조오례의》의 완성을 통하여 나타난다. 당연히 제사 내용은 유교적으로 구성되어 있다. 《국조오례의》에 의하면, 대사에는 사직, 종묘, 영녕전이 있고, 중사에는 풍운뇌우(風雲雷雨), 악해독(岳海瀆), 선농(先農), 선잠(先蠶), 우사(雨師), 문선왕, 역대시조가 있으며, 소사에는 영성, 노인성, 마조, 각산대천, 사한, 선목, 마사, 마보, 마제, 영제, 포제 등이 있다.

민간의 제의적인 행사는 산신제, 용왕제, 서낭제 등 마을공동체신앙이 주류를 이루고 있다. 마을공동체신앙은 민간이 주가 되어 행하는 제례 풍속이다. 마을마다 마을을 수호하는 산신, 서낭신, 골맥이당신, 당산신 등을 모시고 있는데, 제사를 지내는 형식은 유교적인 제례 형식과 무속적인 제례 형식이 동시에 거행되기도 하고, 유교 혹은 무속적인 방법으로 각각 제사를 지내는 경우가 있다. 유교의 영향을 받기 전에는 무속적인 방법으로 마을제사를 지냈을 것으로 보이나, 유교가 유입되면서 마을제사가 유교적인 방법으로 바뀌게 되었다.

일본 제국주의 치하에서 총독부의 전령인 어용학자들은 우리 민족 고유의 놀이라든가, 잔치, 마을신앙을 한마디로 미신행위로 몰아붙였다. 그러면서 그들은 자기 민족의 고유한 세시행사는 축제로 육성해 나갔던 것이다. 그 이유는 명백한 것으로, 마을신앙은 민족의 공동체 의식을 함양시키며 향토 사랑과 역사의식을 고취시키는 것이기 때문에 피지배 민족의 축제를 말살시킴으로써 그들의 심기를 꺾어 놓아야 했기 때문이다.[2] 특히 국가적 제사인 사직제를 미신행위로 간주하여 사직단을 공원화시킨 것이라든가, 마을의 안녕과 풍요를 기원하는 마을제사를 천민들의 신앙이라 하여 부락제라고 부르는 것은 제의적 행사가 가지고 있는 신성성을 오염시키고자 했던 것이다.

일제강점기를 거치고 해방 이후 남북 분단, 이데올로기 투쟁, 그리고 한국전쟁에 의한 경제적 파탄으로 인해 경제적인 성장 추구의 국가정책과 반공이데올로기라는 정치적 목적을 달성하고자하는 당시 사회적인 환경은 마을신앙에 대한 관심을 위축시킬 수밖에 없었다. 이와 같은 환경 속에서 마을신앙은 기층민 생활과 밀착되어 있었기 때문에 생명력을 잃지 않고 오늘날까지 남아 있는 것이다.

2. 마을신앙의 유형과 특징

마을신앙은 비를 내리게 할 목적으로 수행되는 기우제(祈雨祭)나, 혹은 비를 그치게 할 목적으로 지내지는 지우제(止雨祭)와 같은 단순 목적의 마을신앙과 농사의 풍년이나 풍어 그리고 동네평안 및 재액을 방지하기 위한 복합적인 목적의식을 지니고 있는 마을신앙 등으로 나눌 수 있다. 기우제나 지우제는 농사용 물을 저장하고 홍수의 조절을 목적으로 한 댐이나 저수지의 축성이 본격화되면서 단절되었고, 풍요를 기원하거나 삶의 안정을 꾀할 목적으로 지내지는 마을신앙은 아직도 지속되고 있다.

마을신앙은 지역의 역사적인 환경과 사회적인 환경 그리고 생업구조에 따라 제의 목적이 달라지는 것은 물론 제의의 다양한 모습을 띠기도 한다. 강원도 영월에서는 역사적 인물인 단종의 원혼을 달래기 위해 단종신을 좌정시켜 단종제를 지내는가 하면, 서해안 연평도에서 임경업 장군신, 은산별신제에서 복신 장군신, 전남 완도 장자리 당제에서 송징 장군을 모시고 제사를 지내는 것 등은 모두 역사적인 환경에서 기인되는 것이며, 사회적 변화의 영향과 주업이 쌀농사인지 아니면 밭농사 혹은 어업이라고 하는 생업 조건에 따라 제의의 목적은 물론 제의의 내용이 달라지기도 한다. 이런 점에서 마을신앙은 강한 지역성을 반영하고 있는 셈이다.

강한 지역성을 반영하고 있는 마을신앙을 유형화한다는 것은 그리 간단치만은 않다. 마을신앙의 이해를 용이하게 하기 위해서는 제의의 시기나 제의 내용에 따라 유형화하는 것도 하나의 방법이 될 것으로 생각된다. 먼저, 제의의 시기에 따라 매년 연례적으로 지내는 것과 2~10년씩으로 몇 년마다 한 번씩 지내는 마을신앙이 있는데, 전자는 지역마다 당산제, 장승제, 부군당제, 단오제, 산신제 등의 다양한 명칭을 가지고 있는가 하면, 후자는 별신제나 별신굿이라는 명칭을 가지고 있음을 볼 수 있다.

1) 제의적 내용에 따른 분류

마을신앙의 내용을 기준으로 분류하는 것은 쉽지 않다. 다만 마을신앙의 중심적인 내용이라고 할 수 있는 제의적인 행사를 기준으로 하고 대동놀이는 보조적인 자료로 활용하여 어느 정도 유형화가 가능하리라고 본다.

따라서 마을신앙의 제의적 내용에 따라 제사형, 풍물굿형, 무당굿형, 불교의례형 등으로 나누고, 다시 대동놀이를 연계하여 하위분류할 수 있다. 그 가운데 제사가 끝나고 줄다리기, 줄감기, 달집태우기, 갯제-헌식놀이 등이 수반되기 때문에 제사형과 풍물굿형의 하위분류가 가능하다. 예컨대 제사형-달집태우기, 제사형-줄감기, 제사형-줄다리기, 제사형-갯제-헌식놀이 등으로 나눌 수 있고, 풍물굿형-달집태우기, 풍물굿형-줄감기, 풍물굿형-줄다리기, 풍물굿형-갯제-헌식놀이 등으로 나눌 수 있다. 그리고 무당굿형과 불교의례형은 주로 도서해안지역에 나타나는 특수한 형태로 그렇게 다양한 양상을 지니지 않기 때문에 하위분류가 쉽지 않을 것으로 보인다. 일반적으로 달집태우기와 줄다리기와 연계된 마을신앙은 주로 산악지역 및 남도의 동부지역에, 줄감기와 연계된 마을신앙은 평야지역 및 남도의 서부지역에, 갯제와 헌식놀이와 연계된 마을신앙은 서남해안을 중심으로 도서해안지역에 나타난다.

(1) 제사형 마을신앙

제사형 마을신앙는 유교적인 제의 내용을 가지고 있는 마을신앙으로, 제당에 마을사람들의 대표성을 지닌 제관들만 참여하거나 깨끗한 동네 남자들이 참여하여 엄숙하고 조용한 가운데 지내는 제사이다. 제사형 마을신앙은 제사를 담당하는 사람이 유교적인 사제자이고, 유교적인 제의절차에 따라 진행된다.

사제자를 흔히 제관이라고 부르며 헌관, 축관, 집사, 화주 등으로 구성된다. 이들은 동네회의에서 생기 복덕을 봐서 깨끗한 사람으로 엄격하게 선정된다. 선정된 제관은 제사를 지내기까지 외부출입을 삼가고 목욕재계를 하여 오염으로부터 정화하고, 정성을 다하여 제물을 마련하여 제사를 모신다. 제사는 강신, 음식진설, 초헌, 독축, 아헌, 종헌, 음복, 소지, 헌식, 철상 등의 순서에 따라 조용한 가운데 진행된다. 뿐만 아니라 홍동백서, 좌포우혜 등 음식의 진설과 제관들의 복색은 유교적인 예법에 따라 이루어지고 갖추어 입는다. 제사형의 마을신앙은 유교적인 마을신앙으로서 유교가 수입되어 세속화되면서 중국제전의 영향을 받아 본격화된 것으로 생각된다.

제사가 끝나면 바로 유교적인 제사 그 자체로 마무리되거나, 대동놀이를 수반하기도 하고 대동놀이 없이 지신밟기만을 하기도 한다. 제사로 바로 끝나는 경우는 마을회의를 개최하여 제사를 지낼 때 사용했던 음식을 나누어 먹으면서 결산을 하기도 하는데, 이는 공동체 음복의 성격을 지닌다 하겠다. 결산이 끝나면 풍물을 치면서 지신밟기가 본격적으로 행해지기도 한다.

이러한 예로 산악지역의 대표적인 제사형 마을신앙으로 마을사람들의 문 밖 출입을 통제하고 제관들만 참여하여 제사를 모시는 곡성군 곡성읍 죽동리 방죽굴 당산제와 곡성군 삼기면 남계마을 당산제 등을 들 수 있다. 도서해안지역은 남자 제관들만 당집에 참여하여 제사를 지낸 뒤 집집마다 돌아다니며 지신밟기를 하는 완도군 소안면 비자리 비동·비서 당제가 있고, 정월 초하루 자시에 엄숙한 분위기 속에서 유교적인 방법으로 제사를 모시는 여천군 율촌면 여동리 송도마을 당제, 해남군 산이면 예정리 예동마을 당제, 해남군 문내면 무고리 궁항마을 당제, 고흥군 봉래면 심금리 신금마을 당제, 진도군 진도읍 쌍정리 두정마을 거리제 등을 들 수 있다.

(2) 풍물굿형 마을신앙

풍물굿형의 마을신앙은 제관이 유교식으로 제사를 지내고 풍물패들이 들당산굿과 날당산굿을 하여 마을의 안녕과 풍년을 기원하는 제사로서, 즉 제사형 마을신앙에 풍물굿이 수반되는 형태이다. 일반적으로 풍물굿형의 마을신앙은 산악지역이나 평야지역 및 도서해안지역 할 것 없이 남도 전역에 널리 행해지는 마을신앙의 유형이다. 따라서 풍물굿형의 마을신앙을 남도지역의 마을신앙의 대표적인 표지(標識)라고 해도 과언이 아니다.

이처럼 남도지역에서는 풍물과 더불어 제관이 제사를 지내고 있는데, 할아버지당에서는 유교식 제의 내용을 바탕으로 아주 엄숙한 분위기 속에서 제사를 지내는가 하면, 할머니당에서는 풍물패와 마을 사람들이 어울려 아주 축제적인 분위기 속에서 제사를 지내기도 한다. 이 경우 제사형과 풍물굿형이 복합되어 있음을 알 수 있는데, 그 예로 곡성군 석곡면 염곡리 염촌마을 당산제와 곡성군 입면 서봉리 당산제를 들 수 있다.

풍물굿형의 마을신앙으로 먼저 풍물패가 제당을 돌아다니며 들당산굿을 친 다음에 제관들이 음식을 진설하여 제사를 지내고 날당산굿을 하는데, 담양군 금성면 원율리 당산제, 완도군 완도읍 장좌리 장좌마을 당제, 보성군 문덕면 덕치리 덕봉 당산제, 여천군 남면 안도리 안도마을 당제, 고흥군 점암면 대룡리 대춘마을 별신제, 진도군 고군면 벽파리 벽파마을 당제 등을 들 수 있다.

(3) 무당굿형 마을신앙

무당굿형 마을신앙은 풍물굿형 마을신앙에 무당굿이 결합되어 있는 경우가 많으며, 제사형, 풍물굿형, 무당굿이 복합된 형태이다. 제관이 유교식으로 제사를 지내고 풍물과 더불어 무당이 제당에서 굿을 하는 것으로 제사 보다는 굿이 더 중심을 이루고 있는 경우이다. 무속적인 사제자는 당골네를 제관으로 삼는 경우이고, 제사의 순서도 유교식의 마을신앙처럼 체계적이지는 않지만, 나름대로 무속적인 절차에 따라 무당굿을 하여 비손하거나 축언을 한다. 무당굿형의 제사는 유교가 수입되기 전에는 본디 일반적인 제사 형태이었을 것으로 생각되나, 현재는 주로 도서해안지역의 마을신앙에 많이 남아 있다.

해남군 송지면 마봉리 마봉마을 당제에서는 제사의 음식을 제관이 준비하지만 제사의 모든 절차는 무당이 주도적으로 관여하여 이루어지는가 하면, 해남군 북평면 평암리 금부마을 도제에서는 마을 입구에서 농악을 치며 귀신을 불러들여 제사상을 차리고 제사를 지내는데, 유교적이면서 무속적인 제사내용으로 구성되어 있고, 제사가 끝난 뒤 풍물패들이 지신밟기를 한다. 그리고 여천군 화양면 세포리 당제에서는 제주와 축관을 선정하는데, 이들은 당산에 머물면서 제물을 준비하여 유교적인 절차에 따라 엄숙한 분위기 속에서 당제를 모시고 하산한다. 날이 밝으면 마을 앞 공터에서 별신제를 모시는데 제주뿐만 아니라 무당도 참여하여 무당굿을 하고 풍물패와 더불어 잡신막이굿을 하고 집집마다 지신밟기를 한다.

(4) 불교의례형 마을신앙

마을에서는 처음부터 승려의 주도로 제사를 지내기도 했다. 그것은 전남 영광군 불갑면 모악리 앵곡마을 삼정자 당산제가 그 예인데, 당산제의 신체가 되고 있는 삼정자나무는 원래 갑진국사가 1348년에 와서 심었다고 전해지고 있다. 삼정자나무는 모악리 사람들에겐 당산제의 대상이 되고 있다. 6·25 전쟁 이전에는 육고기와 해물을 제외한 제물을 중심으로 삼정자 당산제를 불갑사에서 모셨다. 10년 전까지만 해도 승려가 당산제에 참여하여 불경을 읽기도 했다. 그러다가 사찰이 폐허가 되자 모악리 마을에서 깨끗한 사람을 사제자로 선출하여 제사를 지내면서 유교식으로 바뀌었다.

승려가 마을신앙에 관여하는 경우는 장성군 북일면 백양사 앞에 있는 약수리 가인마을 당산제에서도 나타난다. 이 마을의 당산은 외당산과 내당산 두 곳이 있는데, 둘 다 백양사 경내에 위치하고 있다. 당산제는 정월 초사흘

날 저녁 7시에서 10시 사이에 가인마을 주민들과 백양사 승려 몇 분이 참여하여 함께 지낸다. 가인마을에서 제주(祭酒)를 준비하고, 백양사 각 암자에서 한 가지씩 제물을 장만하여 오는데 대개 산채, 과실, 편, 포(북어), 메 등으로 어물이나 육물은 올리지 않는다. 제의는 진설→헌작→삼배→소지 순으로 진행되며 총무 승려가 주재한다. 제의 전후에 징, 꽹과리, 장구 등으로 간단히 굿을 치는데 염불을 시작하면 풍물은 치지 않는다. 똑같은 순서로 두 당산에서 제사를 지낸다. 소지를 할 때는 승려들도 하며 바쁜 일이 없는 승려들은 당산제에 기꺼이 참여한다.

원래는 마을사람들만 참여하여 당제를 모셨던 것이 최근 들어 마을사람들이 사제자를 기피하는 바람에 마을사람 대신 승려를 사제자로 수용하여 제사가 진행되기도 한다.[3] 특히 전남 해남 미황사 주변 일대의 마을신앙이 대표적인 예이다. 그 가운데 해남군 송지면 산정리 당제를 보면, 제물이 준비되면 집사가 제당으로 운반하여 승려의 지시에 따라 진설하고, 불교적인 의례의 순서에 따라 당제가 진행된다. 그 순서는 산신당이나 칠성당에서 하는 것처럼 먼저 산왕대신(山王大神)에게 경을 읽고, 법연(法宴)→향화청가영(香花請歌詠)→산왕경(山王經)→축문(祝文)→마을주민들을 위한 각각의 소지(燒紙) 순서대로 진행된다. 당제가 끝나면 마을사람들은 본격적으로 풍물을 치면서 당산굿을 하고 지신밟기로 들어간다.

2) 지역성에 따른 분류

(1) 서울·경기도의 도당굿

서울시는 도시화가 되면서 많은 마을제당이 흔적을 감추었으나, 1967년과 1972년 두 차례의 서면조사에서 파악된 제당이 66건이 있었다고 조사·

보고된 바 있고, 경기도에서는 1995년 국립민속박물관에서 조사·보고된 바에 의하면 마을제당이 459건으로 밝혀지고 있다.⁴ 서울에서 제당의 명칭은 도당(都堂), 부군당(府君堂), 군웅당, 서낭당, 산신당이 주요 명칭들이었지만, 경기도에서는 산제당, 산신당, 도당, 서낭당이 주요 명칭으로 나타난다. 서울과 경기도에서 마을신앙은 주로 10월에 지내는 경우가 많으며, 산신당에서 제사를 지내는 경우 대개 유교식 제의 내용이 다수를 차지하지만, 화랭이패 세습무당이 참여하여 지내는 경우는 대개 부군당이나 도당에서 제사를 지내는 경우이다.

서울과 경기도에서는 흔히 부군당과 도당에서 지내는 제사를 도당굿이라 불리우고 있다. 도당굿은 전형적인 무당굿형 마을신앙으로 1년 혹은 2·3년만에 한 번씩 행해지는 제사이다. 마을 어른들에 의해 굿이 결정되면 당골을 찾아가 제사 날짜를 정하고, 굿을 준비하고 진행하는 책임자인 당주를 뽑는다. 당주는 사흘 전부터 당막을 지어 거주하면서 몸을 정결하게 한다.

(2) 강원도의 서낭제

강원도에는 서낭제와 산신제가 주류를 이루고 있으나 대표적인 마을신앙은 서낭제라 할 수 있고, 해안지역인 영동지방에는 무당굿놀이가 특징적으로 드러난 별신굿이 행해지기도 한다. 서낭제는 마을 유지들끼리 지내는 유교식 제의 내용과 3~5년 간격으로 무당을 초청하여 굿을 벌이는 내용을 가지고 있는데, 영서지역 서낭제는 주로 유교식 제사라고 한다면, 영동지역 서낭제(별신굿)는 무속적인 제사이다.

서낭제 중 규모가 큰 것은 무당굿형인 강릉 단오제이다. 단오제는 5월 5일의 단오를 절정으로 벌이는 행사나, 그 시작은 3월 20일에 제주(祭酒)

를 담고, 4월 14일에 국사서낭을 봉영하기 위해 성황사로 올라간다. 먼저 유교식 제의 내용으로 제사를 지낸 뒤 무당이 굿을 하여 국사서낭을 모시고 내려온다. 강릉 남대천 백사장에 서낭신들 모셔 놓고 10여명이 무당들이 교대로 동해안 풍어제에서 행하는 용왕굿과 거리굿을 제외한 19거리 정도의 굿을 한다. 5월 6일에 소지를 하고 마무리된다.

(3) 충청도의 산신제와 장승제

충청도 지역의 마을신앙은 대개 산신제가 주류를 이루고, 장승제 혹은 탑제 등도 많이 나타난다. 장승제나 탑제는 산신제를 지낸 후 거행되는 제사로 거릿제의 성격과 흡사하다.[5] 물론 하나의 독립된 마을신앙형태인 경우도 있다. 청양 대치의 장승제가 대표적인 것으로 매년 정월 보름 새벽에 장승을 세우고 풍물굿형의 제사를 지낸다. 산신제나 장승제는 주로 정월에 모시는 경우가 많으며, 유교식 제의 내용으로 수행되는 경우가 많다. 무당이 참여하여하는 당굿은 해안지역에서만 발견된다.

(4) 영남의 골맥이 동신제와 별신굿

영남 일대에서 마을신앙의 마을 수호신을 골맥이 서낭님 혹은 골매기 할배와 할매라 부르는데, 골매기라는 말은 고을(洞, 邑, 郡) + 막 + 이(명사형 어미)의 복합명사로 마을의 수호자라는 의미이다.[6] 골맥이에 성씨가 붙어서 김씨할배, 이씨할매니 하는 것은 그 마을의 입도조인 조상을 의미한다고 볼 수 있다. 골맥이 동신에 대한 제사는 대개 유교식 제의 내용을 가지고 있다. 반면에 낙동강 유역과 동해안 일대에 전승되고 있는 별신굿은 10년마다 한 번씩 거행되고, 무속적인 제의 내용과 탈놀이로 이루어진다. 안동 하회 별신굿을 비롯해 마령동과 수동의 별신굿, 병산 별신굿 등이 대표적인 예이다.

(5) 남도(호남)의 당산제와 당제

호남지역의 마을신앙은 내륙지역에서는 당산제, 해안지역에서는 당제라는 명칭을 가지고 있으며, 신격(神格)들은 내륙지역에서는 당산할아버지와 당산할머니, 해안지역에서는 당할아버지와 당할머니가 보편적이다. 내륙지역의 당산제는 유교식의 제의 내용을 가지고 있으며, 할아버지당의 제사는 제관들만 참여하여 엄숙한 분위기 속에서 거행되는 경우가 많고, 할머니당에서는 제물이 풍성할 뿐만 아니라 흥겨운 풍물과 어울려 축제적인 분위기 속에서 이루어지는 경우가 많다. 반면에 해안지역의 당제는 무속적인 제의 내용을 가지고 있는 경우도 있다. 서남해안 지역의 풍어제를 비롯해 위도 당제가 그 예이다. 호남의 마을신앙은 제사형과 풍물굿형 그리고 무당굿형이 각기 나타나며, 장성 생촌 당산제나 완도 당제와 같은 풍물굿형이 주류를 이루고 있다. 특히 이 지역 마을신앙의 특징은 농경사회의 신앙성을 극명하게 보여준 줄다리기나 줄감기가 복합 병행되고 있는 점이 주목된다.

(6) 제주도의 본향당굿과 포제

제주도의 마을신앙은 조선 초기만 해도 남녀가 같이 제사를 지냈던 것으로 생각되나 유교가 세속화되기 시작하면서 여성 중심의 본향당굿과 남성 중심의 포제라는 이중적인 전승양상을 보이고 있다. 제주도는 본향당굿이 주류를 이루고, 본향당굿은 1년 1회에서 4회까지 하며, 무속적 제의 내용을 가지고 있으며, 청신 → 제물공연 → 본풀이 → 축원 → 점의 순서로 진행된다. 반면에 포제는 독축을 중심으로 유교식의 제의 내용을 가진 제사형의 제사이다.[7] 이처럼 남녀가 구분되어 마을 제사가 지내졌으나 1950년대의 여성 위주이던 본향당굿에 남성들이 같이 참가하는 비율이 높아졌다.

3. 마을신앙의 기능

마을신앙은 공동체 구성원들의 종교적인 심의가 구현되고 실천되는 의례 중 하나이다. 지금까지 많은 사람들은 마을신앙을 사회적 변화에 능동적으로 대응하지 못하고 그저 전승되는 민속종교 정도로 이해하는 경우도 있었고, 심지어는 마을신앙을 하나의 종교적인 이해를 가지고 바라 본 것이 아니라 미신타파의 대상으로 취급하기도 했다. 급기야는 마을신앙이 종교성이 약화되고 축제적인 의미만 부각되어 축제화되어 가는 양상도 목격할 수 있게 되었다. 마을신앙이 지니고 있는 종교성은 차치해 두고라도, 누대에 걸쳐 전승되어 온 기층민들의 지식을 이해하여 우리의 정체성을 확보하기 위해서라도 마을신앙의 가치와 의의를 되새겨 볼 필요가 있는 것이다. 이런 점에서 마을신앙이 갖는 몇 가지의 기능을 살펴보고자 한다.[8]

먼저, 마을신앙의 종교적 기능을 들 수 있다. 인간은 불안정 속에서 삶의 안정과 풍요를 추구하기 위해 누군가에게 의지하기 마련이다. 그 의지처는 다름 아닌 종교이다. 마을신앙은 공동체를 구성하고 있는 기층민들의 종교적 심의를 실천으로 이행하는 종교적 구조의 상관물이다. 구성원들은 신앙 행위를 통해 변신하고 삶의 안정을 꾀하려는 노력을 게을리 하지 않는다. 그것은 의례적 과정에서도 극명하게 반영된다.

마을 사람들의 대표성을 지닌 제관들이 대소변을 본 뒤 반드시 목욕재계를 해야 하고, 부부간의 동침을 금한다거나, 제관 집 앞에 금줄을 치고 황토를 까는 행위, 마을사람들과 분리되어 거주하는 것 등은 제관을 오염되었던 존재에서 정화된 존재로 변신, 즉 신성화시키기 위해서다. 또한 마을 사람들 중에서 깨끗하지 못한 사람 즉 개고기를 먹었거나 상가집에 다녀 온 사람은 제사를 지내는 곳에 참여할 수 없다. 그것은 신성한 곳에 오염이 감염된다고 하는 감염주술의 반영이다. 오염의 감염을 차단한 신성화의 극대화는 종교적 목적을 극대화시켜 일상에서 겪는 공포의 대상으로부터 벗어나고 삶의 안정을 꾀하고자 하는 종교적 태도라고 볼 수 있다.

두 번째, 마을신앙의 사회적 기능을 들 수 있다. 사회적 기능이라 함은 공동체결속 강화 기능을 의미한다. 일반적으로 마을 제사의 자생력이 견고하고 규모 있게 제사를 지내는 마을을 보면 단합이 잘 되고 남을 배려하는 공동체의식이 충만되어 있음을 볼 수 있다. 마을신앙은 집안이나 개인적인 소망보다는 공동체의 목적을 기원하는 것이기에 혈연적인 것 보다는 지연적인 성격이 강한 신앙형태이다. 마을신앙의 규모는 그 마을 사람들의 세력을 나타내는 것으로 마을사람들에게 일체감을 주는 역할을 한다. 즉 공동체 구성원들 간의 결속력을 강화시켜 주는 역할을 한다.

마을사람들은 마을 제사를 통해 신의 음덕을 함께하여 동류의식을 느끼고, 제사의 경비를 공동으로 균등하게 분담하고 몸을 정결하게 하여 제사를 모시는 공동체적 연대의식을 다짐으로써 공동체의 결속을 더욱 공고히 하는 계기로 삼는다. 공동체의 결속화 과정은 제사를 끝낸 뒤 음복하는 과정에서도 잘 드러난다. 음복이라는 것은 신과 인간이 함께하는 것이며, 인간 모두가 일체감을 형성하는 계기도 된다. 또한 제사가 끝난 뒤 본격화되는 마당밟기에서도 공동체의 결속화가 구체화되기도 한다.

세 번째, 마을신앙의 정치적 기능을 들 수 있다. 마을신앙에서 제관을 선출하는 과정이나 제사의 경비를 거출하는 과정이라든가 제사 후 결산하는 과정이 모두 마을 자치기구라고 할 수 있는 동네회의를 통해 이루어진다. 제사 후에 개최되는 동네회의는 마을 의회의 구실을 하기도 한다.

동네회의는 마을 사람들 모두가 신분과 빈부의 차이 없이 평등하게 참여하여 의사결정과정이 민주적으로 처리된다. 이 회의에서 제사와 관련된 제반 사항을 논의하고, 한 해 농사를 짓기 위해 품삯을 결정하기도 한다. 그리고 미풍양속 선양을 위해 풍기문란자를 징계하는 것은 물론 선행자를 표창하여 윤리적 질서를 바로 잡고, 사회적 규범을 바로 세우는 구실을 한다. 이처럼 마을신앙이 거행되는 과정 속에서 개최되는 동네회의의 자치성, 민주적 평등성 등은 정치적 기능의 구현이라 할 수 있다.

네 번째, 마을신앙의 예술적 기능을 들 수 있다. 마을신앙은 음악과 춤 그리고 극놀이가 병행된 종합예술적 가치가 높다. 악무축제형 마을신앙에서는 풍물패의 풍물과 춤, 무당들의 무속음악과 굿놀이, 탈춤 등의 각종 예술양식들이 연행된다. 풍물패의 풍물과 춤은 남도지역의 일반적인 마을신앙에서 찾아 볼 수 있고, 하회별신굿에서 연행되는 탈춤, 경기도 지역의 도당굿이나 은산 별신제에서 무당의 굿놀이 등은 모두 제사를 지내는 과정 속에서 연행되는 것들이다. 마을신앙이 기층민들의 종교적 심의를 담아내는 것이기에 마을신앙의 연장선상에서 연행되는 이들 예술양식들은 기층민들의 삶과 의식세계가 반영되고 민중의 미의식이 반영된 민중적 예술성의 표현이라 할 수 있다.

다섯 번째, 마을신앙의 축제적 기능을 들 수 있다. 일반적으로 종교적 공간에서 수행되는 종교적 행위는 종교성만을 전제로 한 것보다는 가능한한 축제적 분위기 속에서 종교성을 구현할려고 한다. 축제적인 분위기는 오락성을 가미되어 있다 해도 과언이 아니다. 마을신앙은 비록 유교식의 제의내용을 가지고 있어 종교성만 가지고 있는 것으로 보이나, 일반적으로 풍물패가 참여하는 경우가 많아 제사를 마친 풍물패들은 줄다리기나 지신밟기 등 대보름 민속놀이와 연계되어 더욱 축제적인 분위기를 고조시킨다. 악무축제형의 마을신앙은 그야말로 종교성과 축제성을 풀어내면서 공동체의식을 강화시키는 축제적 기능을 구현한다.

마을신앙은 전통농경사회에 있어서 갈등을 해소하고 구성원들 간의 화합을 도모하는 축제적인 장이었다. 오늘날 도시화가 촉발되면서 이런 전통사회의 축제적인 모습이 상실되어가고 있는데, 지역간의 화합을 도모하고 공동체 의식을 공고히 하여 삶의 활력소를 불어 넣기 위해서는 마을신앙을 지역축제로 활성화시킬 필요가 있다. 비록 마을신앙이 갖는 종교성이 약화되어간다 하더라도 공동체의 결속을 강화시키는 지역축제로 활성화되는 것도 마을신앙이 갖는 의의와 가치라고 할 수 있다.

4. 마을신앙의 종교적 구조

1) 신화와 교리

종교적 인식에 대한 지적 표현으로는 신화와 교리가 있는데, 이를 믿음체계와 가치체계로 설명하기도 한다. 신화와 교리의 체계는 거의 모든 경우에 서로 일관성을 가지며, 서로의 조화를 유지하고, 나아가서 두 체계는 내적으로 밀접한 유기적 관계를 갖게 된다. 신화는 교리체계의 토대가 되고, 당위성의 설명을 제공하기 때문이다.

마을신앙에 대한 종교적인 표현으로 당신화(堂神話)와 제사를 지내는 방법 및 여타의 행동목록들이 있다. 여기서 전자는 신앙의 정당성을 설명하며, 신이 제당에 좌정하게 되는 내력을 설명하는 것이라 하겠고,[9] 후자는 여타의 종교처럼 종교인이 종교적 삶에 대한 규제의 원리를 설명한다거나 체계적이면서 정교하게 다듬어진 것은 아니지만, 제사의 절차 및 내용과 지켜야 할 금기사항들이 구전으로 전승되기 때문에 기능적으로는 교리의 역할을 하고 있는 셈이다.

2) 제당

인간의 삶은 공간의 조건에 의해 많은 영향을 받는다. 삶의 공간은 인간이면 누구나 다 필요로 하는 공간으로서 인간의 성향에 의해서 결정되는 공간이기도 하며, 그 공간에 의해서 인간의 심성이 결정되고, 삶의 문화도 좌우되기도 한다. 엘리아데에 의하면,[10] 인간은 거룩한 공간과 세속적인 공간에 대해서 경험한다고 했다. 신앙인은 우주의 중심에서 살려고 하고, 위를 향해서 열려 있는 공간에서 살려고 한다. 또한 거룩한 곳인 초월적인 세계와의 소통이 제사를 통해 가능한 그런 장소에서 사람들은 삶을 영위하려고 한다. 인간은 이러한 곳에 사원이나 교회, 그리고 제당을 세운다.

제당을 비롯한 성지(聖地)는 신이 머물고 강림하는 곳으로, 인간의 의지에 의해서 결정되는 것이 아니라 신성한 존재에 의해 계시된다. 그리스도교에 있어서 구약성경 출애굽기 3장 5절에 보면, '거룩한 곳'이 하나님의 음성을 통해 모세에게 계시되는데, 마을신앙에서도 거룩한 곳인 제당이 신의 계시에 의해 설정되기도 한다. 함평군 아차동 미륵제 당신화에 의하면, 미륵제의 제당이 미륵할머니가 공동체의 대표성을 지닌 할아버지에게 꿈을 통해 계시된다.

이처럼 신에 의해 직접적으로 계시될 뿐만 아니라 징표에 의해서 계시되기도 한다. 전설에 따르면, 16세기 말엽 엘-하멜을 창건한 은자가 어떤 샘 근처에서 지팡이를 땅에 꽂아 두고 머물렀다. 여행을 계속하기 위해 지팡이를 찾던 그는 그것이 뿌리를 내려 싹이 터 나온 것을 발견하고, 이것이 신의 뜻을 나타내는 징표라고 간주하고 거기에 정주하였다.

이처럼 징표에 의해서 거룩한 곳이 계시되는 것은 공동체 신앙에서도 나타난다. 완도군 소안면 비자리 비동마을 당제 당신화에 의하면, 옛날 어느 도인이 이곳을 지나다 잠시 쉬어 가기 위하여 지팡이를 세워 둔채 그냥 가버렸는데, 그 지팡이에서 움이 트고 생목으로 변하여 무성한 숲으로 변하였다. 그래서 마을사람들은 그곳에서 매년 제사를 모시고 있다. 또한 인천이 씨가 처음 입주하였을 때, 마을 어귀 대나무 밭에서 대신령(도깨비)이 나타나 밤마다 마을을 어지럽게 하였다. 마침 그 때 지나가던 중이 지팡이로 대밭 입구를 두드리면서 제를 지내라고 일러 주는 내용이 완도군 금일읍 사동리 죽동마을 당제 당신화에서도 발견된다. 이와 같은 지팡이들은 종교적인 의미를 내포한 징표로서 그 징표가 있는 곳이 신성화된다. 이 외에도 동물에 의하여 거룩한 곳이 계시되기도 한다.

위의 몇몇 사례들은 종교적인 인간이 거룩한 장소의 계시를 받아들이는 다양한 수단을 보여주고 있다. 거룩한 공간은 인간이 자의적으로 선택할 수 없으며, 오로지 신적인 존재에 의존하게 된다. 다만 인간은 그것을 탐색하고 신성한 징표의 도움에 의해서 그것을 발견하는 일만이 가능하다.

제당은 대개 상설제당과 임시제당이 있는데, 임시제당은 기우제나 지우제 혹은 고사 등의 그때 그때 제사 목적에 따라 제당을 마련하는 것이고, 상설제당은 항상 그곳에서만 제사를 지내기 위해 정해진 제당을 말한다. 일반적으로 마을신앙의 제당은 상설제당이다.

상설제당은 대개 산중이나 동네 주변 혹은 해안가 등에 위치한다. 산중은 다시 산꼭대기, 산중턱, 산 아래로 구분되고, 동네 주변은 동네 뒤, 동네 안, 동네 입구로 구분된다. 그러나 이상과 같은 제당들 중에서 산꼭대기에 위치한 제당이 고형(古形)에 가까운 것이라 할 수 있다. 산꼭대기에 위치했던 제당들이 산 아래로 이전되었을 것으로 생각되는데, 박계홍[11]은 그 원인을 생업의 분화 원인, 인간의 공리적 욕구와 종교적 본능으로 말하기도 한다

마을신앙의 제당은 그 수가 하나에서 열두 당에 이르기까지 다층적으로 나타난다. 이처럼 제당이 많이 존재한다는 것은 '거룩한 곳'의 확대를 의미

한다. 그렇지만 일반적으로 제당은 2당 구성 혹은 3당 구성으로 되어 있다. 2당 구성은 주로 내륙지역에 많이 분포되어 나타나고, 3당 구성은 주로 해안지역에서 나타난다. 이들 구조는 천부지모(天父地母)라고 하는 농경사회의 사고의 규범을 바탕으로 구조화되어 있다. 이들 구조에 따라 신들이 제당에 좌정한다. 윗당에는 할아버지, 아랫당에는 할머니가 좌정하고 있다고 생각한다. 3당 구성의 경우에 있어서 제당의 구성은 거릿제당이나 풍어제의 제당이 첨가된 사례가 많다.

3) 시간

인간은 시간을 기준으로 삶의 모든 경험을 한다. 그 속에는 종교적 경험도 있을 것이고, 일상적인 경험도 있을 것이다. 따라서 종교적인 경험 속에서 경험되는 시간은 거룩한 시간이라 할 수 있겠고, 종교적인 의미를 배제한 일상적인 경험 가운데 겪게 되는 세속적인 시간이 있다고 하겠다.[12] 종교적인 인간이 겪는 세속적인 시간은 제사에 의해서 주기적으로 정지된다. 제의가 이루어지는 거룩한 시간은 흐르지 않고 반복되는 시간의 경험이며, 근원적인 시간에로의 회귀라고 말 할 수 있다.

이처럼 신앙인에게 있어서 태초의 시간의 경험은 시간의 재창조를 의미하는 것으로 제의를 통하여 종말과 재생에 참여함으로써 흐름의 시간을 단절한다. 그리고 '그때의 처음'을 현재적으로 실현하는 것이다. 이러한 사례는 새해의 축제, 계절에 따른 절기적인 의례, 성만찬 등으로서 그러한 종교적 경험을 보여주는 전형적인 것들이다.

공동체 신앙은 대개 한 해가 시작하는 달인 정월에 주기적으로 반복되는 신년축제이다. 정월은 새해의 첫달이다. 새해의 첫달은 천지창조의 순간에 존재하였던 원초적인 시간을 회복하는 것을 포함해 우주의 창조를 재현한다. 따라서 우리 농가에서는 정월에 처음 십이지의 날에 제의를 행하거나, 혹은 삶의 풍요를 기원하는 행위를 하기도 한다.

공동체 신앙은 거의 정월에 집중되어 이루어지는데, 주로 정월 초하루, 초삼일, 보름, 택일에 제사를 지낸다. 또한 제의를 지내는 시간도 子時 경으로 하루의 '처음'에 이루어진다. 일반적으로 정월에 지내는 제사는 거의 기풍제의적(祈豊祭儀的)인 성격을 지니고 있고, 팔월에 지내는 제사는 추수감사제의적(秋收感謝祭儀的)인 성격을 지니고 있다. 이것은 제의의 시기는 일치하지 않지만 기독교에서도 추수감사절을 지낸다는 점에서 종교적인 맥락을 같이 하고 있는 셈이다.

4) 신체(神體)

남도지역 제당의 신체는 신의 구체적인 상징물로서 신이 깃든 것이고 신의 의복이라 할 수 있는 것으로, 마을마다 지역적인 특징을 지닌 다양한 모습을 지니고 있다. 주로 느티나무가 주류를 이루고 있지만, 팽나무, 버드나무, 소나무, 은행나무, 동백나무 등의 나무를 들 수 있고, 나무 숲, 당집, 장승, 조탑, 솟대, 입석 등이 활용되기도 한다.

당집은 민가에서 사당을 지어 조상의 위패를 모시고 제사하는 데서 영향을 받아 세워진 것으로 생각되며, 그 안에는 말(馬)의 신상(神像)이나, 신에게 봉헌하는 한복이나 오색의 옷, 흰색의 창호지나 옷감, 자물쇠, 화상(畵像), 남근석, 위패 등을 봉안하고 있다.

그리고 장승이나 조탑, 솟대, 입석은 대개 동네 입구에 위치하여 아랫당이나 거릿제당의 기능을 지닌다. 이들은 30년 전까지도 기능적인 목적의식에 따라 세워졌고, 특히 짐대는 지금도 구례와 곡성을 중심으로 동부 산간지대에서 매년 세워지기도 한다. 이들은 어느 특정한 시기에 세워진 것이 아니라, 마을사람들이 살아가면서 삶의 필요에 의해 세워지고 있음을 알 수 있다. 특히 장승과 입석 그리고 조탑과 짐대는 종교적 대상으로 삼기 위해 조성되기도 하지만, 마을이라는 공간인식에서 비롯되기도 한다.

인간은 공간을 크게 이원적인 공간으로 인식한다. 그 공간은 다름이 아닌 삶과 죽음의 공간이라 하겠다. 삶의 공간이 마을이라고 한다면, 죽음의 공간은 사후세계를 비롯해서 인간이 죽게 되면 묻히게 되는 묘지의 공간일 것이다. 이들 공간은 풍수에서 주 관심사인 음택과 양택의 공간이다. 인간의 공간인식과 공간의 선정은 예나 지금이나 변함이 없다. 인간의 생존을 위한 공간의 설정은 자연을 관찰한 후에 이루어지기 때문이다. 여기서 자연을 관찰한다는 것은 산과 물, 그리고 바람을 관찰하는 것이다. 바람을 막아줄 수 있는 산과 물이 있는 공간을 인간은 삶의 터전으로 결정한다.

마을사람들은 삶의 터전에 있어서 가정을 하나의 소우주로 보고 자기가 살고 있는 집 주위에 울타리를 만들어 자기들만의 공간을 확보하고자 하는 심리를 지니고 있듯이, 마을의 울타리를 만들어 마을사람들의 삶의 보호를 꾀하고자 한다. 여기서 울타리는 그 안에 살고 있는 사람들을 보호해 주고, 삶의 풍요를 보장받는 공간의 경계표시기도 하다.[13] 이를 위해 마을의 울타리가 필요하다. 이 울타리도 가정의 울타리처럼 방풍(防風)과 득수(得水)를 가능케 하는 것이어야 한다. 여기서 방풍은 북풍을 막는 것인데, 마을사람들이 북풍을 막고자 함은 북풍이 곧 재액(災厄)이라고 생각하기 때문이다. 따라서 마을의 울타리는 인위적으로 만들어진 것보다는 자연적인 것이 가장 바람직한 것이고, 이러한 여건을 갖춘 곳에 마을 터를 잡기 마련이다.

마을의 울타리는 마을을 감싸고 있는 산자락이다. 만약에 산자락이나 산

봉우리로서 울타리 역할을 하고 있는 지형물이 없다면, 그것을 보완하기 위해서 나무를 심거나 인공물을 세워서 울타리를 만든다. 혹은 나무를 심고 그 곁에 인공물을 세우기도 한다. 또한 그 공간에 대한 출입구도 편리하고 좋은 방향을 선택해서 만든다. 인간은 출입구를 통해서 그 공간에 들어갔을 때만이 인간으로서 대접을 받게 된다. 이렇듯이 신적인 존재들도 출입구를 통해 울타리 안의 공간으로 통행한다고 믿는다.

동네의 출입구가 좋지 않는 쪽이라면 이를 보완하기 위한 인공물을 세우기도 한다. 여기서 울타리와 출입구를 보완하기 위한 인공물은 장승, 짐대, 입석, 조탑 등이라고 할 수 있겠다. 이들을 세워서 마을사람들은 삶을 풍요롭게 하고, 더불어 외부의 침입을 막고자 하는 것이다. 외부의 침입을 막는다는 것은 마을과 자신을 보호하는 것이기 때문에, 인간의 보호심리에서 종교적 심리로 발전하는 것은 지극히 자연스러운 일이다.

(1) 장승

장승은 마을 입구나 도로변, 사찰입구에 세워져 있는 경우가 많으며, 재질에 따라 석장승과 목장승으로 나누어진다. 석장승은 선사시대의 선돌에서 연원되어 16세기 이후 성행된 풍수비보사상과 전통적인 무교, 도교, 불교의 신관이 혼합되어 형성된 것으로 보이며, 목장승은 청동기시대의 입간습속(立竿習俗)과 삼국시대 이후 목각신상(木刻神像)이 결합되어 형성된 것으로 보인다.[14] 이러한 장승은 전국적으로 분포하고 있으나 주로 충청도와 전라도에 많이 분포하고 있는데, 주로 백제의 영역에 집중되어 있는 것으로 보아 그곳이 장승신앙이 큰 비중을 차지하고 있다[15]고 한다. 호남지역은 다른 지역에 비해 석장승이 많이 나타나고 있는 것이 특징인데, 특히 벙거지형의 석장승이 많다는 점에서 제주도의 돌하루방과 몽고의 석인상을 비교 연구할 수 있는 중요한 자료로서 의미가 있다.

　장승은 시대 혹은 지역에 따라 다양한 명칭과 모습을 가지고 있으며, 그 기능 또한 다양함을 볼 수 있다. 그리고 장승은 시대별로 장생, 장생표주, 장생표탑, 장산, 장승 등으로 불리어져 왔고,[16] 평안도와 함경도에서는 당승, 경기도와 충청도에서는 장승, 장신, 수살목, 수살, 수살이, 살막이 등, 영호남지역에서는 장승, 장생, 장성, 미륵님이 많이 불리어지고, 특히 벅수라는 명칭은 경남과 전남의 해안도서지역에서 많이 불리어지고 있다. 제주도에서는 돌하루방, 우성목 등으로 불리어진다.[17] 하지만 16세기 이래로 장승이라는 명칭이 일반화된 것으로 생각된다.

　장승은 재질에 따라 목장승, 석장승, 복합형장승으로 분류하기도 하지만, 장승이 위치하는 곳에 따라 사찰장승, 마을장승, 공공장승으로 분류할 수 있다. 그리고 장승의 명문 내용에 따라 대장군류, 도교적 장군류, 방위신장류, 호법신장류, 기타 등으로 분류할 수 있다.[18] 뿐만 아니라 장승은 기능에 따라 축귀장승, 비보장승, 이정표장승 등으로 분류하기도 한다. 일반적으로 장승을 비롯한 공간민속은 다른 민속현상과 달리 기능성이 강하다는 점에서 특징이 있다.

(2) 입석

　입석은 선돌, 선독, 짓독, 짐대 등으로 불리우며, 주로 동네 입구나 마을 주변에 세워져 있는 경우가 많다. 그 분포권은 몽고에서부터 한국, 대만, 티벳지방의 민강(岷江)상류유역, 인도, 말레시아로 퍼져 있어서 몽고지방을 제외하고는 거의 지석묘 분포와 일치한다고 한다.[19] 김원룡은 입석이 남방식 지석묘 군집지(群集地)에서 발견되고, 건립연대는 유럽의 경우와 마찬가지로 청동기시대이며, 남성생식기숭배와 밀접한 관련이 있다고 말하기도 하는데,[20] 입석은 지석묘와 같은 시기의 문화적 축조물인 셈이다.[21] 입석은 선사시대로부터 거석숭배의 대상으로서 오늘날까지 전승되고 있고, 전승 과정 속에서 신앙 혹은 풍수의 사상이 습합되어 다양한 기능을 수행한 것으로 보인다.

입석을 태양숭배입석, 풍수비보입석, 마을신앙입석으로 분류하기도 한다. 태양숭배입석은 태양숭배의 상징물로서 선사시대 입석이라면, 풍수비보입석은 대지숭배의 상징물로서 신라 말 혹은 고려 초 이후 사탑비보설에서 파생된 고을이나 마을에 세워진 입석을 말한다. 불교의 대중화와 더불어 사탑비보설은 전국적으로 민간계층에 확산되고, 지방 호족들이 선호하면서 고려시대에는 풍수비보의 역할을 하는 다양한 입석들이 도처에 세워지기 시작했다.[22] 마을신앙입석은 마을신앙의 신체(神體)로서 입석인데, 처음부터 신앙적 목적으로 세워지거나, 애초에는 풍수비보적인 차원에서 세워졌다가 후대에 마을신앙과 복합되면서 마을신앙의 신체로 정착하기도 한다.

(3) 조탑

조탑은 누석단의 형태로서 몽고에 분포되어 있는 오보나 강원지역의 서낭당의 형태와 외형적으로 유사하지만, 서낭당의 돌무더기처럼 행인들이 돌을 하나하나 쌓아가는 탑과는 축조과정이 다르다는 점에서 차이가 있다.[23] 여기서 조탑은 서낭당과는 다르게 특정한 목적을 토대로 처음부터 완성된 탑이다.

풍수의 수구비보는 국면을 형성하는 주변산세의 조건이 압축적으로 나타나는 수구에 조산, 조탑, 임수 등의 풍수적 대응물을 인위적으로 조성하여 지세적 약점을 보충하려는 풍수적 대응방식의 하나인데,[24] 풍수에서 지력을 비보하는 방법으로서 흙으로 하는 것보다는 돌로 하는 방법이 더 좋다고 한다. 따라서 그 방법들을 보면, ㉠사탑(寺塔)으로서 메꾸는 방법과 ㉡ 새로 산을 만들어 보충하는 방법, 그리고 ㉢돌을 세워두는 방법, 혹은 ㉣나 무를 심는 방법 등이다.[25] 여기서 조탑은 그 명칭이 '탑'이라고 부른다는 점 과 돌을 쌓아서 만들었는데 산의 모양이라는 점에서 ㉠㉡㉢의 방법을 종합 적으로 활용하여 만든 비보적인 탑의 형태이다. 조탑은 풍수적 대응방식으 로서 마을신앙과 연계되어 신앙적인 신체 역할을 하기도 하고, 주로 마을 입구에 위치하는 경우가 많다. 다시 말하면 조탑이 표면적으로 풍수적 해석 에 따른 상징물로 인식되어지지만, 궁극적으로는 마을의 안녕과 번창을 꾀 하기 위한 것이므로 종교적 심성과 관련된 대상으로 발전하게 된다. 이러한 조탑은 돌탑, 탑이라고 부르기도 하며, 주로 충청도와 강원도를 중심으로 한 산악지역에 분포하고 있다.

(4) 솟대

솟대는 나무나 돌을 깎아 만든 새를 장대나 돌로 된 기둥 위에 올려놓은 신간(神竿)으로 주로 마을 입구에 세워져 있다. 솟대는 지역마다 솔대, 거릿 대, 연신대, 별신대, 갯대, 액맥이대, 수살대, 오릿대라고 부르지만, 남도지역 에서는 주로 짐대라고 부른다.[26] 이처럼 솟대는 기능성에 따라, 혹은 마을사 람들의 인식의 태도에 따라 달리 부르고 있음을 알 수 있다. 이와 같은 솟대 는 북방 샤머니즘의 신간으로부터 전파되어왔다고 이야기를 하기도 하고, 자생론적인 관점에서 그 기원을 유추하기도 한다.[27] 크게 두 가지 측면에서 솟대의 기원에 관한 논의가 많이 이루어져왔다.

하지만 김의숙은 솟대의 본질을 파악하기 위해서는 무엇보다도 솟대 위 에 올려져 있는 새의 실체를 파악하는 것이 중요하다고 말하기도 한다. 솟 대 위의 새는 처음에는 태양상징조인 까마귀였지만, 세월이 지나면서 까마귀의 의미는 점차 검은색이 주는 사악하다는 뜻, 그리고 재앙을 예보한다는 데서 오는 불길하다는 느낌이 작용하여 본연의 이미지는 약화되거나 잊혀지고, 대신에 풍요의 원리인 물과 화재를 막아주는 화재막이로서 물을 원관념으로 하는 오리, 기러기 등의 물새로 치환된 것이라고 한다.[28] 이것은 풍수의 영향을 받으면서 까마귀에서 오리로 바뀐 것으로 보이지만, 실질적으로 솟대 위의 새는 오래전부터 물오리이었을 것으로 추청하기도 한다. 그러한 근거로서 1987년 몽촌토성에서 발굴된 오리모양의 나무 조각이 3세기의 유물로 밝혀졌는데, 그것은 솟대의 오리와 같다는 것이다.[29] 여기서 중요한 것은 현재 전승되고 있는 솟대 위의 새가 오리라고 인식하고 있는 것이 다수를 이루고 있다는 점이다. 오리는 물과 관련되어 있기 때문에 화재를 막을 수 있는 상징적인 새이고, 오리의 부리는 쪼아 내거나 삼키는 기능을 수행하기 때문에 축귀적 역할을 한다고 인식해왔다. 이러한 인식이 오리를 비보풍수 혹은 신앙적인 용도로 사용하도록 했을 것이다.

지금까지 전승되고 있는 솟대의 유형으로 형태적인 면에서 석조(石鳥)솟대, 목조(木鳥)솟대, 용두(龍頭)솟대로 나눌 수 있고, 기능적인 측면에서 비보풍수 솟대, 과거급제 기념솟대, 효자 기념 솟대로 나눌 수 있다.[30] 남도지역의 솟대는 거의 대부분 풍수와 밀접한 관련이 있다.

5) 제의

종교적 인식에 대한 실천적인 표상은 제의라 하겠다. 모든 제의는 봉헌적(奉獻的)인 특성을 지니고 있다. 인간은 그 제의 안에서, 그리고 그 제사를 통하여 거룩한 어떤 힘의 실체를 지각하게 된다. 따라서 제사는 인간의 일상적인 삶과 창조적 원천의 접촉이 이루어지도록 하는 계기를 마련해 주는 것으로 지극히 종교적이라 할 수 있다.

제의는 주어진 문화활동 내에서 소리, 음성, 몸짓 등에서부터 기도, 희생제물의 헌납, 거룩한 춤, 앉고 서는 행위, 음식을 먹거나 길을 걷는 행위 등 인간의 모든 활동이 동원되어 사용된다. 이러한 물체들이나 행동들이 종교언어와 함께 엮어지고 연출되는 경우에만 제의가 성립된다. 그러므로 제의에서 두 가지 측면, 즉 비언어적인 행위와 언어적인 행위가 서로 겹쳐서 구성되어 하나의 강력한 제의가 되고, 이것은 의사표시의 매개체가 되는 것이다.

(1) 독축, 무가, 풍물

언어적인 행위는 분명한 의미를 갖기는 하지만, 비교적 용이하고 많은 노력이 들지 않기 때문에 믿음의 강도와 진실성이 부족할 수 있다. 그렇지만 이러한 것들은 언어행위에 의해 보완된다.

먼저, 언어적인 행위로 독축을 들 수 있다. 공동체 구성원이 제의를 수행하고자 하는 분명한 의미를 지니고 있는 것은 '독축'이다. 독축은 반드시 독축시에 읽었던 축문을 소지하는 과정을 수반한다. 축문에는 신의 신성성을 찬양하고 공동체 구성원들의 희구를 기원하는 염원이 담겨 있다. 따라서 축문은 공동체 구성원들이 수행하고자 하는 제의의 목적이 극명하게 표현되어 있어서 기독교 의례에서 수행되는 기도문의 암송과 같은 역할을 한다.

축문은 서두(序頭)와 본문 그리고 말미(末尾)라고 하는 3구성으로 이루어져 있다. 서두에는 제의를 행하는 시기와 제의의 주재자를 밝히고 있으며, 본문에는 신의 영험성을 찬양하고, 신에게 공동체 구성원이 기원하고자 하는 희구의 내용을 담고 있다.[31] 말미는 '상향(尙饗)'으로 처리하여, 이는 기도문에서 말하고 있는 'amen'의 의미와 같은 역할을 한다.

두 번째, 언어적 행위로 무가가 있다. 마을신앙에서 무가가 이루어지는 경우는 주로 해안지역의 용왕제나 별신굿에서 나타난다. 이러한 마을신앙에서는 축관이 축문을 읽는 독축과 더불어 무당이 춤을 추고 축언(祝言)을 한다. 혹은 독축 대신 무당의 축언을 하기도 한다. 여기서 축언의 내용은 축문의 내용 구성과 흡사하다. 이처럼 무당이 공동체의 제사에 참여한 것을 두고, 마을신앙의 의례절차[32]가 유교식보다도 무식(巫式)으로 제사를 지낸 것이 선행된 것으로 말하기도 한다.

세 번째, 언어적 행위로 풍물을 들 수 있다. 풍물은 신에게 제사를 올리기 위해 의례적인 차원에서 이루어지기도 한다. 그렇기 때문에 마을신앙은 풍물을 수반하는 것이 일반적이다. 대개 제관들이 제사를 지내기 위해 제물을 가지고 제당으로 갈 때 풍물이 뒤따라가기도 하고, 제관들이 제당이나 제당 주위에서 유숙(留宿)할 경우에는 제관들이 음식을 진설하면 그 때 올리기도 한다.

제당에 도착하면 들당산굿을 치고 제사의 진행에 맞추어 풍물을 친다. 제사의 진행과정에 있어서 독축의례시에는 풍물을 잠시 중단했다가 그 의례가 끝나면 본격적인 신의 위무잔치가 벌어진다. 그런 다음 제관들은 제당으로부터 내려오게 되고, 날당산굿을 치고 제당을 떠난다. 풍물은 신을 즐겁게 하기 위한 일종의 신악(神樂)의 하나라 할 수 있다.

(2) 제의의 준비단계, 본격적인 의례, 헌식

비언어적인 행위는 그 자체로는 많은 경우에 의미가 모호할 수도 있으나, 의례적인 노력이 요청되기 때문에 높은 믿음의 강도와 진실성을 갖게 된다. 행위의 애매모호함은 소리의 언어에 의해서 극복되기도 한다. 마을신앙에서 비언어적인 행위는 제의의 준비단계에서부터 본격적인 의례, 헌식(獻食)까지를 말한다. 여기서 본격적인 의례는 신위를 모시는 것, 신격 앞에 제물을 바치고 제관들이 절을 올리는 것이 있으며, 소지로 구성된다. 이들은 다시 정리하면, ㉠강신, ㉡신에게 위무행사(慰撫行事) 및 인간의 희구내용 기원, ㉢송신의 절차로 이루어져 있다. 마을신앙의 제의 절차가 유교식이든 무식이든 간에 이와 같은 절차를 근거로 이루어지는데, 위 3단계의 절차는 제의의 준비단계를 거쳐서 진행된다.

준비단계는 모든 제의의 수행을 원활하게 하기 위함이요, 제의의 결과를 측정하게 하는 가늠자가 될 수 있을 만큼 중요하다. 여기서 준비단계라 함은 제관을 선정하는 것, 제일(祭日)을 결정하는 것, 제비(祭費)를 각출하는 것, 제물을 준비하는 것, 제관의 자기수신 등이 이루어지는 것을 말한다. 특히 준비단계에서 제물을 준비하는 과정과 제관의 자기수신의 수준이나 강도에 따라서 거룩한 힘에의 참여도가 측정된다.

제물은 정성스럽게 마련되어야 하고, 제관이 자기수신 과정에 있어서 심신을 청결하게 해야 한다. 그렇지 않으면, 마을 사람들은 제의를 통해서 이루어지게 될 신의 가호를 기대하기 어렵고, 도리어 해를 당할 가능성이 농후해진다. 만약에 제의의 결과가 부정적인 경우에는 다시 제일을 택하여 제의를 수행하기도 한다.

강신의 과정은 제물을 진설하기 전까지이다. 신위를 모신 뒤 제관이 분향을 하고 재배하는 의례를 말한다. 기원의 과정은 유교식 제의 절차에 있어서 음식 진설, 초헌, 독축, 아헌, 종헌, 음복에 이르기까지를 말하고, 송신의 과정은 소지가 해당된다고 생각할 수 있다.

소지는 축문소지와 공동체 구성원의 소지가 있다. 축문소지는 독축과 관련된 것이지만, 공동체소지는 축문과는 별개로 제의를 수행한 마지막 단계에서 이루어진다. 소지가 이루진 형태는 흔히 세 가지 유형으로 나타난다. 그것은 ㉠축문소지, ㉡축문소지와 공동체소지의 복합형, ㉢공동체소지이다. 일반적으로 마을신앙은 독축을 수행하고 있으나, 독축이 생략된 경우에는 공동체소지만으로 대신하는 경우도 있다.

소지가 끝나면, 제관이 제물을 철상하기 전에 각각의 제물들을 조금씩 창호지에 싸서 제당 주변에 묻는데, 이것이 헌식(獻食)이다. 헌식에 있어서 제물은 진설되었던 것들이지만, 돼지머리가 젯상에 올라가는 경우는 돼지머리를 헌식에서 사용하기도 하고, 그렇지 않는 경우는 각각의 제물의 일부를 헌식으로 사용한다.

6) 제사공동체

인간은 불안정 속에서 무언가를 갈망하고 추구하고자 돌파구를 마련하고자 노력한다. 이러한 과정 속에서 인간은 거룩한 것을 경험하게 된다. 거룩한 것의 경험은 인간이 불안정한 상황으로부터 심리적 안정을 되찾게 해준다. 그럴 때 인간은 그 경험을 토대로 증언하고 싶어 하고, 증언의 내용에 대해서 공감하게 된 인간들은 종교적 공동체를 구성하기 마련이다. 그것은 인간이 신앙적으로 경험했던 것이 개인적인 현상임에는 틀림이 없지만, 개인의 것으로만 남아 있지 않고 항상 단체의 성격을 띠기 때문이다.

여기서 종교적 공동체는 제사공동체(cult-group)로 호칭될 수 있다. 이들은 집단적인 신앙 행위를 보이게 되고, 이를 위해 집단적인 제의를 수행하게 되는 것이다. 집단적인 제의는 공통된 제의로서 공통의 상징을 갖는다. 이러한 제의는 필연적으로 집단의 현상이고 소유물이 되기 때문에 하나의 사회적 사실이 되고, 또한 하나의 전통이 된다. 신앙적 전통은 개인들이 출생하기 이전부터 존재한 것들이고, 개인들이 죽은 후에도 다음 세대로 전수되어 계속 존재하는 것들이다.

신앙이 집단화된 표상으로 나타났을 때, 공통의 믿음과 가치를 그 구성원에게 배분함으로써 그 집단의 구성원을 통합시키는 중요한 기능을 수행한다.[33] 그렇기 때문에 종교단체나 혹은 제사공동체가 구성되기 마련이다. 이들 조직체들은 사회 조직으로부터 분리되어 어느 정도 독립적으로 존재하는 종교가 있는가 하면, 고대 종교에서처럼 종교 단체가 다른 사회 조직체와 혼합되어 존재하는 종교도 있다. 전자는 다른 조직체로부터 분리되었다는 의미에서 분화된 종교라고 불리우고, 후자는 다른 조직체와 혼합되어 존재한다는 의미에서 확산종교라고 부르기도 한다. 유교와 무속은 확산종교에 가까운 것으로 보인다. 우리의 공동체 신앙도 다른 사회 조직체와 혼합되어 존재하는 확산종교에 가깝다고 하겠다.

제사공동체는 신앙인의 믿음을 지지해 주고, 믿음과 신앙적 경험을 강화한다고 할 수 있다. 같은 믿음을 공유하고 있는 집단 속에는 믿음을 계속 존재하도록 하는 제사공동체가 있기 때문이다. 나아가서 이러한 제사공동체는 그 집단의 구성원을 통합시키는 중요한 기능을 하고, 개인적인 욕망이나 행동을 억제함으로써 사회적인 규범의 기초가 된다. 일반적으로 마을신앙이 수행되고 있는 지역의 마을을 보면, 마을 사람들의 단결심은 물론 인간 삶의 질서가 잡혀 있음을 볼 수 있다. 결국, 제사공동체는 공동체 사회 질서의 옹호자라는 점에서 제사공동체와 사회는 상보적인 관계를 형성하고 있는 셈이다.

5. 기타 공동체신앙

1) 성신앙

성신앙(性信仰)[34]은 남녀의 성기 모형을 신체(神體)로 상정하고 그곳에서 행해지는 신앙적 행위를 말하는 것으로 성력(性力)과 그것에 감응하는 기본원리를 바탕으로 한다. 이 신앙의 신체는 나무나 돌로 만들어진 남녀의 성기 모형이나, 암석이나 암벽에 있는 성기나 성교의 장면이기도 하다. 성신앙이 생식의례라는 점에서 풍요와 다산을 근간으로 한다.

성신앙은 신체의 유형에 따라 성신체, 봉헌체, 패용체로 구분되며,[35] 의례의 형태에 따라서는 개별신앙, 마을신앙 및 여타의 신앙과 결합된 복합적 신앙형태로 구분된다. 그리고 대상물의 표현기법에 의해 생식기의 사실적인 표현이나 상징적인 표현, 성 행위의 사실적 표현으로 나누어지며, 의례의 방법에 따라서는 유교적 제차를 비롯하여 개인의 비손 행위 및 성행위의 모방적 행위까지 두루 나타난다.

성신앙과 관계된 것으로 경북 울주 반구대 암각화가 가장 오래된 것으로 알려져 있는데, 이 암각화에는 교미 자세를 취한 동물이 새겨져 있어 성신앙의 발생을 구체적으로 가늠해 볼 수 있게 한다. 이처럼 남근을 암석에 표현한 것뿐만 아니라 실제로 남근을 만들어 세운 경우도 있다. 전북 정읍시 칠보면 원백암리에서는 동내 앞 할머니당산나무 아래에 사각형의 기단 위에 원통형의 남근석[36]을 세워놓았는데 마을신앙의 대상이 되고 있다. 이 남근석을 마을 사람들은 '자지바우'라고 부르며, 인근 마을 사람들 중에서 아들을 낳기 위해 백설기와 과일 등을 차려놓고 제사를 지내기도 한다. 그런가 하면 마을이 아닌 묘지 앞에 남근형의 묘비석을 세우는 경우도 있다. 이는 신앙적인 것보다는 비보풍수적인 목적에 따라 세운 경우로, 전남 장성군 남면 청송 심씨인 심희창의 묘 앞에 세운 것이 그 예이다.

성신앙이 암석만을 대상으로 하고 있는 것이 아니라 성신앙을 민속놀이인 줄다리기로 표현하기도 한다.[37] 줄이 쌍줄인 경우 반드시 암줄과 숫줄로 구성된다. 줄이 제작되면 동내 앞 공터나 큰길에서 암줄과 숫줄을 결합하는 의례를 수행하는데, 결합과정이 후대에 각색되기는 했지만 숫줄과 암줄에 신랑과 신부를 각각 태워 혼례를 치루기도 하고, 성행위를 간접적으로 묘사하는 숫줄의 진격을 통해 암줄과의 결합을 시도하기도 한다.[38]

이와 같은 성신앙의 모습은 갯제인 어촌신앙 형태에서도 찾아 볼 수 있다. 전남 신안군 흑산면 수리 갯제에서 보면 남근이 노출되도록 만든 짚으로 된 허수아비를 용왕신의 신체로 삼고 있고, 전북 부안군 위도 갯제인 띠뱃놀이 행사에서도 돛단배 모양의 배 안에 제웅이라 하여 가랑이 사이에 남근을 꼿꼿이 세운 짚인형의 인물상을 만들어 바다에 띄워 보내는데, 이들 모두 성신앙적인 요소가 담겨 있음을 볼 수 있다. 궁극적으로 성신앙은 기자, 풍어, 풍농 등 풍요로운 생산을 기원하는 것이 주된 목적이다.

인간이 생명력을 갖기 위해서는 남녀의 결합이 이루어져야 하고, 이것이 음양 원리의 시발점이라 볼 수 있다. 음양의 기원을 성기기원설에 두기도 한다. 이것은 음양 관념이 생식기 숭배에서 기원한다고 생각하는 견해이다. 여성의 생식기는 천지의 근원이며, 음을 상징한다. 이러한 관점에서 음양이라고 하여 음을 양보다 앞에 존재하도록 하는 것은 여성생식기 숭배 혹은 모계관념에서 나온 것이라 하겠다.

결국, 갯제와 같은 어촌신앙이나 민속놀이가 성이 가지고 있는 생생력을 기원하기 위함이고, 음양의 결합을 통해 삶의 풍요를 기원하는 측면에서 연행되고 있음을 볼 수 있다. 따라서 성기석이 신성한 성의 관념과 성이 가지고 있는 생생력, 음양의 결합에 따른 생산력 등을 바탕으로 신앙화되고 놀이화되어 생산적인 문화를 창출하는 원동력이 되고 있는 것이다.

2) 기자신앙

기자신앙은 인도의 링가숭배(남근숭배)와 같이 남근숭배를 대상으로 하는 돌 또는 석봉(石棒)에서 비롯되었다.[39] 이것은 기자신앙이 근본적으로 성신앙을 바탕으로 이루어짐을 말한다. 특히 남녀 간의 성이 갖는 생산적인 의미와 암석이 갖는 의미가 복합되어 기자신앙이 형성된 것으로 보인다. 기자신앙은 부녀자들이 성기석이나 성기를 상징하는 암석 앞에 간단한 음식을 차려 놓고 아들을 얻기 위해 은밀하게 치성을 올리는 것을 말한다. 다시 말해 암석에 영혼이 들어 있어 그것이 성장하고 증식과 분열하므로 암석을 대상으로 기도하면 자식을 얻는다고 생각했던 것이다. 여기서 성기석을 숭배하는 것은 단순히 생산의 풍요뿐만 아니라 자식을 얻기 위해 행해지기도 한다. 다시 말하면 성기석 숭배는 마을신앙으로 발전되기도 하고, 부녀자 중심의 개인신앙으로 이루어지기도 함을 엿볼 수 있다.

일반적으로 성기석은 두 가지 유형이 있는데, 그것은 자연물과 인공물이다. 자연물은 그 생김새를, 혹은 설화적 이야기를 통해 성별을 구분하기 때문에 형태상으로 구분하기가 쉽지 않다. 예컨대 바위 자체로부터 생명이 직접 탄생하는 경우는 여성을 상징하고, 여성이나 여성적인 상징물과 관계되어 생명이 탄생하는 경우는 남성을 상징하는 경우가 많다. 일반적으로 기자행위를 주로 여자들이 많이 하기 때문에 남성 상징의 성기석이 많다. 하지만 인공물인 경우는 성별을 구분하기가 어렵지 않다. 이와 같은 성기석 앞에서 부녀자들이 자식을 얻기 위해 은밀하게 치성을 올리는 것이 기자신앙이다.

서울 서대문구 부암동에 부녀자들이 많이 찾아가는 기자암이 있는데, 이

곳은 자식이 없는 여자들이 돌을 주워들고 자기 나이만큼 정성껏 암벽에 문지른 다음 손을 떼는 순간에 그 돌이 암벽에 붙으면 소원이 성취되고, 그렇지 않으면 소원이 이루어지지 않는다고 한다. 따라서 부녀자들이 남의 눈을 피해 한밤중에 찾아가서 정성껏 돌을 문지르는 일이 많아 암벽 도처에 성혈의 흔적이 많이 나타나 있다.[40] 경북 봉화군 법전면 봉정리 노림동 뒷산에 <이여송이 깨뜨린 바위>에서 암석 위에 음식을 차려 놓고 아들 낳기를 기원하기도 하고, 경북 의성군 금성면 수정동 뒷산 기슭에 <아들바위와 딸바위>에 투석을 하여 일정한 위치에 얹으면 소원성취를 한다고 한다.[41] 이러한 것은 전남 화순군 춘양면 보검재로 가는 곳에 있는 <핑매바위(장군바위)>에서 나타난다. 핑매바위 위에 구멍이 하나 있는데, 이곳에 돌을 던져서 구멍 안에 돌이 들어가면 아들을 낳고, 그렇지 않으면 딸을 낳는다고 말하는 것[42]으로 보아 핑매바위를 기자암으로 인식하고 있음을 알 수 있다. 이와 같이 기자암은 전국 도처에 나타나고, 특히 월출산은 남근을 상징하는 산으로 알려져 있기 때문에 이곳에서 기자굿을 하면 효험이 크다고 무속인들 사이에서는 알려져 있다. 실질적으로 월출산의 서낭골, 큰골, 용추골, 막사당골, 바랑골, 칠치폭포, 경포대계곡 등에 있는 암석에는 성혈들이 다량으로 조식되어 있다.[43] 암석의 성혈은 아들을 원하는 부녀자들이 은밀하게 암석 앞에서 빌고 주술적 행위를 하는 과정 속에서 형성된 것으로, 근본적으로 암석을 생명시하는 데서 비롯된 것으로 보인다. 암석을 생명과 관계지어 생각하는 것은 아이의 수명장수를 기원하기 위해 이름을 바위라고 부르는 데서도 찾아 볼 수 있다.

이처럼 바위를 통해 인물이 탄생했다고 하는 것은 바위가 갖는 생생력, 혹은 조령(祖靈)이나 여성의 생생력이 이입되어서 갖게 된 생생력(生生力)[44]에서 비롯된 것으로 보인다. 바위의 생생력 때문에 부녀자들은 아들을 얻기 위해 바위를 치성의 대상으로 삼았던 것이다. 기자신앙은 비록 가족 혹은 개인 중심으로 이루어지는 경우가 많았지만 혈연을 중시하는 전통농경사회의 중요한 신앙형태 중 하나이었다. 이러한 것도 의학이 발달하면서 그 자취를 감추고 구술문화의 하나로 잔존하고 있는 실정이다. 하지만 지금도 의학적으로 해결하지 못한 경우에 영험한 산에서 기자굿을 통해 아들을 얻고자 하기도 한다.

3) 칠성신앙

칠성신앙은 인간의 길흉화복과 수명을 관장하는 칠성신을 숭배하는 신앙형태이다. 칠성신은 북두칠성을 신격화한 성신(星神)으로 도교와 유교의 천체숭배사상과 영부(靈符)신앙이 조화된 신격이다.[45] 특히 사찰 내의 칠성신은 약사신앙이 조화되어 완전히 불교적으로 토착화된 신이다. 불교에서 칠성신은 중생들의 내세에 대한 믿음을 주려는 것이고, 도교에서 칠성신은 인간의 길흉화복을 점지하는 것이기 때문에 민속신앙에서 중요한 신격으로 모셔질 수밖에 없었다.

불교가 유입되었을 당시에 가장 중요하게 숭배했던 신앙이 산신신앙과 칠성신앙이었을 것으로 보인다. 산신에 대한 숭배는 지배계층의 천신숭배 전통으로부터 이어진 것이고, 칠성신에 대한 숭배는 인간의 수명을 관장하는 신격이어서 불교의 토착화를 꾀하기 위해서는 무엇보다도 산신신앙과 칠성신앙을 수용하지 않을 수 없었을 것이다. 이처럼 민속신앙을 수용하여 불교의 토착화를 꾀하기 위해 사찰의 가람배치를 전략적으로 이용하기도 했다. 다시 말하면 산신각과 칠성각을 사찰의 중심 공간인 대웅전 뒤에 배치한 것은 비불자들이 대웅전 앞을 드나들면서 자연스럽게 불교적으로 동화시키기 위한 의도의 반영이 아닌가 한다.

마을 주변에 있는 칠성신은 암석을 신체로 하고 있는 경우가 많다. 대개 고인돌을 신체로 삼고 있는 경우가 많은데, 고인돌 7개를 칠성바위라고 부르고 있는 경우는 전남 장흥군 대덕읍 연정리 평촌마을과 장흥군 장동면 만년리 삼정마을 이외에도 전남지역에서는 11개 마을에서도 찾아볼 수 있다. 전남 화순군 고인돌의 덮개돌에 7개의 성혈이 조식되어 있는데, 이를 칠성바위라고 부르기도 한다. 그런가 하면 운주사에서는 인공적인 암석을 북두칠성처럼 배치하여 칠성바위라고 부르고 있다. 이처럼 암석을 칠성신의 신체로 활용하고 있는 것을 볼 수 있는데, 이것은 암석이 갖는 항구성과 별이 갖는 생명성이 결합되어 칠성바위를 숭배의 대상으로 삼았을 것으로 보인다.

칠성바위는 주로 아이들의 수명장수를 기원하기 위한 숭배의 대상이 되기도 하지만, 한 생명을 점지해준다고 생각하기 때문에 기자의 대상이 되기도 한다. 인간은 칠성신의 품으로부터 태어나 이승의 풍요로운 삶을 영위한 뒤 다시 칠성신의 품으로 돌아간다고 생각하여 인간이 운명하는 것을 '돌아가셨다'라고 표현하기도 한다. 그런가 하면 인간이 운명하여 입관하기 전에 염습을 하게 되는데, 이때 일곱 매듭으로 시신을 묶는다든가, 입관하고 관을 일곱 매듭으로 묶는 것은 여기서 7이 곧 칠성신을 상징하기 때문이다. 아이가 태어날 때 얼굴에 피가 묻는다든지, 탯줄을 뒤집어 쓰고 나오면 흔히 그 아이를 '액맥이 한다' 하여 7월 7일이면 칠성신에게 공을 들이기도 한다. 그리고 칠성바위에 공을 들여 아들을 낳는 경우 그 아이 이름을 '칠성(七星)'이라 부르기도 한다. 이처럼 칠성신은 인간의 수명을 관장하는 신격이면서 기자의 대상으로서 아이를 점지해 주는 역할을 하기도 한다.

4) 거북신앙

거북신앙은 거북을 신격화한 거북바위를 숭배하는 신앙 행위를 말한다. 거북은 뱀이나 용과 동일한 신앙적 의미를 지닌 동물로서 거북의 머리는 남성의 성기를 상징하며, 움추린 모습과 몸통은 여자의 성기와 자궁을 상징하여 풍요로운 생산력을 나타내 준다[46]고 한다. 거북신앙의 핵심은 거북의 머리(龜頭)이다. 귀두는 사두(蛇頭)요 용두(龍頭)로서 남근(男根)을 의미한다. 한의학에서 남근을 귀두라고 말한다. 거북신앙은 고대의 생산신앙과 관련을 가지면서 풍농, 풍어를 비는 기도 및 기우(祈雨)와 연관이 있다. 그리고 호국용신앙은 거북신앙에 바탕을 둔 호국구신앙으로 연결되고 있기 때문에 거북이 장수, 벽사, 상서롭고 길한 동물로 신앙되어 왔다. 이와 같은 거북신앙은 중국에서는 당송(唐宋)때에 제일 유행한 것으로 알려져 있으며, 우리나라에서는 구지가(龜旨歌)에서 보여주는 것처럼 7세기 경에 유행했다고 한다.[47]

따라서 거북신앙의 주인공은 바로 남근으로 생산의 풍요를 기원하는 대상이 되고 있다는 점에서 성신앙과 밀접한 관련이 있고, 거북이가 장수를 상징하기 때문에 인간의 수명장수를 기원하는 칠성신앙과 밀접한 관련이 있다. 그리고 거북이가 국가와 지역을 수호해준다고 하는 인식을 바탕으로 한 마을이나 가정의 재복을 지켜주기 때문에 가택신앙인 업신앙과도 밀접한 관련이 있음을 알 수 있다. 그래서 거북신앙은 성신앙이요 칠성신앙이고 업신앙이기 때문에 한국인에게는 중요한 신앙이었던 것이다. 그것은 지명이나 사람의 이름, 사찰명, 공동체신앙의 제당 명칭, 상량문에 새겨진 글씨, 거북 형상의 비석, 구지가와 해가사와 같은 고대가요의 작품, 거북놀이, 설화 등에서 거북(龜)이 많이 등장하고 있는 것만 봐도 짐작할 수 있다.

거북신앙은 주로 거북이 형상을 한 암석을 신체로 삼았거나, 아니면 인공적으로 만들어 숭배했을 것으로 보인다. 특히 백제계의 산성에 거북바위를 배치시킨 것이라든가, 대모산성의 거북바위와 후백제시대에 만든 전주의 거북바위, 강화도의 거북바위 등에서 보듯 그들이 거북이를 하나의 수호신으로 여겼던 것을 알 수 있다.[48] 그리고 고구려의 사신도에서 북쪽을 지키는 신무(神武)가 거북의 형태를 하고 있고, 가락국의 김수로왕의 탄생지인 김해시 구산시에 있는 구지봉 등을 보면 거북이가 수호신으로서뿐만 아니라 생산의 신으로서 역할을 하고 있음을 알 수 있다.

거북신앙의 신체로서 마을 주변의 고인돌을 활용하고 있는 경우도 많다. 대개 이 경우 고인돌을 '거북바위'라고 부른다. 거북바위를 '두꺼비바위' 혹은 '복바위'라고 부르기도 한다. 전남 구례군 구례읍 봉서리에는 고인돌이 12기가 있는데, 그 가운데 고인돌 덮개돌에 거북이 모양의 음각이 새겨져 있어서 이를 거북바위라고 부른다. 그런가 하면 전남 강진군 도암면 지석리 동령마을에는 16기의 고인돌이 있는데, 마을 주민들은 고인돌을 두꺼비바위와 두꺼비알이라고 부르기도 한다. 그리고 전남 강진군 병영면 지로리 지로마을에서는 동네 입구에 고인돌 1기가 있는데, 이것은 복을 가져온다고 하여 복바위라고 부르고 있다. 두꺼비바위라고 부르는 것은 업신의 신체로 거북이나 두꺼비 혹은 구렁이를 인식하고 있는데서 비롯된 것으로 보인다. 복바위라고 부르는 것도 이와 크게 다를 바 없다. 다만 이러한 것은 기본적으로 거북신앙으로부터 출발한 것이라 생각된다.

각 주

1   김용덕, 『한국풍속사 I』, 밀알, 1994, 83쪽.

2   이광일, 민속과 축제의 관광적 해석, 민속원, 2004, 37쪽.

3   표인주, 『남도민속과 축제』, 전남대학교 출판부, 2005, 110~116쪽.

4   『한국의 마을제당』, 국립민속박물관, 1995.

5   민속학회, 『한국민속학의 이해』, 문학아카데미, 1994, 167쪽.

6   이두현 외, 『한국민속학개설』, 일조각, 1993, 187쪽.

7   이두현 외, 앞의 책, 185쪽.

8   표인주, 『한국인의 생활양식과 전통문화예술』, 민속원, 2004, 110~113쪽.
    민속학회, 앞의 책, 161~164쪽.

9   표인주, 『공동체신앙과 당신화 연구』, 1996, 집문당, 152쪽.

10 멀치아 엘리아데(이동하 역), 『성과 속』, 학민사, 1983.

11 박계홍, 『한국민속학개론』, 형설출판사, 1992, 222~223쪽.

12 멀치아 엘리아데(이동하 역), 앞의 책, 53쪽.

13 표인주, 『남도민속문화론』, 민속원, 2002, 96쪽.

14 이종철, 「장승의 기원과 변천시고」, 『이화사학연구』, 제13·14집, 이화사학연구소, 1983, 39쪽.

15 임동권, 『대장군 신앙의 연구』, 민속원, 2002, 19쪽.

16 이종철, 앞의 논문, 31쪽.

17 이종철, 「장승의 현지유형에 관한 시고」, 『한국문화인류학』 제17집, 한국문화인류학회, 1985,
    146쪽.

18 이종철, 앞의 논문, 156~167쪽.

19 김병모, 「한국거석문화원류에 관한 연구」(1), 『한국고고학보』 10·11합집, 한국고고학회, 1981,
    57쪽.

20 김원룡, 「멘힐(입석)잡기」, 『고고미술』 5, 한국미술사학회, 1960, 23~24쪽.

21 한규량, 「한국선돌의 기능변천에 관한 연구」, 『백산학보』 제28호, 1984, 276~343쪽.

22 송화섭, 「풍수비보입석과 불교민속」, 『한국사상사학』 Vol 17, 한국사상사학회, 2001, 207~208쪽.

23 표인주, 『남도민속의 이해』, 전남대학교출판부, 2007, 184쪽.

24 권선정, 「비보풍수와 민간신앙」, 『지리학연구』제37권 4호, 국토지리학회, 권선정, 2003, 432쪽.

25 村山智順(최길성 옮김), 『조선의 풍수』, 민음사, 1993, 240~241쪽.

26 표인주, 앞의 책, 185쪽.

27 장정룡, 「강릉지방 솟대연구」, 『강원민속학』 Vol 5, 강원민속학회, 1988, 30쪽.

28 김의숙, 「솟대의 형성고」, 『강원인문논총』제1집, 강원대학교 인문과학연구소, 1990, 130~149쪽.

29 장정룡, 앞의 논문, 34쪽.

30 박순호, 「전북 솟대고」, 『한국민속학』 Vol 18, 한국민속학회, 1985, 230~232쪽.

31 표인주, 「전남촌제의 축문연구」, 전남대학교 대학원 석사학위논문, 1989, 23~41쪽.

32 이두현, 「동제와 당굿」, 『사대논총』17, 서울대학교 사범대학, 1978.

33 정진홍, 『종교학 서설』, 전망사, 1985. 41쪽.

34 표인주, 『남도민속의 이해』, 전남대학교출판부, 2007, 288~293쪽.

35 『한국의 성신앙 현지조사』, 국립광주박물관, 1984, 89쪽.

36 전북 순창군 팔덕면 산동리에서는 동내 앞에 연잎으로 감싼 모습이며 정교하게 조각을 한 원통형의 남근석을 세워 놓았다. 남근석을 세우게 된 배경은 산동마을이 풍수적으로 음기(陰氣)가 드세니 이 음기를 진압하기 위해 남근석을 세웠다고 한다.

37 표인주, 「영산강 유역 줄다리기문화의 구조적 분석과 특질」, 『한국민속학』제48호, 한국민속학회, 2008, 304~309쪽.

38 전북 부안군 보안면 우동리

39 박용식, 『한국설화의 원시종교사상연구』, 일지사, 1985, 82쪽.

40 박용식, 앞의 책, 83쪽.

41 유증선, 「암석신앙전설」, 『한국민속학』2집, 한국민속학회, 1970, 55쪽.

42 『화순 지석묘군』, 목포대학교박물관·전라남도, 1999, 401쪽.

43 표인주·조경만, 『월출산-바위문화조사』, 전라남도, 1988, 229~257쪽.

44 김열규, 「한국민속신앙의 생생상징 연구」, 『아세아연구』제9권 제2호, 고려대학교 민족문화연구소, 1966, 91쪽.

45 한정섭, 「불교토착신앙고」, 『불교학보』제1집, 한국불교학회, 1975, 175쪽.

46 오순제, 「고대의 동굴신앙유적과 거북바위에 대한 연구」, 『명지사론』14·15합집, 관산 김위현 교수 정년기념논문집, 2쪽.

47 주채혁, 「거북 신앙과 그 분포」, 『한국민속학』제6호, 한국민속학회, 1973, 25~35쪽.

48 오순제, 앞의 논문, 9~51쪽.

제8장

무속신앙

1. 무속신앙의 개념

무속의 주체는 전문 사제자인 무인(巫人)이다. 일반적으로 무인을 무(巫), 무당, 무녀라 하기도 하고, 남자 무인을 지칭할 때는 격(覡)이라고도 한다. 광주를 비롯한 호남 지역에서는 단골 혹은 당골이라고 부르기도 한다. 무인은 인간의 기원을 신에게 고하고, 또 신의 의지를 탐지하여 이를 인간에게 계시 해 주는 매개인의 역할을 담당한다.

제정일치시대의 제사의 주재자는 정치적인 기능과 종교적인 기능을 수행하는 자이다. 무인이 곧 군왕으로서 군(君)이요 신과 교섭할 수 있는 초인적인 존재이었기에, 일반 대중들은 무인을 존경하고 그의 명령에 따르지 않을 수 없게 되었을 것이다. 삼한의 천군(天君)이나 신라 제2대 남해 차차웅의 차차웅은 곧 군(君), 왕(王), 무(巫)였을 것으로 보인다. 무인은 보통 사제계인 세습무와 샤먼계인 강신무로 나누기도 한다. 세습무는 무인의 가계에서 태어나 세습하여 되는 무당이고, 강신무는 신들려 되는 무당을 말한다.

이처럼 무속은 마을신앙과 달리 전문 사제자인 무인의 주재 하에 수행되는 민속신앙의 하나인 현세 지향적인 종교라 할 수 있다. 흔히 종교의 인식에 대한 지적인 표현으로 신화와 교리를 들 수 있다. 신화와 교리는 믿음의 체계가 가치의 체계라고도 하며, 세계관과 풍조라고도 한다. 이들 체계는 서로 조화를 유지하고, 두 체계가 내적으로 밀접한 유기적 관계를 갖게 된다.

다시 말해 신화는 교리체계의 토대는 물론 신앙의 정당성을 부여하게 되고, 교리체계는 신앙을 설명하고 명료하게 하며, 종교적인 행위규범의 규제원리를 제공하기 때문에 서로 유기적인 관계를 갖게 되는 것이다. 무속도 여타의 종교처럼 무속신화와 교리체계를 갖춘 종교적 구조를 가지고 있다. 다만 무속이 기독교나 불교처럼 사회변동에 적극적으로 대응하여 제사공동체의 조직화와 교리체계의 체계화를 이루지는 못했지만, 아직도 민간 층에 폭넓은 종교적 기반을 가지고 있다.

이러한 무속의 종교적 기반은 하루아침에 형성된 것은 아니라, 고래로부터 지속되어 온 것이라 할 수 있겠는데, 그것은 청동거울이나, 팔주령이라고 하는 방울, 동검 등은 오늘날 명두나 방울 그리고 신칼과 같은 종류로서 유구한 한국 무속의 초기적인 증거물이라 할 수 있기 때문이다.[1] 이러한 신성한 무구들은 청동기 시대인 고조선의 건국신화에 나오는 천부인 3개와도 같은 맥락에서 그 의미를 생각할 수 있다.

고대 무속의 초기 모습은 부족국가 시대의 제천의식에서 찾을 수 있다. 부족국가의 시대에도 인간은 삶의 풍요와 죽음의 공포로부터 벗어나기 위한 종교적 생활을 했음은 당연하다. 그 예가 부여의 영고라든가, 고구려의 동맹, 예의 무천 등으로 대표되는 제천의식이 그것이다. 이들 의례들은 집단가무를 하며, 국가의 안녕과 풍요와 삶의 안정을 기원하는 집단제의적인 행사로서 삼국시대를 거치면서 전문화된 무(巫)에 의해 거행되는 의례로 발전된 것으로 보인다.

고구려에서는 무인 가운데 왕의 자문에 응하는 무(巫)를 사무(師巫)라 하여, 왕은 국가의 중대사를 결정하기에 앞서 사무(師巫)의 자문을 받은 것으로 보이고, 백제에서는 일자(日者)라는 전문적인 점치는 사람을 두고 매사의 일을 일자(日者)에게 문의하여 결정하기도 하였다. 여기서 일자(日者)는 무인의 기능을 수행하는 무로 보인다. 또한 신라에서는 四城門祭, 四川上祭, 四大道祭 등과 같은 무사(巫祀)가 있었을 뿐만 아니라,《삼국사기》잡지 제사조에 '按新羅宗廟之制 第二代 南海王三年春 始立始祖赫居世廟 四時祭之以親妹阿老主祭'라고 한 것으로 보아 제정이 분리되는 모습과 함께 여자의 사제권이 드러남을 볼 수 있다.

이와 같이 삼국시대의 무인(巫人)은 국무(國巫)의 성격을 띠었음을 말해 주며, 이들에 의해 국가적인 제의가 주도되어졌음을 짐작할 수 있다. 특히 신라시대에 아로(阿老)가 시조신을 모시는 제의를 주관한 것으로 보아 여자의 국무가 등장하였음을 시사해 준다.

고려의 무속은 당시의 기본 사상이었던 불교와 습합되면서 더욱 성행된다. 심지어는 공적으로 도성 내에 국무당(國巫堂)을 두었으며, 점복을 국가적으로 다루도록 하기도 했다. 뿐만 아니라 성황지신에게 제사하고, 명산대천에 거국적인 제사를 올려 신의 가호를 빌었다. 고려시대의 무속은 이규보의《동국이상국집》속의 노무편(老巫篇)에 뚜렷하게 나타난다. 여기에 '뛰어서 몸을 날리니 머리는 대들보에 닿고, 무당은 스스로 천제석이라 이른다' 하였으니, 이것은 바로 12거리 중 제석거리에 해당된다. 이러한 무속은 오늘날 굿과 같은 구조성을 가졌던 것으로 생각된다.

조선시대의 무속은 음사라 하여 배척의 대상이 되기도 했는데, 그것은 당시 불교를 배척하고 유학만을 숭상하는 정치지배이데올로기에 의해 지배층의 인물들이 무속을 음사로 규정하고 있었기 때문이다. 무속을 음사로 규정하고, 여기에 종사하는 사람 또한 사회적 신분이 천민으로 낮아졌다. 그렇지만 이와 같은 여건 속에서도 유학자들은 표면적으로 무속을 부정적으로 바라보았지만, 실제적으로는 무속의 생활 속에서 완전히 벗어나진 못했다.

한편 제도적으로도 무속을 부정적으로만 일관하지는 않았음을 알 수 있는데. 그것은 태조가 동서활인원(東西活人院)을 두고 무의 신분과 무의(巫醫)를 보장하기도 하고, 무의로 하여금 전염병을 치료토록 했으며, 세종은 무격(巫覡)으로 하여금 열병을 다스리게 한 것이 그 예이다. 이것은 지배층이 가지고 있는 외적인 이념이나 정책과는 별도로 사회적 기층을 이루는 민간층이 가지고 있는 내적인 종교적 욕구는 도리어 고대로부터 이어져 생활현장 깊숙이 자리했던 것으로 짐작된다.

구한말에 이르러서는 기독교의 수용과 더불어 신문물과 신학문을 습득한 지식인들이 무속을 미신타파의 명목으로 부정적으로 바라보게 되면서 왜소해지게 되었고, 일제시대에는 조선을 일본의 속국으로 삼기 위해 조선문화를 일본문화로의 종속화라는 문화이데올로기 탓에 무속을 비과학적인 미신으로 간주하여 타파의 대상으로 몰아세우기도 했다. 특히 무속은 물론, 마을신앙이나 풍물 등으로 마을의 공동체의식이 강하게 드러난 것은 탄압의 대상이 되었던 것이다.

이렇듯 한국 무속은 통시적인 이해에서 보듯이,[2] 부족국가시대에 무속의 종교적인 기반은 정치적인 지도자를 비롯하여 지배층과 기층민들이었으나, 조선의 유교라는 정치적인 지배이데올로기와 더불어 무속은 기층민들인 민간인들이 중심이었고, 그것도 기독교와 일제시대의 문화적인 왜곡 및 탄압으로 인해 종교적 기반이 흔들리기 시작하게 되었고, 오늘날의 무속은 사사로운 기복이나 점복을 수행하는 정도로 위축되어 있다 해도 과언이 아니다.

무인의 신분적 위상도 종교적인 기반의 변화에 따라 달라지는 것은 당연하다. 종교적인 기반이 포괄적인 계층을 수용했을 당시에는 무인이 존경과 추종의 대상이었는가 하면, 유교의 이념과 기독교 그리고 외세의 영향으로 인해 종교적 기반이 기층민들로 축소되면서 무인의 신분 또한 존경의 대상보다는 천대시하는 부정적인 대상이었음이 짐작된다.

2. 강신무와 세습무

무당이라 함은 굿을 주재할 수 있는 사제자로서 기능을 수행하고 있다면, 점쟁이는 그야말로 점만 치는 사람을 말한다. 무당의 성무과정은 대개 세습을 통해서 이루어지기도 하고, 무구(巫具)의 습득에 의해 입무하는 경우가 있으며, 무병(巫病)에 의해서 입무하는 경우와 무가(巫家)와의 혼인에 의해 입무하는 경우가 있다. 또한 생활고를 해결하기 위해서 입무하는 경우가 있다.[3] 이러한 경우는 서로 중복되어지기도 한다. 사제자로서 기능을 수행한 무당은 보통 무당은 샤먼계통의 강신무와 사제계통의 세습무로 나누어진다. 남도지역에서는 세습무 계통에서는 보통 '당골'이라 부르고, 강신무 계통에서는 남무(男巫)를 '법사' 라 부르며, 여무(女巫)를 '보살'[4]이라고 부르기도 한다.

강신무는 강신체험(降神體驗)을 통하여 된 샤먼계통의 무당으로서, 무당이 된 동기는 강신으로 인한 신의(神意)에 있다. 그래서 무병에 걸려 신이 내리고, 그 신을 신당에 모시고 굿을 하는 사람이 강신무이다. 강신무는 사제계승형(師弟繼承型)의 무당이다. 반면에 세습무는 고부계승형(姑婦繼承型)의 무당으로,[5] 가계의 세습으로 인해 사회적 신분으로 무업을 이어 받아 굿을 하는 사람이다.

가계의 세습에는 대개 혼인이 계기적으로 작용되기도 한다. 혼인을 통해 고부간의 세습이 이루어지기 때문에 혼인 전의 여자는 굿일을 하지 않는다. 다만 혼인을 통해서만이 시어머니로부터 굿을 배우고 익혀 가업을 이어간다. 그래서 대개는 무업을 수행하고 있는 집안끼리 혼인하는 경우가 많다. 때에 따라서는 전혀 굿일을 하지 않는 집의 여자와 결혼을 하는 경우도 있는데, 이것은 남자가 신분을 감추고 혼인하거나, 혹은 보쌈를 통해 혼인하는 경우이다. 대부분 세습무의 집안끼리 혼인하게 되고, 여자는 굿을 배우고, 남자는 굿음악을 반주하는 잽이라는 악사로 활동한다. 며느리는 시어머니를 따라 다니며 무구를 준비하는 것부터 무업의 작은 일을 하면서 무가의 사설을 전수받고, 무가의 운율과 무무(巫舞), 굿의 절차 등을 현장 속에서 직접 전수를 통해 습득한다.

강신무는 내림굿을 통해서 사회적인 공인을 받게 되고, 사제관계 혹은 모녀관계를 맺어서 본격적으로 무업을 익히고 배우는 학습과정을 통해 습득한다. 가령, 무악의 장단을 익히기 위해 악기를 다루고, 춤과 노래를 익히며, 젯상을 차리는 법, 무구를 다루는 법 등을 학습한다.[6] 이처럼 세습무와 강신무의 학습과정은 그다지 큰 차이는 없었을 것으로 보인다. 다만, 강신무는 굿거리에서 공수를 내리거나, 자신이 섬기는 신격이 있고, 개인적인 굿당을 지니고 있고, 세습무가 공수나 신격을 섬기지 않고 굿당이 없는 점에서 제의적인 성격의 차이는 있을 수 있으나, 학습의 과정은 별반의 차이가 없었을 것으로 보인다.

강신무는 공시적으로 주로 중부 및 북부지역에 우세하게 나타나나, 남도지역에서는 부가계내 고부계승이라고 하는 세습무가 주류를 이루었다. 물론 남도지역에 강신무가 전혀 없다는 것은 아니다. 다만 세습무와 강신무가 공존하지만, 사회적 존재 양상에서 볼 때 강신무보다는 세습무가 더 중심을 이루고 사회적인 기반을 형성하고 있음에 반해, 강신무는 일정한 사회적 기반 없이 점치는 일을 주로 하는 상태에 머물러 있었다. 그러나 남도지역 작금의 현실은 세습무는 약화되어 찾아보기 드물고, 대개는 강신무계인 점쟁이들이 주류를 이루고 있는 실정이어서 과거엔 굿을 하지 못했던 점쟁이들이 굿을 하고 있는 것이 현실이다.

3. 사회적 기반으로서 무업권

무속의 사회적 기반은 무업권과 관련되어 있다 하겠는데, 이를 세습무가 주류를 이루고 있는 광주나 전남 일대에서는 '당골판'이라고 한다. 강신무와 세습무의 무업권은 서로 다른 성격의 사회적 기반을 가지고 있음을 볼수 있다.

강신무는 대개 한 마을에 고정되는 것이 아니라 몇 개의 마을, 경우에 따라서는 마을을 초월해 광범위하게 활동하기도 한다. 특히 능력이 있고, 영험하다고 소문이 난 무당은 활동 영역이 확대되기 마련이다. 이러한 것은 마을 단위로 관계를 맺는다기보다는 오히려 집과 개인 단위로 관계를 맺으면서 활동 영역이 확대되어 나간다. 가령 무당이 어떤 마을에 거주하며 살아간다고 했을 때, 그 마을과 어떤 공적인 관계를 맺고 있는 것이 아니라, 지극히 개인적인 관계를 토대로 주변 마을과도 개인적인 관계를 형성해 나간다. 그래서 강신무는 일정한 곳에 거주하지 않고 여행을 하면서 돌아다니는 형태를 취한다.

반면에, 세습무는 원칙적으로 마을과 일정한 관계를 맺는데, 남도지역에서는 이러한 관계를 가지고 있는 무당을 '당골'이라고 한다. 한 마을에 당골이 존재하며, 이들은 대대로 고부계승의 원칙에 따라 무계를 이어가면서 마을 안의 종교적인 행사를 도맡아서 수행한다.[7] 가령, 마을 제사나, 각 가정의 굿을 비롯해 모든 마을 안에서 일어나는 종교적인 행사를 수행해 주고 마을로부터 보수를 받는다. 보수는 쌀이나 보리 혹은 돈을 일 년에 몇 번씩 거출하여 충당해 준다. 그렇기 때문에 마을 사람들은 당골을 공유하듯 의례를 부탁하기 마련이다. 그런 일을 수행하는 당골은 사회적 신분에 있어서 하대를 받았다.

이러한 당골들은 그 마을을 떠날 수 없었고 무업을 천직으로 알고 종사해 왔다. 당골이 무업을 종사한다 해도 마을을 단위로 하고 다른 마을의 당골들과 협력을 하지 않고서는 다른 마을의 무업에 참여할 수 없다. 당골의 활동권은 오로지 자기가 담당하는 마을에 제한되는 사회적 제도로서 존재하고 있는 것이다. 당골판은 당골의 생계유지와 관련되어서 당골은 필사적으로 그 판을 지킨다.

이처럼 강신무와 세습무의 사회적 기반은 서로 성격이 다름을 볼 수 있다. 강신무는 집과 개인을 단위로 하여 무업의 활동권이라고 할 수 있는 사회적 기반이 확대되는 것에 반해, 세습무는 특정한 지역에 제한되는 무업의 활동권이 사회적 제도로서 존재하고 있음을 볼 수 있다. 따라서 강신무는 개방적인 사회적인 기반을 가지고 있다면, 세습무는 패쇄적인 사회적 기반을 가지고 있다 하겠다.

그러나 사회적인 변화에 따라 무속의 사회적 기반이라 할 수 있는 지역 중심의 구조가 와해되고, 우선 당골에 대한 부정적인 신분으로 인한 세습무의 무업 계승이 약화되자, 강신무의 활동 영역을 확대하게 만들었고, 세습무의 존재를 어렵게 만들었다. 특히 도시화는 더욱 이를 가속화시켰다. 이젠 광주 인근에서는 세습무의 존재를 거의 찾아보기 힘들게 되었다. 비록 세습무인 당골이 있다 하더라도 당골제도를 가지고 있는 경우는 드물다. 그래서 광주 지역의 무속은 강신무가 중심을 이룬다.

강신무라고 해서 이들 모두가 정통적으로 신병체험을 통해서 내림굿을 받아 학습과정을 통한 무당이라기보다는 신병체험도 없이 몸에 이상이 생겼다 하여 내림굿만을 받아 여기저기서 보고들은 것을 익혀 굿을 하는 일종의 학습무가 더 많은 실정이다. 이러한 부류들은 당골이라기보다는 점쟁이의 성격에 가까운 무속인들로서 세습무가 가지고 있는 사회적 기반이 와해되고 그 숫자가 줄어든 공백과 굿의 수요를 메워 주고 있는 현상으로 발전하고 있음을 볼 수 있다.

4. 무속제의와 굿의 종류

강신무는 강신으로부터 얻은 영력으로 점을 쳐서 미래사를 예언하기도 하고, 제의에서는 사제인 동시에 신이 몸에 직접 실려서 공수를 내려 신의 의지를 육성으로 전한다. 그러기 때문에 강신무는 신의 체험을 통한 몸주신을 모시고 있다. 개인적으로 모시고 있는 신격들은 산신, 오방신, 조상신, 용신, 장군신, 칠성신, 마신, 불교와 도교적인 신 등 인격신과 자연신적인 성격을 지닌 신격들이다.

강신무들은 이들의 신과의 체험을 통해 개인적인 굿당을 마련하여 봉안하고 있다. 실제로 굿판에서 신격은 제의의 성격에 따라 다르다. 민가(民家)를 단위로 굿을 할 때에는 성주신, 조왕신, 측신, 지신, 용왕신, 업신 등 가택신을 대상으로 하기도 하고, 불교적인 신이라든가, 도교적인 신 그리고 방위신 등을 대상으로 하기도 한다. 마을 단위로 굿을 할 때에는 산신, 용신, 장군신, 방위신 등 마을신을 대상으로 한다.

그렇지만 세습무들은 강신무가 모시고 있는 이와 같은 신격들을 개인적으로 모시지 않고 있으며, 다만 민가를 단위로 할 때에는 성주, 조왕, 손님,

조상, 지신, 제석, 제왕, 시왕 등의 신격을 대상으로 한다. 또한 굿판에는 이들 신격뿐만 아니라 저승사자와 이름 없는 잡귀와 잡신을 모시기도 한다. 마을을 단위로 굿을 할 때에는 산천신 계열의 신격을 비롯해 마을신을 대상으로 한다.

제의의 장소인 굿을 하는 공간은 가정에서 굿을 할 경우 마당 한 가운데에 천막을 쳐서 병풍을 치고 그 앞에 굿상을 차려 굿을 하는 것이 통례였고,. 마을 단위의 굿에서는 제당에서 하는 것이 과거의 통례였다. 그러나 마을 단위의 굿은 오래 전에 단절된 것으로 생각되며, 가정 단위의 굿도 각 가정의 안마당에서 굿을 하기 보다는 도심지를 벗어나 주로 영험한 산 주변 계곡을 제의의 장소로 삼고 있다. 가령, 광주에서는 무등산의 서쪽으로는 전망대 주변이나, 북쪽으로는 4수원지 상류 계곡, 남쪽으로 2수원지 상류 계곡 주변을 굿당으로 활용한다. 굿당은 비상설제단인 경우가 많았으나, 최근 들어 이들 계곡 주변에 상설 가옥을 지어 신단을 마련하여 굿당으로 활용하는 경우도 많이 생기고 있는 실정이다.

무속의 제의는 규모에 따라 굿과 비손으로 나누어진다. 굿은 여러 명의 무(巫)와 무악반주를 전문으로 하는 잽이가 합동으로 가무와 실연을 위주로 하는 것이고, 비손은 한 사람의 무가 축원을 위주로 하는 약식제의라 할 수 있다.[8] 일반적으로 무속의 제의는 지역적인 차이는 있겠지만, 강신무는 무악과 더불어 춤이 주류를 이루는 굿을 한다면, 세습무는 무악과 노래가 주류를 이루어 굿을 한다고 볼 수 있다.

광주는 세습무권으로서 무악과 노래를 위주로 굿을 했으나, 최근 들어 세습무가 약화되면서 무악이나 노래를 중심으로 굿을 하는 것은 찾아보기 어렵고, 강신무의 굿을 흔히 보게 되는데, 그것도 무악이나 춤이 주류를 이루는 전통적인 굿이라기보다는 축원을 위주로 하는 비손에 가깝고, 혹은 경을 읽으면서 하는 축원하는 것에 불과하여, 전통적인 무속 제의의 모습은 찾아보기 힘들게 되었다.

남도지역의 무속제의는, 굿으로는 축원굿, 성주올리기, 병굿(치병굿), 중천굿, 명두굿, 곽머리씻김굿, 씻김굿, 넋건지기굿, 혼맞이굿, 연신굿(용왕굿), 내림굿, 망자혼사굿 등이 있고, 비손으로는 지앙맞이, 근원손, 액맥이, 사제맥이 등이 있다.[9] 이들 제의의 목적을 설명하면 다음과 같다.

① 축원굿: 정초나 가을에 택일을 하여 민가의 액을 쫓아내고, 복을 기원하기 위한 굿으로 성주굿 혹은 도신이라 부르기도 한다.

② 성주올리기: 이사를 했거나, 집을 새로이 지어 입주할 때 가을에 날을 잡아 최고의 가택신인 성주신을 집에 봉안하는 굿이다.

③ 치병굿: 환자를 치료하기 위한 굿, 구천에 떠돌아다니는 조상을 씻겨서 저승으로 천도시킴으로써 원(寃)을 풀어 주어 병을 고치는 굿이다.

④ 중천굿: 밖에 출타했다가 객귀(客鬼)가 달라붙어 병을 갖게 되었을 때 치병 목적으로 하는 굿이다.

⑤ 명두굿: 밖에 출타했다가 명두 귀신이 달라붙어 아플 때 치병 목적으로 하는 굿이다.

⑥ 씻김굿: 비정상적인 과정을 통해 운명을 달리했거나, 살만큼 살지 못하여 통과의례를 수행하지 못하고 구천에 떠돌아다니는 원혼을 씻겨 저승으로 천도시키는 굿이다. 씻김굿의 종류로는 곽머리씻김굿, 소상(小喪)과 대상(大喪)씻김굿, 날받이씻김굿 등이 있다.

⑦ 곽머리씻김굿: 출상 전 날 밤에 시신을 안치한 방에서 관을 씻기는 굿인데, 다시 말하면 관 주변에 오염된 것을 정화시켜 주는 굿이다.

⑧ 넋건지기굿과 혼맞이굿: 물에 빠져 죽은 익사자의 넋을 건져서 저승으로

천도시키는 굿이고, 혼맞이굿은 객사한 망자의 혼을 부르기 위해 길거리에서 하는 굿이다.

⑨ 연신굿: 어업과 해상의 안전을 위해 배에서 하는 굿으로 용왕굿 혹은 풍어굿이라고도 한다. 배를 새로 건조하여 첫 출항을 할 때도 하는 굿이다.

⑩ 내림굿: 무병을 앓아 신이 내렸을 경우, 그 신을 받아 성무(成巫)가 되도록 하는 굿이다.

⑪ 망자혼사굿: 혼례를 치르지 못하고 죽은 처녀와 총각을 짝지어 주는 굿이다. 미혼에 혼인을 하지 않고 죽은 혼은 몽달귀신이 되어서 여러 사람 특히 가족들에게 해를 끼친다고 한다. 그래서 이러한 혼들끼리 혼인을 시켜 주면 좋다고 하여 사후혼인식을 올려 주는 것이 바로 사후혼사굿이다.

⑫ 지앙맞이: 기자의 목적을 위해 행하는 굿으로 삼신맞이 혹은 제왕맞이라고도 한다.

⑬ 근원손: 혼인하는 전 날 아침에 조상에게 성혼자의 부부화락(夫婦和樂)을 기원하는 굿이다.

⑭ 액막이: 정초에 액운 퇴치를 위해 하는 굿으로, 집안에 불상사가 끊이질 않고 환자가 있는 경우라든가, 또한 가족 중에 객지에 나가 있거나 군대에 입대할 때도 액막이를 한다.

⑮ 사제맥이: 치병을 목적으로 하는 약식제의이다. 병의 원인이 사령(死靈)에 있다 하여 그 혼을 해원시켜 저승으로 보내 주면 병이 걷힌다고 믿어 사제맥이를 한다. 또한 망자의 사망일이 좋지 않는 경우 그 화가 가족에게 미친다 하여 당골을 불러다 망자의 사망일에 맺힌 한을 풀어 주기도 한다.

남도지역의 대표적인 굿은 세습무의 씻김굿을 들 수 있다. 굿은 주제자의 목적에 따라 다양해지나, 어느 정도의 규모를 갖추고 있는 굿은, 다시 말해 최소한 악사를 갖추고 있는 굿은 씻김굿과 망자혼사굿 그리고 내림굿 등을 들 수 있고, 내림굿은 강신무권의 대표적인 굿이라면, 세습무권에서 대표적인 굿은 씻김굿이라 해도 지나친 말은 아니다. 물론 이 지역에서 씻김굿이 여타의 굿에 비해 부각되어 있기는 하지만, 그래도 재수굿이나 내림굿, 병굿, 지앙맞이 등 보다는 씻김굿이 지역민들에게 많이 인식되어 있는 것으로 보인다.

5. 씻김굿과 망자혼사굿

씻김굿은 전통적인 굿의 절차가 잘 보존 된 진도의 씻김굿(중요무형문화재 제72호)[10]을 중심으로 씻김굿의 절차를 보면 다음과 같다.

① 넋건지기굿: 망자가 저수지나 바다에서 익사한 경우에 선창가나 저수지가에서 긴 장대에 망자의 넋전을 담은 주발을 매달거나, 그냥 긴 당목(명주천)을 늘여 뜨려 매달아 세우고 주발이나 당목을 담궜다가 꺼내면서 넋을 건지는 굿이다. 넋을 건지기 전에 산 닭을 제물로 물에 던진 뒤 넋을 건진다. 이처럼 물에서 익사한 경우는 넋건지기를 하지만, 교통사고나 출타하여 객사한 경우는 혼맞이굿을 한다. 혼맞이굿은 망자가 죽은 곳이나 대문 밖 길에서 혹은 마을 앞에서 객사자의 넋을 맞이하는 굿이다.

② 조왕굿: 조왕굿은 부엌의 큰방 솥 앞에서 부뚜막에 제물을 차려 놓고 아궁이 앞에서 당골이 징을 치면서 무가를 부르는 대목이다. 이 때 부정을 풀기

도 한다. 조왕굿은 씻김굿을 할 때마다 하는 것은 아니고, 굿하는 날 조왕이 하강하는 날인 경우에만 한다.

③ 안당굿: 대청마루에서 여러 조상들에게 굿을 한다고 고하는 굿이다. 안당은 굿을 할 때 징, 꽹과리, 장구를 두들기고, 피리를 불며 아쟁을 켜기 때문에 여러 조상들께서 놀라지 마시고 같이 오셔서 즐겨 주시라고 하는 대목이다.

④ 초가망석: 초가망석은 초혼이라 할 수 있는데, 앞마당에 망자와 조상을 위한 조상상과 사자상을 차려 놓고 씻김을 하는 망자를 비롯해서 조상의 혼들을 불러들이는 대목이다.

⑤ 손님굿: 손님굿은 무서운 병인 마마신과 망자가 이승에서 인연을 맺고 친했던 친구들의 혼을 불러 들여 즐겁게 해 주는 대목이다.

⑥ 제석굿: 조상들이 많이 흠향하고 편히 가셔서 이 집안을 돌보아 주시라고 축원하는 대목이다. 제석굿 속에는 제석의 근본을 찾는 대목, 제석맞이, 제석이 하강하여 팔도강산을 유람하는 대목, 시주받기, 명당터잡기, 성국터잡기, 지경다구기, 집짓기, 입춘붙이기, 성주경, 벼슬궁, 축원, 노적청하기, 업청하기, 군웅, 조상굿, 액막음의 내용으로 되어 있다.

⑦ 고풀이: 고를 기둥에 묶어 놓았다가 이승에서 풀지 못하고 구천을 떠돌아다니는 죽은 이의 원혼을 위하여 일곱 개의 매듭을 하나하나 푸는 상징적인 행위로 망자의 혼들을 달래 주는 대목이다.

⑧ 영돈말이: 병풍 위에 걸어 놓은 망자의 옷을 산 사람이 옷을 입고 있는 모양으로 돗자리에 펼쳐 두고 돗자리를 말아서 짚으로 일곱 매듭 묶은 뒤 세운다. 그리고 그 위에 넋을 담은 주발을 올려놓아 솥뚜껑으로 덮는다.

⑨ 씻김: 씻김을 이슬털기라고도 하는데, 세워 놓은 영돈을 위에서부터 아래로 즉 머리에서부터 아래로 내려가면서 쑥물과 향물 그리고 맑은 물을 빗자루에 묻혀 씻기는 대목이다. 쑥과 향 그리고 맑은 물은 정화의 수단으로

서 쑥과 향은 망자를 입관하기 전에 목욕을 시킬 때도 사용된다. 씻김은 오염된 것을 정화시키는 것이며, 이승에 미련을 두고 있는 것을 씻겨 완전한 저승적 존재로 변신시키기 위한 정화의례이면서 변신의례라고 할 수 있다.

⑩ 넋올리기: 씻김굿을 하는 가족 중의 구성원에게 넋전을 올려놓고 망자의 맺힌 한이 풀어졌는가를 보는 대목이다. 머리 위에 올려놓은 넋전이 당골이 들고 있는 지전에 따라 올라 오면 망자의 원혼이 풀렸다고 한다. 영화씻김 때에는 넋이 잘 올라오면 망자가 잘 흠향하여 충족함을 의미하고, 집안에 환자가 있을 경우 그 환자의 머리 위에 올려놓은 넋전이 잘 따라 올라오면 병이 낳는다고 한다. 또한 건강한 사람도 돈을 앞에다 놓고 넋전을 머리 위에 올려놓고 점을 치기도 한다.

⑪ 손대잡이: 소쿠리나 대야에 쌀을 담아 놓고 그 위에 대나무가지를 세워 놓는 것은 손대라고 하는데, 망자의 가족이나 혹은 친지들이 이 손대를 잡고 있으면 망자의 혼이 내려 이승에서 맺혔던 원한을 모두 이야기한다.

⑫ 길닦음: 긴 베를 양쪽에 펼쳐 붙들게 하고 당골이 죽은 이의 혼이 들어 있는 '행기' 혹은 '용선'이라고 부르는 것을 저승길을 상징하는 천 위에 올려놓고 극락천도하라고 축원하는 대목이다. 이젠 이승에서 망자의 모든 원한을 풀어 주었기 때문에 극락왕생할 수 있다고 믿고 저승으로 즉 극락으로 가는 길을 닦아주는 대목이다.

⑬ 종천: 씻김굿의 마지막 대목으로 대문 밖에서 굿을 할 때 태워야 할 모든 물건들을 불사르면서 당골 혼자 징을 두들기면서 배송하는 대목이다.

이상으로 씻김굿의 절차를 살펴보았는데, 이들의 진행과정에 있어서 순서가 약간씩 뒤바뀌는 경우도 있으나, 가령 넋올리기와 고풀이의 순서가 바뀌는 경우도 있는데, 이처럼 뒤바뀐 의미는 발견되지 않는다. 씻김굿의 절차는 굿을 하는 당골에 따라 약간씩 다르기도 하고, 굿의 성격에 따라 다시 말하면 씻겨야 할 망자에 따라 다르기도 하다. 지역에 따라서 달라지기도 하겠지만, 그다지 큰 차이는 없는 것으로 보인다.

두 번째, 망자혼사굿은 고흥과 신안 장산도 망자혼사굿을 근간으로 그 절차를 보면,[11] ①혼맞이 과정, ②혼인의례, ③씻김의 과정으로 구성되어 있다. 혼맞이 과정은 조왕굿, 성주굿, 지앙굿, 혼맞이굿으로 진행되며, 혼인의례는 산 사람이 결혼하는 의례와 동일하다. 신랑과 신부의 허수아비를 만들어 홀기에 따라 혼인을 시키고 동상례까지 치른다. 혼인의례가 끝나면, 본격적으로 씻김굿을 행한다. 씻김굿은 오구굿, 손굿, 고풀이, 씻김, 길닦음, 종천의 순서로 이루어진다.

망자혼사굿이 끝나면 신랑과 신부의 넋전을 가지고 신랑의 산소에 가서 봉분의 한 구석을 파고 함께 합장하여 묻어 준다. 이러한 망자혼사굿 구성의 순서도 서로 바뀌는 경우도 있다. 장산도의 경우 망자들의 넋을 건져 모셔 온 뒤 본격적인 굿이 시작되는데, 망자들의 원한을 먼저 씻긴 다음에 혼인의례를 거치는 과정으로 되어 있다. 이처럼 혼인의례의 과정과 씻김의 과정이 서로 뒤바뀐다고 해서, 다시 말해서 망자들의 원한을 먼저 씻겨서 혼인의례를 치러 주거나, 망자들의 원혼들끼리 먼저 결혼을 시킨 다음 신랑과 신부의 원혼을 씻겨 주는 과정으로 서로 뒤바뀐다고 해서 굿에 있어서 별다른 의미는 찾아지지 않는다.

각 주

1   이두현 외, 『한국민속학개설』, 일조각, 1993, 141쪽.

2   박계홍, 『한국민속학개론』, 형설출판사, 1992, 199~202쪽.

3   민속학회, 『한국민속의 이해』, 문학아카데미, 1994, 137쪽.

4   지춘상 외, 『남도민속학개설』, 태학사, 1998, 334쪽.

5   이두현 외, 앞의 책, 148~156쪽.

6   민속학회, 앞의 책, 138쪽.

7   최길성, 『한국 무속의 이해』, 예전사, 1994, 64쪽.

8   김태곤, 『한국무속연구』, 집문당, 1985, 347쪽.

9   김태곤, 앞의 책, 350쪽.

10 지춘상, 「진도의 씻김굿의 개요」, 『무형문화재조사보고서』제16집, 문화재관리국, 13~29쪽.

11 표인주, 『한국인의 생활양식과 전통문화예술』, 민속원, 2004, 164쪽.

제9장

민속신앙의 지속과 변화

1. 민속신앙의 체험주의적 개념

인간은 사회적이면서 정치적이요 경제적인 존재 등의 다양한 의미를 부여하고, 생물학적으로는 영장류에 속하는 동물이라고 하지만, 중요한 것은 시간적이며 공간적으로 유한성을 지닌 존재라는 사실이다. 그것은 인간이 살아가는 환경에 많은 제약을 받는다는 것을 의미하고, 제약은 인간의 유한성에서 비롯된다. 지금까지 인간은 유한성을 극복하기 위해 많은 노력을 해왔는데, 그 일환으로 인간의 모든 능력을 초월하는, 즉 초월성을 지닌 존재의 필요성을 갖게 된 것이다. 그것은 다름 아닌 제3의 존재로서 거룩한 존재인 신이다. 이러한 신에 대한 섬김을 통해 믿음으로 실천하는 것이 신앙이다. 신앙은 인간의 물리적 한계를 극복하기 위한 것으로 시대별로 다르고 민족마다 다르기 마련이다. 그래서 신과 관계된 인간의 물리적 기반이 변화하면 당연히 신앙의 형태 또한 과거에 집착한 것이 아니라 유동적일 수밖에 없다. 그러한 점에서 종교와 사회가 밀접한 관련을 맺고 있고, 자연과 사회적 조건은 물론 문화적 환경에 따라 종교 또한 그에 대응하여 변화해 왔다.

인간은 모든 유기체와 마찬가지로 자신의 경험 안에 유폐된(incarcerated) 존재이다. 우리는 다른 존재와 경험을 공유할 수 없으며, 나는 나의 경험 안에 갇혀 있다.[1] 인간이 각자의 경험 안에서 유폐된 존재로 살 수 없기 때문에 생존하기 위해 필연적으로 유폐성을 극복하려 한다. 그것은 의사소통인 기호적 활동으로 나타나고, 몸짓이든, 소리든, 문자 등 모든 활동을 말한다. 여기서 의사소통은 스타일의 문제가 아니라 유기체적 생존의 문제이다. 유폐된 경험을 기호적 활동을 통해 서로에게 이어줄 수 있으며, 그 기표가 기호적 해석을 통해 의미를 갖게 된다. 이런 의미에서 의사소통은 탈유폐적 기호화 과정(ex-carcerating process of symbolization)이고,[2] 타인의 경험을 전달하고 파악하는 유일한 통로이며, 기표를 사용해 이루어질 수밖에 없다는 점에서 본성적으로 기호적이다. 따라서 기호적 경험의 본성을 해명하는 것이 기표로 이루어진 의사소통을 파악하는 것이고, 그 출발점은 경험의 유폐성이다. 의사소통은 삶의 중요한 기호적 확장 수단이다. 기호적으로 확장한다는 것은 개인이나 공동체의 안전(안녕)과 번영(풍요)에 대한 인간의 욕망을 성취하려는 과정을 말한다. 기호적 소통이 삶의 실천적인 도구이자 수단인 셈이다. 즉 모든 기호적 활동은 인간이 고립되지 않고 풍요롭게 살기 위해 다양하게 의사소통하는 것이 그 본질이라고 할 수 있다.

이처럼 인간이 갈망하는 안전과 번영을 실현시켜 주는 존재가 바로 신적인 존재이고, 기호적 존재이다. 우리는 몸의 존재이며, 따라서 세계의 일부다. 우리의 모든 경험은 세계로부터 분리된 관찰자의 경험이 아니라 세계에 직접 속해 있는 참여자의 경험이다. 인간은 세계와 지속적으로 상호작용하는 존재이고, 마음이 몸의 확장이듯이[3] 신은 인간의 기호적 확장이요, 세계의 확장이다. 신 또한 인간이 속해 있는 세계와 분리되지 않으며, 그 세계는 지속적인 상호작용적 경험의 산물이다. 신은 우리의 몸과 분리된 존재가 아니라 세계에 의해 형성된 존재이다. 세계와 몸이라는 물리적 기반을 근거로 형성된 정신과 마음의 기호적 표현이 신인 것이다. 그래서 세계와 정신, 몸과 마음이 서로 대립되고 분리된 존재가 아니라 끊임없이 상호작용하는 존재임을 알 수 있다.

인간은 초월적인 신과 의사소통하기 위해 많은 노력을 해 왔다. 그러한 과정에서 인간과 신의 소통 방식이 다름 아닌 인간의 의사소통 방식을 은유적으로 표현한 것이다. 즉 인간이 신을 섬기기 위한 다양한 제의가 제물, 몸짓, 소리, 언어 등 다양한 방식으로 표현하는 의례적 내용으로 구성되어 있다. 특히 가택신, 무속신, 마을신을 대상으로 행해지는 민속신앙의 의례내용을 보면, 가정에서 손님을 맞이하여 융숭히 대접하고 일체화를 통해 배웅하는 것처럼, 그 과정에 근거하여 형성된 <청신과정→오신과정→송신과정의 구조>의 의례적인 절차가 그것이다. 그것은 인간의 소통방식에 근거하여 인간과 신이 함께 소통할 수 있는 방식으로 의례화 되어 있음을 알 수 있다.

일반적으로 신이 인간의 안녕과 번영을 성취하도록 해 주기 때문에 거룩한 존재로 인식되어왔다. 그래서 신은 초인간적이고 초자연적인 능력을 지닌 존재이다. 이러한 신에 대한 섬김의 자세가 시간의 개념이 확장됨에 따라 이루어진 세계관의 변화에 달라진다. 시간은 본래 그 자체로 개념화되는 것이 아니라 은유적, 환유적으로 개념화되어 사용되어 왔다.[4] 본래 시간 개념이 공간상에서 운동과 사물에 근거한 <은유적 인지과정>과 사건들과 상호관계에 근거한 <환유적 인지과정>을 통해 형성된 것이다. 인간이 공간 이동의 경험적 지식이 축적되어 형성된 시간의 개념을 사용해 오다가, 산업화와 더불어 자본주의가 등장하면서 시간의 관념 또한 변화되었다. 즉 <시간은 자원(물질)>으로, 특히 돈으로 개념화된다.[5] 이것은 노동방식이 농업노동에서 산업노동으로 바뀌는 것과도 밀접한 관련이 있고, 이 또한 종교에도 많은 영향을 미친다.

인간은 신의 형상이나 성격보다도 신에 대한 태도를 중요시 여겼고, 그것은 곧 믿음으로 발전되기 때문이다. 믿음이 신체화된 마음을 통해 이루어지고 그 존재가 몸에 달려 있다. 그래서 신체화된 마음이 이 세계의 많은 부분

을 차지하는 것은 물론 정열적이면서 갈망하고 사회적이며, 주된 기능은 감
정이입적(empathic)이다. 인간은 태어날 때부터 다른 사람의 행동을 모방하
려는 상상적 투사 능력을 가지고 있다. 인간이 모방하려고 준비할 때 자신
을 타인의 몸 안에 있다고 감정이입적으로 상상한다. 여기서 감정이입적 투
사가 영적인 경험의 하나이기 때문에 도덕적 가치와 영적 경험을 연결하는
역할을 한다. 감정이입적 투사는 느낌의 경험이고, 초월의 한 형태이다. 인
간이 초월 상태를 경험하기 위해 신앙생활하고, 신과의 마주침이야말로 감
정이입적 연결을 통해 이루어진 신체화된 영성인 것이다. 이것이 몸을 통해
정열적으로 만들고, 치열한 욕구와 즐거움, 고통, 환희, 후회를 낳는다.[6] 인
간은 삶 속에서 열정적인 신앙적 체험으로 이끌어가는 수단이 은유이고, 은
유를 통해 다양한 영적 경험(다양한 의례 행위, 기도 등)을 한다.

    신은 기호적인 존재로서 그 기능과 특성이 당연히 인간의 삶에 의해 결정
되기 때문에 지역마다 시기마다 신들의 역할이 다르다. 민속신앙에서 민속
신은 물리적 경험 영역을 근거로 은유적으로 확장된 초월적인 존재이다. 여
기서 초월적 존재가 기호적 존재로서 물리적 경험의 많은 제약을 받는다.
즉 민속신이 물리적 경험 영역의 변화에 따라 그 기능과 의미가 변화한다는
것을 의미한다. 그렇다면 물리적 경험 영역은 무엇일까? 그것은 바로 인간
삶의 물리적 환경에 관한 것으로 기호적 경험의 형성 배경이다. 일반적으로
민속이 자연환경, 사회적 조건, 역사적 사건 등에 결정되고 그에 의해 형성
된다고 한다면, 민속이 문화적 텍스트에 해당하고, 자연, 사회, 역사 등이 민
속 형성의 배경인 것이다. 민속 형성의 배경으로서 물리적 경험 영역은 ①자
연환경에 영향을 받는 생업방식, ②정착사회의 근간이 되고 있는 생활공동
체, ③공동체 공간에서 발생하는 죽음 등의 사건 등을 말한다.

    일반적으로 신앙은 인간이 신에게 추구하는 믿음의 태도에 따라 현세구

복적(現世求福的) 신앙과 내세기복적(來世祈福的) 신앙으로 구분된다. 민속신앙
이 현세구복적인 믿음이 강하고, 교리와 교단인 조직화된 종교는 현세구
복적이면서 내세기복적인 믿음이 공존한다. 민속신은 가택신, 무속신, 마을
신을 범주화'해서 부르는 명칭이다. 가택신은 조상신, 조왕신, 성주신, 측간
신, 터주신, 문신 등 특정 주거 공간에 좌정하고 있는 정주신(定住神)의 성격
을 지니고, 무속신이 천지신, 제석신, 바리공주, 칠성신, 문전신, 군웅, 대감
신 등 이동신(移動神)의 성격을 지니며, 마을신은 당산신, 동신, 서낭신 등 정
주신이거나 이동신의 성격을 지닌다. 민속신은 가정이나 마을마다 다양한
모습을 지니고 있다.

민속신앙은 현세(現世) 삶의 문제를 해결하는 것이 가장 큰 목적이고, 신
에 대한 관념이나 태도가 그에 따라 형성되었다. 하지만 생업방식이 농업노
동에서 산업노동으로 변화되고, 인구가 집중된 도시와 조직화된 종교가 발
달하면서 현세구복적인 것도 중요하나 무엇보다도 내세기복적인 믿음이
더욱 중요한 역할로 등장하였다. 그것은 다름 아닌 삶의 문제도 중요하지
만 죽음 문제 또한 중요함을 인식하게 된 것이다. 흔히 불교나 기독교처럼
체계화되고 조직화된 종교가 현재의 삶뿐만 아니라 죽음의 공포를 극복하
기 위해 사후세계, 즉 내세 삶의 문제를 해결하려 한다. 이러한 환경 속에서
민속신앙은 많은 변화를 겪을 수밖에 없다.

2. 무속신앙으로부터 주술적 행위와 굿당

오늘날 무당을 무속인(巫俗人)이라고 부르기도 하고, 좁게는 무당만을 지
칭하기도 하지만, 넓게는 무당을 비롯하여 굿판에서 반주하는 악사, 굿의

진행에 시중드는 사람, 점치는 사람, 굿의 용품을 판매하는 사람, 굿당을 운영하는 사람 등을 종합적으로 지칭하는 말로 사용하고 있다. 무당이 주재하는 굿은 그 목적에 따라 무당 자신을 위한 신굿, 재가집에서 요청하는 개인굿, 마을 공동의 마을굿으로 구분되고, 굿의 규모나 형식에 따라 선굿과 앉은굿으로 구분된다. 선굿은 무당이 악사(재비)의 반주에 맞추어 가무(歌舞) 중심으로 서서 제의를 진행시키고, 앉은굿은 가무 없이 축원 중심으로 앉아서 제의를 진행시킨다.[8] 특히 선굿은 춤과 음악, 재담, 몸짓, 노래가 복합되고, 음식, 무구, 복식, 악기 등의 다양한 물질문화가 융합된 종합예술이라 할 수 있다. 이러한 굿이 어떻게 지속되고 있는가를 두 가지 측면에서 파악할 수 있다.

먼저 굿이 무형문화재로 지정되어 전승되고 있다. 무형문화재로 지정되어 있는 굿은 15종목이다.[9] 여기서 서울맹인독경을 제외한 모든 굿이 선굿이고, 서울맹인독경은 맹인들이 복을 기원하고 질병을 치료하는 목적으로 경문을 읽는 앉은굿이다. 마을굿은 마을신을 대상으로 마을공동체의 안녕과 풍요를 기원하는 굿이고, 재수굿이 양주소놀이굿과 황해도평산소놀음굿으로 단독으로 행해지지 않고 제석거리굿에 이어서 진행된다는 것이 공통점이다. 죽음과 관련된 굿은 진도씻김굿, 서울새남굿, 강화교동진오기굿, 고흥혼맞이굿이고, 주로 세습무 굿이지만 서울새남굿만 강신무 굿이다. 이와 같은 굿의 자생적 물리적 기반이 농업노동으로, 산업노동이 중심이 되고 도시화가 가속화되는 오늘날에는 많은 변화를 겪을 수밖에 없고, 보존회나 공공 공동체(公共 共同體)[10]의 지원을 통해 전승되고 있다.

무형문화재로서 굿이 지속될 수 있었던 것은 굿의 기호적 전이[11]를 통해 이루어진다. 기호적 전이란 원초적인 것이 다른 형태로 변화되거나 변형된 것을 말하는 것으로, 기호 산출자와 사용자의 의사소통의 관계 속에서 발생한다. 기호경험에서 기호 사용자가 인간이기 때문에 삶의 환경에 따라 기호사용은 당연히 변화되기 마련이다.[12] 예컨대 삶의 현장에서 문제를 해결하려는 굿이 무속신앙적 의미를 지니지만, 무대나 인공적인 공연장에서 연행되는 굿을 하나의 공연물로 인식하여 문화재적이고 공연예술적 의미 차원에서 이해하고 수용한다. 그에 따라 무당은 예능보유자로서 민속예술인 혹은 전통공연예술인의 자세를 취하는 경우가 대부분이다. 이처럼 무속신앙을 비롯한 다양한 민속이 기호적 전이[13]를 토대로 변화되고 지속되고 있다. 기호적 전이는 본질적으로 지속을 전제로 기표나 기호내용에서 주로 이루어진다.

두 번째로 굿이 굿당 중심으로 전승되고 있다. 굿당은 무당이 신을 모시고 굿을 하는 당집을 말하고, 도시화 과정 속에서 주거공간과 멀리 떨어져 있는 무속적 공간을 의미한다.[14] 굿당 조사는 1996년부터 본격적으로 이루어지기 시작했는데, 그 성과물 가운데 하나가 구중회의 《계룡산 굿당 연구》[15]이다. 표인주는 2008년 7월부터 2009년 6월까지 광주 인근지역의 굿당을 조사하고, 그 결과물이 《무등산권 굿당과 굿》[16]과 《무등산권 무속신앙의 공간》[17]이다. 굿당은 단순히 굿하는 신앙적 공간뿐만 아니라 재가집의 익명성을 보장하고, 굿판에 참여한 사람들에게 편의 제공, 무속인들 간의 정보교류, 굿의 학습적 기능을 수행하는 공간이다. 이러한 굿당은 계룡산의 보덕사 굿당이 1979년에 들어서기 시작했고, 무등산의 용암사 굿당이 1979년에 최초로 만들어진 것으로 보아[18] 1980년대 본격적으로 형성되기 시작한 것으로 보인다. 그것은 새마을운동으로 인해 농어촌마을 주거공간의 개량화, 경제성장에 따른 도시화와 개인주의 확대, 아파트와 같은 밀집형 주거공간 등장 등이 이루어진 시기이기 때문이다.

굿당의 굿은 주로 재가집의 요청에 의한 것이다. 그것은 주로 공동체보다는 개인적인 문제를 해결하려는 것으로, 즉 무당이 모시고 있는 몸주신을 위한 신굿이라든가, 개인적인 문제를 해결하고 복을 기원하는 개인굿이 대부분이다. 그러다보니 굿당에 참여한 사람들도 무당과 재가집 당사자들만 참여하고, 복잡한 굿거리 절차가 간소화 되거나 축약된 내용으로 진행되기도 한다. 무엇보다도 굿의 연행 시간이 밤이 아니라 낮으로 이동하고 있으며, 축제적 분위기보다는 주술적인 분위기 속에서 거행되는 경우가 많다. 굿당의 굿은 <세습무 굿>, <세습무와 강신무 결합 굿>, <강신무와 법사의 굿> 세 가지 형태로 구분되는데, <세습무 굿>이 독자적으로 이루어지는 것이 아니라 법사와 더불어 굿을 진행하는 경우가 많고, <세습무와 강신무 결합 굿>에서는 세습무가 청송무당, 강신무당이 당주무당의 역할을 하며, <강신무와 법사의 굿>은 법사 중심으로 이루어진다.[19] 이러한 것은 전통적인 굿이 점차 약화되고, 강신무와 법사 중심의 굿으로 변화되고 있음을 보여준다. 세습무의 굿이 예술성이 강하다면, 강신무는 영적이고 주술성이 강한 굿을 하고, 법사는 독경을 읽으면서 앉은굿을 한다. 이처럼 성격이 다른 무당들이 연합하여 굿을 하면서 무속의례의 통합이 이루어지고, 새롭게 창출되기도 한다.[20] 이것은 비단 광주뿐만 아니라 여타의 지역에서도 마찬가지이다.

굿이 가정에서 굿당으로 이동하면서 많은 변화가 이루어졌다. 단순히 굿하는 장소나 밤에서 낮의 시간으로 이동하는 것이 아니라 무당이 모셔야 할 신격에서도 변화가 일어나고 있다. 가정에서 가택신을 비롯한 조상신, 몸주신, 손님신, 객귀신 등 다양한 신격들을 초빙하여 굿을 하지만, 굿당에서는 그렇게 할 수 없다. 계룡산의 굿당이 천존단, 산신단, 용궁단, 서낭단, 기타 단으로 구성되고,[21] 무등산권의 굿당은 2~5개의 제단으로 구성되어 있으며, 신격은 천신, 산신, 용신, 서낭신, 장군신, 칠성신 등이다.[22] 굿당마다 제단이나 신격이 다르지만 공통적으로 산신굿과 용왕굿이 진행된다. 이처럼 가정과 굿당의 굿에서 신격이 차이가 있는 것은 장소가 적지 않게 영향을 미치고 있음을 보여준다.

굿하는 장소의 이동이 굿의 분위기에도 많은 영향을 미친다. 가정 굿이 가족은 물론 마을사람들도 참여하여 공동체적인 관심을 토대로 축제적으로 이루어진 반면, 굿당 굿은 재가집 가족 혹은 당사자만 참여하기 때문에 축제적인 분위기를 기대할 수 없다. 이것은 굿의 내용에서도 보면 가정 굿이 소리와 춤 그리고 서사적인 재담이 잘 어우러지고, 굿당 굿은 소리와 춤의 예술성은 약화되고 거의 재담은 발견되지 않으며 공수 위주 굿을 하는 경우가 많다.[23] 이처럼 굿을 요청하는 재가집 뿐만 아니라 굿하는 장소에 따라 신격이 다르고, 굿의 내용이 다르다. 이것은 굿의 물리적 기반의 변화, 즉 공간의 이동에 따라 굿이 변화되고 있음을 보여주고 있는 것이다.

굿이 공간이동에 따라 변화된 것처럼 점복행위도 많은 변화가 이루어지고 있다. 굿은 점복으로부터 시작된다. 오늘날 점복자를 점쟁이, 박수무당, 법사, 보살, 소경, 판수, 복술자, 승려, 선생님 등으로 부르고 있다. 점쟁이가 점을 치고 실천단계인 처방 방법으로 굿을 하도록 권하거나, 부적을 써주고 위로하기도 하고, 맥이를 해주고 기도를 해주기도 한다. 그 가운데 가장 많은 비중을 차지하고 있는 것이 굿을 하거나 부적을 써주는 것(47%)이다.[24] 부적을 소지하거나 주술적인 것을 장려하는 것은 도교의 영향으로, 생활 속에서 다양한 방식으로 실천된다. 가장 흔한 것이 통행의 관문이나 특정 장소에 부적을 붙이는 것이고, 엄나무가시나무나 소뼈 혹은 소고뚜레를 걸어두기도 한다. 이것은 개인의 욕망을 실현하기 위해 바위 위에 돌탑을 쌓거나, 자물통을 나무나 인공물에 걸어두고 열쇠를 버리는 행위, 신성한 우물이나 조형물에 동전을 던지는 행위, 소원성취의 글을 써서 걸어두는 행위 등이다. 게다가 부적을 소지하고 다니는 것이 재복을 기원하기 위해 돼지 장신구 목걸이를 착용하거나, 기독교인은 십자가 장신구를, 불교인이 부처님의 상징물 등 기타 종교적 장신구를 착용하는 것으로 확장되어 생활화되고 있다. 이러한 것은 모두 주술적인 관념이 삶속에 깊숙이 투영되고, 주술적인 장신구 착용이라는 부적의 기호적 전이를 통해 변화되어 지속되고 있는 것이다. 그런 점에서 이 또한 무속신앙의 연장선상에서 이해해야 한다.

3. 가택신앙으로부터 다양한 고사(告祀)문화

가택신앙은 가정의 각 공간에 좌정한 가택신에게 가족의 안녕과 풍요를 기원하는 신앙으로, 여성이 주도적인 역할을 하는 현세구복적인 신앙이다. 가택신은 성주신(가옥의 중앙·대청 혹은 안방), 조왕신(부엌), 조상신(안방), 삼신(안방), 측신(측간), 철륭신(장독대), 문신(대문), 터주신(마당) 등이 있고, 가장 핵심적인 신이 성주신과 조왕신이다. 물론 조상신도 중요한 신격이지만 장자의 집에서만 모셔지고, 성주신과 조왕신은 모든 집안에서 공통적으로 모셔지고 있다는 점에서 차이가 있다. 성주신과 조왕신이 부부관계로 인격화되기도 하는데, 성주신이 남편신이지만, 조왕신은 본처이고, 측신은 첩이며, 문신이 자녀신이다.[25] 이를 통해 성주신과 조왕신이 중요한 신격임을 알 수 있고, 동굴에서 움집으로의 주거발달 과정이나 가택신앙의 모계적인 요소 등이 조왕신의 위상을 설명해준다. 그것은 불이 갖는 민속적인 의미를 통해서도 확인할 수 있다.

조왕신은 불의 신이다.[26] 문화사적으로 불의 발견이 태양의 재창조이고, 인간 삶에 혁명적인 변화를 가져오게 했다. 그래서 불이 생활 속에서 실용성과 주술성의 도구로 활용되었고, 화전농업, 쥐불놀이, 화재막이, 횃불싸움, 낙화놀이, 달집태우기, 액막이불놓기, 기우제, 연등행사, 온돌 등에서 불은 생산, 재액, 정화, 주술, 재생, 변형이라는 다양한 의미를 지니고 있다.[27] 이러한 불의 의미를 토대로 보면 주거생활 속에서 가장 중요한 신격이 불의 신인 화신(火神)이었음을 짐작케 한다. 불의 신은 태양신이자 천신인 셈이다. 따라서 조왕신이 가택신 가운데 가장 원초적인 신이고, 성주신과 함께 주거공간의 중요한 신격이었을 것이다. 즉 성주신과 조왕신으로부터 가택신이 점차 분화되어 발전해 왔고, 그것은 주거 공간의 확대와 밀접한 관련을 가지고 있다.

생활사 언어자료를 보면 집 짓고 살아가면서 공간의 필요성에 따라 살림 공간을 넓혀가는 경우, 이를 "집을 달아낸다, 혹은 키운다." 등의 표현을 사용한다. 이것은 농경사회의 주거공간이 확장형의 공간 인식을 근거로 한다. 오늘날에도 특별한 사연이 없는 한 정상적인 삶 속에서 집을 키워 이사 가고, 자동차도 큰 차로 교환하는 것도 확대지향형 공간인식에서 비롯된 것이다. 이러한 인식이 바탕이 되어 성주신과 조왕신에서 다양한 가택신으로 분화되고 확대된 것인데, 가택신의 인격화에도 중요하게 작용된다. 즉 가택신의 물리적 기반은 확대지향형의 주거 공간인식에 따른 살림 공간이고, 농업노동을 근거로 한 주거 공간 환경이 적지 않게 가택신의 역할을 제약한다. 그것은 다름 아닌 가택신의 물리적 경험 영역이 농업노동을 근거로 한 주거 공간 생활이라고 말해주는 것이다.

가택신앙이 물리적 기반인 농업노동과 주거 환경의 변화에 따라 많은 변화를 겪는다. 농업노동 중심에서 산업노동과 조작노동의 중요성이 확대되는 요즘에 신앙적 관념과 주거 환경의 변화가 크게 이루어지고 있다. 특히 아파트와 같은 밀집형 주거공간이 중요한 생활공간으로 자리 잡아가면서 아파트 주거 공간구조는 농어촌에도 많은 영향을 미친다. 밀집형 주거 공간 구조는 농촌의 가옥처럼 확장지향형 공간이 아니라 분할지향형 공간이다. 고정 공간을 분할하여 사용하기 때문에 주거생활이 공간적으로 많은 제약 을 받는다. 농촌에서 살림 공간을 키워나가듯이 공간을 자의적으로 확대할 수 없고, 고정된 공간에 적합한 주거 환경이 형성될 수밖에 없다. 그것은 자 연스럽게 가택신앙에 대한 관념을 약화시켰지만, 그나마 칠성신과 조왕신 은 사찰에서나 찾아볼 수 있고, 명절의 차례 상차림에 가택신의 모습이 남 아 있다. 그리고 문신에 대한 관념이 아직도 현관문이나 그 주위에 부적을 붙이거나 주술적인 장신구를 장치하는 것을 통해 확인된다.

이와 같이 실질적으로 변화된 주거 공간에서 가택신앙이 약화되었지만, 그 의례적 의미와 전통은 다양한 방식으로 지속된다. 그것이 바로 고사문화 이다. 고사문화는 가택신을 대상으로 행해졌던 고사 전통을 계승한 현세구 복적인 주술적 실천행위다. 고사(告祀)는 집안의 성주신, 터주신, 제석신, 삼 신, 조왕신 등의 가택신에게 안녕을 기원하는 의례를 말한다.[28] 고사가 약 식 제의로서 가장 중요한 제물은 떡이다. 고사를 지내고 나면 고사떡이라 하여 이웃집에 돌리기도 하고, 고사에 참여한 가족들이 함께 나누어 먹기 도 한다. 고사는 개인이나 지역마다 다르지만, 성주고사를 비롯하여 터주고 사, 시루고사 등의 고사가 오늘날 고사문화의 가장 원초적인 형태임을 알 수 있다. 가정의 고사가 뱃고사와 같은 다양한 형태로 확장되어 발전해 온 것이다.

뱃고사는 배를 새로이 마련하여 처음으로 고기잡이 나갈 때 지내는 고사 와 매년 정월 보름에 무사고와 풍어를 기원하기 위해 지내는 고사로 구분 된다. 이러한 전통이 오늘날 자동차 고사문화로 확장되어 나타나고, 상업의 터전인 상가의 개업식, 토목이나 건축공사의 개토제나 착공식 등 다양한 고사문화로 전개되고 있다. 이것은 기본적으로 안녕과 풍요를 기원하는 신앙적 관념을 바탕으로 하고 있으며, 특히 지금도 이사 갈 때 고사떡을 준비하여 이웃에 나누어주기도 하고, 집들이할 때 친지들이 성냥이나 화장지 등을 선물로 가져가는 것도 바로 이와 같은 고사문화의 실천이라 할 수 있다. 다시 말하면 성주고사에서 집들이로, 터주고사에서 토목건축 착공식으로, 시루고사에서 개업식으로, 뱃고사에서 자동차고사로의 기호적 전이가 이루어지면서 다양한 고사문화가 지속되고 있는 것이다. 이것은 가택신의 위상이 약화되고 있지만, 그 신앙적 관념은 다양한 기호적 전이를 통해 지속되고 있음을 보여준다.

4. 마을신앙으로부터 전통마을 만들기

마을신앙이 지역마다 내용이나 성격이 다소 다르지만,[29] 공동체의 염원을 반영하고 있다는 점에서 큰 차이가 없다. 특히 마을신앙이 단순히 종교적 기능만을 수행하는 것이 아니라 공동체의 결속을 강화한다든지, 정치적이면서 예술적이고 축제적인 의미를 지니고 있는 것은 어느 지역이나 다르지 않다. 이와 같은 마을신앙의 전승이 약화되고, 심지어는 소멸 단계에 직면하여 단지 기억의 유산으로 남아 있기도 한다. 마을신앙의 전승이 급격히 약화된 것은 물리적 전승기반인 공동체가 변화되고, 마을신앙의 기호적 전이가 이루어지지 않는 점 등을 그 원인으로 지적할 수 있다. 그것은 마을신앙이 지속되기 위해서는 최소한 물리적 전승 기반인 공동체가 활성화되거나, 공동체의 변화 아니면 마을신앙의 기호적 전이가 다양하게 이루어져야 가능하다는 것을 말한다. 풍물굿형과 무당굿형 마을신앙은 어느 정도 공공

공동체라고 하는 전승기반의 확보와 더불어 다양한 의미의 기호적 전이를 통해 지속되지만, 유교적 제사 내용을 가지고 있는 제사형 마을신앙은 마을의 외부환경적인 전승기반을 확보할 수 없어 거의 소멸 직전에 놓여있다. 이와 같은 마을신앙의 지속과 변화 실상이 크게 네 가지로 정리된다.

먼저 마을신앙이 문화유산으로서 그 명맥이 이어지고 있다. 이것은 무엇보다도 마을신앙의 종교적 의미 보다는 시간관념 차원에서 지속되고 있는 것이다. 농경시대에는 농업노동과 공간상의 운동 경험에 근거한 시간관념이 생활방식에 중요하게 영향을 미쳤다. 시간은 물이 위에서 아래로 흐르는 것처럼 지속적이며 이동의 관념이 은유적으로 개념화된 것이기 때문에 시간 인식의 변화는 당연히 노동형태의 변화를 초래한다. 그것은 농업노동과 산업노동에서 인식하는 시간관념이 다르다는 것을 의미한다. 산업노동에서 <시간이 자원이자 돈>이지만, 농업노동에서 <시간은 이동이자 지속>의 개념이다. 산업화시대에도 여전히 농경시대의 생활방식이 지속되고 그 시간관념이 조상 대대로 전해 내려온 풍속을 이어가야 하고, 그것을 후손들에게 전해주어야 한다는 계승적 태도를 갖게 하였다.

농경시대의 시간관념이 공동체의 변화나 외부적인 환경의 변화에도 불구하고 과거의 마을신앙을 기억해야 하고, 그것을 이어가는 것이 전통문화 계승이라고 인식하게 만든 것이다. 이러한 것은 마을신앙의 신앙적 의미에서 기호적 전이를 통해 문화유산 의미를 발생시켰다. 물론 마을신앙이 갖는 신앙적인 의미가 그 강도의 차이가 있기는 하나 아직도 지속되고 있지만, 점차 문화유산으로서 가치가 확대되고 있다. 이러한 경우는 그 형식이나 내용이 다소 약화되더라도 마을신앙의 핵심적인 내용을 갖춰 지속시키려고 노력한다.[30] 다만 마을제사의 시기를 자시에서 초저녁 혹은 오후로 옮긴 경우가 많고, 구례 신촌마을, 영광 용암마을과 완도 당목마을 등에서는 낮에 제사를 지내기도 한다. 이것은 모두가 마을을 방문하는 관광객을 많이 확보하려는 의도이다. 이러한 것은 마을이 신앙적 욕망 충족보다는 외부인을 통해 경제적 욕망을 충족하려는 데서 비롯되는 것으로, <시간이 자원이자 돈>이라는 은유적 시간관념의 변화가 마을신앙에도 영향을 미치고 있음을 보여준다.

두 번째로 마을신앙이 무형문화재로 지정되어 전승되고 있다. 무형문화재로 지정되어 있는 마을신앙은[31] 지역성을 반영하고 있기 때문에 제사의 내용이나 성격이 다양하다. 그 전승적 기반은 시도 자자체의 공공적 지원이고, 그에 따라 마을신앙의 종교적 의미보다도 문화재적인 가치를 강조하여 지역축제 자원으로 활용되기도 한다. 특히 전남의 완도장좌리당제는 <완도장보고축제>와 연계하여 전승되지만, 전북의 고창오거리당산제보존회는 고창군과 고창읍의 후원을 받아 <오거리 당산제>의 행사를 개최하여 축제 및 관광자원으로 활용하고 있다. 이처럼 무형문화재로 지정된 마을신앙 상당수가 신앙적 의미에서 문화재적 가치와 축제적 의미로의 기호적 전이를 통해 지속되고 있다.

세 번째로 마을신앙이 무형문화재와 연계되어 전승되기도 한다. 그것은 굿,[32] 풍물,[33] 민속놀이가 무형문화재로 지정되어 그 맥락 속에서 마을신앙이 지속되는 경우이다. 굿과 관련된 무형문화재가 모두 단순히 굿의 내용이나 형태도 중요하지만 무당굿형 마을신앙이라는 점에서 문화재적인 가치를 지닌다. 다만 마을신앙이 신앙적 의미는 퇴색하고 공연예술적인 의미가 강화되면서 그 기호적 전이를 통해 지속되고 있는 것이다. 그리고 풍물과 관련된 무형문화재는 마을신앙의 제당에서 들당산굿과 날당산굿의 구조를 지닌 당산굿을 치고 있는 것이 공통점이다. 특히 이것은 호남지역의 풍물굿형 마을신앙에서 그렇고, 마을신앙이 단절되었더라도 풍물굿을 통해 어느 정도 마을신앙의 부분적인 내용이 지속된다. 마을신앙과 관계된 국가무형문화재 민속놀이는 광주칠석고싸움놀이,[34] 기지시줄다리기 2종목이다. 줄다리기는 기본적으로 마을신앙이 진행된 뒤 정월 대보름날에 행해지고, 이어서 지신밟기를 하는 경우가 많다. 따라서 신과 인간의 의사소통의 방식으로서 마을신앙, 인간과 인간의 연결로서 줄다리기, 가정과 가정의 연결이 지신밟기로 전개되기 때문에 마을축제의 측면에서 이해할 필요가 있는 것이다.[35] 마을신앙이 민속놀이와 더불어 하나의 공연문화로서 지속되고, 지역축제와 연계되기도 한다. 예컨대 진도 회동마을의 영등제가 진도 지역축제의 프로그램의 하나로 지속되고,[36] 광주 칠석마을의 당산제도 고싸움놀이축제와 연계되어 전야제로 행해지는 까닭에 약화되고 간소화되었지만[37] 고싸움놀이축제의 중요한 행사로 지속된다. 그것은 마을신앙의 기호적 전이를 통해 종교적 의미보다는 축제적 가치를 중요시 여기는데서 비롯된 것으로 보인다.

네 번째로 마을신앙이 <전통마을 만들기> 차원에서 지속되기도 한다. 가장 대표적인 것은 민속마을 지정 사업이고, 국가 주도의 전통문화 보존이라는 명분으로 전통 건축물을 민속자료로 지정하면서 전개된 사업이다.[38] 민속마을에서 마을신앙을 비롯하여 다양한 민속행사가 지속되고, 특히 낙안읍성에서는 전통문화마을 보존의 면모를 보여주기 위해 정월대보름축제의 일환으로 당산제를 지내는데, 그것은 과거의 마을신앙보다는 낙안읍성보존회 중심으로 마을제사를 지낸다.[39] 최근 들어 전통마을의 면모를 보여주기 위해 마을신앙의 행사를 개최하기도 한다. 그러한 예가 2007년에 지정된 <담양창평슬로시티>인데, 단절된 당산제를 복원하여 전통문화행사의 하나로 진행하고 있다. 그런가 하면 2002년부터 본격적으로 시행되고 있는 농림부 녹색농촌체험마을사업의 하나로 다양한 전통문화 체험프로그램을 활용하고 있지만, 주로 민속놀이, 민속공예, 민속음식 등의 체험활동이 주를 이루고,[40] 마을신앙과 관계된 프로그램은 보이지 않는다. 여기서 중요한 것은 민속마을이든 전통문화마을이든 마을신앙의 전승기반이 공공 공동체이고, 마을신앙이 신앙적 의미에서 전통문화의 의미로 기호적 전이를 통해 지속되고 있음을 알 수 있다.

5. 민속신앙의 지속과 변화 요인

지금까지 살펴본 바에 의하면 가택신앙이나 무속신앙에서 개인 중심의 신앙행위가 물리적 전승기반의 변화를 통해 어느 정도 지속되고, 공공 공동체를 확보하지 못한 마을신앙은 소멸되어가고 있거나, 공동체의 확보와 더불어 마을신앙이 갖는 의미의 기호적 전이를 통해 지속되기도 한다. 이것은 개인 중심의 신앙생활이 본질적이고, 공동체 중심의 신앙생활은 이데올로기적 관념의 반영에서 비롯된 것임을 보여준다. 따라서 개인 신앙생활이 다양한 변화에도 불구하고 지속되고 있는 것에 비하면, 공동체 신앙생활은 다양한 변화를 수용하지 못하면 더 이상 지속될 이유가 없는 것이다. 따라서 민속신앙의 지속과 변화를 네 가지 측면에서 정리할 수 있다.

먼저 농업노동에 근거한 물리적 전승기반의 변화에 따라 민속신앙이 변화된다. 민속신앙의 가장 중요한 물리적 전승기반은 농업노동이다. 일반적으로 노동은 형태나 방식에 따라 육체적 노동과 정신적 노동으로 구분되고, 노동의 가장 기본적이며 원초적인 형태가 몸의 움직임을 통해 이루어지는 육체적 노동이다. 이것은 산업형태에 따라 달라지겠지만 농경시대는 자급자족을 기본으로 하는 농업노동이, 산업화시대는 잉여생산을 목표로 하는 산업노동이 중요한 노동방식이다. 농업노동이 시간의 흐름에 따라 노동의 순서와 방식이 결정되지만, 산업노동은 대량생산을 목적으로 제품의 제작과정에 따라 결정되기 때문에 시간의 영향을 받지 않는다. 따라서 농업의 시기에 따라 삶의 방식이 변화되고, 그에 따라 이루어진 민속신앙은 농업노동이 중요한 물리적 전승기반의 역할을 한다.

농경시대의 마을이 대부분 농업노동에 종사하지만, 산업화된 오늘날은 마을사람들의 도시 이주가 증가하고, 특히 농공단지가 활성화되면서 산업노동에 종사한 사람이 증가하고 있다. 그것은 농업노동에서 산업노동으로 변화가 가속화되고 있음을 보여주고 있는 것이다. 이러한 변화가 주거환경에도 적지 않게 영향을 미친다. 농촌 주거에서 농업노동을 근거로 한 농산물 생산과 수확의 방법이 고려되었고, 산업노동을 근거로 한 주거생활은 삶의 편리성을 추구하는 경우가 많다. 특히 아파트와 같은 밀집형 주거형태가 등장하고, 아파트의 공간구조 형식이 마을의 주거환경 개선에 적용되면서 생활문화의 변화가 이루어지고, 그것은 민속신앙의 변화로 이어졌다.

무속신앙에서 마을굿은 예전과는 달리 상당부분 위축되고 있으며, 그나마 개인굿이 농촌이 아닌 도시의 굿당에서 이루어진 경우가 대부분이다. 굿당이 주로 대도시의 산 주변에 형성된 것도 굿의 수효가 농촌보다는 도시에서 더 많이 요구되는 것과 관련이 있다. 그리고 가택신앙은 농업노동과 주거환경의 변화에 따라 기억의 유산으로 남아있지만, 그 본질은 마을에서 도시로 확대되어 다양한 고사문화로 이어지고 있다. 특히 가택신 중에서도 가장 중요한 신격이 조왕신인데, 주거공간의 개량으로 인해 부엌에서 중요한 역할을 했던 불 피우기가 전기 혹은 가스로 교체되면서 불의 생산적인 의미가 약화되어 소멸된 것으로 보인다. 어찌 보면 조왕신의 위축이 가택신의 소멸을 초래한 것이라 해도 과언이 아니다. 마을신앙도 변화를 겪고 있는데, 농업노동의 변화를 통해 공동체가 와해되고 새로운 형태의 공동체가 형성되고 있지만, 그것은 어디까지나 경제적인 이익을 추구하고 있다. 노동 방식의 변화가 마을신앙의 다양한 기호적 전이를 발생시키는데 중요한 역할을 하고 있는 것이다.

두 번째로 시간관념의 변화에 따라 민속신앙이 변화되고 있다. 시간 인식의 필요성은 여러 가지가 있겠지만 무엇보다도 온도 인식과 밀접한 관련이 있을 것으로 보인다. 차가움과 뜨거움의 정도를 나타내는 것이 온도인데, 인간은 일상생활에서 자주 접하는 것이 온도이기 때문이다. 온도는 시간의 흐름에 따라 다르고, 밤낮은 물론 계절에 다르다. 따라서 농사를 잘 지으려면 온도에 따라 준비해야 하고, 온도를 알려면 시간을 알고 계절의 변화를 알아야 한다. 이처럼 시간이 삶에 필요한 물자를 획득하기 위한 노동과 밀접한 관련이 있음을 알 수 있다. 농업노동에서 시간은 공간상의 이동이며 지속적인 관념으로, 일상생활에서 시간에 따라 변화하는 온도를 수용할 수밖에 없다. 하지만 산업노동에서 시간은 농업노동의 시간관념과 더불어 물질적이며 돈이라는 확장적 관념이다. 산업노동에서 시간관념이 상품화의 전략으로 활용되는 계기가 된다. 뿐만 아니라 인간은 산업노동이 본격화되면서 온도의 조절능력을 갖게 되고, 그것은 농경사회의 농업노동과 더불어 삶의 방식에서도 엄청난 변화를 가져오게 한다. 마을에서는 전통적인 농업의 변화와 원예농업을 활성화시키는 계기가 되었던 것이다.

시간관념의 변화가 민속신앙에 적지 않은 영향을 미친다. 한국인은 낮과 밤, 하늘과 땅, 인간과 신 등 사물의 체계를 음양사상에 근거하여 이해해 왔다. 그것은 한국인의 삶이 음양사상에 입각해 체계화되어 있음을 의미한다. 그렇기 때문에 신에 대한 인간의 활동 또한 이에 근거하여 형성되었고, 가장 대표적인 것이 신을 대상으로 제의를 올리는 민속신앙이다. 그래서 무속신이나 가택신, 마을신을 대상으로 하는 제의가 밤에 이루어져야 하고, 이것은 자연의 흐름을 반영한 농경민적인 사고의 관념에서 비롯된 것이다. 하지만 농업노동보다는 산업노동이 중심이 되는 시간관념 속에서는 음양사상의 관념이 약화되고, 그것은 민속신앙의 시간을 변화시키는데도 영향을 미쳤다. 굿판에서 굿을 저녁에 해야 하지만 공연예술이라는 측면에서 낮에 이루어지는 경우가 대부분이고, 굿당에서의 개인굿이 주로 낮에 많이 이루어진다. 가택신앙에서 고사가 주로 낮에 많이 이루어지고, 마을신앙에서도 제사를 밤에서 아침이나 낮으로 옮겨가는 경우가 많아지고 있다. 이것은 모두 시간관념의 변화와 밀접한 관련이 있는 것으로 판단된다.

세 번째로 공동체 변화에 따라 민속신앙이 변화되고 있다. 마을의 공식적 조직이 동계, 촌계 등이 있는데, 요즈음 마을총회, 개발위원회, 부녀회, 노인회, 청년회 등이 그 역할을 하고, 비공식적 조직은 혼상계, 동갑계 등 각종 계(契)와 같은 친목 모임들이다. 이 가운데 민속신앙과 밀접한 관련이 있는 것이 마을총회 역할을 하는 동계나 촌계와 같은 조직들이다. 본래 이들 조직은 주로 농업노동에 종사한 구성원들이 대부분이기 때문에 의례공동체, 신앙공동체, 놀이공동체 등의 역할을 수행했다. 산업노동이 일반화된 요즈음은 마을공동체가 원주민, 귀향인, 귀농인, 이주민(거주 혹은 결혼) 등으로 구성되고 있다. 게다가 작목반이나 특용작물재배모임 등은 개별적인 경제적 이익을 추구하는 경향이 강하다. 이에 따라 공동체가 이익을 추구하는 집단으로 변화될 수밖에 없는 것이다.

공동체의 변화는 마을총회가 갖는 구속력을 약화시키고, 이들 공동체의 역할이 축소되어 민속신앙에도 영향을 미친다. 가택신앙은 공동체와 무관하여 그렇게 큰 영향을 받지 않지만, 무속신앙의 마을굿과 마을신앙은 다르다. 특히 마을신앙이 공동체의 영향을 크게 받고, 공동체가 마을의 생업방식의 환경과 구성원의 성향에 따라 많은 영향을 받는다. 공동체 구성원이 고령화되거나 여성화된다든지 그 규모가 축소되는 것은 공동체의 역할에 많은 제약을 하게 되고, 교육적 환경, 노동적 환경, 종교적 환경 등의 영향을 받아 다양한 목소리를 발생시킨다. 그것은 오랜 세월 동안 지속되어 왔던 마을신앙에 대한 태도를 변화시킬 수밖에 없다.

네 번째로 의사소통의 변화에 따라 민속신앙이 변화되고 있다. 민속신앙은 기본적으로 개인이든 공동체이건 인간이 신을 직접 대면하고 다양한 제의가 이루어지는 신앙이다. 여기서 제의는 인간과 신의 의사소통의 매개물이자 소통방식으로 직접적 대면관계를 통해 이루어진다. 특히 농업노동을 근거로 한 농경시대는 면대면 쌍방의사소통방식이 일반적이었으나, 산업화되고 산업노동의 확대는 비대면 일방의사소통방식이 대중화되고 일상생활의 많은 변화를 초래하였다. 게다가 디지털시대의 산업노동은 면대면 디지털쌍방의사소통 방식을 중요한 소통방식으로 자리매김 시키기도 했다. 이러한 의사소통 방식의 변화가 인간이 추구하는 욕구충족 방식, 일상생활에 영향을 미치는 다양한 사건의 이해, 현상과 사물의 기호적 전이를 통한 지속성과 다양성의 실천, 인간의 기본 욕망 실현을 위한 교육적 열망, 종교 관념의 변화, 공동체보다는 개인 중심의 생활문화 형성에 적지 않게 영향을 미치고 있다.

이와 같은 의사소통의 변화가 민속신앙에 많은 영향을 미치고 있다. 무속신앙에서 재가집에서 굿을 요청하면 무당은 굿판에서 필요로 하는 무구(巫具)와 제사음식을 준비하고 굿청을 마련한다. 모든 것이 준비되면 본격적으로 굿을 하는데, 일종의 인간과 신의 면대면 쌍방의사소통 행위인 것이다. 하지만 요즈음은 무구나 제사음식을 주문하고 구입하여 사용하는 것처럼, 가정에서 차례나 각종 의례에서 사용할 음식을 직접 준비하지 않고 구입하여 사용하고 있고, 마을신앙에서도 마찬가지이다. 이것은 다양한 매체나 인터넷 각종 사이트에서 유통되고 있는 홍보물을 통해 구입하고, 그것은 비대면 일방의사소통 방식을 통해 실현되고 있다. 뿐만 아니라 제도적 종교에서 다양한 규모의 SNS 소통방식을 비롯해 유튜브나 영상물, 방송 등을 통해 신앙 생활하는 것처럼, 특히 무속에서 점치는 점쟁이나 굿하는 무당이 홍보하거나 상담하는 인터넷 사이트와 SNS의 연결망 등을 통한 면대면 디지털 쌍방의사소통 방식을 활용하기도 한다. 이제는 가상공간에서 민속신앙이 구현되고 있기 때문에 가상공간의 민속신앙에도 관심을 가질 필요가 있는 것이다.

각 주

1　노양진, 『몸이 철학을 말하다』, 서광사, 2013, 268쪽.

2　노양진, 『철학적 사유의 갈래』, 서광사, 2018, 166쪽.

3　노양진, 『몸이 철학을 말하다』, 서광사, 2013, 69~71쪽.

4　G.레이코프·M.존슨 지음(임지룡·윤희수·노양진·나익주 옮김), 『몸의 철학』, 도서출판 박이정, 2018, 207~251쪽.

5　G.레이코프·M.존슨 지음(임지룡·윤희수·노양진·나익주 옮김), 위의 책, 240쪽.

6　G.레이코프·M.존슨 지음(임지룡·윤희수·노양진·나익주 옮김), 위의 책, 814~818쪽.

7　범주화(categorization)는 수많은 특정한 대상을 한 개념 안에 묶는 일이다. 따라서 일반 명사를 사용하는 모든 경우에 우리는 범주화를 한다. 범주화는 우리가 일반적 사고를 하는데 출발점이 되는 핵심적 기제이다. 따라서 범주화에 대한 시각이 바뀐다는 것은 우리의 사고의 본성에 대한 시각이 바뀐다는 것을 의미한다.(노양진, 위의 책, 24쪽.)

8　김태곤, 『한국무속연구』, 집문당, 1985, 347쪽.

9　국가무형문화재는 은산별신제, 양주소놀이굿, 제주칠머리당영등굿, 진도씻김굿, 동해안별신굿, 서해안배연신굿및대동굿, 위도띠뱃놀이, 남해안별신굿, 황해도평산소놀음굿, 경기도도당굿, 서울새남굿 11종목이고, 시도무형문화재가 강화교동진오기굿, 고흥혼맞이굿, 영덕별신굿, 서울맹인독경 4종목이다.

10　공공 공동체란 구성원들이 삶의 수단이자 생활공동체로서 자생적으로 형성된 마을 자치공동체와 구분되며, 국가나 자치단체 혹은 공공단체가 관여하여 공공성(公共性)을 확보할 목적으로 만든 제도적인 시스템이나 단체 등을 총칭하는 개념으로 사용함을 밝혀둔다.

11　기호적 전이란 동일한 것에 그 경험의 관점에서 기호내용이 사상되어 마치 복제물처럼 다른 기표를 발생시키거나, 동일한 기표에 다른 기호내용을 갖는 것을 말한다. 그렇기 때문에 기호적 전이는 기표뿐만 아니라 기호내용에서도 발생한다. 특히 기호적 전이는 개념혼성이라는 과정의 기호적 사상과정을 거치면서 새로운 경험내용 기호적 의미를 생산한다. 이러한 과정은 무한하게 이어질 수 있다.(노양진, 「기호의 전이」, 『철학연구』제149집, 대한철학회, 2019, 114~128쪽)

12　표인주, 「호남지역 민속놀이의 기호적 변화와 지역성」, 『민속연구』제35집, 안동대학교 민속학연구소, 2017, 365~366쪽.

13　굿에서 기호적 전이가 이루어지고 있는 것처럼 민속놀이에서도 마찬가지이다. 민속놀이의 물리적 기반이 농경사회의 생업방식인 농업노동에서 전국민속예술경연대회와 같은 국가 주도의 정책적 행사로 변화되고, 산업노동을 근간으로 하는 문화재 공연무대와 축제가 개최되는 무대공간으로 바뀌고 있다. 그러면서 민속놀이의 기호적 의미도 변화되고 있는 것이다.(표인주, 위의 논문, 367~391쪽.)

14　표인주, 「만덕사 굿당의 변용과 기능」, 『호남문화연구』제55집, 전남대학교 호남학연구원, 2014, 303~304쪽.

15　구중회, 『계룡산 굿당 연구』, 국학자료원, 2001.

16　표인주 외, 『무등산권 굿당과 굿』, 민속원, 2011.

17　표인주 외, 『무등산권 무속신앙의 공간』, 민속원, 2011.

18　표인주, 「광주굿의 지속과 변화 양상」, 『한국학연구』 34, 고려대학교 한국학연구소, 2010, 154~172쪽.

19　표인주, 위의 논문, 143~153쪽.

20 표인주, 「만덕사 굿당의 변용과 기능」, 『호남문화연구』 제55집, 전남대학교 호남학연구원, 2014, 323쪽.

21 구중회, 앞의 책, 37쪽.

22 표인주, 「광주굿의 지속과 변화 양상」, 『한국학연구』 34, 고려대학교 한국학연구소, 2010, 108쪽.

23 표인주, 위의 논문, 115~118쪽.

24 표인주, 「광주 점복문화의 실상과 특징」, 『문화재』 43(4), 국립문화재연구소, 2010, 4~17쪽.

25 표인주, 『남도민속과 축제』, 전남대학교출판부, 2005, 34~36쪽.

26 서해숙, 『호남의 가정신앙』, 민속원, 2012, 31쪽.

27 표인주, 「민속에 나타난 불의 물리적 경험과 기호적 의미」, 『비교민속학』 제61집, 비교민속학회, 2016, 141~166쪽.

28 『한국민속신앙사전-가정신앙㉠~㉭』, 국립민속박물관, 2011, 40쪽.

29 마을신앙은 제의적 내용에 따라 제사형, 풍물굿형, 무당굿형, 불교의례형 마을신앙으로 분류되고, 지역별로는 서울·경기도 도당굿, 강원도 서낭제, 충청도의 산신제와 장승제, 영남의 골맥이 동신제와 별신굿, 호남의 당산제와 당제, 제주도의 본향당굿과 포제 등으로 분류된다.(표인주, 『남도민속학』, 전남대학교출판부, 2014, 144~152쪽)

30 전라남도의 <2020년 설·대보름 세시풍속놀이 및 문화행사 계획> 가운데 마을신앙이 여수 4곳, 순천 3곳, 나주 11곳, 담양 20곳, 곡성 4곳, 구례 6곳, 고흥 14곳, 보성 2곳, 화순 14곳, 장흥 8곳, 강진 14곳, 해남 13곳, 무안 7곳, 함평 21곳, 영광 18곳, 장성 8곳, 완도 14곳, 진도 17곳 등 198마을에서 지속되고 있는 것으로 파악된다.

31 주로 시도무형문화재가 대부분이며, 충남의 공주탄천장승제, 청양정산동화제, 황도붕기풍어제, 당진안섬당제, 홍성수룡동당제, 보령외연도당제, 충북의 제천오티별신제, 대전의 유천동산신제, 장동산디마을탑제, 무수동산신제, 전남의 완도장좌리당제와당굿과 순천구산용수제, 전북의 고창오거리당산제보존회, 경남의 가야진룡신제, 울산의 일산동당제(별신제), 경기도의 갯머리성황제와 시흥군자봉성황제 모두 17종목이다.

32 국가무형문화재는 은산별신제, 제주칠머리영등굿, 동해안별신굿, 서해안배연신굿및대동굿, 위도띠뱃놀이, 남해안별신굿, 경기도도당굿 7종목이고, 시도무형문화재는 구리갈매동도당굿, 행당동아기씨당굿, 봉화산도당굿, 밤섬부군당도당굿, 삼각산도당제, 영덕별신굿 6종목이다.

33 국가무형문화재는 이리농악, 임실필봉농악, 구례잔수농악, 남원농악 4종목이고, 시도지정무형문화재로 전북에는 부안농악, 정읍농악, 김제농악, 남원농악, 고창농악 5종목이며, 광주와 전남에는 광산농악, 화순한천농악, 우도농악, 고흥월포농악, 곡성죽동농악, 진도소포걸군농악 6종목이다.

34 고싸움놀이와 줄다리기는 벼농사와 관련된 놀이로서, 농사 풍요를 기원하는 주술적 놀이고, 공동체성을 구현하는 민속놀이다. 고싸움놀이가 줄다리기의 줄놀이 과정이 독립되어 발전한 놀이기 때문에 줄다리기의 또 하나의 형태이다.(표인주, 「영산강 유역 줄다리기문화의 구조적 분석과 특질」, 『한국민속학』 제48집, 한국민속학회, 2008, 318쪽)

35 마을신앙이 농사의 풍요와 마을의 안녕을 기원하는 종교적 행사지만, 줄다리기는 인간과 신의 일체성을, 그리고 지신밟기가 인간과 인간의 통합성을 토대로 한 공동체성을 구현하는 문화행사로서 마을축제이다.(표인주, 「마을축제의 영상도식과 은유체계의 이해」, 『한국학연구』 제68집, 고려대학교 한국학연구소, 2019, 323~329쪽)

36 표인주, 「인물전설의 전승적 토대로서 지역축제」, 『비교민속학』 제18집, 비교민속학회, 2000, 267~271쪽.

37 표인주, 「무형문화재 고싸움놀이의 변이양상과 축제화 과정」, 『한국문화인류학』 33권2호, 한국 문화인류학회, 2000, 120~124쪽.

38 순천 낙안읍성을 1983년 사적302호로, 제주도 성읍마을을 1984년 중요민속자료 188호로, 안 동 하회마을을 1984년 중요민속자료 122호로 지정하면서 본격적인 민속마을 보존사업이 시행 되었다.(김용환 외, 「전통문화의 보존과 민속마을」, 『비교민속학』 제12집, 비교민속학회, 1995, 48~52쪽)

39 표인주, 「순천 낙안읍성 공동체 민속과 공동체의 변이양상」, 『민속학연구』 제6호, 국립민속박물 관, 1999, 246쪽.

40 김재호, 「그린 투어리즘에서 전통문화 체험프로그램과 민속의 활용」, 『한국민속학』 제46집. 한국 민속학회, 2007, 31~40쪽.

제10장

복(福)과 속신

1. 복(福)

1) 복의 개념

복이라는 말은 흔히 '아주 좋은 운수' 또는 '큰 행운과 오붓한 행복'이라는 뜻으로 사전에서 풀이되고 있다. 복이 이처럼 '운수' 또는 '행운'과 관련되는 것은 복이 인간의 힘을 초월한 천운에 의해서 저절로 돌아가는 것으로 이해되고 있음을 말하고 있고, 한편으로 복은 '아주 좋다'거나 '크다' 그리고 '오붓하다'는 말에서처럼 삶에 있어 필요한 것이 두루두루 넉넉하게 갖추어져 있음을 말해 주고 있다. 그래서 일상생활 속에서 '복이 있다', '복이 찾아온다', '복이 달아난다' '복을 받는다', '복을 누린다', '복을 타고 난다', '복스럽게 생겼다', '복이 많게 보인다' 등의 말이 많이 사용되는데, 모두가 넉넉하게 갖추어져 있다고 하는 복의 의미를 토대로 사용되고 있는 것이다.

뿐만 아니라 복이라는 글자가 들어간 한자 숙어는 헤아릴 수 없이 많아 모두 열거하기란 쉽지 않다. 그러나 몇 가지의 사례를 이희승의 ≪국어사전≫을 중심으로 간추려보면,

먼저, 복의 글자가 앞에 오는 경우이다. 복비(중개수수료), 복가(복이 많은 집안), 복과(복쌈), 복권(제비를 뽑아서 맞은 표에 대해 많은 배당을 주는 표찰-일종의 재복을 상징하는 표찰), 복덕궁(십이궁의 하나), 복덕방(가옥, 토지 등의 매매 임대차를 중개하는 곳), 복덕(복과 덕, 복이 많고 덕이 두터움), 복덕성(길한 별이란 뜻으로 목성을 일컬음, 복성

이라고 함), **복덕일**(사람의 난 해의 간지를 팔괘로 나누어 가린 길한 일진의 날), **복락**(행복과 안락), **복력**(복을 누리는 힘), **복록**(복과 녹), **복록수**(복과 녹과 수명), **복리**(행복과 이익), **복분**(운수가 좋은 천분), **복상**(복스럽게 생긴 상), **복수**(복스러운 운수), **복수**(복이 많고 장수함), **복신**(행복의 신), **복운**(행복과 호운), **복음**(기쁜 소식), **복인**(복이 많은 사람), **복조리**(한 해의 복을 받을 수 있다는 뜻에서 정월 초하룻날 새벽에 파는 조리), **복지**(선인이 사는 곳, 복을 누리러 살만한 땅, 지덕이 좋은 땅), **복선화음**(착한 사람에게는 복을 주고, 악한 자에게는 재앙을 줌-도덕적인 가치 지향, 종교적인 의미를 지니기도 함), **복과재생**(복이 너무 지나치면 도리어 재앙이 생김) 등이 있다.

두 번째로 복이라는 글자가 뒤에 오는 경우로 복을 동사의 목적어로 사용하고 있는 경우이다. 예컨대, **기복**(복을 빎), **초복**(복을 부름), **발복**(운이 튀어 복을 일으킴), **축복**(복을 빎), **석복**(복을 누리도록 함), **음복**(복을 마심-제사를 마치고 제관이 제사에 쓴 술이나 다른 제물을 먹음) 등이 있다.

그리고 세 번째로 복을 수식하는 단어로는 복의 글자가 뒤에 오는 경우이다. 가령, **다복**(많은 복), **만복**(많은 복록), **소복**(조그마한 복력), **박복**(두텁지 못한 복), **청복**(청한한 복) 등이 있다. 이처럼 복이라는 글자를 포함하고 있는 단어들은 이루 헤아릴 수 없을 만큼 많다. 이것은 한국 사람들이 누구를 가릴 것 없이 복을 간절하고 많이 빌고 있음의 반영으로 보인다.

복이라는 글자는 '시(示)'와 '복(腹)'의 회의문자이다. '시'는 하늘이 사람에게 내려서 나타난다는 신의(神意)의 상형문자이고, '복'은 복부가 부풀어 오른 단지의 상형문자라 한다. 복의 한자 어원도 역시 복의 뜻이 가지는 두 함축, 곧 사람의 힘을 초월한 운수라는 뜻과 오붓하고 넉넉하다는 뜻의 함축을 풀이해 주고 있는 것으로 볼 수 있다. 이처럼 복이 신에 의해 내려진다는 것은 재앙 또한 그렇다는 것을 의미한다. 복과 재앙은 양면적인 모습으로 복의 이면에는 재앙이 있고, 재앙의 이면에는 복이 있다. 이러한 것은 인간의 관계 속에서 통제되는 것이 아니라 인간과 신의 관계 속에서 신에 의해 통제되어지는 것들이다. 따라서 복이 신의 은전이라면 재앙도 신의 답례이기도 하다.

결국, 복이란 인간에 의해서 작용되거나 신적인 존재에 의해서 부여되든지 간에 두루두루 넉넉하게 갖추어짐을 의미한다고 볼 수 있다.

2) 복의 종류

복은 인간이 추구하는 방향에 따라서 다양한 성격을 지니고 있다. 가령, 인간이 죽음의 공포로부터 벗어나고 편안하고 안락하게 살기 위해 수명장수를 기원하는 복이 있는가 하면, 인간이 재화와 보물 등의 물질적인 풍요를 기원하는 복도 있다. 또한 인간은 사회적 동물로서 공동체 속에서 사회적인 관계를 맺으면서 삶을 영위한다. 따라서 인간의 유대관계 및 좋은 사람을 얻기 위해 기원하는 복도 있을 것이다. 이처럼 복은 추구하는 목적에 따라 그 성격이 다름을 볼 수 있다.

일반적으로 복의 종류가 정형화되어 있다기보다는 그저 스스로의 표상에 따라, 또는 복을 빌고 추구하는 입장에 따라서 나누어진다. 복의 종류를 설명하고 있는 문헌으로 중국의 《서경》을 들 수 있다. 이 문헌에서 복의 종류로 수(壽), 부(富), 강녕(康寧), 유호덕(攸好德), 고종명(考終命)의 다섯 가지를 들어 오복론을 들고 있다. 그런가 하면 수(壽), 부(富), 무병(無病), 식재(息災), 도덕(道德)을 오복이라는 설, 또는 수(壽), 부(富), 귀(貴), 강녕(康寧), 다남(多男)을 오복이라는 설 등이 있다.[1] 이처럼 복을 다섯 가지로 나누어 이해하려고 하는 모습을 발견할 수 있다. 그것도 복을 다섯 가지로 나누고 있지만, 이들이 서로 일치하지 않고 있는데, 이는 복에 관한 표상이 서로 다름에서 비롯된 것이다. 여기서 복이 인간이 추구하는 이론적인 문제라면 어느 정도 오복론의 종류가 서로 일치할 수도 있을 것이나, 복이 생활 속에서 추구되어지는 실천적인 문제라는 점에서 일치하지 않는 것이라 하겠다. 따라서 복의 종류를 정형화하기 어려운 점이 바로 여기에 있다.

최근에 이빨이 튼튼하고 고운 것도 오복 중의 하나요, 아내를 잘 얻는 것도 오복 중의 하나라고 말하기도 한다. 이와 같이 오복은 꼭 오복론 중의 하나라는 것보다는 오복에 들 정도로 큰 복이라는 의미에서 그런 말을 하고 있는 것으로 보인다. 오복이람 함은 꼭 다섯 가지의 복만을 가르키는 것이 아니라 도리어 큰 복을 가르키고 있음을 볼 수 있듯이, 오복의 의미가 확대되어 나타나고 있는 것으로 보인다.

그렇지만 전통적으로 한국인은 돈이 많고 높은 벼슬을 하고 자식을 많이 두고 오래 오래 사는 것을 복으로 여겨 왔다. 예전에 베갯모에 수를 놓았던 여섯 글자인 수부귀다남자(壽富貴多男子)를 근거로 최정호는 곧 복을 네 가지로 나눈다. 그것은 수(壽), 부(富), 귀(貴), 다남자(多男子)이다.[2] 그러나 복의 종류를 다섯 가지 혹은 네 가지로만 나누지 않고, 인간이 복을 실천적으로 추구하는 대상과 복이 표상하고 있는 것을 토대로 기능론적인 기준에 입각해서 복을 나눌 수 있다. 그것은 수복(壽福), 식복(食福), 재복(財福), 관복(官福), 인복(人福) 등이 그것이다.

(1) 수복

수복은 인간이 태어나서 오래 사는 복을 말한다. 태어나면서 장수하는 복도 가지고 태어나지만 충분한 삶을 살고 임종을 맞이하는 죽음복도 타고난다고 생각한다. 한국인은 오래 사는 것을 큰 복으로 여겨왔다. 오래 산다는 것은 이승에 오래 머물러 있다는 것을 의미한다.

한국인은 저승보다는 이승의 삶을 더욱 가치화시켰고, 죽은 자보다는 산 자를 더욱 중시하고 행복한 존재로 인식했다. 그것은 '개똥밭에 굴러도 이승이 좋다', '땡감을 따먹어도 이승이 좋다', '거꾸로 매달아도 사는 세상이 낫다', '산 개가 죽은 정승보다 낫다', '큰 상여에 죽어 가는 것이 헌 옷 입고 볕에 앉아 있는 것만 못하다' 등의 속담에서 잘 나타난다. 이처럼 죽음보다는 삶을, 저승보다는 이승을 우위에 두고 가치화시키고 있음을 볼 수 있다. 그러니 인간이 태어나서 살만큼 살다가 저승에 간다는 것은 복 중의 가장 큰 복으로, 복 중의 가장 으뜸이 되는 복으로 여기기 마련이다.

전통 농경사회에서는 의약과 의술이 발달하지 못했기 때문에 태어나서 100일을 넘기지 못하고 夭死하는 경우가 많았고, 100일을 넘겼다고 하더라도 회갑을 넘기지 못하고 죽는 경우가 다반사였다. 그래서 100일 잔치와 회갑잔치가 그 당사자에게는 가장 호사치레를 하고 경사스러운 잔치였다. 여기서 살만큼 살았다는 것은 최소한 회갑을 넘길 만큼 이승에 오래 살았다는 것이어서 큰 복이 아닐 수 없다.

오늘날 현대사회에는 의약과 의술의 발달로 인해 조사하는 경우도 거의 없어졌고, 수명이 연장되어 웬만하면 회갑을 넘겨 칠순을 넘기는 경우가 많다. 이처럼 인간이 살만큼 살았다는 것은 그것처럼 큰 복이 없는 것이다.

(2) 식복

식복은 음식 먹을 기회를 잘 만나게 되는 타고난 복 또는 기회가 많은 것을 말한다. 어린아이의 식복이 탯자리에서 타고나도록 하기 위해 산모가 짚을 깔고 출산하기도 한다. 이는 아이들의 식복이 곡령신앙과 관련된 짚자리에서 타고나도록 하기 위한 주술적 행위이다. 사람은 먹을 복이 많아야 잘 산다고 한다.

먹는 것은 인간의 기본적인 의식주 중의 하나로 전통적인 농경사회에서는 중요한 복 중의 하나였다. '금강산도 식후경'이라는 말이 있듯이 식욕은 인간의 가장 기본적인 욕구 중의 하나이다. 인간은 풍요롭게 먹는 것을 기원하기 위해 심지어는 그릇에 복의 글씨를 새겨 식복을 추구하기도 한다. 그릇에 복의 글자가 새겨져 있다고 해서 모두 식복과 관계된 것은 아니다. 인간의 수명장수를 기원하는 경우도 있다. 하지만 그릇류에 나타난 복의 글씨가 구체적으로 표현되어 있다면 모를까 그렇지 않다면 대개는 식복과 연계된 것으로 이해할 수 있을 것이다.

사람들은 대개 먹는 것을 보고 '복스럽게 먹는다'라고 칭찬을 하는가 하면, '복이 달아나겠다'고 꾸짖기도 한다. 음식을 맛있게 먹어야 복이 온다고 믿었던 것이고, 음식을 맛없이 먹든지 아니면 조금씩 먹으면 있던 복도 달아난다고 하여 특별히 음식을 먹는 자세를 중시하기도 했다.

(3) 재복

재복은 좋은 운수로 돈이나 물건 따위를 얻는 복을 말한다. 인간은 정신적인 것도 중요하지만 물질적인 것 또한 중요하게 여긴다. 이승에 살면서 물질적인 빈곤으로부터 벗어나 이승의 삶을 풍요롭게 누려보자는 측면에서 재복을 중시하기도 했다. 가령, '가진 돈이 없으면 망건 꼴이 나쁘다' '돈이 없으면 적막강산이요, 돈이 있으면 금수강산이라' '돈만 있으면 개도 멍첨지가 된다' 라고 하는 속담에서 보듯이 가난을 벗어나고자 하는 모습을 볼 수 있고 재복을 추구하고 있음을 볼 수 있다. 그래서 각 가정에서는 재복을 관장하는 신격을 중요시하지 않을 수 없었다. 그것은 다름이 아닌 업신이다.

남도에서는 '업(業)'을 한 집안에서 살림이 그의 덕이나 복으로 늘어간다는 동물이나 사람을 가르킨다. 업은, 곧 인간의 재복(財福)을 관장하고 지키는 신격(神格)으로 가택신(家宅神) 중 하나이다. 업은 두꺼비와 거북이로 대개 구렁이가 많지만, 모두 복과 재물을 상징하는 동물로서 언제부터인지는 알 수는 없으나, 고래로부터 재복을 관장하는 신으로 인식해 왔다. 농경사회에 있어서 재복은 다름 아닌 풍요로운 농산물의 획득이었을 것이다.

농가에서 경제적인 부(富)의 기준은 창고에 얼마나 많은 곡식이 쌓여 있는 가이고, 또한 얼마나 많은 농사를 짓고 있는가이었다. 곡식이 곧 재물(財物) 이었던 셈이다. 이 재물을 수호하는 신격이 업신이다. 따라서 농가에서 밥 을 먹으면서 밥을 흘린다든가, 곡식을 부주의하게 취급하거나 흘리게 되면 재복이 달아나는 것으로 생각했기 때문에 큰일로 생각하지 않을 수 없었다. 그야말로 쌀 한 톨도 소중히 했던 것이다.

그 집안의 흥하고 쇠함은 업신에게 달려 있으니, 아낙네들은 업신을 지극 정성으로 모셨다. 대개 업신은 가정의 재복을 관장하는 신이지만, 농촌마을 에서는 마을 단위로 재복을 관장하고 지켜주는 역할을 하기도 한다. 그 업 신의 신체(神體)로는 주로 두꺼비나 거북이 형상을 한 '업독'이다. 이처럼 가 정에서 업신을 중요시 여기듯이 마을에서도 업신을 지극정성스럽게 모신 다. 때로는 업독으로 인해 인근 마을이나 사찰과 갈등을 일으키기도 한다.

마을에서 신주단지처럼 여기고 있는 업독들의 사례를 살펴보면, 전남 곡 성군 겸면 송강리 송강마을과 전남 곡성군 입면 금산리 외금마을이다. 그리 고 전북 순창군 동계면 구미리 마을에서도 찾아 볼 수 있다. 구미리 마을에 는 동네 앞에 장승이 있고 그로부터 50여m 떨어져 있는 동네 입구 도로변 에 거북이 모양을 한 업독이 놓여 있다. 거북이 머리의 방향은 마을 바깥쪽 을 향하고 있어 거북이의 배설물을 마을 안쪽에 배설하도록 했다. 거북이는 장수의 상징으로써 생명을 관장하는 신성한 동물일 뿐만 아니라 이 마을에 서는 재복을 가져다주는 신성한 동물로 인식되어지고 있다. 거북이바위가

이 마을의 업독인 것이다.

이와 같이 농가에서 각 가정 단위로 혹은 마을 단위로 재복을 추구하기 위한 종교적인 행위가 다각적으로 행해져 왔음을 알 수 있다. 재복은 이승의 삶을 풍요롭게 하고 충만시켜 주는 물질주의적인 가치관을 반영하고 있는 복이라고 생각된다.

(4) 관복

관복은 인간이 태어나서 출세하여 벼슬하는 복을 말한다. 한국인은 자기 자신과 자식 그리고 자손들을 위해 높은 지위, 곧 높은 벼슬에 올라 이름을 떨치고자 했다. 그래서 부권적인 권위주의 시대에는 관리가 되는 것이 남성들의 지상 목표였다. 한 남자가 양반으로 태어나 학식을 쌓고 덕망을 쌓아 남의 공경을 받고 존귀한 인격이라 하더라도 관가에 나가 높은 벼슬을 하지 못하면 성공한 인생이라고 보지 않는 경향이 많았다. 그래서 양반들이 적은 벼슬이라도 하려고 온갖 정성을 다하였던 것이고, 기층민들도 관리가 되는 것이 선망의 대상이 되었다. 그렇기 때문에 인간으로 태어나서 선망의 대상이 되었던 관리의 복장인 관복을 입고 혼례를 치루고자 했던 것이다. 이 옷은 지위고하를 막론하고 결혼할 때만큼은 입을 수 있도록 허용되었다. 이것은 인간이 추구하는 바가 벼슬에 나가 관리가 되는 것이 최대의 소망으로, 곧 복으로 표상되었기 때문이다.

한국인은 흔히 그 집안에 벼슬을 한 사람이 있어야 명문대가라고 말한다. 내적으로 인격적인 차원에서 훌륭한 사람이라도 벼슬이 없으면 높이 평가하지 않는다. 그렇듯이 양반가이면서 내적인 측면에서 훌륭한 가정이라고 하더라도 명문대가라고 말하지 않는다. 이것은 모두가 벼슬을 하여 사회적으로 이름을 얻는 것을 가치화한 출세주의적 혹은 권위주의적 인생관을 반영하고 있는 것이다. 그래서 아무리 가난한 가정에서도 예전에는 청운의 뜻을 품고 과거시험에 나갔고, 오늘날은 고시 공부에 매달리고 있는 것은 모두가 입신양명을 하여 관복을 추구하고 있음을 볼 수 있다. 그것은 한국인이 사람과 가문을 평가할 때 높은 벼슬을 하는 것을 긍정적으로 평가하는 데서 기인되는 것이다.

(5) 인복

인복은 사람을 잘 사귀고 사귄 사람들에게 도움을 받는 복을 일컫는다. 사람이 살아가는데 있어서 빼놓을 수 없는 것이 좋은 사람들과 함께 하는 것이다. 가정에서는 화목을 저해하지 않는 그런 사람이, 사회에서는 좋은 사람을 만나는 것이 큰 복이다. 좋은 사람을 만나야 소망을 이룰 수 있고, 소기의 목적을 달성하고 욕망을 충족할 수 있기 때문이다. 그렇기 때문에 이승에 살아가는 동안에 좋은 사람을 만나야 한다. 가령, '부모복이 없는 놈은 자식복도 없다'라고 한다거나, '남편복 없는 년은 자식복도 없다'라고 하는 속담에서 혈연적인 인복을 언급하고 있다. 인복은 가족을 중심으로 한 혈연적인 것뿐만 아니라 친구, 선배, 후배, 동료 등의 지연적인 인간관계로부터 도움을 받는 복도 포함하고 있다.

혈연적인 인복 중의 으뜸은 대를 이을 아들을 얻는 복이다. 어떻게 보면 결혼을 가문의 대를 이을 남자아이를 얻기 위해 치르는 예식이라고 할 정도로 결혼을 하면 반드시 아들을 얻고자 했다. 여자가 결혼을 해서 아들을 낳지 못하면 칠거지악 중의 하나였던 것은 바로 집안의 대를 잇는데 더 의미를 두고 있었기 때문이다. 아들을 낳기 위해 여자들은 온갖 정성을 다하였다. 그것은 기자의 풍습을 보면 쉽게 알 수 있다. 가령, 돌부처의 코를 떼어 가루를 내어 먹으면 아들을 낳는다하여 아낙네들은 그 코를 깎아 돌가루로 만들어 먹기도 하였다. 뿐만 아니라 절에 가서 공 드리는 절치성과 무당을 데려다가 집에서 기자굿을 하는 집치성, 그리고 영험한 산에 가서 아이를 타오는 산치성, 샘에서 아이를 타오는 샘치성, 당산제의 제관을 하여 아이를 타는 당산제치성, 전북 순창군 팔덕면 산동리 팔왕마을의 남근석과 같은 기자석에 치성을 올리는 것 등이 있다.

이와 같은 치성 이외에도 유감주술과 접촉주술적인 행위도 있다. 유감주술적인 행위는 타 동네의 세 성받이 집 작두의 고리를 훔쳐다가 대장간에서 장식용 도끼를 만들어 몸에 지니고 다니는 것이다. 도끼는 아들을 상징하니 도끼를 몸에 지니고 다니면 아들을 낳는다고 하는 주술적인 행위이다. 아들을 낳을 수 있는 부적을 써가지고 몸에 지니고 다니기도 하고, 아들을 낳은 집 금줄을 훔쳐다가 우리 집에서도 아들을 낳았다고 하는 의미로 대문 앞에 금줄을 치기도 한다. 뿐만 아니라 아들을 많이 낳은 집 산모가 아이를 낳을 때 입었던 옷을 입고 다니면 아들을 임신한다 하여 훔쳐 오기도 한다. 이러한 행위는 접촉주술(감염주술)적인 행위로서 아들을 낳은 집의 영험이 전염되어 이어온다고 생각한다.

이처럼 가문의 대를 이를 아들을 얻기 위해 다양한 행위들이 이루어졌음을 알 수 있다. 여자들이 결혼하여 아들을 순조롭게 낳는 것도 여성으로서는 가장 큰 복이 아닐 수 없다.

흔히 '업둥이가 들어 왔다', 혹은 '우리 집에 업둥이가 태어났다'라고 하기도 한다. 여기서 업둥이는 인간에게 도움을 주는 재복이 인격화된 것이다. 집안의 가족 중 한 사람이 '인업'이라 하여 업을 지닌 경우도 있다. 가령, 며느리가 임신하여 출산일이 다가 오면 시어머니는 '떡두꺼비' 같은 아들을 낳게 해달라고 삼신할머니에거 공을 들이기도 하고, 또한 그런 덕담을 하기도 한다. 집안의 한 아이가 태어난 뒤부터 집안 살림이 불어나고 가운(家運)

이 솜처럼 일어나 집안이 날로 번창한다던가, 혹은 새 식구인 며느리를 맞이한 이후부터 집안의 살림이 불어난 경우가 있다. 그러할 때 가족들은 아이나 며느리가 업이 들었다 하여 '업둥이'라고 부르기도 하고, '복둥이'라고 부르기도 한다. 업이 들었다 함은, 곧 업이 재복을 의미하는 것으로서 아이가 태어나면서 재복을 가지고 온 것이고, 또한 새 며느리가 들어오면서 재복을 가지고 왔기 때문에 집안이 번창한 것으로 생각한 것이다.

3) 복의 구조와 기능

(1) 복의 구조

민속현상에 나타난 복의 유형으로는 대개 수복, 식복, 재복, 관복, 인복 등이라고 할 수 있다. 이러한 복이 양적(陽的)인 모습이라면, 그와 반대되는 죽음, 굶음, 가난, 천한 위치, 결핍은 음적(陰的)인 모습으로 구조화시킬 수 있다. 이 대응된 모습들을 음양 이분법적인 사유체계에 대입하여 정리하면 다음과 같다.

음(陰) ─ 죽음(死) ─ 굶음 ─ 가난(貧) ─ 하층 ─ 결핍
양(陽) ─ 수복(生) ─ 식복 ─ 재복(富) ─ 관복 ─ 인복

이처럼 인간이 살아가면서 양적 모습을 지니고 있는 복을 추구한다는 것은 죽음, 굶음, 가난, 천한 위치, 결핍보다는 수복, 식복, 재복, 관복, 인복들을 가치화시키고 있는데서 비롯된다. 다시 말하면, 인간이 아무리 굵고 짧게 사는 것보다는 작지만 이승에 오래 사는 것을, 먹을 것이 없어 굶는 것보다는 먹을 복이 많은 것을, 가난하게 사는 것보다는 부자로 사는 것을, 벼슬

이 없는 것보다는 벼슬이 있는 것을, 사람이 없는 것보다는 사람이 많은 것을 삶의 우위에 두고 가치화시키고 있음을 알 수 있다.

한국인은 이승에서 오래 사는 것을 큰 복으로 생각했는데, 이 복이 수복이다. 수복은 인간이 태어나면서 가지고 온다고 말하기도 한다. 그뿐이 아니라 식복도 인간이 태어나면서 가지고 온다고 말하고, 인간이 건강하고 오래 사는 복은 선천적으로 혹은 신적인 존재의 감응을 통해 타고난다고 생각한다. 이처럼 인간이 수복을 가지고 있다는 것은 기본적으로 식복을 가지고 있음을 전제하고 있다. 인간의 가장 기본적인 욕구 중의 하나가 먹는 것이다. 먹는 것이 해결될 때 행위의 연속이 이루어지고 다른 욕망을 갖게 된다. 따라서 식복은 인간에게 있어서 아주 중요한 복이 아닐 수 없다. 농경사회에서는 기본적으로 의식주를 해결하기 위해 많은 관심을 가져왔다. 수복은 식복에 의해 보장된다 해도 과언은 아니다.

식복은 재복에 의해 보장된다. 인간이 식복을 타고났다고 해도 재복의 뒷받침 없이는 쉽지 않다. 재복은 좋은 운수로 돈이나 물건 따위를 얻는 복을 말하는 것으로 가정에서는 재복을 관장하는 신격을 아주 중요시했다. 뿐만 아니라 마을 공동체에서 공동체 단위의 재복을 관장하는 신격을 모시는 경우도 있어 가정에서나 마을에서 모두 재복을 중시하고 있음을 알 수 있다. 이러한 재복은 관복에 의해서 유지된다. 이것은 재복이 관복을 전제로 해서 유지된다는 말과도 같다.

관복은 인간이 태어나서 출세하여 벼슬하는 복으로, 한국인은 그 집안에 벼슬을 한 사람이 있어야 명문대가라고 말하는 경향이 있다. 흔히 사람과 가문을 평가할 때 높은 벼슬을 하는 것을 긍정적으로 평가한다. 높은 벼슬을 통해 재물을 모으고 유지할 수 있기 때문이다. 이러한 관복도 대를 이어 지켜갈 수 있는 자손이 있어야 하고, 외부로부터 좋은 사람이 들어와야 재물과 가문의 명성을 지키고 유지할 수 있는 것이다. 그것은 바로 인복이 있어야 집안의 관복을 유지해 나갈 수 있다는 것을 의미한다. 인복은 다시 수복을 토대로 해서 획득된다고 볼 수 있다. 인간이 오래 살아야 처복이라든가 자식복, 친구복 등의 인복을 기대할 수 있는 것이다.

결국, 위에서 언급한 복들은 수복←식복←재복←관복←인복←수복이 서로 쇠사슬처럼 연결되어 순환되고 있음을 알 수 있다. 순환된다는 것은 수레바퀴처럼 원을 그리며 반복된다는 것을 말하는 것으로, 복들이 순환되면서 수레바퀴의 중심인 중앙으로 모아져 인간이 추구하는 가장 큰 복이 되기 마련이다. 여기서 큰 복은 다섯 가지의 복인 오복이 복합된 것을 말한다. 다섯 가지의 복들은 구심력적인 구조 속에서 순환되어 중앙에 있는 큰 복으로 모아지는가 하면, 다시 원심력적인 구조 속에서 큰 복이 다시 다섯 가지의 복으로 흩어진다. 이처럼 오복과 큰 복들이 구심력적인 복의 구조와 원심력적인 복의 구조 속에서 긴밀한 유기적 관계에 의해 인간의 삶을 풍요롭게 하고 안정시켜주는 역할을 하고 있음을 알 수 있다.

그리고 복을 추구하는 방향이 수직적으로는 '나'라고 하는 개인(수복과 식복)에서 가족(재복과 인복)으로, 가족에서 문중(관복)으로 확대되는 구조를 가지고 있고, 수평적으로는 나에서 이웃으로, 이웃에서 마을로, 마을에서 지역으로 인간이 살아가면서 복의 확대를 지향하고 있음을 알 수 있다. 이처럼 복은 추구하는 방향에 따라 이중적인 확대 구조를 가지기도 한다.

(2) 복의 기능
① 복은 어떻게 얻어지는가?

사람이 살아가면서 먹을 복이 많은 사람을 보거나, 때를 놓치거나 여의치 않아 먹지 못하는 경우가 있다. 이럴 때면 흔히 사람은 식복은 어머니 뱃속에서부터 가지고 태어난다고들 한다. 그뿐 아니라 사람이 죽을 때 고통스럽지 않고 편안한 모습으로 임종을 맞이하면 죽음복도 타고난다고 말을 하기도 한다. 또한 사람이 태어나는 년, 월, 일, 시에 따라 복의 유무가 결정되니, 복이 있고 없고도 사람의 팔자에 의해 결정된다고도 믿는다. 게다가 사람의 관상도 선천적으로 타고나니, 관상에 따라 복이 있고 없다고 말을 하는 경우도 있다. 가령, <귀가 아래로 수그러진 사람이 오래 산다>, <귀가 크면 오래 산다>, <입이 크면 먹을 복이 많다>, <검은 점이 입 가장자리에 나면 먹을 복이 있다> 등의 속담에서도 사람 얼굴의 생김새에 따라 복이 결정된다고 하는 것은 지극히 복이 선천적으로 얻어지는 것으로 생각하고 있는 것이다.

이처럼 복은 사람이 태어나서 인위적으로 마음대로 하는 것이 아니라 사람이 태어나면서 이미 다복한 모습과 박복한 모습이 이미 결정되어서 타고난다고 생각한다. 요컨대 사람이 가지고 있는 복은 인간의 후천적인 노력에 의해서 얻어지는 것이 아니라 선천적으로 타고난다라는 것을 말하고 있다. 이것은 한국인이 복을 운명론적으로 인식하고 있음의 증거이다.

복이 인위론적으로 획득되어진다고 말하는 것은 '복선화음(福善禍淫)'라는 말과 '복인복과(福因福果)'라는 말을 통해서 짐작할 수 있다. 우리는 삶의 공동체 속에서 살아가면서 마음씨가 착하고 어질게 행동하는 사람을 보면, 흔히 <저 사람은 복 받을 거야>라는 말을 한다거나, 악덕하게 행동하거나 마음 씀씀이 사나운 사람을 보면, <아마 화를 면치 못할 거야>라는 말을 하기도 한다. 선한 행동을 하면 복을 받는다는 것이고, 그렇지 않으면 복 대신 화가 미친다고 생각하는데서 비롯되는, 곧 복선화음의 사고에서 복이 비롯된다고 여긴다.

그리고 사람이 <초저녁잠이 많은 사람은 부자로 산다>라든가, <새벽잠이 없으면 부자 된다>라는 속담에서 보듯이 복은 후천적인 노력에 의해서 획득되어짐을 말하고 있는 것이다. 농경사회에서 부지런해야 잘 산다는 것은 재복을 얻었기 때문이다. 재복을 얻기 위해서는 선천적인 것보다는 후천적인 행위를 통해 얻어짐을 알 수 있다.

한국인의 복사상에는 아무런 까닭 없이 복을 받는 것이 아니라 복을 받는 데는 그럴 만한 까닭이 있다는 믿음이 그 저변에 깔려 있다. 복인복과에서 복인은 좋은 일, 착한 일을 가르킨다. 좋은 일이 원인이 되어서 좋은 결과를 얻는다는 것이다. 아마도 이것은 불교의 영향을 받은 것으로 보인다.

이처럼 복의 인위론적인 인식은 복을 선천적으로 타고난다고 하는 운명론적인 인식으로부터 해방시켜 준 것이라 해도 과언이 아니다. 이것은 한국인이 근원되었던 곳의 세계나 내세의 세계보다는 현세 삶을 더욱 중시하고있음을 볼 수 있다. 선천적으로 복을 타고나지 않았지만, 그것으로 안주하지 않고 살아가면서 선한 행위를 통해서 복을 얻는다고 하는 믿음을 강하게 갖고 있는 것이다. 이것은 종교적인 삶과도 연결되어 나타나는데, 종교인이 현세의 삶 속에서 복을 추구하고자 하는데서 알 수 있다.

② 복의 기능

한국인은 복을 선천적으로 타고난다고 생각하거나, 후천적인 노력에 의해서 얻어지는 것이라고 생각하는 경향이 있다. 여기서 복이 후천적으로 얻어진다고 하는 데서 복의 기능을 살펴 볼 수 있다.

먼저, 복이 윤리적 기능을 수행하고 있음을 볼 수 있다. 부모공경을 게을리 하지 않는 사람은 복을 받게 되니 효를 실천하도록 하는 것이요, 밤낮으로 나라 걱정하여 맡은 일에 열중하니 또한 복을 받게 되어 충을 실천하는 것이 된다. 바꾸어 말하면 복을 받도록 행동하는 것이 효와 충을 실천하는 사람이 되니 윤리적 기능을 수행하게 되는 것이다.

두 번째, 종교적 기능을 수행한다. 재액초복과 길흉화복을 위해 마을제사를 지내고, 굿을 하는 것은 모두가 복을 받기 위함이다. 복을 받기 위해 종교적인 행위를 하게 되고 종교적인 삶을 살게 되어 종교인으로서 행동강령을 지키도록 하는 것이 된다. 복선화음과 복인복과에서 종교인은 복선과 복인을 추구하기 위해 많은 노력을 하기 마련이다.

불교에서 복인을 복전(福田)이라고 표현한 것은 부처를 공양하면 밭에서 먹을 것을 거두어들이듯 복을 거두어들일 수 있다는 것을 상징화한 것이다.[3] 종교인이 추구하는 가장 큰 것 중의 하나가 삶의 안정과 풍요를 기원하기 위함이다. 삶의 안정을 갖는 것은 복으로부터 기인된다고 생각하여 종교인은 종교적 삶을 강화한다.

세 번째, 실천적인 기능을 수행한다. 부지런해야 재복을 얻는다고 생각하는 것은 사고 자체로 머물러서는 안되고 실천하여 얻는다는 것을 말한다. 실천을 통해서 복을 얻게 되는 것이고, 복을 얻기 위해 노력하는 것은 현세의 삶을 적극적이고 현세 지향적인 사고를 밑바탕으로 하고 있음을 알 수 있다. <첫새벽 문을 열면 오복이 들어온다>라는 속담에서 보듯이 새벽에 일찍 일어나 대문을 열면 오복이 들어온다는 말은 새벽에 일어나 대문을 열 정도로 부지런함의 실천을 요구하고 있는 것이다. 복이 인간의 생명을 절대 긍정하고, 현세의 삶을 긍정하는 것을 바탕에 두고 있기 때문에 생존을 위한 실천적 기능을 수행하게 된다.

4) 복의 실상

(1) 언어생활 속에 나타난 복

가. 속담으로 표현된 복

속담은 한 집단 내에서 생겨난 것으로 그 구성원들 간에는 속담이 나타내고자 하는 보편적인 의미가 함께 공유되어진다. 속담이 원래 빗대어 말하기, 숨겨 말하기 위해 생성된 것이므로 여기에는 비유와 상징이 많고, 재치 있고 함축적인 의미를 갖고 있는 말이 많다.[4] 그래서 속담은 기층민들이 오랜 삶의 과정 속에서 겪는 갖가지의 체험을 통해 얻어낸 지혜의 표현이라고 한다.

우리는 일상 언어생활 속에서 종종 속담에 비유하여 말하는 경우가 있다. 이러한 경우는 어떤 충고를 해 준다거나 상대방의 마음에 상처를 주지 않도록 하기 위해 직설적인 표현보다는 완곡하게 표현할 목적으로 속담을 사용한다. 홍기원의 《조선속담집》[5]에서 간추린 속담의 사례를 살펴보도록 하겠다.

먼저, 재복과 관련된 속담을 보면, <①복 없는 놈이 가루장사를 하려니까 골목바람이 내내 분다>, <②얼레빗, 참빗만 품에 품고가도 제 복이 있으면 잘 산다>, <③첫 새벽문을 열면 오복이 들어온다> 등이 있는데, ①은 복없는 사람은 걸음걸음마다 재수 없는 일만 부닥친다는 것을 비겨 이르는 말이고, ②는 여자가 출가할 때 아무 것도 가지고 갈 것이 없어 입은 옷과 머리빗 밖에는 가지고 간 것이 없더라도 잘 살려면 잘 산다는 뜻으로 굳이 혼수를 많이 준비해야만 잘 사는 것이 아니라는 말이다. ③은 아침 일찍 일어나 문을 열면 온갖 복이 모두 들어온다는 뜻으로 게으름을 부리지 말고 일찍 일어나 부지런히 일하라는 것을 가르켜 이르는 말이다.

두 번째, 식복과 관련된 속담을 보면, <①장맛이 단 집에 복이 많다>, <②곶감죽을 먹고 엿목판에 엎드러졌다>, <③개천에 든 소> 등이 있는데, ①은

장의 맛이 좋은 집은 장을 담그는 주부의 알뜰한 살림살이 솜씨에 식복이 많다는 것을 의미한다. ②는 먹을 복이 쏟아졌다는 뜻으로 연달아 좋은 일이 생길 때 두고 하는 말이다. ③은 개천에 소가 들면 사방이 다 먹을 것이라는 데서 먹을 것이 많아 근심걱정이 없는 것을 이르는 말이다.

세 번째, 기타 운수 등과 관련된 속담을 보면, <①복없는 가시내가 봉놋방에 가 누워도 고자 곁에 가 눕는다>, <②복없는 정승은 계란에도 뼈가 있다>, <③복 있는 과부는 앉아도 요강 꼭지에 앉는다>, <④복이야 명(命)이야 한다>, <⑤복은 쌍으로 안오고 화는 홀로 안온다> 등이 있는데, ①과 ②는 운수가 나쁜 사람은 어쩌다 만난 좋은 기회조차 전혀 예견치 않던 일로 엇나감을 비유하여 이르는 말이다. ③은 운수가 좋은 사람은 저절로 운 좋은 일만 생길 때 하는 말이고, ④는 뜻하지 않는 행운이 생겼을 때 하는 말이다. 그리고 ⑤는 복은 오기도 어렵지만, 화는 겹겹이 닥쳐 쉽게 온다는 것을 비유하여 말한 것이다.

지금까지 언급한 속담들은 기층민들의 오랜 삶 경험 속에서 겪는 체험을 통해 얻어낸 지혜를 비유와 상징으로 개인적인 재복과 식복 그리고 기타 운수 등을 설명하고 있음을 볼 수 있다. 속담에서 복의 구현은 개인적으로 이루어지기도 하나, 가족 단위로 이루어지기도 한다. 그리고 복이 운명적으로 타고난다고 하는 선천성과 인간의 노력에 의해 복을 받는다고 하는 후천성의 성격을 지닌 두 가지의 성향을 보여주고 있음을 알 수 있다.

나. 신앙적인 언어에 나타난 복

길조어란 좋은 현상에서의 전조어로 오랜 세월을 두고 기억·전승된 길조를 나타내는 신앙적인 언어를 말한다. 길조어를 통해 한 개인의 수복과 재복 그리고 식복 등을 해석하고 있음을 볼 수 있는데 그만큼 한국인은 복에 의지하고 있음이 단적으로 드러낸 사례라고 할 수 있다. 특히 복을 인간 신체 일부에 비유하여 판단하는 것은 복이 선천적으로 타고난다라는 의미를 내포하고 있다. 물론 행위를 통해서 복을 추구하는 경우도 있다. 이것은 후천적인 노력에 의해 복이 획득되는 것이다.

먼저, 수복과 관련된 길조어를 보면, <①귀가 아래로 수그러진 사람이 오래 산다>, <②귀가 크면 오래 산다>, <③산사람이 죽었다고 소문이 나면 명이 길어진다>, <④생일날 국수를 먹으면 명이 길다> 등이 있는데, ①과 ②는 관상학적인 측면에서 수복의 유무를 설명하고 있다. 관상학이란 인상을 관찰하여 사람의 운명을 판단하고 그 얻어진 결론을 가지고 흉한 것을 몰아내고 길한 것을 추구하는 방법을 강구하는 것을 말한다. 여기서 사람의 인상을 관찰하여 복의 유무를 판단하고 있는 것이다. 사람의 귀가 인간의 수명을 상징하고 있어서 귀가 커야 수명이 길다는 것을 말하고 있다. 일종의 수복이 선천적으로 타고난다고 생각하고 있는데서 비롯되는 사례들이다.

③은 산 사람을 죽었다고 소문이 나면 수명이 길다고 하는 것은 일종의 주술적인 언어행위로 보여진다. ④는 국수의 면이 길기 때문에 '국수가 길다'라는 것을 '수명이 길다'로 상징화시켜 생각한 것이다. 이처럼 사람의 인상이나 소문 그리고 사물을 통해 인간의 수명을 판단하고 예언하고 있음을 볼 수 있다.

두 번째로 식복과 관련된 길조어를 보면, <①이가 고르게 난 사람은 복이 많다>, <②입이 크면 먹을 복이 많다>, <③검은 점이 입 가장자리에 나면 먹을 복이 있다> 등이 있는데, ①과 ②는 음식을 먹는 신체의 일부와 관계시켜 식복의 유무를 관상학적인 측면에서 해석하고 있다. 그리고 ③에서 입 가장자리에 있는 검은 점이 인상에서 결코 긍정적인 의미를 가지고 있는 것은 아니다. 그야말로 얼굴에 난 점은 얼굴의 군더더기인 셈이다. 그렇지만 그것을 긍정적으로 해석하여 입 가장자리에 난 검은 점을 식복과 연계시켜 판단하고 있음을 볼 수 있다. 이처럼 인간의 신체 일부를 통해 식복의 유무를 판단하는 것은, 곧 복은 선천적으로 타고난다고 하는 의미를 내포하고 있는 것이다.

세 번째로 재복과 관련된 길조어를 보면, <①새로 이사 간 집에 초나 성냥을 가지고 가면 그 집이 길하다>, <②초저녁잠이 많은 사람은 부자로 산다>, <③새벽잠이 없으면 부자 된다>, <④팔월 보름달을 보고 절을 하면 복을 받는다> 등이 있는데, 이 길조어들은 인간의 복이 후천적인 행위에 의해 획득된다고 생각하는 데서 비롯된 것으로 보인다.

①의 길조어는 불이 가지고 있는 상징적인 의미와 집터를 관장하는 성주신과 연계된 것으로 성주신은 그 집안의 모든 것을 관장하는 가택신 중의 하나이지만, 특히 재복을 관장하는 역할을 하기도 한다. 따라서 재복이 불처럼 활활 타오르라는 일종의 주술적인 기원을 담고 있는 것이다. ②와 ③의 길조어는 부지런함을 통해 재복을 추구할 수 있음을 말하고 있는 것이고, ④의 길조어는 달이 가지고 있는 종교적 상징성을 토대로 행해지는 일종의 종교적 의미를 담고 있다. 달은 풍요를 관장하는 우주천체로서 일종의 재복과 연계되는 농경사회에 있어서 중요한 신격 중의 하나이다.

다. 인명과 지명에 나타난 복

사람 이름에 복을 넣어 작명한 이름으로 복동, 만복, 수복, 복수, 현복, 복실, 복희, 복란, 복순 등이 있다. 자연물의 이름에 나타난 기복의 명칭은 복바위, 복고개, 아들바위, 복고치, 복샘, 장수샘 등이다. 지명으로 복내, 복장리, 신복리 등이 있다.

사람 이름에 복의 글자를 넣어 이름을 지었던 것은 수복, 재복, 식복, 인복, 관복 등 어떤 특정한 복만을 추구하는 것이 아니라 모든 복을 추구하는 종합적이고 개인 중심의 복이라고 한다면, 자연물의 이름이나 마을 이름에 복의 글자를 넣는 것은 개인적이고 혈연 중심의 복이 아니라 집단적이고 지연 중심의, 곧 종합적이고 마을 중심의 복을 추구하고 있다. 이처럼 집단적이면서 지연적인 의미의 복은 그 복이 후세에까지 전해지기를 바라는 마을 사람들의 간절한 소망이 담겨 있는 것이다. 여기서 사람의 이름이나 자연물 그리고 마을 이름에 복의 글자를 넣어 복을 기원하는 것은 후천적인 언어행위를 통한 일종의 언어주술적인 행위로 보인다.

2) 의식주생활 속에 나타난 복

복의 글씨와 복과 관련된 길상의 문자가 의식주 도처에 나타난다. 의복은 일상복, 노동복, 의례복으로 나누어진다. 옛날 궁중에서는 왕비나 공주들의 옷에 복의 글씨를 수놓거나, 혹은 복의 무늬가 있는 옷감을 사용하여 원삼이나 활옷, 당의 등을 만들어 입기도 했다. 물론 민가에서도 부녀자들의 한복에 복의 글씨를 수놓아 입고 다니기도 했다.

뿐만 아니라 침구류인 요나 이불 그리고 베개에 두루 복의 글씨나 복자의 문양이 있는 옷감을 사용하여 만들어 사용하기도 했다. 그 외 여자들이 주로 사용하는 반짇고리, 바늘겨레, 자(尺) 등 바느질과 관련된 물건에도 복의 글씨를 수놓거나 새기기도 했다. 의복에 나타난 복은 후천적으로 수복과 재복 그리고 인복이 포함된 종합적인 복임을 알 수 있고, 지극히 여성 중심적이면서 개인적인 복의 성격을 지니고 있음을 볼 수 있다.

복과 관련된 상징적인 의미와 조형물이 사용된 것은 의례 음식류와 식기류이다. 의례 음식류는 뒤에서 언급하기로 하고, 식기류에 나타난 경우를 보면, 수저나 젓가락, 찬합, 주발, 소반, 대접 등에 복의 글씨가 새겨져 있고, 복의 길상문양이 새겨져 있음을 볼 수 있다. 그리고 다식판이나 항아리 등의 가정에서 사용되는 음식 생활용품에도 복의 글씨나 복의 길상문양이 그려지거나 새겨 놓는 경우도 있다. 이처럼 식기류나 기타 음식 생활용품에 나타난 복은 식복의 성격을 지닌 것으로 보이고, 개인 혹은 가족 단위의 복을 기원하는 인위론적인 성격이 강함을 볼 수 있다.

주생활에서는 가구류와 창문, 벽걸이 등의 장식물에 복의 글씨와 복의 길상무늬가 자주 등장한다. 가구류에서는 장농, 반닫이, 삼층장, 문갑 등에 복을 기원하는 모습이 나타나 있다. 또한 방안 장식용으로 벽에 걸린 민화에서도 찾아 볼 수 있는데, 복을 상징하는 식물이나 새 등을 그린 십장생도의 그림이나 길상문자를 그린 병풍 등에서도 복을 기원하는 모습을 볼 수 있다. 주생활에 나타난 복은 후천적인 성격을 지니고 있으며, 복합적인 복의 성격을 지닌 가족 단위의 복이라고 생각된다.

이상으로 일상적인 의식주의 생활에서 보듯이 한국인은 복이 일상생활과 너무 밀접한 관련을 맺고 있음을 알 수 있다. 이처럼 복이 일상생활 도처에 산재해 있는 것으로 보아 한국인의 삶이 복과 연계하여 동기화되고 그리고 형상화되고 있는 것으로 보인다.

3) 세시풍속과 민속놀이에 투영된 복

세시행사 중에 정월에 행해지는 지신밟기가 정초에 집의 신년제가 끝나고 마을의 제사가 끝나면 시작되는데, 한 해의 운수를 빌고 제액초복의 주술·종교적인 구조를 가지고 있으며, 탈춤 또한 액을 몰아내고 복을 불러오는 기능을 수행한다. 액막이놀이도 동네 앞에 아녀자들이 정월 보름에 디딜방아를 훔쳐다가 동네 앞에 세우고, 여성의 속옷인 고쟁이를 걸어 놓는 것은 동네로 들어오는 잡귀를 물리치고 복을 불러들이는 기능을 수행하고 있음을 볼 수 있다. 이처럼 복의 관념이 반영되어 있고 기복적인 세시풍속과 놀이 및 언어행위 등을 몇 가지로 나누어 살펴보도록 하겠다.

① 새해에 복 많이 받으세요

한국인은 한 해를 보내고 새해가 되면 만나는 사람마다 '새해에 복 많이 받으세요'라고 인사를 하고 편지를 쓰면 '댁내에 큰 복이 내리시기를 축원하옵니다'라는 말을 한다. 이처럼 언어행위를 통해 복을 많이 받으라고 하는데, 이는 언어 속에 주술성이 반영되어 있다고 생각하는 언령사상(言靈思想)을 근거로 행해진 소치이다. 예컨대, 언어행위를 통해서 보름날 더위팔기를 한다던가, 말이 씨가 되니 말을 함부로 하지 않는다든지, 좋은 꿈이야기는 남에게 발설하지 않는 행위는 모두 언어 속에 주술성이 반영되어 있다고 생각하는데서 비롯되는 언어행위들이다. 따라서 '새해에 복을 받으세요'라고 하는 언어적인 행위의 인사도 이와 같은 소치에서 비롯되는 것이라 할 수 있다.

복받으라는 언어행위가 일상생활에서는 덕담의 행위로 발전하여 언어생활의 바람직한 모습을 보여주기도 한다. 이는 원만한 인간관계를 위한 언어생활의 중요성을 강조하고 있는 것이다. 흔히, 기독교인은 '할렐루야', 불교인은 '성불하십시오'라는 덕담을 주고 받기도 한다. 뿐만 아니라 비종교인도 잘해라, 건강해라, 잘 될거야, 잘 되길 빈다. 소원성취해라, 좋은 사람 만나라, 돈 많이 벌어라, 많이 먹어라 등의 덕담을 나누기도 한다. 이처럼 덕담을 하는 것은 상대방에게 복을 빌어주는, 즉 주체보다는 객체를 중시하고 있는 것으로, 내가 복을 받겠다는 것보다는 상대방에게 복을 빌어주는데서 발전한 것이라 하겠다.

새해에 복을 받으라는 인사는 예축적(豫祝的)인 의미를 지니고 있다. 새해에 복을 기원해 줌으로 인해 한 해 동안 아무 탈 없이 그리고 소망하고자 하는 모든 일이 이루어질 것이라고 미리서 예상하고 축하해주는 의미를 갖고 있다. 이때의 복은 지극히 인사를 받는 사람을 중심으로 한 당사자 혹은 가정의 복일 수 있으나, 주로 개인 지향의 복이며 복합적인 성격을 지닌 복이다.

② 복조리

세시의례에 의하면 연례적으로 정초에 '복조리'를 사서 집안 문지방 위에 걸어 두는 풍습이 있다. 복조리는 복을 긁어 담는다고 하여 보름날 새벽에 사람들이 많이 사서 걸어둔다. 복조리를 걸어 둘 때는 그 안에 동전을 넣어두기도 하는데, 그것은 재물이 모인다고 믿는 데서 기인한 것이다. 이처럼 세시명절과는 상관없이 새로 집을 사거나 지어서 이사를 가는 경우에 일부러 복조리를 사서 걸어두기도 한다.

복조리는 '복'과 '조리'의 합성어이다. 조리는 가는 대오리나 철사로 제물 자루를 내고 조그마하게 삼태기 모양으로 만든 것으로 쌀이나 보리 등 곡식을 물에 담궈 일어 돌을 걸러내는 주방 도구이다. 조리로 곡식을 이는 것을 '조리질 한다'고 한다. 조리질을 하면 돌들은 물속에 가라앉아 있고 많은 곡식들이 물속에서 부풀어 올라 이 곡식들을 건져내면 돌을 걸러낼 수 있게 된다. 조리에 복이 첨가된 것은 곡식이 부풀어 오르듯이 복도 그처럼 부풀어 오르라는 종교적 심성이 내재되어 있는데서 비롯된다. 곡식이, 곧 복을 상징하고 있다.

이처럼 곡식이 복을 상징하는 것은 곡령신앙(穀靈信仰)과 밀접한 관련을 맺고 있는 것으로 보인다. 곡식은 부녀자 중심의 가택신앙에서 중요한 신체로 활용되기도 한다. 성주신이나 조상신의 신체로 쌀이나 보리 등의 곡식을 이용하나, 주로 쌀이나 나락을 많이 활용하고 있는 경향이 많다. 곡식을 항아리에 담아 안방이나 대청에 모셔놓고 신체로 활용하는데, 곡식은 추수가 끝나면 햇곡식으로 갈아준다. 호남지역에서는 쌀이나 나락을 넣어 두는 항아리를 '성주동우', '지앙동우'라고 부른다. 이처럼 곡식을 신체로 받들고 가택신앙이 이루어진 것은 농경사회의 반영으로 보이며, 게다가 곡식이 가지고 있는 곡령신앙적인 요인이 복합된 데서 비롯되는 것으로 생각된다.

곡령신앙과 연계하여 형성된 북조리의 풍습에서 곡식은 재복과 식복의 상징으로 해석된다. 이처럼 식복과 재복을 기원하기 위하여 주술적인 행위로서 정초에 복조리를 사서 집안에 걸어두게 되었던 것이다. 따라서 복조리의 복은 개인보다는 가족 지향적인 복이라고 할 수 있고, 식복과 재복의 성격을 지니고 있는 것으로 해석된다.

③ 복토훔치기

세시의례 중에 복과 관련된 의례적인 놀이로서 '복토훔치기'가 있다. 이는 정월 열나흘날 밤에 가난한 사람이 부잣집에 몰래 들어가 뜰이나 마당의 흙을 파가지고 와서 자기 집 부엌의 부뚜막을 바르는 풍습으로 흙이 옮겨지면 재복도 옮겨간다고 생각하는 것이다. 그 반대로 부잣집에서 흙을 도둑맞으면 복도 따라 나간다고 하여 이날 밤 흙을 도둑맞지 않으려고 불을 밝혀 두고 머슴으로 하여금 지키게 하기도 했다.

복토훔치기와 비슷한 것으로 전남 고흥 갯마을에서는 남의 어장에 몰래 들어가 갯벌의 진흙을 자기네 어장에 뿌리면 그 해 김이 잘된다고 하는 속신도 있다.[6] 이처럼 서민들은 남의 복을 빼앗아서라도 자신의 복을 누리고

자 했던 심의가 반영되고 있음을 볼 수 있다. 게다가 부잣집은 복을 빼앗기지 않으려고 지키는 모습에서 보듯이 서민들이나 부자 모두 복에 대한 애정이 강했던 것으로 보인다.

복토는 '복'과 '흙'의 합성어로서, 흙은 농경사회에 있어서 중요하게 여기지 않을 수 없다. 흙이 만물을 소생시키는 능력을 가지고 있으니 여성을 상징하고, 생산과 풍요의 상징적인 의미를 가지고 있다. 그렇기 때문에 농경사회에서 공동체신앙은 흙을 신격화하여 신으로 받들어 모시기도 하는데, 그것은 다름 아닌 토지지신(土地之神), 이사지신(理社之神), 지신(地神) 등이다. 지신 계열은 주로 생산과 풍요를 관장하는 신격으로서 당할머니신으로 인격화되어 제당에 모셔지며, 당할머니에 대한 제사는 마을의 질서를 관장하는 당할아버지의 제사와는 달리 축제적인 분위기 속에서 이루어지는 경우가 일반적이다. 그처럼 마을 공동체에서 지신 계열의 신격을 중시하고 있음을 볼 수 있다.

이와 같이 흙이 생산과 풍요를 상징하고 있어서 정초에 부잣집에서 몰래 흙을 훔쳐서 자기 집으로 가져오는 행위는 생산과 풍요를 훔쳐오는 것이어서, 곧 재물을 훔쳐오는 것이나 다를 바 없다. 따라서 북토훔치기의 복은 가족 지향적인 성격을 지니고 있으며, 재복의 성격을 지니고 있다고 하겠다.

④ 복쌈

대보름날에 밥을 김이나 취에 싸서 먹는데 이것을 '복쌈'이라고 한다. 복쌈의 '쌈'이란 '싼다'는 뜻이므로 '복쌈'이란 '복을 싸서 먹는다'는 뜻을 지니고 있다. 취, 호박, 고비, 고사리, 가지, 시래기 등을 가을에 말려 두었다가 볶아서 먹고, 또 이 나물로 밥을 싸서 먹거나, 김을 구워서 쌌는데 개성 등지에서는 들깨잎으로 싸 먹기도 한다. 복쌈은 여러 개를 만들어 그릇에 볏단을 쌓듯이 성주님께 올린 다음 먹으면 복을 받는다고 한다.

복쌈은, 곧 개인의 식복을 기원하기 위한 차원에서 형성된 음식민속이다. 식복의 기원은 추석날 차롓상에 올리는 송편에서도 찾아 볼 수 있다. 추석에 햅쌀로 배가 볼록하게 송편을 만드는 것은 식복을 기원하기 위한 것이라고 전해지기도 한다. 결국, 복쌈의 복은 개인 지향적인 성격을 지니고 있으며, 식복의 성격을 지니고 있는 것으로 해석된다.

⑤ 복주머니와 보자기

복주머니는 '복'과 '주머니'의 합성어로서 주머니는 조그만 소지품이나 돈 등을 넣고 입술에 주름을 잡아 졸라매어 허리에 차거나 손에 들고 다니는 장신구를 말한다. 주머니에 壽와 福의 무늬를 비롯해 십장생, 국화, 매화, 박쥐 등의 문양을 수놓거나 금박을 하기도 한다. 이 주머니를 남녀노소를 막론하고 정초에 주로 몸에 지니고 다녔고, 돌잔치나 회갑잔치에 주머니를 선물하는 것이 일반적인 경향이었다. 이런 주머니를 복주머니라고 부른다. 주머니가 복을 담는 주머니인 셈이다. 복주머니에 나타난 복은 지극히 개인 지향적이며, 돌잔치와 회갑잔치에 복주머니를 선물하는 것으로 보아 수복의 성격을 지니고 있다.

보자기는 물건을 가지고 다니거나 보관할 용도로 만들어진 네모난 모양의 천이다. 경사스러운 잔치나 행사에서 기념으로 보자기를 선물하기도 하고, 전통사회에서는 보자기가 상당히 큰 선물이었다. 혼례를 치를 때 청홍보자기를 이용해 물건을 싸서 보내기도 한다. 민간에서 보자기를 복이라고도 하는 것은 보자기가 복작(福祚)를 상징하기 때문이다.[7] 또한 보자기에 복이라는 글자를 새기기도 하는데, 이는 물건을 싸두면 복이 간직된다고 믿었기 때문이다. 이때의 복은 재복의 성격을 지닌 것으로 생각된다.

⑥ 연날리기

연날리기는 정초에 세배와 성묘가 끝나면 본격적으로 마을 앞이나 갯벌에서 띄우기 시작해 정월 보름이면 절정에 다다른다. 연날리기는 어린아이들이 주축이 되지만 연날리기의 방법은 연을 높이 날리기, 연줄 끊기, 연을 멀리 띄워 보내기 등이 있다.

연을 높이 날리는 풍습은 어린아이들의 꿈과 이상을 키워 주는 것이고, 연싸움을 하여 연줄을 끊는 행위는 연줄이 '명줄'을 상징하니 아이들의 수명장수를 기원하기 위한 측면에서 행해진다. 그 뿐 아니라 정초의 처음 토끼날에 실을 만들어 옷고름에 걸거나 옷을 지어 입으면 명이 길어진다고 하는 것이나, 광주에서는 목화로 만든 실은 '명실'이라 하는데, 이것이 '命實'과 같은 의미로 사용되고 있고 때문에 돌날 실을 선사한다든가, 성주상에 가장의 장수를 축원하는 뜻의 실타래를 촛불에 걸치는 사례들은 같은 맥락에서 이해될 수 있다.

연을 멀리 띄워 보내는 것은 곧 '送厄迎福'의 글씨를 크게 쓴 연을 날리는 것을 말한다. 이것은 그 사람의 한 해 액운을 멀리 띄어 보내어 복을 기원하기 위한 측면에서 행해지는 민속놀이다.[8] 호남의 동부 산간지대에서는 달집태우기를 하면서 액막이연을 만들어 달집의 불에 태우는 풍습도 있다.

이처럼 연날리기에서 복을 기원하는 것은 지극히 개인 지향의 성격이 강한 복으로서 수복의 성격을 지니고 있다고 볼 수 있다.

4) 일생의례에 반영된 복

인간은 태어나서 죽기까지 어떤 매듭이 되는 중요한 시기에 의례들을 거치게 된다. 인생의 고비에서 어떤 절차상의 의식을 거행하여 자신이 속하고 있는 집단이나 사회의 구성원으로서 자격을 인정받고 권리를 갖도록 하는 것이 의례인 것이다. 따라서 이러한 의례는 인간이 처한 생활환경이나 문화적 배경에 따라 다양한 모습을 지니기 마련이다.

한국에서는 관혼상제인 사례(四禮)를 말한 것으로 관례, 혼례, 상례, 제례를 총칭하는데, 이와 비슷한 내용을 말한 것으로 통과의례가 있다. 통과의례는 개인이 일생을 통해 반드시 통과해야 하는 의례를 말한다. 이러한 의례 속에 복에 대한 관념이 투영되어 나타나기도 한다. 그것은 의례복에 나타난 복, 의례음식과 관련되어 나타나는 복, 일생의례에 있어서 다복한 여자의 역할, 혈연공동체의 음복 등을 통해서 알 수 있다.

(1) 의례복

의례복 중에서 복을 받고 복을 기원하기 위해 착복되는 옷의 종류는 배냇저고리, 백일옷, 돌복, 솜바지와 솜저고리 등이 있다.

'배냇저고리'는 아이가 태어나서 3일째 되던 날에 쑥물로 목욕을 하고 맨처음 입는 옷이다. 이 옷은 아이의 피부가 약하기 때문에 가장 부드러운 천을 사용하고, 옷고름을 단추 같은 것을 달지 않고 실을 매단다. 여기서 실을 옷고름으로 사용한 것은 실이 목화로 만든 것으로 '명줄'을 상징한다고 생각하기 때문에 아이의 수명장수를 기원하기 위함이다. 아이가 입고 나면 장농 속 깊숙이 보관해 두었다가 과거보러 갈 때나, 집안에 송사가 생겨 몸에 지니고 가면 복을 불러들이니 재수 본다고 한다. 배냇저고리에 반영된 복은 지극히 개인 지향적인 것이며, 수복의 성격을 지니고 있다. 그러나 애초에 수복의 성격을 지니고 있었던 것이 시간이 경과하여 새로운 기능인 재복으로 확장되어지기도 함을 볼 수 있다.

아이가 태어난 지 백 일째 되던 날에 수수팥떡을 해서 백사람에게 돌리고 아이게 백조각의 헝겊으로 기워 만든 '백일옷'을 입힌다. 백조각의 헝겊을 사용했다는 것은 많은 헝겊으로 옷을 만들었다는 것을 의미한다. 여기서 헝겊이 수명을 상징하고 많은 헝겊을 기워 옷을 만들었다는 것은 수명을 기워 만든 것으로 수명장수를 기원한 것이다.[9] 이것 또한 아이의 수복을 기원하기 위한 데서 비롯되는 것으로 보인다.

아이가 돌이 되면 돌빔을 하는데, 새로 마련한 모자, 옷, 신발을 갖추어 입힌다. 남자나 여자 아이에게 모두 복주머니를 채워 주고 그 속에 오색실을 넣어 수명장수를 빌고, 동전 세 개를 넣어 재복을 빈다.[10] 이처럼 돌빔을 통해서 아이의 수복과 재복을 추구하고 있음을 볼 수 있다.

솜바지와 솜저고리는 남녀가 결혼식을 할 때에 꼭 속옷으로 입고 혼례를 치루었다고 한다. 혼례의 시기가 겨울인 경우는 솜바지나 솜저고리를 입어도 크게 문제될 것이 없었으나, 여름에 혼례를 치루는 경우는 속옷 바지와 저고리에 솜을 조금 넣어서 솜바지와 솜저고리의 흉내를 냈다고 한다. 이처럼 솜바지와 솜저고리를 입고 혼례를 치룬 까닭은 복을 기원하기 위해서다. 솜은 부풀어 오르는 자연적인 속성을 가지고 있다. 게다가 솜은 목화와 관련된 것으로 복을 상징한다. 이 복은 물론 재복의 성격을 지니고 있는 것으로 해석된다. 따라서 솜바지를 입는 것은 재복이 솜처럼 부풀어 오르라는 주술적인 기원에서 비롯된 것이다.

이상으로 일생의례에 착용된 의례복, 특히 배냇저고리와 백일옷, 솜바지와 솜저고리 등의 의례복에 반영된 복은 개인 지향적인 성격을 지니고 있음을 볼 수 있다. 그리고 배냇저고리와 백일옷에는 수복을, 솜바지와 솜저고리에는 재복을 기원하는 축원적인 의미를 지니고 있는 것으로 보인다.

(2) 의례음식

음식과 관련된 복의 실상으로 백일 음식, 돌 음식, 이바지떡 등을 들 수 있다. 백일 음식과 돌 음식으로 백설기, 수수팥떡 등인데, 수수팥떡을 하는 이유는 붉은 색이 축귀의 기능을 수행하고 있기 때문에 잡귀를 몰아내고 아이의 수명장수를 기원하기 위해 반드시 백일상이나 돌상, 혹은 생일상에 차린다. 그리고 백설기 또한 아이의 수명장수를 기원하기 위해 만든 음식이다. 백설기를 해서 백 사람에게 떡을 돌리면 아이에게 좋다고 한다. 곧 수복을 기원하기 위해 반드시 수수팥떡을 한다거나 백설기를 해서 가족들이 한 곳에 모여 먹고 많은 이웃들에게 돌리기도 한다.

이바지떡은 혼례를 치루면서 신랑이 신부집으로 갈 때 혹은 신부가 신랑집으로 갈 때 해 가지고 가는 음식 중의 인절미 등을 말한다. 이 인절미를 처녀나 총각이 얻어먹으면 그 해 시집을 가거나 장가를 간다고 믿어 혼기를 앞 둔 가정에서는 혼사를 치른 집에서 인절미를 얻어와 먹기도 했다. 이것은 접촉주술적인 측면에서 행해지고 있는 것이다. 인절미는 인복을 갖게 하는 역할을 하고 있고, 이바지음식을 통해 인복을 추구하고 있음을 볼 수 있다. 이 복은 개인 지향적이다.

(3) 다복한 여자

산파는 출산을 돕는 사람을 말하는데, 대개 시어머니가 그 역할을 하지만, 다른 여자가 하기도 한다. 아이를 많이 받아 본 경험이 있고 복이 많으며 아들 잘 낳고 순산한 경험이 있는 부인 중에서 다복한 여자를 고르기도 한다. 다복한 여자라 함은 식복, 수복, 재복, 인복를 두루 갖춘 여자를 말한다. 이런 여자로 하여금 출산할 아이를 받도록 하는 것은 일종의 유감주술 혹은 접촉주술의 측면에서 행해진 것으로 볼 수 있다.

그리고 혼례식의 절차에서 보면, 사성을 보낼 때 보통 중매인이나 하인이 가지고 가기도 하나, 일가친척 중 다복한 사람을 선정하여 가지고 가도록 하기도 한다. 뿐만 아니라 함받기에서 신랑집에서 가지고 간 함을 대개는 친정집 어머니가 받지만, 일가친척 중에서 다복한 여자가 받기도 한다. 다복한 여자가 함을 받아서 안방으로 들어가 함의 네 구석에 엉덩방아를 찧거나 빗자루로 쓸어낸 다음 함을 열어 본다. 여기서 다복한 사람이 사성을 가지고 가고, 다복한 여자가 함을 받는 것도 일종의 주술적인 측면에서 행해진 것이다.

이처럼 다복한 사람이나 여자를 선정하여 행하도록 하는 것은 신랑과 신부의 개인 지향적인 성격을 지니고 있으면서 식복, 수복, 재복, 인복 등 복합적인 복을 추구하는데서 비롯되는 것으로 생각된다.

(4) 음복

제사의례에서 가장 중요한 것은 '음복'이다. 반드시 음복을 하여야만 제사에 참여한 의미가 있는 것이다. 음복이라 함은 제주(祭酒)뿐만 아니라 제사 음식을 먹는 것을 말한다. 음복은 복을 나누어 먹는다는 의미를 지니고 있다. 복을 나누어 먹는 것은 조상으로부터 받는 복을 자손들끼리 나누어 먹는다는 뜻이다. 실제로 음복은 조상과 자손 간 의사소통의 수단이라고 볼 수 있다.

인간이 신과 서로 의사소통하는 방법은 말하기로서 이루어질 수 있고, 놀이나 춤 등의 행위를 통해서, 그리고 봉헌된 제물 등을 통해서 이루어진다. 따라서 젯상에 차려진 음식은 실용적으로 조상신들이 잡순다고 생각하는 것보다는 종교적으로 잡순다고 생각하여 일종의 자손과 신이 서로 의사소통을 하기 위한 수단에 불과하다. 이런 음식을 제사를 지내고 자손들끼리 나누어 먹는 것은 신의 감응을 자손들끼리 나눈다는 것을 말한다. 신의 감응은 다름 아닌 신이 하사하는 복이다. 이 복은 가족 및 문중 지향적인 성격을 지니고 있으며, 복합적인 성격을 지닌 복으로 간주된다.

5) 민속신앙에 드러난 재액초복

민속신앙은 재액초복(災厄招福)을 목적으로 행해지는 경우가 많아 기복신앙적인 성격이 강하다. 재액을 한다 함은 복을 부르기 위함이다. 복을 부르는 것은 재액이 없음을 전제로 한다. 따라서 재액을 위한 종교행사이든, 초복을 위한 종교적 행사이든 간에 이들의 종교적 행사는 인간의 동일한 종교적 목적을 달성하기 위해 수행된다. 그것은 인간의 삶이 풍요롭고 안정됨을 추구하는 것이다. 복을 얻기 위한 수단으로서 소극적인 종교적 행위로는 액막이굿이나 디딜방아액맥이놀이, 풍수신앙 등이 있고, 적극적인 종교적 행위로는 가신신앙, 마을신앙, 무속신앙, 조상숭배 등이 있다.

무속신앙에 있어서 가장 대표적인 기복적인 굿은 재수굿과 제석굿을 들수 있다. 재수굿은 살아 있는 사람들의 안녕과 복을 구하고 액을 제거하기위한 굿으로 새해에 하거나, 새로 집을 사서 이사를 갔을 때 하기도 한다.[11] 제석굿은 제석의 근본을 찾는 대목, 제석이 하강하여 팔도강산을 유람하는 대목, 시주받기, 명당터잡기, 성국터잡기, 지경다구기, 집짓기, 입춘붙이기, 성주경, 벼슬궁, 축원, 노적 청, 업 청, 군웅, 조상굿, 액막음 등의 무가를 부르며 굿을 한다.[12] 여기서 노적과 업 청은 재복을 불러들이기 위함이고, 벼슬궁은 관복(官福)을 청하기 위함으로 가장 기복적인 대목이다. 제석굿에 나타난 복의 추구는 가족 지향적이고, 복합적인 복의 성격을 지니고 있다.

마을 공동체에서 행해지는 마을신앙에서도 복을 추구하고 있음을 볼 수 있다. 그것은 동네 입구에 세워져 있는 입석, 장승, 짐대, 조탑, 당산나무 등의 마을신에 대한 제사로 축문에 잘 나타나 있다. 축문은 인간과 신이 서로 의사소통을 위한 종교적인 수단이다. 교회 가면 기도를 하여 하나님께 자기의 소망을 말하듯이, 마을신앙에서 마을신에게 마을 사람들의 소망을 말하기 위한 수단이 축문인 셈이다.

축문은 마을 사람들 개개인들의 소망을 담고 있는 것이 아니라 마을 공동체가 당면한 문제를 해결하기 위한 것이라든가, 공동체적으로 소망하고자 한 것을 내용으로 하여 구성되어 있다. 가령, 동네평안이라든가, 가축번식, 농사풍년, 재액초복, 길흉화복, 재액소멸 등이 그것이다. 마을신앙에서 추구하는 복은 마을 공동체적 지향이고, 복합적인 성격을 지니고 있는 것으로 생각된다.

가택신앙은 부녀자가 중심이 되는 가정 단위의 신앙 형태이다. 가택신앙에서도 복을 추구하고 있음을 찾아 볼 수 있다. 그것은 신격들의 기능에서 극명하게 나타난다. 예컨대 조상신이 한 가문과 자손을 돌보고 지켜 주며, 화복을 좌우한다고 한다. 따라서 조상신을 잘 모시면 복을 받고, 그렇지 아니 하면 도리어 화를 미치게 하여 가족들이 불행해진다고 믿는다. 조상신에 대한 제사는 제삿날뿐만 아니라 세시명절인 설, 보름, 추석에도 이루어져 조상으로부터 복을 받고자 함을 볼 수 있다.

성주신은 집안의 최고의 가택신으로서 가내의 평안, 농사의 풍년, 부귀, 번영, 무병, 아이들의 질병까지 치유되기를 바라는 제사의 대상이다. 성주신에 대한 치성은 대개 명절에 많이 이루어지나, 가족 구성원의 생일, 조상의 제삿날 등의 시기에도 이루어진다. 조왕신앙은 세시명절에 가장이나 아이들의 복 등을 기원하는 신앙이다. 삼신은 아이의 출산을 관장하는 신이지만, 아이의 수명을 관장하는 신이어서 수복을 기원하기 위한 대상이다. 그리고 업신은 한 가정의 재물을 관장하는 신격이며, 칠성신은 인간의 수명을 관장하는 신격으로 아이들이 있는 가정에서는 칠석날에 아이들의 수복을 빌기 위해 절이나 단골네 집에 가서 공을 들이기도 했다.

이처럼 가택신앙의 신격들은, 즉 조상신, 성주신, 조왕신, 삼신, 칠성신, 업신 등은 모두가 초복을 관장하고 있음을 볼 수 있다. 이들 신은 개인 지향적인 것도 있지만, 가족 지향적인 복을 추구하고 있다. 구체적으로 보자면, 조상신과 성주신은 가족 지향적이면서 복합적인 복을, 조왕신은 개인 지향적이면서 복합적인 성격의 복을, 삼신과 칠성신은 개인 지향적이면서 수복을, 업신은 가족 지향적이면서 재복을 관장하고 있음을 알 수 있다.

결국, 민속신앙은 복을 추구하는 신앙으로, 한국인이 무속신앙이나 마을신앙과 가택신앙이라는 종교적인 행위를 통해 복을 추구하는 행위가 구체화되어 있음을 볼 수 있다. 여기서 복의 지향적 규모나 성격은 다르게 나타난다. 무속신앙에서는 복의 지향적 단위가 가족임을 알 수 있고, 복은 재복을 비롯해 관복 등의 복합적인 성격을 지니고 있다. 그리고 마을신앙은 복합적인 성격의 복을 마을 단위로 지향하고 있으며, 가택신앙은 개인적 혹은 가족적 단위의 복으로 가택신마다 복의 성격이 다름을 알 수 있다.

2. 속신

속신이란 주로 종교의 하부요소가 탈락하여 조직을 이루지 않은 주술 종교적인 심의현상이라 말하기도 하고, 신앙과 종교와 밀접한 관계에 있고 초인적인 힘의 존재를 믿고 거기에 대처하는 지식이나 기술이라고 말하기도 한다. 여기서 속신이 반드시 신앙과 종교와 관련된 것만 있는 것은 아니다.

가령, 겨울에 눈이 많이 오면 보리가 잘된다든가, 굴뚝의 연기가 밑으로 깔리면 비가 온다든지, 먼 데 소리가 잘 들리면 비가 내린다 등 이런 예조(豫兆)와 같은 것들은 삶의 경험지식에서 오는 것이지 신앙과는 아무런 관련이 없음을 볼 수 있다.

따라서 속신이라 함은 인간이 앞으로 닥쳐올 삶을 대처하기 위해 초인적인 힘의 존재를 믿고 신앙이나 종교와 관련되어 있기도 하고, 삶의 경험지식에서 비롯된 지식이나 기술이라 할 수 있는 광의의 문화표상의 하나인 셈이다. 그렇기 때문에 속신이라고 해서 반드시 미신처럼 해(害)만 있는 것은 아니다.

실질적으로 민간요법이나 민간약 같은 것들 중에는 과학적인 분석에 의한다 할지라도 수긍이 갈 만한 속신들도 많다. 이와 같은 속신들은 고대의 원시적인 문화의 단계에서부터 존재하여 현대문명 속에도 존재하기도 하고, 또 새롭게 형성되기도 한다. 오늘날 13일의 금요일은 기분이 나쁘다든가, 네잎클로버를 찾으면 행운이 온다 등의 속신은 과거에는 느끼지 못했던 속신이 그 예라 할 수 있다.

일반적으로 속신의 범위를 예조, 점복, 금기, 주술로 삼고 있으나, 부적도 속신의 범위에 포함시킬 수 있다. 이들은 서로 밀접한 관련을 지니고 있어 때에 따라서는 구별하기 어려울 정도로 서로 얽혀 있다. 속신들이 서로 밀접한 관련을 맺고 있다는 것은 예조가 점(占)의 기초가 되기도 하고, 금기는 주술의 사전조치라는 점이다. 점이 예조를 판단하여 결과를 예측하는 기술이라면, 금기는 부정한 행동을 경계하는 소극적인 예방책인데 반해, 주술은 부정한 사태에 대항하는 적극적인 예방책의 기술이다.

1) 미래를 예측하는 예조

예조란 사전의 지식으로서 미래의 사항을 예측하는 기초자료로 어떤 결과의 원인이 되는 사항을 말한다. 그래서 예조의 문장 구성은 원인의 내용과 결과의 내용이 결합되어 있다. 여기서 원인의 내용은 예조이고, 결과의 내용은 점복이라 할 수 있다.

점복은 예조를 판단하여 그에 따른 어떤 결과를 예측해 내는 기술이다.[13] 가령, '까치가 울면 귀한 손님이 온다'라는 말 속에는 '까치가 울면'이라는 원인이 설정되면, 그 원인에 따라 '귀한 손님이 온다'라는 결과를 예측할 수 있는 것이 점복이다. 이처럼 원인과 결과의 사이에는 아무런 과학적인 관계도 없다. 오직 경험을 통한 연상에 의하여 성립된 것이다. 따라서 원인의 내용은 정형화되어 있으면서 전승적 요인이 강하고, 결과는 다양할 수 있어서 유동적이다.

예조는 모든 사람들이 공유할 수 있고, 보편적인 경험을 통해 형성되는 것은 전국적으로 보편화되어지나, 특정 지역에만 나타나는 경우도 있다. 가령, 어부가 출항을 하기 위해 배에 올라타려고 하는데, 배에서 쥐가 뛰어 내리면 출항을 하지 않는 경향이 있다. 어부들은 일상생활 속에서 쥐라는 동물이 자연의 변화에 민감한 동물이라는 사실을 경험하게 되고, 이 경험적인 것들이 '배에서 쥐가 뛰어 내리면 바다에 풍랑이 일어난다'라는 예조를 만들어 내게 된다. 이러한 예조는 내륙지역 보다는 해안지역에 형성되기 마련이다. 예조의 사례를 소개하면 다음과 같다.

㉠ 지진은 천재지변의 조짐이다.
㉡ 머리에 가마가 둘이면 두 번 결혼한다.
㉢ 밤에 손톱이나 발톱을 깎으면 불길하다.

ⓔ 밤에 머리 빗으면 부모가 죽는다.

ⓜ 비오는 날 문지방을 밟으면 논둑이 무너진다.

ⓗ 잠자는 베개를 세우면 부모가 죽는다.

ⓢ 까마귀가 울면 불길한 일이 생긴다.

ⓞ 까치가 울면 귀한 손님이 온다.

ⓩ 혼불이 나가면 머지않아 초상이 난다.

ⓧ 그믐날 밤에 잠을 자면 눈썹이 희어진다.

ⓣ 맑게 개인 날 비오면 호랑이 장가간다.

ⓔ 나무가 울면 재앙이 닥친다.

ⓟ 돼지꿈을 꾸면 재복이 생긴다.

ⓗ 당산나뭇잎이 아래쪽부터 피면 물이 많아 풍년이 든다.

㉮ 굴뚝의 연기가 땅으로 깔리면 비가 온다.

㉯ 겨울에 눈이 많으면 풍년이 든다.

㉰ 보름에 달무리가 지면 가뭄이 든다.

㉱ 남몰래 음식을 훔쳐 먹으면 딸꾹질 한다.

㉲ 동남풍이 불면 비가 온다.

㉳ 귀가 가려운 것은 남이 나를 험담하고 있다.

㉴ 갓난아기를 무겁다고 하면 아이가 살 빠진다.

㉵ 간장 맛이 변하면 집안이 망한다.

㉶ 집안의 구렁이가 집밖으로 나가면 家勢가 기운다.

㉷ 부뚜막에 앉으면 재앙이 닥친다.

㉸ 밥상머리에서 기지개를 켜면 복 달아난다.

㉹ 앉아서 다리를 떨면 복 달아난다.

㉺ 상여를 보면 재수가 좋다.

이와 같은 예조의 사례들은 어떤 대상이나 행위로부터 직접적으로 연상된 것도 있고, 그렇지 않고 매개물을 통해 어떤 결과를 연상하는 것도 있다. 또한 오랜 세월의 경험에서 얻어진 내용도 있고, 심령현상적(心靈現象的) 심리에 기초한 것도 있다. ㉠과 ㉡의 예조들은 직관적으로 연상에 미쳐서 자연현상이나, 인간의 용모 등을 근거로 직접적인 결과를 연상한다. 가령, 머리의 가마를 혼인 시에 교통수단으로 타고 다니는 가마로 연상하는 결과를 추측하는 것이다.

어떤 대상이나 행위로부터 간접적으로 연상된 것으로 매개물을 통해서 결과를 예측하고 있는 것들은 ㉢~㉭의 예조들인데, 손톱이나 발톱을 망자의 손톱과 발톱으로, 혹은 까마귀와 까치를 흉조와 길조로 연상하는 것 등의 그 중간에 무엇인가를 통해서 어떤 결과를 연상하고 있다. ㉭~㉵의 예조들은 오랜 생활 경험 속에서 자연의 관찰이나 생활체험을 통하여 얻어진 지식들을 연상한 것들이고, ㉵~㉶의 예조들은 심령현상적 심리에 기초한 것들이라 보여진다.

이처럼 인간은 특이한 어떤 일이 일어나면 그것을 통하여 미래에 발생될 것으로 예상되는 것을 추측하려 한다. 여기서 특이한 일이 예조로서 미래의 일을 추측케 하는 기초자료가 되기 때문에 예조는 점복의 기초자료가 되기도 한다.

2) 주술적으로 판단하는 점복

점복(占卜)은 민중의 생활 속에서 이루어지는 것으로서 인간의 지능으로 예측할 수 없는 미래사나 알 수 없는 일을 주술의 힘을 빌려 추리 내지는 판단하고자 하는 행위이다. 그러면 인간은 왜 占을 칠까? 그것은 먼저 신의(神

意)를 파악하기 위한 것이고, 다음으로는 미래를 예측하기 위한 것이었을 것이다.

고대인들은 어떤 특이한 일이 발생하면, 그것은 곧 미래에 발생할 어떠한 일의 前兆라고 믿고, 사전의 일을 통하여 미래의 일을 추측하거나 판단하였다. 이것이 곧 점복이며, 사전에 나타난 일들이 곧 예조(豫兆)이다. 여기에서 예조와 점복을 인과관계(因果關係) 속에서 이해하면, 예조는 원인에 해당하는 것으로서 인(因)이며, 점복은 결과에 해당하는 것으로 과(果)이다. 즉 점복은 인으로부터 과를 미리 알아내는 기술이라 할 수 있다.[14] 점복의 기술은 하루아침에 이루어진 것이 아니다. 그것은 민중들의 생활 속에서 오랜 경험을 통하여 축적된 지식의 소산이다.

점복자는 다른 직업 없이 오직 점복행위만을 주업으로 하는 전문적인 점복자와 부업적으로 점복행위를 하는 부업적인 점복자가 있다. 뿐만 아니라 일상생활 속에서 생활과 직결되는 점복에 있어서는 민중자신들이 점복자가 되기도 한다. 대체로 미래의 농사의 결과에 관심을 갖게 되는 민중들의 세시의 점복은 민중자신들이 점복자이다. 이들 점복의 해석의 근간은 경험을 바탕으로 하고 있다.

고대사회에서는 점복을 담당한 전문적인 점복자를 신라에서는 일관(日官)이라 칭하였고, 백제에서는 일자(日者), 무자(巫者)라 칭하였으며, 고구려에서는 무(巫), 사무(師巫)라 칭하였다. 이들은 정치에도 깊이 관여하였다. 그리고 이들 전문적인 점복자를 관직에 두고 그들로 하여금 국가의 제반사를 점치게 하였다. 고려에서는 점복을 담당하는 복박사직(卜博士職)과 복정직(卜正職)을 두고 점복을 국가적 차원에서 다루었고, 조선시대에는 전문적인 점복자인 남무(男巫)를 지칭하는 말이었다. 이처럼 복사, 박사, 박수는 모두 같은 기능을 지닌 인물에 대한 호칭으로서 이들은 모두 무인(巫人)으로서의 기능을 발휘하였다. 무인에 의하여 미래를 점친 예는 고대로 어느 시대에서나 찾아볼 수 있다.

일반적인 점복의 유형을 비롯해서 남도지역의 점복 유형을 보면 다음과 같다. 점복은 크게 점복을 행하는 시기에 따라서 비세시점복(非歲時占卜)과 세시점복(歲時占卜)으로 나눌 수 있고, 이를 다시 그 하위분류로 나누어 생각할 수 있다. 즉 비세시점복은 자연현상에 의한 점복, 인사(人事)에 의한 점복, 신비점, 기타의 점복으로 나눌 수 있고,[15] 세시점복은 세시의 행사에 따라 나누어 생각할 수 있다.

(1) 일상적인 삶 속에서 행해지는 점복

① 자연현상에 의한 점복: 고대인들은 특이한 자연현상이 발생하였을 때 그 것을 미래에 있을지도 모른다는 어떠한 사건의 예조로 믿는 일이 많았다. 이러한 자연현상 가운데는 일월성신(日月星辰)의 이변이라든가 풍운뇌우(風雲雷雨), 수변(水變), 지변(地變), 동식물의 이변 등이 모두 포함된다.

예) 정월 보름날 밤 달빛이 붉으면 그 해 가뭄이 든다.

아침 일찍 닭이 세 번 울면 좋은 일이 생긴다.

입춘에 보리뿌리를 캐 보아 그 뿌리가 세 가닥이면 풍년이 들고, 한 가닥이면 흉년이 든다.

초승달과 좀생이별의 거리가 가까우면 흉년이 든다.

대나무 꽃이 피는 것은 흉사의 징조다.

② 인사에 의한 점복: 인사에 의한 점복이란 그 사람이 지니고 있는 어떠한 특징이나 생활하는 동안에 우연히 발생한 일을 원인으로 하여 미래를 점치는 것을 말한다. 여기에는 운명적, 생득적(生得的) 특징에 의한 점복, 사람의 동작행위에 의한 점복, 꿈에 의한 점복 등이 있을 수 있다.

예) 귀가 크거나 귓밥이 큰 사람은 부귀를 누린다.

　밤에 손톱을 깎으면 불길하다.

　잔칫집에 여자 손님이 제일 먼저 찾아오면 불길하다.

　집에 불난 꿈을 꾸면 집안이 번창한다.

　거울이 깨지는 꿈을 꾸면 부부가 이별한다.

　아이가 태어날 때 얼굴에 피묻어 나오면 커서 살인낸다.

③ 신비점: 신비점은 크게 인체강령점(人體降靈占)과 기물강령점(器物降靈占)으로 나누어 생각할 수 있다. 인체강령점이란 신활(神活), 신필(神筆), 공창(空唱) 등과 같이 신령이 점복자의 육신에 강림, 빙의(憑依)하게 함으로써 점복자 자신이 일시적으로 신령이 되어 미래의 길흉을 점쳐주는 점법이다. 이를 신탁점(神託占)이라고도 한다. 기물강령점이란 산미(撒米), 척전(擲錢), 신장간(神將竿) 또는 반혼(返魂)과 같이 각종 기물에 신령이 빙의하도록 하고 점복자가 거기에 나타난 신의(神意)를 파악하여 미래의 길흉을 예측하는 점법이다. 이를 신시점(神示占)이라고도 한다. 이러한 점법은 신의 강림, 빙의를 본질로 하기 때문에 전문적인 점복자만이 할 수 있는 점법이다.

④ 기타의 점복: 작괘점(作卦占), 관상점(觀象占)이 여기에 속하며, 이들 점법들은 비교적 이론적인 체계를 갖춘 과학적 점법이라 할 수 있다. 작괘점은 음양오행이나 수리를 기초로 괘를 만들어 이것을 수리적으로 해석하여 길흉을 판단하는 점법이다. 이 점법은 골격, 수족, 또는 음성이나 거동 등에 나타난 특징을 보아 그 사람의 성격, 심성, 운명 등을 판단하는 점이다.

(2) 세시명절에 행해지는 점복

세시풍속의 성격과 형성요인은 자연적인 요인, 농경문화적인 요인, 종교적인 요인 등을 들 수 있다. 이 중에서도 세시풍속의 형성의 근간은 농경문화였음은 두말할 나위 없다. 농경문화는 그대로 자연의 계절적인 추이와 직결된다. 그렇기 때문에 자연현상에 관심을 갖게 되고, 그중에서도 달(月)에 관심은 더욱 컸다. 세시의 점복은 일반적으로 정월과 2월에 집중적으로 행하여진다.

① 정초의 점복: 일 년의 대계는 정초에 있다고 한다. 농사의 풍흉은 개인적으로나 국가적으로나 생사에도 관련될 수 있는 중대사였기 때문에 정초에는 많은 염원과 바람이 따랐다. 점복의 행사로는 윷점, 오행점, 토정비결 등을 들 수 있다. 이외에도 점복의 풍습을 열거하면,

예) 설날에 송아지가 우는 것은 풍조이고, 까치가 우는 것도 길조이다.

설날에 까마귀가 지저귀면 풍재(風災)와 병마(病魔)가 있고,

설날에 개가 짖으면 도둑이 많다.

설날에 바람이 없이 날씨가 맑으면 풍년이 든다.

설날에 해가 붉으면 가뭄이 들고, 해가 푸른 빛이면 풍재가 있다.

설날에 검은 구름이 하늘에 가득하면 홍수를 만나게 된다는 등이 있다.

② 입춘의 점복: 입춘은 이른바 24절기의 첫 번 절기이며 여기에 입춘의 뜻이 있다. 입춘날에 보리뿌리점을 한다. 입춘날 농가에서는 보리 뿌리를 캐어 보고 그 해 농작물의 풍년과 흉년을 점친다. 즉 보리 뿌리가 세 가닥 이상이면 풍년이고, 두 가닥이면 평년이고, 한 가닥이면 흉년이 든다고 한다.

③ 대보름의 점복: 대보름날은 첫 만월이기 때문에 달과 관련된 민속이 대단히 많고 그것은 일 년 농사에 대한 궁금증으로 점과 관련된 것이 많다. 점복의 행사로는 달맞이와 농사점, 달집태우기, 사발점(猛灰占), 그림자점, 달불이(月滋), 집불이(戶滋), 소밥주기, 닭울음점, 승부점(석전, 줄다리기, 차전, 쥐불싸움), 연날리기, 곡물점(穀物占), 우점(牛占), 조점(鳥占) 등이 있다.

④ 2월의 점복: 초하루에 영등할머니가 내려오면서 딸을 데리고 오면 그해

는 흉년이 들고, 며느리를 데리고 오면 풍년이 든다고 하는 영등할머니점, 2월 6일 저녁에 좀생이별을 보고 농사점을 치는 좀생이점, 20일에 비가 오면 풍년이 들고, 조금 흐려도 길하다고 하는 20일 날씨점 등이 있다.

3) 불행을 예방하는 주술

주술은 불행의 결과를 구출하는 사후 처리로서 기술이고, 불상사를 예방하고 처리하는 기술이다. 흔히 유감주술과 접촉주술로 나누어 설명한다. 유감주술은 유사한 것은 유사한 것을 발생시키는 것으로, 결국 결과는 원인과 유사하다는 원리의 주술이다. 이를 동종주술 혹은 모방주술이라고도 부른다. 접촉주술은 이전에 접촉했던 사물은 물리적인 접촉이 끝난 후에도 시공을 초월하여 상호작용을 계속한다는 원리이다.[16] 이를 전파주술이라고도 한다. 주술의 사례를 들면 다음과 같다.

① 가뭄에 물을 길러다 키로 까불면 비가 온다.
② 가뭄에 병에 물을 담아 흘리면서 기우제를 지내는 곳에 매달아 두면 비가 온다.
③ 아이의 젖이 적으면 샘에서 병에 물을 담아 흘리면서 집으로 와 삼신상에 올려놓고 비손한다.
④ 아들을 낳지 못한 여자는 장식용 도끼를 몸에 지니고 다닌다.
⑤ 아들을 낳지 못한 여자는 부처님 코를 떼어다가 몸에 지니고 다닌다.
⑥ 임산모가 아이가 더디게 나올 때 남편이 부엌의 아궁이를 키로 부친다.
⑦ 죽이려고 하는 사람의 화상을 그려 벽에 붙여 놓고 칼로 찌르거나 활로 쏜다.
⑧ 보름에 과일나무 가지에 돌을 끼워 두면 과일이 많이 열린다.

⑨ 보름날 저녁에 짚을 대나무에 매달고 짚둥치에 벼이삭이나 수수 등을 매달아 세운다.

⑩ 보름날에 하는 뱀 끗기

⑪ 보름날에 하는 사내기 쫓기

⑫ 정월 보름에 네거리의 흙이나 부잣집의 흙을 파다가 집 네 귀퉁이에 바른다.

⑬ 아들 낳은 집의 지앙상의 쌀을 훔쳐다 첫국밥을 지어 먹는다.

⑭ 아이들의 치아가 빠지면 그것을 까치밥이라 하여 지붕 위에 던진다.

⑮ 아이의 엄마가 젖이 적으면 젖이 많은 여자의 가슴을 몰래 달아 보아 젖을 훔쳐 온다.

⑯ 집안에서 구렁이가 나오면 다시 그 자리로 돌아가도록 하기 위해 머리카락 불을 피운다.

⑰ 정월에 대문에 호랑이와 닭의 그림을 붙인다.

⑱ 대문 위에 소코뚜레를 걸어 놓는다.

이상과 같이 ①~⑪의 주술은 유감주술로서 비를 내리게 하거나, 젖이 많이 나오도록 하고, 아들을 낳기 위해, 그리고 풍년을 기원하기 위해 행해지는 모방주술이라 할 수 있다. 그리고 ⑫~⑯의 주술은 富를 기원하고, 젖이 많이 나오도록 하기 위해 행해진 접촉주술이다. ⑰~⑱의 주술을 재액을 쫓기 위한 주술로서 모방주술의 성격의 지녔다 하겠다.

4) 규범 역할을 하는 금기

금기는 불상사의 결과를 두려워하여 사전에 경계하는 것으로서 주술이나 종교에서 보이는 금지의 관념을 핵심으로 하여 형성된 습속을 말한다.

이러한 것은 일상생활 속에서뿐만 아니라 종교의 의식면에서 찾아 볼 수 있다. 고대사회에서는 금기가 하나의 생활 속에서 규범의 역할을 했다고 볼 수 있는데, 현대사회의 법과 같은 기능을 한 것으로 볼 수 있다. 그러나 금기는 고대사회에서 금기는 사회적인 규범은 물론 종교적인 규범의 역할을 했을 것이나, 사회 변화에 따라 금기는 종교적인 측면에서 강하게 지켜지게 되었을 것이고, 사회적인 측면에서는 금기 대신 법이 그 기능을 수행한다. 따라서 금기는 사회적인 기능과 종교적인 기능을 갖는다 하겠다.

오늘날 금기에는 신앙적인 측면이나 속신적인 측면을 불문하고 두 가지 측면이 있다 하겠는데, 신성한 것에 대하여 몸을 조심하는 경우와 부정에 대하여 그것을 기피하는 경우가 그것이다. 신성한 것에 대해 몸을 조심하는 것은 마을 제사를 지낼 때 제관들이 반드시 목욕재계를 하는 것이고, 부정에 대한 기피는 제관들은 상가를 가지 않아야 한다는 것이다.

상가에 가지 말라는 것은 상가가 오염된 곳으로 그곳을 방문하면 제관에게 오염이 감염되어 신성한 마을 제사가 오염된다는 의미이다. 이것은 정화된 행위를 통해 세속적인 세계에서 신성한 세계에 도달할 수 있도록 하기 위해서 수행된다. 마을신앙의 제관과 지켜야 할 금기를 소개하면 다음과 같다.

㉠ 궂은 음식(개고기)을 먹어서는 안된다.

㉡ 대소변을 보고 나면 반드시 목욕재계를 해야 한다.

㉢ 일체의 살생을 해서는 안된다.

㉣ 시장에서 장 볼 때 물건 값을 깎지 않는다.

㉤ 부부간의 동침을 해서는 안된다.

㉥ 궂은 곳(상갓집)을 가서는 안된다.

㉦ 부정한 말을 하거나 들어서는 안된다.

◎ 제물을 준비할 때 음식의 간을 봐서는 안된다.

㉛ 제사를 지내는 달에 임산모는 동네에서 출산해서는 안된다.

㉠ 제당의 당산나뭇가지를 꺾어다가 아궁이에 불을 지펴서는 안된다.

이상의 금기들은 마을제사를 신성하게 치루기 위한 것들로, 얼마나 금기를 잘 지켰느냐에 따라 신의 감응이 결정된다고 믿기 때문에 지극 정성스럽게 금기를 수행하지 않을 수 없다. 이처럼 종교적인 것과 관련된 금기뿐만 아니라 생활 속에서 주술적이고 교훈적이며 전설적인 것들도 있다. 그러한 사례는 다음과 같다.

㉠ 임신 중에 오리고기를 먹으면 안된다.

㉡ 손톱과 발톱을 깎아서 아궁이에 넣으면 안된다.

㉢ 임산모가 말고삐나 소고삐를 넘어서는 안된다.

㉣ 임산모가 다른 임산모와 같은 그릇에서 밥을 먹어서는 안된다.

㉤ 남을 비웃으면 입이 삐뚤어진다.

㉥ 어린아이가 담배를 피우면 뼈가 삭는다.

㉦ 시기가 많으면 오래 살지 못한다.

◎ 한식날에는 불을 때지 않는다.

이상과 같이 ㉠~㉣의 금기어들은 주술적인 것들이고, ㉤~㉦의 금기어들은 교훈적인 것들이며, ◎의 금기어는 晋나라 충신 개자추(介子推)가 한식날 불에 타 죽었으므로 이를 애도하기 위한 것이라는 전설적인 까닭이라 한다.

각 주

1   최정호, 「복의 구조」, 『계간사상』 여름호, 1990, 174쪽.

2   최정호, 앞의 논문, 179쪽.

3   최정호, 앞의 논문, 206쪽.

4   지춘상 외, 『남도민속학개설』, 태학사, 1998, 605쪽.

5   홍기원, 『조선속담집』, 백과사전출판사, 1996.

6   임동권, 『한국의 세시풍속』, 서문당, 1972.

7   한국문화상징사전편찬위원회, 『한국문화상징사전』, 동아출판사, 1992, 347쪽.

8   장주근, 『한국의 세시풍속』, 형설출판사, 1989, 92쪽.

9   이광규, 『한국인의 일생』, 형설출판사, 1985, 54쪽.

10 이광규, 앞의 책, 55쪽.

11 최길성, 『한국 무속의 이해』, 예전사, 1994, 111~117쪽.

12 지춘상 외, 앞의 책, 351쪽.

13 박계홍, 『한국민속학개론』, 형설출판사, 1992, 253쪽.

14 『한국민속대관』3, 고려대학교 민족문화연구소, 1995, 333쪽.

15 박계홍, 앞의 책, 260~267쪽.

16 박계홍, 앞의 책, 269~270쪽.

제11장

일생의례

　인간은 태어나서 죽기까지 많은 의례적인 절차를 거치면서 한 생을 마감한다. 여기서 의례적인 절차라 함은 삼칠일, 백일, 돌, 성년식, 혼례, 회갑, 장례식과 제례 등을 말한다. 이러한 의례를 인류학에서는 통과의례라고 부르기도 하고, 민속학에서는 관혼상제 혹은 일생의례라고 부르기도 한다. 통과의례라고 함은 개인이 일생을 반드시 통과해야 하는 의례를 말하는 것으로, 예컨대 출산의례, 성년의례, 혼인의례, 죽음의례가 그것이다.

　이와 같은 의례는 인간의 생태적 환경이나 역사적 조건, 사회적 조건에 따라 다르기 마련이고, 인간이 살아가면서 중요한 고비마다 겪게되고, 일생 중에서도 중요한 매듭이 되는 시기에 행해지는 의식이다. 통과의례는 인생의 고비에서 어떤 절차상의 의식을 거행함으로써 자신이 속한 집단의 한 구성원으로서 자격을 갖게 하고 권리를 인정받게 한다.

　고대의 의례 모습은 <단군신화>에서 찾아 볼 수 있고, 고려 말 성리학의 도입과 주자의 《가례》가 소개되었는데, 조선시대에는 관혼상제를 중시하여 《경국대전》에 법으로 규정하였다. 이와 더불어 《상례비요》, 《사례편람》 등의 예서들이 등장하면서 본격적으로 가례는 실천덕목으로 자리 잡게 된다. 그러던 것이 1975년 가정의례준칙이 시행되면서 많은 의례들이 형식화되거나 간소화되어 오늘에 이르고 있다.

　의례는 출생 및 육아와 관련된 의례, 혼인과 관련된 의례, 죽음 및 매장과 관련된 의례, 인간 사후 의례(제사)로 나누어 생각할 수 있다.

1. 출산 및 육아의례

1) 임신을 위한 치성과 주술적 행위

요즈음 젊은이들에게 '고향이 어디인지?' 물어보면 대개는 자기가 성장한 곳을 말한다. 혹자는 아버지의 고향을 말하는 경우가 있는가 하면, 아니면 본적지를 대답하는 경우도 있다. 전통사회에서 흔히 고향이라 함은 자기가 태어나서 태(胎)를 묻었던 곳이라고 말하였다.

의료시설이 발달하기 전에 어머니들은 거의 대부분 가정에서 출산을 하였다. 가정에서 출산한 까닭에 태를 구멍 뚫린 항아리에 담아 마당 가운데 묻거나, 집 주위에 묻는다. 혹자는 흘러가는 물 위에 띄워 보내는 경우도 있다. 그래서 자기가 태어나고 태를 묻었던 곳을 고향이라고 말했던 것이다.

사람은 누구나 대체적으로 일생에 한 번씩은 결혼을 하기 마련이다. 전통사회에서 결혼은 자녀의 출산을 전제로 한 것이며, 심지어는 결혼의 목적이 가문의 대를 이을 아들을 얻는데 있다고까지 생각하는 경우도 있었다. 따라서 결혼을 하면 당연히 자식을 낳아야만 했다. 시집온 여자가 자식을 낳지 못하면 '칠거지악'의 하나라고 하여 시집에서 쫓겨나는 일도 있었다.

그래서 아이를 갖기 위해서 온갖 정성을 다했는데, 그 방법으로 어떤 대상에게 정성을 들여서 아들을 얻고자 하는 치성기자(致誠祈子)와, 주술적인 힘으로 아들을 낳고자 하는 주술기자(呪術祈子)의 여러 가지 행위를 동원했던 것이다. 어떤 대상에게 정성을 들인다는 것은 영암 월출산과 같은 영험하다고 알려진 산에 가서 기도를 드린다거나, 절의 산신당 혹은 칠성당 그리고 각종 종교적인 공간에 가서 기도드리는 것을 말한다. 월출산은 상징적으로 남자의 성기를 상징한다고 생각하기 때문에 산의 계곡에서 무속인들이 기자굿을 많이 한다.

옛날에는 아들을 잘 낳은 집 산모의 피 묻은 옷을 얻어 입거나, 삼신상에 놓았던 짚을 깔고 자기도 하고, 장식용 도끼를 만들어 옆구리에 차고 다니면 아들을 낳는다고 생각하기도 했다. 도끼를 옆구리에 차고 다닌 이유는 그것이 남자의 성기를 상징하기 때문이다. 인간의 인체 중에서 코가 남자의 성기를 상징한다. 운주사의 불상 가운데 상당수의 코가 훼손당했는데, 그것은 인근의 아낙네들이 아들을 낳기 위해 불상의 코를 떼어다가 주머니에 담아 몸에 지니고 다녔기 때문이다. 이처럼 도끼를 만들어 혹은 불상의 코를 떼어다가 몸에 지니고 다닌 것은 유감주술에서 비롯된 것이다. 유감주술이라 함은 유사한 물건을 통해 그와 유사한 결과를 얻는다고 생각하는 주술의 일종이다.

아들을 얻기 위한 노력은 오늘날 결혼식의 폐백에서도 이루어지고 있음을 볼 수 있다. 신랑·신부가 양가 어른들을 모셔놓고 큰절을 올리면, 그 절값으로 밤과 대추를 한 줌 쥐어서 신부의 치마에 던져 준다. 신부는 그것을 손수건에 싸서 첫날밤에 먹어야만 아들을 낳는다는 속신이 있다. 그렇기 때문에 시어머니는 신혼여행에서 돌아온 새댁에게 첫날밤을 치르기 전에 혼자서 밤과 대추를 먹었는지 확인하는 것이다.

2) 태몽의 종류와 태교의 내용

태몽은 당사자나 남편 그리고 처가나 시가 가족 중의 일원이 태몽을 꾸게 되는데, 주로 당사자가 태몽을 꾸게 되고, 자기의 탯자리에서 태몽을 많이 꾸기도 한다고 한다. 가족은 태몽을 통해 산모의 임신징후나 태아의 성별을 알기 위함이고, 태어날 아기의 운명을 점치고자 한다. 태몽에 구렁이나 호랑이 그리고 돼지, 소나 가물치 그리고 큰 숭어 등 큰 짐승을 보면 아들 꿈이고, 호박이나 꽃, 딸기, 밤, 풋고추, 조개 그리고 작은 물고기를 비롯해 작은 짐승을 보면 딸 꿈이라고 한다. 태몽은 지역성을 반영하기도 하고 개인적인 특성을 반영하기 때문에 동네마다 태몽을 꾼 사람마다 약간씩 차이가 있기 마련이다.

아이를 갖게 되면 행동을 함부로 해서도 안되고, 깨끗한 음식만을 먹어야 한다. 먼저 행위에 관한 금기의 예로 산모가 말고삐는 물론 염소고삐나 소고삐를 넘어 다녀서도 안된다. 그것은 아이를 달을 넘겨서 낳는다고 하여 그런 행동을 자제한다. 산모는 경사진 곳에 앉아서도 안 되고, 험담이나 입다툼을 해서도 안되며, 보통 사람들이 통행하는 곳이 아닌 개구멍으로 다니는 것도 삼가해야 한다. 그것은 아이를 낳으면 도둑놈을 낳는다고 하는 생각에서 비롯된 것이다. 또한 상호간에 삼신이 들면 절대로 그 집을 가서는 안되며, 그 집의 음식도 먹어서는 안된다고 한다.

두 번째로 음식에 관한 금기로, 산모는 아무 음식이나 먹으면 안되고, 반듯하고 좋게 생긴 음식만을 먹어야 한다. 그 중 가장 대표적인 것이 개고기를 먹어서는 안된다. 개고기는 부정하게 생각하는 음식 중의 하나이다. 당산제를 지낼 때 제관들이 금기시하는 것도 개고기이다. 하물며 한 생명을 탄생시키는 산모는 더욱 개고기를 먹어서는 안된다. 가족들도 반드시 産月에는 절대로 개고기를 먹어서도 안된다. 산모가 개고기만을 먹어서는 안되는 것이 아니라 토끼고기나 오리고기도 먹어서도 안된다. 그것은 토끼고기를 먹으면 태어날 아이의 눈이 빨개지거나 째보를 낳는다고 한다. 또한 오리고기를 먹으면 손발이 붙는다고 해서 먹어선 안되는 음식이다.

3) 산받이, 탯줄, 첫국밥, 이레안저고리

아이를 출산할 달이 되면 미역, 깨끗한 쌀, 실, 가재베(기저귀), 가위, 짚, 아이가 입을 옷(배안에저고리)을 준비한다. 미역은 반드시 출산할 달에 구입한다. 만약에 미역을 출산할 달에 준비했으나 아이를 달을 넘겨 낳으면 미역을 다시 준비해야 한다. 미역을 살 때 상인(喪人) 미역장수한테서 미역을 사면 안좋다고 하고, 미역을 사면서 아이의 성별을 구별하는 점을 치기도 한다. 그것은 미역을 살 때 상인이 미역을 지푸라기로 묶어 주면 아들이고, 새끼로 묶어 주면 딸이라고 한다. 또한 구입한 미역 속에 지푸라기가 들어 있으면 아들이라고도 한다. 미역을 구입해서 반드시 구부리지 않고 곱게 펴서 가지고 와야 좋다고 한다.

출산이 임박하면 산모는 깨끗한 옷을 갈아입고 신을 깨끗이 씻어 방문 앞에 가지런히 두고 그 신발을 보면서 눈물을 글썽이기도 한다. 그것은 출산을 무사히 마치고 살아서 그 신발을 다시 신을 수 있을지 걱정이 되기 때문인데, 다시 말해서 그것은 아이를 출산하면서 많은 산모들이 생명을 잃기도 했기 때문이다.

아이의 출산이 임박하면, 웃목에 짚을 깔고 지앙상을 차린다. 지앙상 위에는 쌀, 물, 미역, 실, 가위를 올려놓는다. 그리고 방바닥에 짚을 깐다. 짚을 까는 이유는 아이가 짚자리에서 복을 탄다고 생각하기 때문이다. 지앙상을 차리면 삼신이 들었다고 하며, 삼신이 들면 결혼할 집과는 서로 좋지 않다고 하여 서로 왕래하는 것을 삼가야 한다.

아이를 받아 주는 사람을 애기 수발한 사람이라 하여 '산받이'라고 부르고, 대개 산받이는 산모의 시어머니나, 다복하고 아이를 많이 받아 본 경험이 있는 동네 여자가 되나, 여의치 않을 경우 산받이 없이 혼자서 아이를 낳기도 한다. 동네 여자가 산받이일 경우는 답례로 옷을 한 벌 사 주기도 하고, 버선이나 양말을 사 주기도 한다. 간혹 손이 귀한 자식은 산받이가 솥뚜껑으로 아이를 받기도 한다. 그것은 명이 길어라고 하는 것이다. 이렇게 해서 받은 아이는 동네 사람들은 '덮개' 혹은 '뚜껑니'라고 부른다.

아이가 더디게 나오면 산모에게 머리카락을 입에 물리게도 하고, 남자들이 곁에서 지켜 봐 주기도 한다. 그것은 아이가 아버지를 보면 빨리 나온다고 한다고 해서이다. 또는 솥뚜껑이나 키로 부엌을 부치기도 한다. 혹자는 아이가 더디게 나오면 단골네를 데려다가 지앙상 앞에서 푸념을 하기도 하고, 물이 흐르는 물꼬에서 남편이 물을 머금어다가 산모의 입에 넣어 주면 순산한다고 한다. 뿐만 아니라 남편이 간장 그릇으로 산모의 뒤에 앉아 산모의 배를 문질러 주면 순산한다고도 한다.

산모가 측간에서 대변을 보듯이 힘을 주면 아이를 낳을 수도 있다고 한다. 동네 사람들은 측간에서 낳은 아이가 아들일 경우는 '재둥이', 딸일 경우는 '잰님이'라고 이름을 붙이기도 한다. 아이가 거꾸로 나오는 경우는 아이를 '꺼꾸리'라고도 부르기도 한다.

아이가 태어날 때 얼굴에 피묻어 나면, 그 아이가 커서 '살인낸다' 하여 미리서 액막이를 한다. 액막이의 방법으로 칼에 아이의 이름을 새겨서 몰래 백정에게 주든지, 아니면 점쟁이한테 아이를 팔기도 한다. 또한 아이가 보를 뒤집어쓰고 나오면, 중에게 보를 해 줘서 공을 드리기도 한다. 아이가 쓰고 나온 보를 말려서 집안에 큰일이 있을 때 그것을 몸에 지니면 재수 본다고 하고, 노름에서도 재수 본다고 한다. 그리고 아이가 탯줄을 걸치고 나오면 동네 풍물의 장구 줄을 해 줘 공을 드리기도 한다.

아이가 나오면 아이의 탯줄을 자르는데, 대개 탯줄을 손으로 아이의 배꼽 쪽으로 세 번 훑어 내리고, 다시 산모 배꼽 쪽으로 세 번 훑어 올린 다음 아이의 무릎에 닿을 만큼 탯줄을 자른다. 산모는 산모의 뱃 속에 있는 태를 낳기 위하여 탯줄을 발가락에 감아 둔다고 한다. 그렇지 않으면 태가 산모의 가슴 쪽으로 올라가 산모의 생명을 잃는 경우가 많다고 한다.

또한 산모가 태를 잘 낳기 위해서는 앉아서 낳기도 한다. 그래도 태가 나오지 않을 때 지앙상 앞에서 비손을 하거나, 시암독(샘에 있는 돌)을 뒤집어 놓던지, 아니면 시암독을 가져다가 그 위에 산모가 쪼그려 앉기도 한다. 산모가 태를 낳아야 완전히 아이를 낳게 되는 것이다. 아이의 배꼽에 탯줄이 말라 떨어지면 큰물에 띄워 보낸다고 한다.

태는 아이를 낳기 위해 깔았던 짚으로 싸서 웃목에 놓아 두었다가 삼일째 되던 날에 산모나 시어머니가 불사르기도 하고, 집안에서 텃밭이나 손없는 곳에 묻기도 한다. 태의 처리방법은 첫아이나 막내에 이르기까지 동일한 방법으로 처리해야 한다. 가령 태를 첫아이는 불사르고, 둘째 아이는 물속에 던지면, 태의 처리 방법이 달라 나중에 형제간에 불화가 잦다고 한다. 그래서 반드시 태의 처리방법은 일관된 방법으로 행하는 것이 좋다고 한다.

아이를 출산하고 나서 산모는 지앙상의 미역으로 국을 끓이고, 지앙상의 쌀로 밥을 지어 '첫국밥'을 먹고, 남자는 금줄을 사립문에 건다. 아들을 낳았을 경우 새끼줄에 숯과 고추 그리고 종이를 끼우고, 딸일 경우는 새끼줄에 숯과 솔잎 그리고 종이를 끼우는데, 솔잎을 끼우는 것은 아이가 커서 바느질을 잘 하라는 의미라고 한다. 금줄은 일곱이레가 끝날 때까지 걸어 놓는다. 이레가 끝나면 대문 한 쪽에 올려놓는다. 아들 금줄은 아들을 낳으려고 하는 집에서 몰래 가져가기도 한다.

산모가 아이를 출산하고 처음으로 젖을 먹일 경우는 젖꼭지에 미역국을 바른 다음 아이에게 젖을 먹인다. 젖이 많을 경우는 젖을 짜서 아무 곳에나 버리지 않고 반드시 굴뚝에 버린다. 젖이 적은 경우에는 점을 쳐서 부정을 탔다고 하면 단골네가 물동우에 바가지를 엎어 놓고 지앙상 옆에서 경을 읽으면 젖이 나온다고 한다. 그리고 젖이 적으면, 남이 보지 않는 시간에 산모가 샘에서 바가지로 물을 떠서 조금씩 흘리면서 집으로 돌아 와 지앙상에 올려놓고 비손하기도 한다. 혹자는 돼지 족을 삶아서 그 국물을 먹으면 젖이 많아진다고도 한다.

아이가 태어나서 3일째 되는 날 아침에 산모는 쑥물로 몸을 씻고, 아이도 따뜻한 물이나 쑥물로 목욕을 시킨다. 목욕을 시킨 뒤 '이레안에저고리' 라고 해서 이렛 동안 옷을 입히는데, 그 옷은 부드러운 천으로 만든 무명베옷이다. 이레안에저고리는 다음에 태어날 동생들에게 되물려 주기도 하고, 버릴 때는 불사른다고 한다. 첫아들의 이레안에저고리는 보관해 두었다가 官事(재판)에서 배내옷을 몸에 지니고 가면 이긴다고 믿는다. 심지어는 시험을 치르거나 도박하는 사람도 몸에 지니고 가면 재수 본다고 한다. 또한 떨어진 아이의 배꼽을 지니고 가면 재수 본다고도 한다.

4) 이레, 백일, 돌

육아의례는 이레와 백일 그리고 돌을 들 수 있다. 이레는 세이레를 새는 경우가 일반적이나 일곱이레를 지내는 경우도 있다. 금줄은 이 기간 동안 걸어 두며, 이레가 끝나면 금줄을 거두어서 대문 한 쪽에 걸쳐 두고, 아이는 이때부터 마을 사람들에게 공개된다. 이레가 되면 짚을 깔고 미역국, 밥, 떡 시루, 물을 차려 놓고 산모가 아이의 건강을 위해 비손한다고 한다. 특히 첫 이레 때에는 아이의 이름을 지어 준다. 남자아이인 경우는 아버지나 할아버지가 항렬에 따라 이름을 지어 주고, 딸인 경우는 특히 딸만 계속 낳는 경우는 '딸그만'이나 '딸막이'라고 이름을 지어 주는 경우도 있다고 한다.

백일은 아이가 태어난 지 백 일째 되던 날이고, 돌은 일 년째 되던 날로 딸인 경우는 백일이나 돌잔치를 하지 않는 경향이 있고, 아들인 경우에 많이 한다. 백일에는 수수팥떡을 해서 백사람에게 돌리고 백조각의 헝겊으로 백일옷을 해 입힌다. 또한 돌 때에는 돌떡이라 하여 이웃집에 돌린다. 돌떡을 받아먹은 집에서는 팥이나 쌀 또는 돈을 그릇에 담아 돌려보낸다. 절대로 빈 그릇만을 돌려보내지 않는다고 한다. 돌날에는 아이에게 돌상을 차려 주는데, 돌상 위에 쌀이나 실 그리고 노트나 연필 등을 올려놓는다. 그래서 아이가 쌀을 집으면 부자로 잘 살겠다고 생각하고, 실을 집으면 명이 길다고 생각하며, 노트나 연필을 집으면 다음에 커서 공부를 잘할 거라고 생각한다.

2. 성년의례

성년식은 가족의 구성원에서 사회의 일원으로 자격을 획득하는 의례로서 성인으로서 의무와 책임을 일깨워주는 의례이다.[1] 삼국시대에 유교가 전래됨에 따라 남자는 관례(冠禮)라고 하는 성년식을, 여자의 경우는 계례(笄禮)를 거행해 왔다.

관례와 계례는 기층민들의 의례문화라기보다는 상층문화로서 조선시대까지 행해졌던 것으로 알려지고 있다. 이 의례들은 통과의례의 성년식과 같은 것으로 민속학적인 입장에서 보면 일종의 사춘기의례인 셈이다.[2] 관례는 남자의 상투를 틀고 관을 씌우는 의례이고, 계례는 여자의 땋았던 머리를 올려 쪽을 틀어 비녀를 꽂아 주는 의례이다. 처녀나 총각이 머리를 땋아서 다니다가 관례와 계례를 치를 때 머리를 머리를 걷어서 얹게 되므로 이

때 '머리를 얹는다'라고 말한다.

《사례편람》에 의하면, 대개 관례는 남자가 15세에서 20세 사이에 하게 되어 있고, 여자는 대개 15세 무렵에 계례를 행하였다고 한다. 관례의 절차는 초가례(初加禮), 재가례(再加禮), 삼가례(三加禮), 초례(醮禮), 자관자례(字冠者禮)의 순이다.

초가례에서는 "어린 뜻을 버리고 덕을 이루어 오래 살고 복을 받으라"는 축문을 읽고, 재가례는 "삼가 위엄을 갖추고 덕으로 행동하여 오래 살고 큰 복을 받으라"는 축문을, 삼가례에서는 "형제간에 화목하고 덕을 이루어 오랫동안 평안하도록 하늘의 축복을 받으라"는 내용의 축문을 읽는다. 그리고 초가례부터 삼가례는 의복으로 심의(深衣)에 대대(大帶), 조삼(皂衫)과 도포(道袍), 청삼(靑衫)에 사대(絲帶)를 착용하고, 관(冠)으로는 치포관(緇布冠)과 복건, 망건과 갓을 씌우는 의례를 단계별로 거행한다.

삼가례가 끝나면 초례에서 성인으로서 술잔을 받는다든가, 술을 입에 댄 뒤 다시 술잔을 올리고 절을 하는 것은 마치 성인으로서의 역할과 책무를 상징적으로 나타내는 의례와 같다. 이런 초례가 끝나면 성인으로서 대접하여 부를 이름인 자(字)를 지어준다. 그러면 당사자는 조상과 일가 어른들에게 절을 올림으로써 완전한 성인이 되는 것이다.

관례에서 관과 예복을 사용하는 것은 그것이 성인의 성대한 의식을 나타내는 표지(標識)이기 때문이다. 예복을 성대하게 갖추어 입는 것은 의식을 존중하고 의식에 참여하는 자신의 마음을 가다듬는 등 여러 가지의 의미를 갖는다. 그렇기 때문에 관례는 축문의 내용에서 알 수 있듯이 성인으로서 덕을 이루는 것, 삼가 위엄을 갖추고 덕으로서 행동하는 것, 형제간에 화목하도록 하는 것을 강조하고 있다. 이는 곧 한 사람의 성인으로서 남을 배려하고, 혈연과 지연의 공동체를 의식하면서 책임감을 일깨우는 의식이 바로 관례임을 알 수 있다.

　이러한 관례와 계례는 후대에 오면서 혼례와 혼합되어 거행되기도 한다. 남도지역에서는 결혼식을 올리기 전에 남자는 '상투틀기' 혹은 '상투올림'이라는 것을 하였고, 여자에게는 '귀영머리'를 말아주었다고 한다.[3] 바로 이러한 것은 혼례를 치루기 전에 성년식을 거행했음을 보여주는 사례들이다.

　혼례와 성년식의 통합은 계례를 혼례식 당일에 거행하는데서 볼 수 있다. 혼례식 당일 아침에 인접이 댕기머리를 풀어서 낭자를 틀고 비녀를 꽂아주는데 이를 계례라고 말한다. 가끔 결혼을 해야 성인으로서 어른 대접을 받는다고 말하곤 하는데, 이 말은 바로 성년식이 혼례와 결합된 데서 비롯된 것으로 보인다.

　성인이 된다는 것은 자신의 존재적 가치를 사회가 인정한다는 의미도 된다. 사회의 인정을 통해서 사회의 구성원으로 거듭 태어나도록 해 주는 것이 성년식이다. 관례와 계례는 상류층의 성년식이라고 한다면, 농민들 사이에서 농군으로서 성년식은 '진새례'를 들 수 있다.[4] 진새례는 어린 농군이 17세쯤 되면, 먼저 노동능력이 어른 농군과 대등한가를 시험하는 의례이다. 이 의례를 거치는 당사자는 성인 농군으로 두레 작업에 참여할 수 있고, 품앗이에서도 성인 농군의 대접을 받는다. 뿐만 아니라 머슴살이에서도 진새례를 치른 머슴은 어른 몫에 해당하는 새경을 받는다.

　진새례에서 노동 능력의 평가방법은 들독을 들어서 어깨 위로 넘기거나, 아니면 들독을 안고서 일정한 목적지를 돌아오거나 하는 등의 방법이 있고, 김매는 능력이나 똥장군을 짊어지게 하는 능력을 시험해보는 것 등이 있다. 여기서 들독을 들거나 똥장군을 짊어지는 것은 단순히 힘만 있다고 해서 되는 것이 아니라 무엇보다도 중요한 것은 힘을 조화롭게 쓸 수 있는 요령과 몸의 유연성을 동시에 갖춰야 가능하다. 이렇게 해서 어른 농군으로서 자격을 인정받으면 7월 백중날 음식을 준비해서 동네 어른들에게 대접한다.

이와 같은 관례와 계례 그리고 진새례는 우리의 민속에서 사라진지가 이미 오래되었다. 관례와 계례는 비록 혼례에 통합되어 그 흔적이나 살펴볼 수 있지만, 이것도 개화기 이후 단발령이 내려지면서 점차 자취를 감추게 되었고, 해방 이후에는 완전히 그 자취를 감추고 말았다. 진새례 또한 농경법이 발달하고 농기구가 발달하면서 두레와 같은 공동의 노동조직이 불필요해지면서 그 자취를 감춘 것으로 보인다. 모두 이와 같은 의례들은 시대의 사회적 변화에 따른 결과인 것이다.

성인이 된다는 것은 개인적 차원에 지나지 않았던 자신의 존재적 가치와 사회적인 위상을 격상시키는 것을 의미한다. 이런 점에서 성년식은 인간의 일생의례 중에서 그 무엇보다도 중요한 의례라고 말할 수 있다. 전통적인 관례와 계례 그리고 진새례가 없어지면서 오늘날은 5월 셋째 월요일을 '성년의 날'로 정하고 만 19세 된 젊은이들을 대상으로 행사를 하고 있다.

아쉽게도 오늘날의 성년의 날 행사는 단순히 성년이 되었음을 알려주는 정도에 그치고 있는 실정이다. 성인으로서 자격과 의무를 자각케 하고 그것을 성실히 수행할 수 있는 동기부여의 의식치고는 너무 형식적이고, 그것도 최근에는 퇴폐적이며 일과성에 그치는 행사로 전락하고 말았다. 그것은 꽃가게와 술집 그리고 나이트클럽에 젊은이들이 북적대는 것만 봐도 쉽게 알 수 있다.

언제부턴가 성년의 날에 친구들이 꽃 한 송이를 선물하고, 축하한다는 명분 아래 부어라 마셔라 하면서 술판을 벌리는 정도의 하루 행사에 그치는 경우가 많아졌다. 비록 나이는 성년이지만, 사고나 행동은 그렇지 못해 사회적인 문제가 되고 있는 것이 작금의 실정이다. 성년의 날이 술만 마시고 끝나는 날로 생각하는 것은 성년의 날이 갖는 의례적인 의미에 대한 잘못된 인식뿐만 아니라 어른들의 무관심에서 빚어진 결과이다.

3. 혼인의례

혼례는 남녀가 부부로 결합하여 가정을 이루게 되고 사회적으로 보다 당당한 지위를 획득하고, 가족을 형성하는 계기를 경축하는 의례이다.[5]《사례편람》이나《백호통》에 의하면 '婚'자를 쓰지 않고 '昏'자를 쓰고 있고,《백호통》에 '해가 저무는 시간에 예를 올리므로 혼례라 한다(昏時成禮 故曰昏禮).'라고 되어 있는 것으로 보아[6] 혼례의 혼(婚)은 본래 혼(昏)이었던 것으로, 그것은 날이 저물 때에 혼례를 치르는데서 비롯된 것이다. 남녀가 서로 부부가되는 것은 음과 양이 조화를 이루는 것이니, 바로 하루의 음과 양이 만나는시간인 해 저무는 시간, 곧 낮과 밤이 교차하는 시간에 행해진 의례가 바로혼례였던 것이다.

1) 혼례잔치 준비

(1) 의혼

의혼은 결혼할 당사자가 소속된 두 집안의 중매인을 통해 상호 의사를조절하는 과정으로서 일정한 서식에 따라 문서를 교환하고 혼례식을 올리기 전까지 제반절차를 논의하는 것이다. 혼인을 위한 의혼의 조건으로서 연령은 남자가 16~30세, 여자가 14~20세 사이이고, 혼주나 당사자가 상사(喪事)가 없어야 하며, 당사자들의 성품과 행실, 가법, 부귀와 같은 것을 들수 있다. 의혼은 자녀가 성장하여 혼인 연령이 된 다음에 진행되고, 혼약을 논의하여 왕래가 시작되면 이른 시일 안에 성혼(成婚)하는 것이 바람직하다.

(2) 납채

납채는 의혼 과정의 혼약이 성립되면 신랑측에서 신부측에 혼약을 해준 데에 대해서 감사의 서찰을 보내 그 언약을 확정하는 절차이다. 즉 신랑집에서 신부집으로 공식적인 청혼을 하는 절차이다. 여기서 납채서(納采書)라고 하는 서찰을 주고받는 주체는 양가의 혼주이다. 납채서를 보내면서 사성(四星) 또는 사주단자(四柱單子)라 하여 신랑의 생년월일과 탄생 시각을 적어 보낸다. 신랑집에서 납채서와 사주단자가 작성되면 가장 먼저 사당에 들어가 고하고, 신부집에 보내면 신부집에서 마찬가지로 납채서와 사주단자를 가지고 사당에 가서 고한다. 이처럼 신랑집에서 사주단자를 신부집에 보내는 것은 청혼하는 의미를 지니고 있고, 사주단자를 신부집에서 받는다는 것은 결혼을 허락하는 의미를 지닌다. 따라서 사주단자를 받으면 약혼으로 인정하는 것이다. 실제로 민가에서는 납채서와 그에 대한 답서는 사라지고 사주단자만을 보내는 경우가 많다.

(3) 날받이

날받이는 사성을 받고 혼인을 승락하는 답례로 혼삿날을 정하여 신랑집에 보내는 것을 말한다. 그것은 주기적으로 돌아오는 여자들의 월경을 피해야 하기 때문에 날받이는 신부집에서 하는 것이 관례화되어 있다. 날받이는 신랑과 신부의 사주를 토대로 길일을 택하여 결정되었고, 혼인의 예식 시간은 해가 넘어갈 무렵이었다.

그러나 요즈음은 날받이가 토요일이나 일요일 혹은 공휴일 중심으로 이루어지고 있고, 예식의 시간은 주로 정오를 전후로 해서 결정되고 있다. 종래에는 신랑과 신부를 중심으로 날받이가 결정되었다면, 요즈음은 하객을 중심으로 시간이 결정되고 있음을 볼 수 있다. 그것은 하객이 많이 올 수 있는 시간으로 거의 휴일로 결정되고 있는데, 이것은 하객의 축의금과도 관계 있는 듯싶다.

결혼식이 휴일에 많이 치러지다 보니 여러 가지 문제점이 야기되고 있다. 먼저 하객들이 휴일에 충분한 휴식을 취하는데 방해가 되고 있다는 점이고, 두 번째로 휴일날 도심지의 교통체증을 유발시키고 있다는 점이다. 세 번째로 결혼식이 휴일에 집중되다 보니 혼례식의 참뜻을 되새길만한 시간적 여유가 없다는 점 등이다.

따라서 이러한 문제점들을 해결하기 위해서는 결혼식을 휴일 중심에서 벗어나 평일의 시간으로 분산시킬 필요가 있다. 진정 하객 중심으로 혼례를 치르려고 한다면, 하객들이 휴일에 정신적, 육체적 휴식을 취하도록 배려하고, 평일 가운데 해 넘어갈 무렵, 즉 퇴근 시간 무렵에 혼례를 치르도록 하는 것이 바람직하다. 그것은 전통 혼례식의 전통을 이어가는 의미도 있을 것이고, 휴일에 결혼식으로 인해 야기된 교통체증도 해결할 수 있는 일석삼조의 효과를 거둘 수 있기 때문이다. 이런 효과를 더욱 배가시키기 위해서는 이젠 결혼식이 신랑과 신부 그리고 가족 중심으로 거행되도록 의식의 대전환이 필요하다.

(4) 납폐

납폐는 신랑집에서 폐백을 신부집에 보내는 절차로서, 신랑이 신부에게 혼인의 증표로 주는 혼수라 부르는 예물인데, 폐백은 납폐서와 함께 함에 넣어 신부집에 보낸다. 함에 넣는 것은 붉은 비단과 푸른 비단 그리고 신부의 상하 두 벌 등이다. 지방에 따라서는 신부 옷감, 이불솜, 명주, 광목, 패물 등과 함께 술과 떡을 싸서 한 짐을 만드는데, 부귀다남을 상징하는 곡물이나 목화씨, 숯, 고추 등을 넣기도 하고, 물목(物目)으로 적어서 보내기도 한다. 이와 같은 폐백을 함에 넣어 보내는 풍습은 조선시대에 널리 정착되었으며, 폐백을 함에 넣고 그 가운데 납폐서를 넣은 다음 자물쇠를 채우고 붉은 보로 싸서 흰 면포로 메는 띠를 만들어 사람을 시켜 짊어지게 하여 보내는데, 횃불로 앞에서 인도하고 그 뒤를 사자가 따라간다. 폐백이 오면 신부집에서 마루에 상을 놓고 그 위에 보를 덮어놓고 받거나, 또는 상 위에 시루를 놓고 그 위에 받아 엎어 놓기도 한다.[7] 폐백을 받은 뒤 신부집에서는 함을 짊어지고 온 사람을 후하게 대접해서 돌려보낸다.

일반적으로 혼수라 함은 혼인할 때 신랑과 신부가 서로 주고받는 살림살이와 예물을 말한다. 전통사회에서 혼수는 지역성을 반영하기도 하였는데, 일반적으로 내륙 평야지역에서는 신부측이 혼수의 대부분을 부담하는 경향이 많은가 하면, 도서 해안지역과 산간지역은 신랑측에서 혼수의 대부분을 부담하는 경향이 많았다.

원래는 신랑이 혼수 대부분을 부담했던 것이었으나, 후대에 오면서 신랑과 신부의 분할 부담 혹은 신부가 대부분을 부담한 것으로 바뀐 것이 아닌가 한다. 작금의 혼수의 실상을 보면, 혼인의 의미를 퇴색시킬 만큼 신부집에 부담을 주고 있으며, 심지어는 사회적인 물의까지 일으키는 사례가 부쩍 늘어나고 있는 실정이다. 가장 바람직한 혼수는 신랑과 신부가 균등하게 부담하되 그것도 실용적이면서 검소하게 이루어지는 것이 바람직하다고 본다.

2) 혼례잔치 본 행사

친영(親迎)은 신랑이 신부집에 가서 신부를 맞이해 오는 절차이다. 친영은 전안, 교배, 합근의[8] 순서로 진행된다. 친영의 절차 가운데 전안례만을 신부 집에서 거행하며 교배례와 합근례를 신랑집에서 치르고 첫날밤을 보낸 뒤 그 다음날 신부가 시부모에게 폐백을 올리고 사흘을 묵은 뒤 친정으로 갔다가 다시 시댁으로 우귀(于歸)를 했다. 하지만 신랑과 신부집의 거리가 너무 멀리 떨어져 있거나 기타 사정으로 인해 전안례만 올리고 신부를 맞아오기가 어려워 신부집에서 모든 의식을 끝내고 사흘 묵은 뒤 시집으로 오는 관행이 자리를 잡아갔다.

(1) 전안례

전안례는 신랑이 기러기를 신부집에 전하는 의례로서 신랑이 결혼 시간이 다가오면 전안청으로 들어선다. 기러기를 안고 오는 사람이 신랑에게 주면 신랑은 기러기를 혼주에게 주고, 혼주는 이를 교배상 위에 올려놓으면 신랑이 두 번 절을 한다. 그리고나서 신부 어머니가 기러기를 치마로 싸서 신부에게 전달한다. 전안례에 쓰이는 기러기는 원래는 살아있는 것으로 바쳤으나 후에 나무로 깎은 목기러기를 보자기에 싸가지고 갔다. 이처럼 전안 례로 기러기를 사용하는 것은 기러기가 짝을 바꾸지 않는 새이므로 백년해로를 하겠다는 맹세의 표시라고 말하기도 하고, 혹은 기러기를 북두칠성에게 바쳐서 수복과 자손의 번창을 기원하기 위해서라고도 한다.

(2) 교배례

교배례는 신랑과 신부가 서로 절을 하는 절차로서 교배상을 사이에 두고 동쪽에 신랑이 서고, 서쪽에 신부가 선다. 교배상에는 양쪽에 촛불을 밝히고 신랑편에서 오른쪽으로 꽃병, 수탉, 흰쌀, 대추를 진열하고, 왼쪽으로 생밤, 흰쌀, 암탉, 꽃병을 진열한다. 대례상에 삼색과일, 포, 혜, 콩, 팥을 담아 올려놓기도 한다. 대례상 아래에는 대야에 손을 씻을 물을 준비한다. 꽃병에는 대나무와 소나무 같은 늘 푸른 사철나무를 꽂고 청실홍실을 걸친다. 교배례는 홀기를 부르는 순서에 따라 손을 씻고, 신부가 두 번 절을 하고 신랑이 한 번 절한 뒤, 다시 신부가 두 번 절하면 신랑이 한 번 답례를 한다.

(3) 합근례

합근례는 술 석 잔을 마시는 예이다. 작은 상에 술잔과 안주를 올려 신랑과 신부 앞에 각각 놓는다. 신랑상에는 밤을, 신부상에는 대추를 놓는다. 신부 쪽에서 먼저 잔에 술을 부어 신랑에게 보내면 신랑은 잔을 받아 땅 위에 조금 부어서 토지신에게 바친 뒤 조금 마시고 신부에게 보낸다. 신부도 신랑과 같은 요령으로 반복하고 이번에는 신랑 측에서 술을 보낸다. 세 번째는 반으로 나눈 표주박 잔에 술을 따라서 전과 같이 마신다. 이 술을 '합환주'라고 부른다.

일반적으로 농가에서 혼례청의 의례적인 절차는 다음과 같다.[9]

○ 주인은 신랑을 대문 밖에서 맞이한다.
○ 읍하고 들어온다. 신랑은 기러기 머리가 왼편으로 가도록 안고 초례청까지 온다.
○ 주인은 동쪽 층계로 올라 서쪽으로 향하여 선다.
○ 신랑은 서쪽 층계로 올라와 북향하여 꿇어앉는다.
○ 기러기를 땅에 놓는다.
○ 주인의 시자(도우미)는 기러기를 받는다.
○ 신랑은 엎드렸다가 일어나서 재배한다.
○ 주인은 답배하지 않는다.

○ 보모는 신부를 데리고 중문을 나온다.

○ 신부의 종자(수행자)는 신랑의 자리를 동쪽에 편다.

○ 신랑의 종자는 신부의 자리를 서쪽에 편다.

○ 신랑은 남쪽에서 손을 씻는다. 수건을 드린다.

○ 신부는 북쪽에서 손을 씻는다. 수건을 드린다.

○ 신랑이 신부에게 읍을 하고 자리에 나간다.

○ 신부가 먼저 두 번 절한다.

○ 신랑이 답으로 한 번 절한다.

○ 신부가 또 두 번 절한다.

○ 신랑은 답례로 한 번 절한다.

○ 신랑은 동쪽에, 신부는 서쪽에 선다.

○ 종자가 술을 따르고 찬을 놓는다.

○ 신랑과 신부는 술을 비우고 안주를 든다.

○ 또 술을 따른다.

○ 신랑이 신부하고 읍하고 들어 마신다.

○ 비우지 않고 안주 없이 한다.

○ 또 조롱박을 신랑과 신부 앞에 놓고 술을 따른다.

○ 신랑이 신부에게 읍하고 들어 마신다.

○ 신랑이 나가고 찬을 치운다.

(4) 관대벗음

친영이 끝나면 신부집에서 관대벗음, 신랑다루기의 절차가 진행된다. 관대벗음은 신랑과 신부가 예를 마치고 방으로 들어가 치루는 상견례를 말하는 것으로, 신랑과 신부가 방에 들면 인접의 부축을 받아 예복을 벗는다. 신랑은 신부집에서 마련한 옷으로 갈아입고 나서 상객이 있는 방으로 가서 대례가 끝났음을 고한다. 관대벗음이 끝나면 큰상이 들어오는데, 큰상에는 많은 음식이 차려져 있지만 신랑과 상객은 먹는 시늉만 하고 상을 물리면 그 음식을 싸서 신랑집에 보낸다. 신랑집에서는 그 음식을 보고 신부집의 음식 솜씨와 예절 등을 알아낸다.

(5) 신랑다루기

신랑다루기는 신랑과 신부집의 친척들이 서로 얼굴을 익히고 친밀한 관계를 맺는 동상례(東床禮)라고 한다. 이것은 처음으로 신랑과 신부의 일가친척들이 음식을 나누어 먹고 놀이를 함으로써 상대방을 알게 되는 일종의 친교의례인 셈이다.[10] 신랑다루기는 신랑의 지혜와 담력을 실험하기 위해 대답하기 어려운 질문을 하고 답이 적절치 않으면 신랑의 다리를 끈으로 매고 거꾸로 매달아 신랑의 발바닥을 나무로 치는 것이다. 신랑이 고통스러워하면 장모는 말리기도 하고 푸짐한 음식으로 대접한다. 신랑다루기는 대례를 치루고 첫날밤을 보낸 뒤에 하기도 하고, 신랑다루기가 끝난 뒤 첫날밤을 보내기도 한다.

요즈음은 결혼식을 치룬 이후에 신랑과 신부들의 친구들이 모여 피로연을 하면서 신랑을 다루는 경우가 있는데, 이때의 신랑다루기는 신랑과 신부 친구들, 신부와 신랑 친구들 간의 친교의례로서 지연적인 유대관계를 돈독히 하는 의미를 내포하고 있다.

3) 혼례잔치 마무리

(1) 신행

혼례식을 마치고 신부는 신랑집에 와서 시부모를 비롯하여 신랑의 친척들에게 인사를 올리고 다시 신랑과 신부가 신부집에 다녀와야 비로소 혼례가 마무리된다.

신행은 신부가 혼례식을 마치고 처음으로 시가에 가는 것을 말한다. 따라서 여사가 결혼하는 것을 두고 '시집간다'고 말하기도 한다. 여기서 신랑과 신부가 결혼하는 것을 '장가간다' '시집간다'라는 말보다는 '결혼한다'라는 말을 사용하는 것이 좋을 듯싶다. 그것은 신랑이 장가간다고 하면 웬지 신부집에 예속되는 듯하고, 신부가 시집간다고 하면 신랑집에 예속되는 느낌이 있어서 이보다는 대등한 관계 속에서 '결혼한다'로 표현하는 것이 적절하리라고 본다.

뿐만 아니라 혼기에 찬 남녀를 만나면 '너 언제 국수 먹여 줄거야'라는 말을 하기도 하는데, 이는 우리 남도지역의 정서는 아니다. 국수는 산간지역에서 잔치집의 중요한 음식이지만, 평야지역인 호남지역에서는 국수보다는 홍어음식이다. 따라서 '홍어를 언제 먹여줄 것인지' 물어보는 것이 합당하다.

신행은 혼인 후 1년이 지나서 가는 경우도 있고, 3년 후에 신행하는 경우도 있는데, 이처럼 신랑이 신부집에 일정한 기간 동안 머무는 것을 '앉은지앙'이라고 부른다. 결혼의 역사를 보면 남자가 혼인시에 신부 지참금을 신부집에 지불하고 신부을 데려오기도 하고, 아니면 신부집에서 일정기간 동안 머물면서 신부집의 농삿일을 거들어 노동력을 제공하기도 하였다. 그것이 바로 '앉은지앙'의 풍습이다. 대개 앉은지앙은 신랑과 신부가 결혼을 하고 신랑집으로 가지 않고 신부집에 머무는 것, 혹은 신랑만 시댁으로 돌아가고 신부만 머무는 풍습을 말하는데, 머무는 기간은 1년~3년 정도의 기간이었다. 이 기간도 16세기 명종 때에 이르러 '반친영제도'가 채택되면서 그 기간이 3일간으로 단축되었다. 이것은 철저하게 부계 위주의 가족집단을 형성할 수 있는 계기가 되었고, 혼례를 통한 강력한 친족결합을 이루어 부계 중심 사회의 정착을 도모하는 계기가 되었다.

신행에는 신부집의 웃어른들로 구성된 상객이 동행한다. 신행길에 다른 가마와 마주치면 서로 세를 과시하기 위해 길을 양보하지 않고 밀어대는 가마싸움을 하기도 한다. 신부 일행이 신랑집에 도착하면 신부의 가마가 불을 넘어가는 액맥이를 한다.

(2) 구고례

신부가 신랑집에 와서 일가친척들을 모시고 절을 올리는 것을 '구고례(舅姑禮)' 또는 '폐백'이라고 부른다. 신랑집에서는 거실이나 마루에 돗자리를 깔아 자리를 마련하고 신부집에서 장만해 온 음식을 상위에 차려 놓는다. 시부모가 폐백상 앞에 좌정하면 신부는 혼례식에서 입었던 예복을 차려 입고 술을 따라 시부모에게 올리고 절을 한다. 절은 시부모가 먼저 받고, 백숙부모, 고모내외, 외숙내외, 이모내외, 같은 항렬의 형제자매 순서로 이루어진다. 어른들은 절을 받으면 덕담을 하고 대추나 밤을 신부의 치마 위에 던져주거나 넣어준다. 구고례가 끝나면 신부와 신부의 상객들은 신랑집에서 큰상을 받는다. 신부와 상객이 먹는 시늉만 하고 물리면 그 음식을 신부집으로 싸서 보낸다.

(3) 집돌이

다음날 신부는 일찍 단장을 하고 시부모에게 문안인사를 올린다. 문안인사는 3일 정도 행해지며 시부모가 그치라고 할 때까지 한다. 시집에 온 지

3일 간은 시어머니가 며느리를 데리고 가까운 친척의 집에 다니면서 인사를 시키면 친척들은 음식을 대접한다. 이것을 '집돌이'라고 부른다. 혼례식은 구고례를 치르고 신랑과 신부가 신부집에 다녀와야 비로소 마무리된다.

(4) 재행

신랑과 신부가 혼례를 치르고 신부집에 가는 것을 '재행' 혹은 '근친'이라 부른다. 재행은 3일 혹은 7일 만에 가는 경우가 많지만 신부가 시댁에서 첫 농사를 지어서 그것으로 떡과 술을 마련하여 가기도 한다. 재행을 가면 신랑은 장모가 데리고 신부의 일가친척집을 찾아다니며 인사를 한다. 이때 친척들은 신랑에게 음식을 대접한다.

4. 죽음 및 매장의례

1) 상장례 준비

상장례의 준비단계는 초종례(初終禮)의 절차이다. 초종이란 '군자가 도를 행하며 살던 삶이 끝나고 죽음이 시작되었다'는 뜻으로 망인이 숨을 거둔 직후 시신을 습하고 염하는 것을 말한다. 초종례는 임종(臨終), 고복(皐復), 수시(收屍), 사자상(使者床), 상주(喪主), 호상(護喪), 부고(訃告), 습염(襲殮) 등의 절차로 이루어져 있다.

(1) 임종

임종은 숨이 그치는 것을 지켜보는 것으로, 인간이 출생의 때를 중요시하듯이 운명하시는 것 또한 중요시된다. 인간이 운명하려고 하면 아랫목에 이부자리를 깔고 깨끗한 옷으로 갈아입힌 다음 머리를 동편으로 하여 모셔 놓고, 가족들은 주위에 둘러 앉아 임종을 지켜본다. 혹 유언이 있으면 이를 머리맡에 앉아 받아 적거나 녹음한다. 흔히 임종을 두고서 '아버지인 경우는 남자의 무릎을 베고, 어머니인 경우는 여자의 손에서 숨을 거두어야 한다'는 말이 있듯이, 자녀로서 부모의 임종을 보지 못하면 큰 불효라 한다.

숨이 끊어진 듯하면 눈동자를 확인하거나, 솜을 코끝에 대고 확인하던지, 아니면 손을 허리 밑에 집어넣어 손이 들어가는지 그렇지 않은지의 방법 등으로 확인한다. 이것을 '속광(屬纊)'이라 한다. 죽음이 확인되면 자녀들은 비녀나 반지 등을 몸에서 빼어놓고 머리를 풀고 가슴을 치며 통곡을 하여 애도의 뜻을 표한다. 그리고 두루마기를 입을 때 아버지가 돌아가셨을 경우는 왼쪽 팔을 꺼내 입고, 어머니가 돌아가셨을 경우는 오른쪽 팔을 꺼내 입는다. 또한 임종을 보지 못하고 타지에서 임종의 소식을 듣고 달려오는 경우는 그 사람은 머리를 풀어 내리고 맨발로 곡을 하면서 들어온다.

(2) 고복

고복은 '혼부르기'라고도 하는데, 떠나는 혼을 불러 재생시키려는 일종의 초혼의례이다. 떠나는 혼을 돌아오도록 하기 위해 잠시 곡을 멈추고 망인의 웃옷을 가지고 지붕에 올라가 왼손으로 옷깃을, 오른손으로 허리를 잡고 북쪽을 향해 흔들면서 남자망인인 경우 관직명이나 이름을, 여자망인인 경우는 이름을 세 번 부른다. 고복이 끝나면 지붕에서 내려와 고복을 한 옷을 망인의 가슴 위에 얹는다.

(3) 수시

수시는 초혼의 절차가 끝나고 소생할 가망이 없으면 시신의 자리를 옮기고 수족을 반듯이 정돈하는 것을 말한다. 운명이 확인되면 병풍을 치고 먼저 코와 입 그리고 항문과 귀를 솜으로 막으며, 머리는 기울어지지 않도록 한다. 그리고 시신이 굳어지기 전에 시신의 양쪽 엄지발가락과 엄지손가락을 삼끈으로 묶고 발가락과 손가락을 연결시켜 시신을 바르게 하고, 시신을 윗목으로 옮겨서 시상(屍床)에 올려놓고 머리를 남쪽을 향하도록 한다. 망인을 시상에 올려놓고 어깨, 허리, 엉덩이, 허벅지, 무릎, 발목, 손발의 일곱 군데를 묶고, 손은 배 위에 가지런히 올려놓고 묶는다. 목침은 머리와 허리 그리고 다리 밑에 고여 둔다. 시상을 '칠성판'이라고도 부른다. 이처럼 칠성판이라고 하는 것은 인간은 칠성신의 점지를 통해 태어나고 칠성신의 보살핌으로 천수를 한 다음 다시 죽어서 칠성신에게 돌아간다고 생각하는데 비롯된 것이다.

(4) 사잣상

사자상은 망자를 모시고 저승에 간다는 저승사자를 대접하는 상이다. '사자'란 망자의 혼을 저승으로 인도하는 사신으로서 흔히 3인의 사자가 인도한다고 생각하여, 사자상에는 대체로 밥 세 그릇, 동전 세 닢, 짚신 세 켤레를 올려놓는다. 여기서 3인의 사자는 천신(天神), 지신(地神), 인신(人神)이다. 사자상은 주로 대문 앞에 차려놓는데, 상주가 나와 이곳을 향해 재배를 한다.

(5) 상주

고복과 수시의 절차가 끝나면 상주를 세우는데, 상주는 관, 수의, 상복 등도 준비해야 하고, 산역(山役)도 하여야 하며, 손님도 접대하고 부고도 보내야 한다. 이러한 일을 분담하고 임무를 정하는 것을 '입상주(立喪主)'라고 한다. 상주는 부모상일 경우는 장자가 되고, 장자가 없을 경우는 장손이 되며,

아들이 죽었을 경우는 아버지가, 아내가 죽었을 경우는 남편이 상주가 된다. 바느질과 음식 등 여자들의 일을 전부 주관하는 여자를 '주부(廚婦)'라고 부른다. 주부는 초상 중에는 망자의 처가 되지만, 우제(虞祭)를 지내고 나서는 상주의 처가 된다.

(6) 호상

호상은 상주를 도와 상장례 절차 제반사항을 집행하는 사람으로 상주의 근친 가운데 상장례에 대한 절차를 잘 알고 사회적으로 신망이 있는 사람으로 정한다. 호상은 부고의 발송이나 조문객의 안내, 부의록 작성, 금품의 출납 등 상장례 일체를 주관한다. 그리고 호상을 거들어줄 사람으로 상례(尚禮), 찬축(贊祝), 사빈(司賓), 사서(司書), 사화(司貨) 등의 직책을 정한다. 상례는 상장례의 절차를 맡아 진행시켜줄 사람이고, 찬축은 찬과 축을 합한 것이니 찬은 의례이며 창(唱)을 하는 사람으로 '찬명(贊鳴)'이라고도 하며, 축은 축문을 읽는 사람인데 찬과 축을 따로 정하기도 하고 한 사람이 담당하기도 한다.[11] 사빈은 조문객을 접대하는 사람이고, 사서는 기록을 담당하는 사람이며, 사화는 금전 출납을 담당하는 사람이다.

(7) 부고

부고는 고인의 친척과 친구들에게 빠짐없이 죽음을 알리는 것으로, 호상이 결정되면 부고꾼을 시켜 부고를 발송하는데, 주로 상부계(喪夫契) 계군들이 부고를 간다. 부고꾼에게는 여비와 담배를 주어 죽음의 소식을 전하도록 한다. 부고를 받은 집에서는 부고를 화장실 입구나 대문 밖에 보관한다.

(8) 습

습염은 시신을 목욕시켜 일체의 옷을 갈아입히는 일과 시신을 묶어 관에 입관하는 일을 말한다. 시신을 목욕시키고 수의를 갈아입히는 과정을 '습'이라고 하는데, 습이 끝나면 '소렴'이라 하여 시신을 묶고, 다시 '대렴'이라 하여 입관을 한다. 이러한 절차는 주로 사망한 다음날에 이루어진다.

먼저 시신을 시상에 올려놓는 채 수시했던 끈을 풀고 시신을 삼베나 한지로 가리고 옷을 벗긴다. 그런 다음 홑이불로 가리면서 향물과 쑥물로 목욕시키는데, 그 순서는 얼굴, 손, 발, 머리의 순이다. 여자 망인인 경우는 화장도 시켜 준다. 이 일은 친척들이나 자손들이 하며, 망인이 남자인 경우는 아들이, 여자인 경우는 딸이나 며느리가 한다. 망인의 목욕이 끝나면 망인의 손톱, 발톱, 머리카락을 잘라 다섯 개의 주머니에 담아 놓고, 수의를 입힌다. 수의는 생전에 미리 마련해 놓는데, 저고리, 속저고리, 윗저고리 등의 상의(上衣)와 바지, 속바지, 버선, 행전, 허리끈, 대님 등의 하의(下衣)에다가 두루마기, 도포, 큰 띠, 복건 등의 겉옷을 준비한다. 망인이 어머니인 경우는 상의의 저고리는 녹색으로 하의치마는 홍색으로 염색된 것을 입고 원삼, 조바위와 비녀 등을 준비하기도 한다.[12] 수의를 입힌 다음 망인의 손에 각각 손톱주머니를 쥐게 한다. 그리고 반함(飯含)을 한다. 마지막으로 '저승 갈 식량'과 '노잣돈'이라 하여 망인의 입에 버드나무 가지로 "천석이요 만석이요" 외치면서 쌀을 세 번 넣어 주고, 구슬을 입에 넣어 주기도 한다.

(9) 염

염은 소렴과 대렴으로 나누어지지만 대개 민가에서는 통합되어 진행된다. 염을 할 때는 시신을 일곱 매듭으로 묶는다. 먼저 발끝에서부터 위로 세 군데, 다음에 머리로부터 아래로 세 군데를 묶고 마지막으로 가운데를 묶는다. 이것을 '소렴'이라 한다. 소렴이 끝나면 입관하는 대렴을 한다. 관 안에 칠성판과 땅을 상징하는 요를 깔고 시신을 넣는다. 시신을 관에 넣을 때는 머리 부분과 발을 한 사람씩 들고 가운데를 받쳐서 어느 쪽으로도 기울지 않도록 하여 입관한다. 그리고 머리, 어깨, 허리, 다리 등의 빈 곳을 망인의 옷으로 채우며, 발톱의 조발낭주머니는 양쪽 발 옆에 각각 놓아두고, 머리카락을 담은 조발낭주머니는 머리맡에 놓아둔다. 이러한 절차가 끝나면 망인을 마지막으로 보기 때문에 상주와 주부 등 가족들은 곡을 한다. 곡이 끝나면 하늘을 상징하는 삼베로 만든 홑이불을 덮고 관을 덮는다. 관을 덮고 왼새끼로 세로띠는 세 매듭으로, 가로띠는 일곱 매듭씩 모두 21매듭으로 묶는다.

2) 상장례 본 행사

입관이 끝나면 상장례의 절차가 크게 달라진다. 망자는 더 이상 이승적 존재가 아니고 새로 변신된 존재가 된다. 이를 위한 의례적인 절차는 망자를 장지에 매장하기까지의 절차로서 혼백(魂魄), 영좌(靈座), 성복(成服), 조문(弔問), 상여놀이, 발인(發靷), 치장(治葬)이다.

(1) 혼백과 영좌

입관이 끝나면 혼백을 만들어 영좌를 만든다. 혼백은 망자의 혼령이 시신 대신에 깃든다고 생각하여 만든 일종의 상징물이고, 영좌는 시신이 떠난 혼백이 머물 수 있도록 마련한 자리이다. 망자의 혼이 쉴 영좌를 설치하고, 삼색 실로 우물정자를 만든 혼백을 상자에 눕혀 모셔놓는다. 이를 혼백상자라고 한다. 영좌의 오른쪽에 명정(銘旌)을 세워 놓는 다음 축관이 술을 부어 영좌에 놓는다.

(2) 성복제

성복제(成服祭)는 입관 이후 상주들이 상복을 입고 행하는 제사이다. 입관을 하고 나면 상주 이하 모든 상제들은 머리를 감고 목욕을 하고 상복을 꺼내놓고 곡을 한 뒤 복제에 따라 상복을 입는다. 성복제는 상제들이 모두 모인 가운데 새로 전을 올리고 축관이 잔에 술을 따라 놓고 두 번 절하면, 자리에 있는 사람들이 모두 재배한다. 다만 상주는 절을 하지 않고 곡을 한다. 상복은 고조부 아래 8촌의 친척에 해당하는 사람들이 입는 복장인데, 망자의 친소관계에 따라 상복을 착용하는 기간과 복식의 차이를 둔다. 이처럼 상복의 복장과 착용기간에 차이를 두는 것은 망자의 죽음으로 인한 정서적 사회적 충격이 그 혈연의 친소에 따라 차이가 있기 때문이다.

망자의 죽음으로 인하여 생존한 사람이 겪는 정신적 사회적 충격은 혈연의 친소 관계에만 한정하는 것이 아니라 여러 가지 인간관계에 따라 다양하게 파생되기 때문에 이러한 정서적 거리를 조정하는 장치가 상복의 제도이다.[13] 상복과 지팡이를 만들 때는 망자의 성별에 따라 다르다. 부친상일 경우 바느질 갓을 밖으로 내서하고, 모친상이면 바느질 갓을 안으로 접어서 평상복처럼 한다. 지팡이는 부친상일 경우 대나무로 만들고 모친상일 경우 오동나무나 버드나무로 만든다. 따라서 상복과 지팡이를 보면 부친상인지 모친상인지를 확인할 수 있다.

(3) 조문

성복제가 끝나면 조문객과 상주가 절을 할 수 있다. 조문객들은 먼저 영좌 앞에서 곡한 다음 재배하고 상주들과 맞절을 한 다음 애도의 뜻을 전한다. 상주는 조문객들이 곡을 하고 재배할 때 곡을 한다. 조문은 망자에 대한 슬픔을 표시하고 영원한 이별을 고하는 것이요, 상주의 슬픔을 위로하는 것이다. 즉 죽은 사람을 애도하고 살아있는 사람을 위문하는 것이 조문인 것이다.

(4) 상여놀이

상여놀이는 출상하기 전날에 행하는 의례로서, 상여를 운구할 상두꾼을 정하고, 상두꾼들이 발도 맞춰보고 선소리꾼과 호흡도 맞추기 위해 상여 나가기 전날에 하는 예행연습이다. 상여놀이는 지방에 따라서 여러 가지로 불리며 빈 상여만 가지고 노는 경우도 있지만 대개 망자의 사위를 태우고 마당을 돌면서 놀이를 하기도 한다. 그리고 씻김굿을 하기도 하고, 노래를 부르는 노래판이 벌어지기도 한다. 놀이가 끝나면 상가에서는 푸짐하게 음식을 대접한다.

출상 전날 밤 마을 사람들이 모인 가운데 망인이 극락왕생하도록 기원하는 씻김굿을 하거나 상여를 어울리기도 하고, 또 상주를 위로하는 놀이를 벌이면서 밤을 지새운다. 이것을 '철야', 또는 '다례'라고 한다. 진도에서는 이날 밤 '다시래기'라는 굿을 하는데, 이 굿은 출상 전날 밤 죽음의 마당에서 벌이는 생명 잉태와 탄생의 굿이다. 중과 봉사점쟁이의 부인인 사당이 사통하여 아기를 낳고 봉사점쟁이와 중이 그 아기를 자기 자식이라고 다투면서 서로 차지하려는 와중에서 상재가 그 아이를 가로챈다는 줄거리로 진행된다. 이 굿을 통해서 죽음이 바로 새로운 생명의 잉태와 탄생으로 전환되고 있는 민간의 의식을 엿볼 수 있다.

(5) 발인

발인은 망자가 장지를 향해 떠나는 절차를 말한다. 대개 관을 밖으로 내온 후 발인제를 지낸다. 방안에서 관이 나올 때 방의 네 구석을 찧으면서 "복, 복, 복"하고 소리친 후 관 머리부터 밖으로 내온다. 관을 내올 때 문턱위에 놓인 바가지를 깨거나 톱으로 문턱을 치거나 조금 자르면서 나온다. 방을 나온 관을 상여 위에 올려놓고 제상을 앞에 차려 놓고 상주들이 제례를 지낸다. 이것이 집에서 마지막 올리는 제사로 집을 떠나는 발인제이다.

(6) 노제

발인제가 끝나면 상여꾼들이 상여를 메고 집을 떠난다. 상여꾼이 상여를 메기 전에 세 번 올렸다 내렸다 하면서 하직인사를 하고 상여를 메고 집을 나간다. 그리고 상여가 마을을 떠나기 전에 다시 한 번 마을을 하직하는 인사로 제사를 지낸다. 이것을 '노제(路祭)' 혹은 '거리제'라고 부른다. 노제는 마을 입구나 좀 떨어진 적당한 장소에서 상여를 내려놓은 다음 제물을 차리고 상주로부터 순서대로 잔을 올린다. 이때 조문을 못한 사람은 문상을 할 수 있다.

(7) 상여행렬

장지로 떠나는 상여행렬은 이름을 쓴 명정, 혼백상자를 실은 요여, 망자의 업적을 찬양하는 공포와 만장, 운삽, 상여, 상주, 상제, 친척, 조문객 순으로 따른다. 상여꾼들이 상여소리를 부르면서 상여를 메고 가는데, 가끔 망인의 친지들을 상여에 태우기도 한다. 상여를 탄 사람은 노잣돈이라 하여 돈을 상여에 매달아 놓은 새끼줄에 끼워놓는다. 일부지역에서는 호상일 경우 기생이 설소리꾼 앞뒤에서 춤을 추기도 하고, 설소리꾼은 북이나 장구를 치기도 하고 평경[14]을 흔들면서 소리를 한다. 그야말로 상여 나가는 길에 노래소리와 풍물이 어우러지는 신명나는 노래판이 만들어진다.

(8) 치장

상여가 장지에 도착하면 본격적으로 치장을 하게 된다.[15] 상여가 도착하기 전에 지관이 정하여 주는 장소에 하관 시간에 맞추어 산역(山役)을 할 사람을 보내고, 이들 가운데 깨끗한 사람이 제상을 차려 산신제를 지낸다. 산신제를 지내고 제물 일부를 산에 던져 놓는다. 그러고 나서 개토제(開土祭)를 지낸다. 개토제란 묘소(墓所)에서 땅에 손을 대기 전에 행하는 제사이다. 개토제가 끝나면 관이 놓일 방향, 넓이, 깊이 등을 지관의 지휘에 따라 행해진다.

(9) 하관

하관은 관을 하관할 곳에 내려 매장하는 절차로서, 하관 시간이 되면 지관의 지휘에 따라 관의 포장을 풀고 공포로 관을 닦은 다음 상주들이 관을 묶었던 줄을 풀어 길게 하여 잡고 하관할 곳에 천천히 내려놓는다. 보통 관속의 망자 머리는 동쪽을 향하도록 하고 발을 남쪽을 향하도록 하니 이를 '좌향(坐向)'이라고 한다. 좌향도 지관의 지휘에 따라 행해진다. 관이 놓이면 관과 흙벽 사이 빈 곳에 황토로 메워 관 높이까지 채운다. 이를 보토(補土)라고 한다. 보토가 끝나면 관을 명정으로 덮고, 왼편에 운삽(雲翣)을, 오른편에 불삽(黻翣)을 꽂고 제사를 지낸다.

모든 것이 끝나면 상주가 차례로 돌아가면서 삽으로 흙을 떠서 던지기도 하고, 상주들이 옷자락으로 흙을 담아 관의 위, 중간, 아래 부분의 세 곳에 조금씩 붓는다. 상주가 흙을 붓고 나면 본격적으로 산역을 하는 사람들이 흙을 넣어 채운다.

(10) 평토제와 반혼제

하관이 끝나고 관 주변에 흙을 채워 본래의 높이와 평평하게 다져지면 평토제(平土祭)를 지낸다. 평토제가 끝나면 본격적으로 '회다지노래'라고도 부르는 달구질노래를 부르면서 봉분을 만들고, 상주는 영좌의 신주와 혼백상자를 모시고 가던 길을 따라 집으로 되돌아온다. 집에 도착할 때까지 곡이 끊어지면 혼이 따라오지 못하므로 곡을 하면서 와야 한다. 집에 가까이 오면 주부와 여인들이 곡을 하면서 이를 맞이하여 상청(喪廳)으로 모신다. 이를 '반곡(反哭)'이라 부른다. 반혼한 혼백은 그 동안 집에서 마련한 상청에 모셨다가 지방을 써서 바꾼다. 그리고 혼백은 상주가 모시고 밖에 나가 분향하고 재배한 다음 태워버린다. 상청에 제수를 준비하여 반혼제(返魂祭)를 지낸다. 반혼제가 끝나면 상장례의 절차는 모두 끝나고 다음은 상중의 제례절차가 시작된다.

3) 상장례 마무리

상장례는 상중제례(喪中祭禮)를 통해 마무리된다. 상중제례라 함은 상장례가 완전히 끝나지 않았음을 의미하고, 망자를 조상신으로 변신시켜 저승에 통합시키기 위한 의례로서 '흉제(凶祭)'라고 한다. 망자의 혼백이 집으로 돌아와서 2년 정도의 기간에 상주들을 세속과 절연하고 근신하여 여러 절차의 의례를 행하는데, 그것은 우제(虞祭), 졸곡제(卒哭祭), 부제(祔祭), 소상(小祥), 대상(大祥), 담제(禫祭), 길제(吉祭)를 말한다.

우제는 망자의 시신을 땅에 매장하였으므로 그의 혼이 방황할 것을 염려하여 상청에서 지내는 제사로 초우, 재우, 삼우로 나누어 지낸다. 초우는 반드시 장례식을 치르는 날 저녁에 지낸다. 초우제의 절차는 일반적인 기제의 절차와 유사하다. 재우제는 초우제를 지낸 다음 을(乙), 정(丁), 기(己), 신(辛), 계(癸)일에 해당하는 날에 제사를 올리는 것이며, 제사내용은 초우제와 같다. 삼우제는 갑(甲), 병(丙), 무(戊), 경(庚), 임(壬)일에 지내는 제사로 재우제의 다음날이 되며 제사의 내용 역시 초우제와 같다. 삼우제를 지낸 다음 묘에 가서 둘러보고 간단한 음식을 차려 놓고 재배한다.

졸곡제는 초상으로부터 3개월 이내에 강일(剛日)을 정하여 제사를 지낸다. 졸곡제의 제사는 초우제와 같으며, 말 그대로 지금까지 수시로 하던 곡을 중지하고 다만 조석으로 상식(常食)을 올리고 조석곡만 하는 것이다. 그리고 부제는 신주가 있고 사당이 있는 집에서는 졸곡제를 지낸 다음날 지내는 제사이고, 소상은 초상 1주년이 되는 날 지내는 제사이며, 대상은 초상 후 2년이 되는 날에 지내는 제사이다. 대상을 지낸 다음에는 영좌를 철거하고 상복 등의 모든 물건은 태워버린다.

담제는 대상 후 2개월 되는 달에서 정일(丁日)이나 해일(亥日)을 택하여 지내는 제사이고, 길제는 담제를 지낸 다음 달의 정일(丁日)이나 해일(亥日)을 정하거나, 혹은 대상으로부터 100일이 되는 정일(丁日)이나 해일(亥日)을 정하여 지내는 제사이다. 길제를 지냄으로써 상주는 완전한 의미의 일반인으로 환원하는 것이다. 이후의 제사는 망자가 조상신이 되었기 때문에 방안제사로 모시게 된다.

5. 제사의례

1) 제사의례 준비

조상의 기일(忌日)에 지내는 제사를 '기제(忌祭)'라고 한다. 기제사의 내용은 '가가례(家家禮)'라고 할 만큼 각 집안마다 다소 차이가 있어서 획일적으로 말하긴 어렵다. 기제사는 대체로 가족을 중심으로 혈연집단의 소속감과 정서적 유대감을 일정기간 동안 유지함으로써 최소한의 기본적인 사회 질서와 상호 보장을 담보하기 위한 장치로 고안된 것이다.[16] 기제사의 대상은 4대조의 조상까지이며, 참여 범위는 조상과 혈연적인 유대를 가지고 있는 친족으로서 제주와 8촌 이내의 친척에 한정된다.

제사의 준비는 목욕재계, 제물 준비, 제장(祭場) 정화, 신주(神主) 정침(正寢), 제물 진설의 절차까지를 말한다. 제주는 기제사의 하루 전에 재계(齋戒)하고 신위를 설치한다. 예서에 의하면 제사 3일 전부터 재계를 해야 한다고 한다. 재계란 목욕을 하여 외적으로 몸을 깨끗이 하고 상가나 방탕한 곳의 출입을 삼가는 재계와 마음을 어지럽게 하지 않고 음식과 행동을 조심하는 재계가 있다. 제일(祭日)이 되면 주부는 정성으로 제찬을 준비하며, 집사자는 제장이 될 정침을 깨끗이 한다.

제찬으로는 대체로 익힌 음식을 사용하는데, 집집마다 다소간의 차이는 있으나 기본적으로 반(飯), 갱(羹), 소채(蔬菜), 청장(淸醬), 포(脯), 실과(實果), 제주(祭酒), 면식(麵食), 육(肉), 어(魚), 미식(米食), 해(醢) 등이다. 포는 건어와 건육을 말하고, 해는 식해와 어해(魚醢)가 있으며, 소채란 여러 가지 나물을, 청장은 장을, 미식은 떡을, 갱은 탕을 말한다. 탕은 몇 개가 오르느냐에 따라 3탕, 5탕, 7탕이란 말이 있다. 생선, 닭, 쇠고기 등으로 3탕을 하거나, 고기 없는 채탕에 돼지고기를 더하여 5탕을 하기도 한다. 이와 같은 제찬 가운데 가장 기본이 되는 것은 대추, 밤, 배, 곶감, 사과, 명태, 조기 등이다. 또 주과 포라는 말이 있듯이 술, 과일, 포는 제사의 대표적인 음식으로서 아무리 형편이 어려워도 제사를 지내기 위해서는 최소한 이런 것들을 갖추어야 한다.

제물 진설을 보면, 신위를 기준으로 첫째 줄에 밥과 국 그리고 술잔을 놓고, 둘째 줄에 어동육서(魚東肉西)에 따라 어류와 육류의 음식을 차리고 어물을 진설할 때 머리는 동쪽으로 꼬리는 서쪽으로 향하도록 한다. 셋째 줄에는 좌포우해(左脯右醢)에 따라 채소와 포해를 놓고, 넷째 줄에는 홍동백서(紅東白西)에 따라 과실을 놓는다. 그리고 제상 앞에는 향로와 모사기, 술주전자, 퇴주그릇을 놓는다.

2) 제사의례 본 행사

제사의 본격적인 절차는 참신(參神), 강신(降神), 초헌(初獻), 독축(讀祝), 아헌(亞獻), 종헌(終獻), 유식(侑食), 계반삽시(啓飯揷匙), 합문(闔門), 계문(啓門), 헌다(獻茶), 음복(飮福), 사신(辭神), 철상(撤床) 순서로 진행된다.

기제사는 자시에 지내는데 보통 12시에 지낸다. 사당이 있고 신주를 모시고 있는 경우는 시간에 맞추어 신주를 모셔다 정침으로 옮긴다. 신주가 없는 집에서는 지방을 모신다. 제사의 절차는 신주를 모신 경우와 지방을 모신 경우 약간의 차이가 있는데, 그것은 신주를 모신 경우는 참신, 강신 순이고, 지방을 모신 경우는 강신, 참신 순이다.

참신은 신주를 신위에 올려놓고 제장에 참석한 사람들이 일동 재배하는 것을 말한다. 참신이 끝나면 강신을 한다. 제장에 참석한 모든 사람들이 신위를 향하여 늘어선 다음 제주가 꿇어 앉아 모사에 꽂아 놓은 향에 불을 붙이고 재배한다. 이어 집사가 잔이 가득 차지 않게 따라 올리는 술잔을 제주가 두 손으로 받아 왼손으로는 잔대를 잡고 오른손으로는 잔을 들어 모사에 세 번 나누어 붓는다. 빈 잔을 집사자에 건네주어 집사가 그 잔을 신위 앞에 바치면 제주는 다시 재배한다. 이처럼 강신에서 향을 피우고 모사에 술을 붓는 것은 조상의 혼이 제장에 강림하기를 청하는 의미이다.

초헌은 제주가 올린다. 앞에 나아가 술잔을 받들면 집사가 술을 부어준다. 이것을 모사기에 세 번 나누어 붓고 술이 있는 잔을 집사에게 주면 그는 그것을 밥 앞에 놓고 밥의 뚜껑을 열어 놓는다. 제장이 참여한 전원이 꿇어 앉으면 축관은 제주 옆에 앉아 독축을 한다. 독축이 끝나면 제주만 일어나 재배한다. 아헌은 둘째 잔을 올리는 것을 말한다. 아헌은 주부가 행하는 것이니 주부가 앞에 나아가 무릎을 꿇으면 집사가 술잔에 술을 붓는다. 주부는 이것을 향로 위에 세 번 휘두르고 집사에게 주면 그것을 밥그릇 앞에 놓는다. 주부는 일어나 4배를 한다. 주부가 하지 않을 경우는 제주의 동생이 아헌관이 된다. 이어서 바로 준비한 육적(肉炙)을 올린다. 종헌은 셋째 잔을 올리는 것을 말한다. 종헌은 아헌관 다음으로 가까운 사람이 잔을 올린다. 아헌할 때와 같이 술을 올리며, 계적(鷄炙)을 올리고 헌관은 재배한다.

유식은 신위에게 음식을 권하는 절차로, 제주가 먼저 술주전자를 갖고 앞으로 가서 밥그릇 앞에 있는 술잔에 넘치도록 술을 첨작(添酌)하면, 이어 주부가 앞으로 나아가 숟가락을 밥 가운데에 꽂고 젓가락은 접시 중앙에 놓되 자루가 서쪽으로 가게 한다. 그리고 제주는 재배, 주부는 4배를 한다. 이렇게 주부가 하는 것을 '계반삽시'라고 한다. 그런 뒤 방안의 불빛을 희미하게 하고 병풍을 좁히고 휘장을 두른 다음 제주 이하 모든 사람들은 문 밖으로 나와 문을 닫고 조용히 기다린다. 이를 '합문'이라고 한다. 합문 후 밥을 아홉 숟가락쯤 떠먹을 만한 시간이 지나면 제주가 헛기침을 세 번 하고 방문을 열고 일동이 들어간다. 이를 '계문'이라 한다. 이어 상 위의 국을 물리고 숭늉을 올리니 이를 '헌다'라고 한다. 밥에 꽂았던 숟가락으로 밥을 세 번 떠서 숭늉에 말아 놓는다. 이때 참사자(參祀者)들은 읍을 한 자세로 잠시 정숙하게 기다리는데, 집사가 밥뚜껑을 덮고 숟가락을 내려놓는다.

헌다가 끝나면 음복을 한다. 음복은 제상에 올렸던 음식을 제사에 참여했던 사람들이 조금씩 나누어 먹는 것을 말하는 것으로, 술을 마시고 안주를 한두 점씩 먹는 절차이다. 음복이 끝나면 신주를 다시 사당으로 모시는 사신을 행한다. 사신에 이어 철상이 있고, 이것으로 모든 제의 절차는 끝난다.

3) 제사의례 마무리

제사가 끝나면 제사에 참석한 사람들이 모여서 다시 음복을 한다. 음복을 하면서 가족 간의 담소를 나누며 혈연적인 유대를 돈독히 한다. 지역에 따라 다소간 차이가 있지만, 음복은 제사를 지내면서 하는 음복도 있지만, 제사가 끝나고 나서 제사에 참여한 사람들의 음복과 제사에 참여하지 못한 사람들을 위한 음복, 그리고 마을사람들과의 음복 등이 있다. 일반적으로 남은 제사음식은 제사에 참여한 사람들이 음복하지만, 그 가족들 가운데 참여하지 못한 사람들을 위해 조금씩 싸서 나누어주기도 하고, 다음날 이웃을 초청해서 음식을 나누어 먹기도 하며, 동네 사랑방에 모여 노는 사람들에게 떡과 안주 그리고 술을 돌리기도 한다.

각주

1   민속학회, 『한국민속학의 이해』, 문학아카데미, 1994, 172쪽.

2   지춘상 외, 『남도민속학개설』, 태학사, 1998, 276쪽.

3   지춘상 외, 앞의 책, 279쪽.

4   지춘상 외, 앞의 책, 280쪽.

5   이광규, 『한국인의 일생』, 형설출판사, 1985, 68쪽.

6   민속학회, 앞의 책, 174쪽.

7   정경주, 『한국 고전의례 상식』, 신지서원, 2000, 212~214쪽.

8   김용덕, 『한국의 풍속사 I』, 밀알, 1994, 238~242쪽.

9   정경주, 앞의 책, 223쪽.

10 지춘상 외, 『남도민속학개설』, 태학사, 1998, 289쪽.

11 이광규, 앞의 책, 101쪽.

12 정경주, 앞의 책, 236쪽.

13 정경주, 앞의 책, 240쪽.

14 평경은 작은 종 모양의 금속악기로서 한손으로 잡고 좌우 및 상하로 흔들어 소리를 내는 악기

15 매장은 일차장과 이차장으로 나누어진다. 일차장은 망인을 맨 처음 매장하는 방법으로 토묘(土墓)와 초빈(草殯)이 있다. 이와 같이 토묘를 쓰지 않고 '초분'이라 해서 나무 위에 관을 올려놓고 거적으로 덮어 놓는 경우도 있다. 초분을 하는 경우는 망인이 정월에 작고했거나 돌림병으로 죽는 경우에 한다.

16 정경주, 앞의 책, 284쪽.

제12장
성장민속의 지속과 변화

1. 성장민속의 체험주의적 개념

인간은 끊임없이 환경의 변화를 수용하고 적응하면서 상호작용의 결과를 경험한다. 그 경험은 다름 아닌 문화이고, 문화는 고정불변한 것이 아니라 유동적인 성격을 지닌다. 인간이 문화를 경험하면서 살아가고 새롭게 창출한다는 것은, 즉 문화적 삶의 목표가 지속적인 자기성장을 추구한다는 것을 의미한다. 이와 같은 문화의 핵심적 본성이 성장이라는 생각은 미국의 실용주의 철학자 듀이에게서 온 것이다. 그는 도덕적 과정과 성장의 과정을 동일시한다. 그에 의하면 인간의 모든 제도는 인간 개개인의 끊임없는 성장, 능력의 해방을 목표로 해야 한다는 점이다. 그런 점에서 도덕적 실천, 교육, 민주주의가 모두 연관되어 있는 실천적인 과제로 본다. 그리고 성장, 개선, 진보의 과정이 의미 있는 것인데, 그 목적은 현존하는 상황을 변화시키는 능동적인 과정이고, 완성시키고, 성숙해지고, 다듬어가는 부단한 과정이다. 그것이 삶의 목표이자 경험의 질적인 변화를 추구하기 때문에 성장 자체가 유일한 도덕적 목적이다. 도덕적 실천에서 궁극적인 목표가 있다면 그것은 성장 그 자체라고 말한 것이다.[1] 그것은 인간이 끊임없이 성장하려고 노력하는 것이 도덕적 목적을 실천하는 것임을 의미한다. 그래서 인간은 교육을 통해 성장하고 민주주의를 실천하며 도덕적 실천을 구현하는 것을 삶의 목표로 삼아야 한다는 것을 강조하고 있는 것이다.

인간의 성장은 생성, 변화의 영역에 속하는 것으로, 신체적 성장, 사회적 성장, 문화적 성장 등으로 구분할 수 있다. 신체적 성장은 삶의 초기에 마무리된다. 그 이후의 삶에 성장이 있다면 그것은 대부분 정신적인 층위에서 이루어진다.[2] 그것은 다시 사회적 성장으로 확장되고, 인간이 환경의 변화에 적응하면서 상호작용한 경험의 결과를 문화적 성장이라고 부를 수 있다. 인간에게 문화적 성장이 멈추면 삶의 무의미를 직면하게 된다. 무의미가 커지면 인간은 점차 허무함, 우울증 등 정신적인 고통을 겪기 마련이다. 신체적 성장은 대부분 자연적인 방식으로 이루어지지만 문화적 성장이 지속되기 위해서는 몸에 근거한 마음이 깨어 있어야 한다. 그것은 인간의 삶이 변화를 수용하여 새롭게 생성해 갈 수 있는 원동력이기 때문이다. 따라서 성장이 멈추는 것은 삶의 의미가 더 이상 생성되지 않는다는 것을 의미하고, 그것은 인간의 정체성 상실과 더불어 소외, 극단적으로는 죽음으로 이르게 한다.

인간은 일반적으로 출생에서부터 돌잔치, 성년식, 결혼식, 장례식, 제사 등의 의례적 절차를 경험한다. 특히 삶의 중요한 시기를 기념하는 공동의 의례적 경험은 원시시대부터 지금에 이르기까지 사람들이 서로 단결하고 하나가 되도록 했다.[3] 이러한 경험이 문화적 성장이라고 할 수 있고, 세부적으로 신체적 성장, 사회적 성장, 종교적 성장으로 나눌 수 있다. 신체적 성장은 생물학적 성장으로 돌잔치 이전과 성년식 이전으로 구분할 수 있고, 그 이후는 더 이상 신체적 성장이 지속되지 않는다. 하지만 결혼식을 기점으로 한 사회적 성장은 지속적으로 확장되고 어느 정도 절정기에 도달하면 점차 약화되지만 죽음에 이를 때까지 지속된다. 인간의 마음이 몸에 근거하여 확장된 것처럼,[4] 인간의 성장이 다양한 물리적 경험을 토대로 정신적 경험의 확장 속에서 이루어진다. 그렇기 때문에 몸의 죽음은 성장을 멈추게 하고, 더 이상 기호적 활동을 할 수 없게 한다. 기호가 생산되지 않고 소멸되면 문화의 지속도 중단된다.

하지만 몸의 죽음이 신체적 성장과 사회적 성장의 멈춤을 의미하지만, 몸을 근거로 형성된 마음이라고 하는 정신적이고 추상적 층위의 경험이 토대가 되어 종교적 성장으로 전환시키는 계기가 된다. 그것이 바로 죽음의례이며, 그 이후 종교적 인간으로 신격화되고, 지속적으로 기억을 통해 소환하는 의례가 바로 제사의례이다. 즉 제사의례는 신체적이고 사회적 성장의 경험을 자손들이 기억을 통해 재현하는 의례인 것이다. 따라서 인간이 신체적 성장, 사회적 성장, 종교적 성장의 경험을, 즉 인간이 출생에서부터 죽음 이후의 다양한 변화 속에서 세계와의 상호작용한 경험을 문화적 성장이라고 할 수 있다. 우리는 문화적 성장의 경험을 일생의례, 평생의례, 통과의례, 관혼상제 등으로 부르고 있는데, 이들 용어는 나름의 한계를 가지고 있다.[5] 이를 극복하기 위해 성장의 과정을 통해 경험한 의례를 다름 아닌 성장민속이라고 인식할 필요가 있다.

성장민속은 인간이 삶의 패턴에 적응하고 그것을 의미화 시키고 새로운 의미를 만들어가는 시간의 흐름에 근거한 의례적 경험 과정이다. 다시 말하면 태아에서부터 성인이 되기까지 한 개인이 계속해서 성장하고, 성인이 죽음에 이르고 그 죽음이 제사의 대상이 되기까지 환경과의 상호작용의 결과인 것이다. 인간은 불안정성과 불완전성을 극복하기 위해 환경과의 상호작용 속에서 끊임없이 의사소통을 하고, 그러한 삶의 패턴을 공유함으로써 새로운 의미를 창출하면서 성장해간다. 인간이 성장해간다는 것은 본인에게 희망을 주기도 하지만, 객체인 타인에게도 희망을 줄 때 더 큰 의미를 갖는다. 의미를 갖는 삶이 문화적 성장의 목표가 되는 것이고, 도덕적 선망의 대상이 된다. 그러한 의미를 갖는 죽음이 기억의 대상이 되고, 종교적 인간으로서 역할을 하는 것이다. 정리하자면 성장민속은 의례적 경험 과정을 통해 의미를 부여하고, 환경과 상호작용 속에서 변화를 수용하여 새로운 의미를 창출함으로써 희망을 갖게 하는 의례적 경험 과정이라 할 수 있다.

2. 성장민속의 의례경험과 기념일의 의미

인간이 성장한다는 것은 깊이나 넓이 아니면 속도의 측면에서 차이가 있겠지만 중요한 것은 어느 정도 희망을 제공할 수 있는 삶의 목표가 지속되었을 때를 말한다. 여기서 삶의 목표는 정지된 삶의 목표가 아니라 다양한 환경과 상호작용하여 형성되는 경험의 결과와 그 경험이 희망을 제공하는 과정까지를 포괄하는 과정적이고 지속적인 목표이다. 즉 삶의 목표로서 희망이 지속되거나 구현되는 삶의 과정이 성장하는 삶이라 할 수 있다. 이러한 성장은 생물학적인 죽음을 통해 중지되지만 죽음 이후에도 종교적 성장으로 전환된다는 점에서 문화적 성장인 것이다. 문화적 성장을 근거로 지속되는 삶의 내용이 성장민속이다. 성장민속의 대표적인 예로서 일생의례를 들 수 있는데, 일생의례는 시간이나 공간에 따라 다소간의 차이가 있고, 개인에 따라 많은 차이가 있다.

그렇지만 성장민속의 상상적 구조를 파악하고 그것이 어떠한 패턴을 가지고 있는지를 파악하기 위해 특정한 시기의 일반적인 일생의례의 텍스트화가 필요하다. 따라서 《한국인의 일생의례》,[6] 《한국의 관혼상제》,[7] 《남도민속학》[8]의 내용을 토대로 출산 및 육아 의례, 성년의례, 혼인의례, 죽음의례, 제사의례로 구분하여 핵심적인 내용을 정리하면 다음과 같다.

(1) 출산·육아의례: 기자행위(치성기자, 주술기자), 임신(음식금기, 행위금기, 태몽), 해

산(산실과 삼신상, 난산의 주술적 행위, 태의 처리 방법, 금줄치기, 첫국밥), **삼일과 배냇저고리, 이레행사**(초이레, 두이레, 세이레), **백일잔치**(삼신상, 배냇머리 깎기, 색깔 있는 옷 입히기, 이웃집에 백일떡 돌리기), **돌잔치**(첫생일, 삼신상, 돌빔, 돌상과 돌잡이, 돌떡 돌리기)

(2) **성년의례: 관례**(기일은 사례편람에 의하면 남자는 15세에서 20세 사이로 결정, 주례는 부모나 조부의 친구로서 예법이 밝은 사람으로 선정, 머리를 빗겨 상투를 틀고 망건을 씌우는 시가례, 축사가 이루어지는 재가례, 술을 마시는 초례가 행해지는 삼가례, 사당에 고함), **계례**(기일은 15세가 되는 시기, 머리를 틀어 비녀를 꽂는 의식, 사당에 고함)

(3) **혼인의례: 의혼**(사주, 택일, 함보내기 등 혼례식을 올리기까지 제반절차를 의논하는 과정), **혼례식**(신랑이 혼례식을 올리기 위해 신부집으로 가는 초행, 신랑이 목기러기를 신부에게 전하는 전안례, 신랑과 신부가 상호간 절하는 교배례, 술잔을 주고받는 합근례), **관대 벗음**(예식이 끝나고 신랑과 신부가 상견례하는 과정), **신랑다루기, 신방엿보기, 재행, 신행, 구고례, 큰상** 등

(4) **죽음의례: 초종**(천거정침, 임종, 고복, 사자상, 수시, 입상주, 부고, 습, 수의, 반함, 소렴, 영좌, 대렴, 입관), **성복 및 발인**(성복제, 문상, 상여놀이, 발인제, 운상, 노제), **치장**(산신제를 지내고 본격적으로 묘소 정비, 하관, 상주들의 실토, 평토제, 봉분 축조 등), **흉제** (3일 동안 지내는 삼우제, 3개월째 되는 날 아침에 지내는 졸곡제, 졸곡제 다음날 지내는 부제, 초상 1주년이 되는 날에 지내는 소상, 초상 2주년이 되는 날 지내는 대상, 대상 후 2개월이 되는 날에 지내는 담제, 담제를 지내는 다음 달에 지내는 길제)

(5) **제사의례: 제사 준비**(목욕재계, 제물 준비, 제장 정화, 신주 정침, 어동육서·좌포우해·홍동백서 등의 원리에 따라 제물 진설), **본격적인 제사**(참신, 강신, 초헌, 독축, 아헌, 종헌, 유식, 계반삽시, 합문, 계문, 헌다, 음복, 사신, 철상), **제사 마무리**(제사 끝나면 제사에 참여한 사람들이 모여 음복을 하고, 다음날 남은 제사음식을 이웃을 초청해 음복을 하기도 함)

1) 의례경험에 반영된 의미

의례는 출생에서부터 제사의례에 이르기까지 직선형 시간관념을 토대로 구성되어 있다. 인간이 생물학적으로 태어나는 날을 비롯하여 세이레, 백일 잔치, 돌잔치, 성년식인 관례와 계례, 결혼식, 회갑잔치, 회혼례,[9] 죽음의례인 상례와 매장의례인 장례식, 제사의례로서 흉제, 기제사, 문중제사를 거치는 과정으로 정리할 수 있다. 이러한 의례가 이승의 삶에서 주로 일회적으로 이루어지지만, 저승의 삶에서 반복적으로 이루어지는 것은 조상숭배관념과 밀접한 관련이 있다. 의례는 지역마다 개인마다 혹은 시대마다 다소간의 차이가 있기 마련이다. 그것은 지역성을 반영하기도 하지만 다양한 환경의 영향 또한 반영되기 때문이다. 이들 의례를 토대로 다섯 가지 의미를 파악할 수 있다.

먼저 성장민속이, 즉 일생의례는 성장주의적 의미가 반영되어 있다. 이것은 의례의 구조를 통해 파악할 수 있는데, 분리의례→변화의례→통합의례로 전개되는 구조를 가지고 있고,[10] 출산의례에서 죽음의례에 이르기까지 모두 이와 같은 구조를 토대로 진행된다. 출산의례에서 산모의 분리의례를 통해 변신하고 다시 정상적인 삶으로 통합으로 과정으로 전개되는 것이나, 아이의 육아의례에서 일정 기간 동안 격리되어 변신을 통해 현세의 삶에 통합되는 과정으로 진행되는 것이 그것이다. 그것은 성년식인 관례나 계례도 의례 진행과정이 이와 같으며, 혼례식과 장례식도 마찬가지이다. 중요한 것은 기본적으로 현재의 삶이 변신을 통해 의례적 과정을 겪고 난 뒤 미래의 삶으로 변화되는 의례적 구조를 가지고 있다는 점이다. 이것을 토대로 보면 의례가 기본적으로 변신을 도모하기 위한 것이고, 변신이 성장, 발전, 진보, 혁신 등의 의미를 지니고 있는 것으로, 특히 의례를 통한 의도적인 변신은 더욱 그러한 의미가 강하게 나타난다. 따라서 의례에서 변신을 도모하는 것은 기본적으로 성장을 목표로 하며, 성장은 희망을 갖거나 갖게 하는 것을 전제로 하기 때문에 의례적 과정이 삶에서 희망을 제공하는 역할을 한다. 그런 점에서 의례가 성장주의적인 의미가 가장 강하게 반영된 민속이라고 파악할 수 있다.

두 번째로 성장민속은 가족주의적 인식이 반영되어 있다. 가족주의는 개개인보다도 가족이라는 혈연집단, 즉 가족적 인간관계를 중요시 여기고 가족 중심의 삶의 가치관이나 태도를 말한다. 모든 의례가 가족이 거주하는 가정의 공간에서 이루어지고, 가족 중심으로 진행된다는 점에서 가족주의적 관념이 확인된다. 인간이 출생하는 곳은 물론 성년식을 거행하거나 결혼식을 치루는 곳도 가정이다. 뿐만 아니라 삶을 마무리하는 곳도 가정이라는 점에서 가정은 원초적 공간이요 현세적 공간이면서 미래적 공간이라고 할 수 있다. 가정은 가족이 생활하는 공간으로서, 가족은 결혼한 자녀와 그 부부에 의해 출생한 자녀들로 구성되어 있기 때문에 가장 작은 혈연집단이다. 가족의 확산형이 친족집단이고, 그것이 확산하여 문중집단으로 발전된다. 이러한 구조의 확장은 가족주의가 혈연공동체를 중요시 여기는 결과를 초래하기도 한다. 그것은 돌잔치나 관례 및 계례를 비롯하여 결혼식과 장례식을 거행할 때 친인척의 도움이나 문중의 도움이 중요한 역할을 하고 있기 때문이다.

세 번째로 성장민속은 남성중심주의적 의식이 반영되어 있다. 남성중심주의는 삶의 질서 속에서 남성이 특별한 위치를 점하고 있고 가부장적 삶의 태도를 말한다. 성장민속인 관혼상제에서 남성들의 역할이 중요하다는데서 파악할 수 있다. 의례의 주도적인 역할을 하는 사람이 문중의 종손이나 집안의 남자어른들이 관여하고 있는 점이 그것이다. 출산의례에 나타나는 남아선호사상의 관념을 비롯해 관례의 주관을 고조로부터의 종자(宗子)가 진행한다든가, 결혼식을 대를 이을 자손을 획득하기 위한 의례로 인식하는 것은 물론 종자가 혼사를 주관한다든지, 장례식에서 상주의 역할이나 제사의례에서 제주의 역할을 하는 것은 모두 남성 중심으로 이루어지고 있다는 점에서 그렇다. 이러한 것은 관혼상제가 당내조직을 기본적인 단위로 하여 형성된 의례라고 설명하고 있는데서 잘 나타나 있듯이,[11] 성장민속은 남성중심주의적 의식이 강하게 반영되어 있음을 보여주고 있는 것이다.

네 번째로 성장민속은 관료주의적인 정서가 반영되어 있다. 이것은 혼례복을 통해 확인할 수 있는데, 혼례복은 신랑과 신부가 가장 호사치레를 할 수 있는 의복이다. 신랑은 사모관대를 하고, 벼슬의 있고 없음과 상관없이 흉배와 각대를 찼다.[12] 사모관대는 조선시대 관리의 상복(常服) 차림을 말하고, 신랑은 혼례식이 끝나면 혼례복을 벗는데, 이를 '관대벗음'이라고 한다. 혼인이 개인의 생활변화나 감정에 의한 결과로서보다는 가족이라는 사회적 단위를 전제로 하여 성립된 의례이다.[13] 그것은 신랑과 신부가 양가 가족의 결합을 통해 사회적 존재로 새롭게 태어났음을 의미한다. 다시 말하면 신랑과 신부가 사회적 인간으로 변신하게 된 것이다. 계급사회에서 가장 성공한 삶의 지표가 다름 아닌 관복을 입을 수 있는 관리이었기 때문에 많은 남자들의 사회적 성공의 목표는 관리가 되는 것이었다. 관리가 되는 것이 가문을 부흥시킬 수 있는 것이고, 신랑에게도 그것이 선망의 대상이 되었을 것이다. 그러한 까닭에 혼인하는 날만큼은 신랑이 관복을 입는 것은 가장 호사를 누릴 수 있는 기회를 갖는 것이고, 나아가서는 훗날 관료적 존재로 성장하기를 기원하는 의식이 반영되어 있음을 짐작케 한다.

다섯 번째로 성장민속은 농경민적인 관념이 반영되어 있다. 이것은 주로 의례음식이나 의례용으로 사용하는 곡식을 통해 확인할 수 있다. 출산의례에서 아이의 출생 과정에서 산모가 안방에서 짚을 깔고 출산하는 것이나,

삼신상 위에 쌀을 올리는 것, 백일잔치나 돌잔치에서 반드시 수수팥떡을 하는 것이나,[14] 각각의 의례에서 중요한 음식으로 쌀로 떡을 만들어 올리는 것, 혼인의례에서 액을 물리치거나 오염된 것을 정화시키기 위해 붉은 팥을 뿌리는 행동, 죽음의례에서 망자에게 저승길의 식량으로서 쌀을 넣어주는 것 등이 그것이다. 특히 출산의례에서 쌀을 삼신의 신체로 사용하는 것은 농경민적인 신앙적 관념을 바탕으로 한 것이며, 떡이 의례음식의 중요한 제물인 것도 마찬가지이다. 이러한 의식은 농업노동을 근간으로 하는 생업방식에서 비롯된 것으로 보인다.

이와 같이 성장민속의 내용들이 다양한 의미를 가지고 있지만, 그것은 어디까지나 의례적인 내용에서 그러하다. 의례는 어느 정도 패턴화되어 있기 때문에 시간이 흘러도 그 내용이 지속되고 있다. 즉 의례 내용이 다양한 환경에 따라 변화하고 있지만 일정부분 고정적으로 지속되는 경우가 있다. 그것이 궁극적으로 의례적 패턴을 형성한다. 의례적 패턴은 일정하게 반복되지만 그것을 경험하는 의례 당사자는 끊임없이 교체가 된다. 그것은 시간과 공간을 초월하고 모든 경우에 공통적으로 나타난다. 그렇기 때문에 성장민속을 이해할 때는 의례 당사자가 다양한 환경과 끊임없이 상호작용을 통해 형성된 경험내용 전반을 검토할 필요가 있다.

2) 기념일의 형성과정과 의미

인간은 의례적 경험을 통해 새로운 변신을 하고, 그 변신이 희망을 갖게 하는 성장을 목표로 한다. 그러한 인식을 강하게 반영하고 있는 것이 다름 아닌 기념일(記念日)이다. 기념일은 어떤 것을 기억하고 생각하는 날이다. 기억된 과거는 정체성 확보의 문제이자 현실의 해석이며, 가치의 정당화로 연결된다.[15] 그렇기 때문에 기념일은 개인의 정체성을 확보하는데 중요한 역할을 하고, 현재의 삶을 진단하는 척도로 사용하여 미래의 희망적인 삶을 갖게 하는 의례적 의미를 갖는다. 기념일이야말로 인간의 성장을 촉진시키는 의례라고 할 수 있다. 일반적으로 기념일은 일회적이지 않고 1년을 주기로 반복적으로 거행되는 연중행사인데, 그것은 명절을 비롯해 국경일, 공휴일 등을 비롯해 특정일을 기념하는 것을 말한다. 개인의 기념일은 의례와 관계된 경우가 대부분이다. 가장 대표적인 기념일은 생일(生日), 결혼기념일, 기일(忌日)이다.

기념일은 기본적으로 일회적 의례행사라는 물리적 기반을 근거로 형성된 반복적으로 지속되는 특별한 날을 말한다. 예컨대 생일은 돌잔치, 결혼기념일은 결혼식을, 기일은 장례식을 근거로 형성된 기념일이다.[16] 생일은 가족 중심의 행사로 구성되고, 결혼기념일은 부부 중심의 행사가, 기일은 가족과 친척들 중심의 행사로 이루어진 경우가 많지만, 순환형 시간관을 근거로 형성된다는 점에서 공통점을 가지고 있다. 의례행사가 직선형 시간관을 토대로 이루어지고, 기념일은 순환형 시간관을 근거로 이루진다는 점에서 차이가 있다. 기념일이 1년을 주기로 반복되는 의례적 사건으로서, 매년 기념일을 맞이하는 것은 의례적 사건의 재생산, 즉 의례적 의미의 재현을 의미한다.[17] 그렇기 때문에 인간은 직선형의 시간관에 근거하여 형성된 다양한 의례적 경험을 하고, 순환형 시간관에 근거한 기념일을 반복함으로써 의례의 원초적 의미를 회복하면서 성장해간다.

먼저 생일은 매년 모든 사람들이 거르지 않고 가족과 친구들이 기념하는 날이다. 생일은 어머니가 아이를 낳는 날이고, 아이가 어머니로부터 태어난 날이라는 의미를 가지고 있다. 그래서 생일잔치도 두 가지 의미를 갖는다고 할 수 있는데, 하나는 어머니로부터 분리되어 생물학적 인간으로 탄생하는 것을 기념하는 것이고, 두 번째는 돌잔치가 인간이 생물학적으로 태어나 처음으로 서서 이동하는, 즉 직립적으로 이동할 수 있는 능력을 축하하는 의례이기 때문에[18] 직립적 인간의 탄생을 기념하는 날이다. 따라서 인간이 성장 과정 속에서 매년 주기적으로 경험하는 생일은 생물학적 인간과 직립적 인간의 탄생기념일이라고 할 수 있다. 그것은 생물학적 인간의 첫생일과 직립적 인간으로 탄생한 날을 기억을 통해 소환하는 것이다.

두 번째로 결혼기념일은 결혼한 사람이면 누구나 1년을 주기적으로 중요하게 관심을 갖는 날이다. 혼인의례는 남녀가 부부로 결합하여 가정을 이루게 되고 사회적으로 보다 당당한 지위를 획득하고, 가족을 형성하는 계기를 경축하는 의례이다. 그렇기 때문에 혼인의례는 통과의례로서 개인적인 의례이며, 가족이라는 사회집단이 새로 형성되는 의례인 것이다.[19] 직립적 인간의 결합을 통해 새로운 가족을 탄생시키며, 또 하나의 공동체를 만들어가는, 즉 사회의 최소 단위이자 문화 형성의 기본 단위로서 문화적 전통을 이어가는 혈연공동체인 가족을 탄생시키는 의례라고 할 수 있다. 그것은 수직적 구조 속에서 직립적 인간이었던 신랑과 신부가 수평적 구조에 적응할 수 있는 사회적 인간으로 탄생하는 과정을 의례화 한 것이다.[20] 따라서 결혼기념일은 사회적 인간의 탄생기념일인 것이고, 매년 그날마다 결혼의 출발점을 소환하여 현재의 결혼생활을 진단하고 희망을 실천할 수 있는 성장적인 삶을 설계하는 날이다.

세 번째로 기일은 조상을 기억하고 조상신에게 기원하는 날로서 혈연공동체가 하나 되는 날이다. 인간으로서 이승과 분리되는 날이지만, 조상신으로 새롭게 변신하여 탄생하는 날로서 가족의 안녕을 기원하는 날이다. 기일은 생일과 마찬가지로 두 가지 의미를 지니고 있는데, 하나는 인간으로 부활하는 날이고, 조상신으로 새롭게 태어난 날이라는 점이다. 그렇기 때문에 제례는 자손들이 부활이라고 하는 기억방식을 통해 과거 인간적 삶을 소환하여 추모하는 의미를 가지고 있고, 조상신의 탄생을 축하함으로써 자손들의 안녕과 번창을 기원한다는 의미를 가지고 있는 것이다. 조상신은 생물학적 인간이 직립적 인간을 통해 사회적 인간으로 활동하고 종교적 인간으로 개념화된 존재이다. 조상신은 초월적 개념을 지니고 있고, 초월적인 것은 우리의 삶에 방향성을 주며, 인간의 삶을 고양시키는데 기여할 수 있다.[21] 따라서 기일은 문화의 지속을 위해 망자의 부활을 통해 기억하고자 추모하는 날이고, 가족의 안녕과 번창을 관장하는 조상신의 탄생으로서 종교적 인간의 탄생을 기념하는 날이라고 할 수 있다.

3. 성장민속의 지속과 변화

1) 성장민속의 지속과 변화 실상

(1) 일회적 의례경험의 지속과 변화

성장민속 가운데 상당수가 많은 변화를 겪고 있다. 이것은 의례경험의 물리적 기반의 변화가 적지 않게 영향을 미친 것으로 파악된다. 우선 출산의례와 육아의례에서 돌잔치 정도 지속되고 있지 백일잔치나 출산의례는 거의 소멸되거나 약화되어 심지어는 기억의 잔존물 형태로만 남아있는 경우도 많다. 그리고 성년식인 관례와 계례가 가족 중심으로 다양하게 이루어졌던 것이 그마저 갑오경장 이후 소멸되고, 오늘날에는 가족보다도 국가에서 5월 셋째 월요일을 만 19세가 되는 사람을 대상으로 행사를 실시하는 성년의 날로 지정하고 있다. 결혼식은 예나 지금이나 그 형태가 달라지고 있을 뿐 본질적인 의례적 의미는 지속되고 있지만, 회갑잔치와 회혼례 등은 상당부분 축소되고 있거나 그 인식이 예전과 같이 않다. 인간이라면 피할 수 없는 것이 죽음인데, 그와 관련된 의례는 아직도 전통적인 의식이 강하게 남아 있으며, 제사의례에서도 마찬가지이다. 따라서 의례경험의 지속과 변화과정을 파악하기 위해 가장 핵심적인 의례를 중심으로, 즉 돌잔치, 결혼식, 상장례, 제사의례를 중심으로 검토하고자 한다.

① 돌잔치의 지속과 변화

고대사회의 출산 및 육아의례의 실상은 관련된 기록이 많지 않지만, <단군신화>의 내용에 "환웅으로 하여금 360여사를 맡아서 다스렸다거나, 곰과 호랑이로 하여금 동굴 속에서 쑥과 마늘을 먹고 100일 동안 빛을 보지 못하게 하거나. 곰은 금기를 잘 지켜 삼칠 일만에 여자가 되었다."에서처럼 세이레, 백일, 돌 등 어느 정도 육아의례가 이루어졌을 가능성을 확인할 수 있다. 하지만 이러한 출산 및 육아의례에 관한 자료가 결혼식이나 상장례, 제사의례에 비하면 미미하기 그지없기 때문에 그 실상을 파악하는 것은 쉽지 않다. 다만 주자의 《가례》를 기본원리로 하여 제정된 일생의례가 서민까지 널리 수용된 것은 17세기 이후라고 말하고,[22] 《양아록》(1552)과 《쇄미록》(1598), 《지봉유설》(1614) 등에 돌잡이에 관한 기록이 있는 것으로 보아 민간에서도 이 시기 이후에 널리 행해졌을 것으로 보인다.

돌날에 반드시 하는 것으로 돌빔, 돌떡, 돌잡이가 있는데, 돌빔은 남녀에 따라 화려한 옷을 만들어 입히는 것을 말하고, 돌떡은 손님을 대접하고 아이의 장수와 다복을 기원하기 위해 이웃이나 친척에게 나누어 주는 떡이다. 그리고 돌잡이는 돌상 위의 물건을 잡게 하여 아이의 미래를 예측하는 것을 말한다.[23] 16세기 문헌을 보더라도 돌잔치의 핵심행사가 돌잡이였음을 짐작케 한다. 돌잡이야말로 직립적으로 이동할 수 있는 아이의 능력을 축하하고, 아이의 장래를 예측하려는 행사이기 때문이다. 이러한 돌잔치는 1972년 유신헌법 통과와 더불어 본격적인 새마을운동의 전개, 1973년 6월 1일에 〈가정의례준칙〉과 〈가정의례에 관한 법률〉 및 〈시행령〉이 제정되면서 국가적으로 가정의례를 간소화하려는 규제정책과 주거환경 및 사회적인 변화의 영향을 받아 다소 변화를 겪을 수밖에 없었다. 가장 큰 변화는 의례 중심 장소가 집에서 집밖으로 이동하는 것을 들 수 있다. 돌잔치의 장소가 식당이나 호텔의 연회장을 활용하고 있지만 의례내용이 다소 차이가 있을지라도[24] 그 본질적인 의미는 여전 지속되고 있다. 그것은 돌잔치가 가지고 있는 의례적 의미가 여전히 강하게 지속되고 있기 때문이다.

② 결혼식의 지속과 변화

결혼식에서 가장 중요한 것은 신랑과 신부의 결합을 공식화하는 의례적 과정으로, 주나라 때 육례(六禮)의 하나고, 송나라 때 합리적인 가정의례서인 《주자가례》에 의하면 친영(親迎)이라고 할 수 있다. 친영은 신랑이 신부집에 가서 신부를 맞이해 오는 절차로, 전안례, 교배례, 합근례로 진행된다. 친영의 장소가 신랑집인 경우도 있고, 신부집인 경우가 있는데, 이러한 것은 시대별로 지역마다 다소간의 차이가 있다. 따라서 결혼식의 지속과 변화 과정을 신랑이 신부를 맞이하는 장소를 기준으로 어느 정도 그 변화양상을 파악할 수 있을 것으로 생각한다.

혼례에 대한 기록은 여타의 일생의례보다도 그 실상을 파악할 수 있을 정도로 축적되어 있다. 고대국가의 혼인 풍속으로, 고구려에는 서옥제(壻屋制)와 형사취수제(兄死娶嫂制)의 혼인풍습이 있으나 서옥제가 일반적이었으며,[25] 백제의 혼례는 중국과 같고, 신라는 고구려와 유사한 혼인풍속을 가지고 있었다고 한다. 그리고 고려시대에도 서옥제와 유사한 서류부가혼속(壻留婦

家婚俗)이 이어졌는데, 송나라의 성리학이 전래되면서 동성근친혼에 대한 규제 및 계급내혼, 여성정절에 대한 강조 등을 내용으로 하는 혼인규정이 정비되어갔지만, 이러한 것은 어디까지나 지배계층에서만 이루어졌다. 그리고 고려 후기에 주자학의 보급이 확산되면서 동성금혼과 함께 근친금혼까지 확대되고, 특히 원나라 공녀정책으로 인해 조혼이나 중혼이 이루어지기 시작했다.[26] 이와 같은 혼인풍속에서 공통점은 고구려의 서류부가혼속의 전통이 이어져왔다는 점이다. 즉 혼인의 장소가 신랑집이 아니라 신부집에서 이루어졌음을 확인할 수 있다. 이는 주자학의 보급에도 불구하고 여전히 모계적 관념이 반영되어 지속되어 왔음을 알 수 있다.

조선왕조는 성리학적 규범을 근간으로 상감오륜의 실천윤리를 강화는 《주자가례》가 중요한 의례지침서이었다. 그에 따라 혼례식의 격식이 전안례, 교배례, 합궁례의 의식을 갖추게 되었다. 그럼에도 불구하고 여전히 서류부가혼속으로부터 벗어나지 못하고 있는 상황이었다. 특히 예학을 중시하는 성리학자들은 여전히 신랑이 결혼하고 3일 동안 신부집에 머무는 것을 문제 삼았는데, 결국 16세기 명종 대 이르러서야 혼인 당일 날 신부의 집에서 교배례를 하고, 다음날 시부모에게 가서 예를 갖추는 반친영(半親迎)이라는 절충적인 모습으로 나타났다.[27] 그렇다 하더라도 이 또한 서류부가혼속의 전통을 이어가고 있고, 반친영은 사대부 중심으로 이루어지며, 서민계층에서는 여전히 관행대로 이루어지는 경우가 많았다. 이러한 혼인의 관행은 조선조 말에서 일제 강점기까지 지속되었고, 예식장이 등장하기 전까지도 지속되었던 것으로 보인다.

예식장의 등장은 기독교의 보급과 더불어 자연스럽게 예배당에서 결혼을 하게 되고, 보건사회부의 신생활운동이 전개되어 신식결혼식이라는 혼인문화가 형성되면서 이루어졌다. 주로 도시지역에서 가장 먼저 등장하지만, 이것이 농촌까지 확대되어 1970년 전반부를 기점으로 예식장에서 신식혼례가 대중화되었다.[28] 여기서 신식혼례라 함은 신랑과 신부의 혼례복이 서양복으로 바뀌고, 집 밖의 특별한 장소에서 혼례식을 치른 뒤, 신랑과 신부가 신혼여행을 가는 것으로 혼인이 마무리되는 것을 말한다. 이때 혼인식의 가장 중요한 것도 역시 신랑과 신부의 공식적인 결합과 신부의 시댁식구들과 상견례로서 친영의례와 폐백의례라고 할 수 있다. 신식결혼식은 전통적인 서류부가혼속의 소멸을 가져오게 하였다. 그에 따라 결혼에 대한 관념과 그 행위가 많은 변화를 겪게 되었다고 할 수 있다.

최근 들어 주례 없이 가족 중심으로 결혼식을 한다든가, 의례적인 것보다는 공연의 비중이 강화된다든지, 혼인의 장소를 실내가 아닌 야외 및 공공장소를 활용함으로서 새로운 패러다임의 혼인문화가 형성되고 있다. 뿐만 아니라 하객들이 혼주와 인사한 뒤 축의금을 납부하고 식사를 제공하는 식당으로 간다든지, 아니면 선물권으로 교환하여 귀가하는 경우가 많아지면서 정작 가장 중요한 결혼식에는 참여하지 않는 하객들이 증가하고 있다. 그러다 보니 혼인의 의례적인 의미는 물론 상부상조의 공동체정신이 약화되고, 물질적인 의례문화 중심으로 변해가고 있는 모습을 보여주고 있는 것이다. 그것은 혼인을 알리는 청첩장에도 그대로 반영되어 나타난다.

③ 상장례의 지속과 변화

상장례는 사자의례와 조상숭배가 혼합된 것으로, 불교가 들어오기 전까지는 사자의례, 불교와 유교가 한문 수입과 동시에 들어오면서부터는 불교적인 조상숭배가, 조선시대에 들어와서는 유교의 성리학적 조상숭배 관념에 의한 상장례가 지배적인 것으로 나타나고 있다.[29] 이러한 것을 고려하면 상장례의 핵심적인 내용은 습염의례와 매장의례인데, 기본적으로 습염은 정화의례로서 시체에 대한 사자의례라면, 탈상 기간과 연계되는 2차장 묘제는 변신의례로서 조상숭배의 관념이 반영된 영혼에 관한 매장의례라고 할 수 있다. 습염은 고인의 시신을 목욕시켜 수의를 입혀 입관하는 절차로, 습, 소렴, 대렴을 통칭하는 개념이다. 습염은《주자가례》를 통해 체계화되었을 것이고, 특히《상례비요》나《사례편람》등을 통해서 더욱 한국적인 습염의례로 정착되고 일반화되었을 것으로 생각한다. 습염의 절차는 이승에서 마지막으로 죽음을 확인하는 절차이기도 하지만, 그것은 이승에서 오염된 것을 정화시켜 저승적 존재로 변신시키기 위한 의례라는 의미를 갖는다.

이처럼 시신을 정화시키는 의례는 오랜 역사성을 가지고 있었을 것으로 생각하는데, 그것은 시신을 목욕시키고 새 옷으로 갈아입히는 기본적인 절차를 비롯해 <단군신화>에서 곰과 호랑이로 하여금 쑥과 마늘만을 먹게 하는데서 찾을 수 있다. 곰과 호랑이는 동물적 속성을 가지고 있기 때문에 인간의 입장에서 보면 오염되고 부정적인 요소를 가지고 있다. 그것을 정화시키기 위해 환웅이 곰과 호랑이에게 쑥과 마늘만을 먹게 한 것으로 해석할 수 있다. 그래서 곰은 그것을 잘 실천함으로서 인간으로 변신한 것이고, 이러한 의례적인 논리가 습염의례에 전해지고 있는 것이며, 정화의 수단으로서 쑥물과 향물이 사용되는 것도 이러한 이유에서 비롯된 것으로 보인다. 따라서 시신을 목욕시키는 것은 그 자체가 정화행위인 것이다. 시신을 정화시키는 도구는 다소간의 변화를 겪어왔을 것으로 생각되는데, 그냥 맑은 물로서만 목욕시킨다든지, 쑥물이나 향물로 목욕을 시키는 것 등이[30] 그것이다. 습염의례는 1970년대 <가정의례준칙>에 따라 습, 소렴, 대렴이 한꺼번에 시행하도록 규정하면서 크게 간소화되기는 했지만, 여전히 이러한 절차를 가족이 주관해왔으나, 1990년대 이후부터는 집 밖인 장례식장에서 이루어지면서 장의사 중심으로 이루어지고 있다.

조상숭배의 관념이 강하게 반영되어 있는 매장의례인 2차장 행위를 민가에서는 '이장한다'라고 말한다. 즉 1차장은 시신을 육탈시키기 위해 매장한 것이고, 2차장은 시신의 뼈만을 수습하여 선산에 매장하는 것을 말한다. 사람이 운명하면 바로 선산에 매장할 수 없다는 속신은 조상신적 자질을 가진 존재만이 선산에 매장이 가능하다는 의미를 보여준다. 조상신적 자질을 가지려면 뼈와 살이 분리되어 뼈만을 선산에 매장할 수 있는 조건을 갖추어야 한다.[31] 따라서 1차장과 2차장 행위는 망자를 조상신으로 변신시키기 위한 의례임을 알 수 있다. 여기서 1차장 행위는 땅 속에 매장하는 경우가 대부분이지만, 고대사회에서는 시신을 가매장하는 경우도 있고, 사람이 죽으면 시신을 다섯 달 동안 집에 두기도 하는데, 오래 둘수록 좋은 것으로 여기기도 한다. 또한 죽은 사람은 집안에 빈소를 만들어 놓았다가 3년이 지난 뒤에 길일을 가려서 장사를 지냈는데,[32] 이러한 전통은 훗날 초분의 풍습으로 이어지기도 한다. 초분은 조선 말기와 일제강점기 초기까지도 전국적으로 진행되었으나, 1970년대 대부분 사라졌으며, 서남해안 일부 섬 지역에 일부 남아있다. 2차장 묘제는 1990년대 들어 급격히 약화되기 시작하고 단일묘제로 바뀌고 있다. 특히 망자의 화장을 통한 봉안 및 매장 방식에 근거한 화장문화가 확대되면서 2차장의 묘제 풍습이 더욱 약화되고 있는 것이다. 이러한 매장의례의 변화는 제사의례에도 적지 않게 영향을 미치기도 한다.

④ 제사의례의 지속과 변화

제사의례는 삶과 죽음의 세계를 매개시켜 주는 상징적, 종교적 행위로 인식될 수 있다.[33] 제사의례의 전통은 고대사회의 제천의례를 비롯한 왕실의 시조묘 제사로부터 찾을 수 있다. 삼국시대의 시조신에 대한 제사내용을 구체적으로 알 길이 없으나, 고구려가 시조의 조각상을 세우고 그 앞에서 제사를 지낸 것으로 보아 다분히 무속적인 내용이었을 가능성이 크고, 불교가 유입되면서 불교식의 제사내용을 갖추었을 것으로 보인다. 상장례가 불교식으로 거행되고 그에 따라 제사의 공간으로 사찰이 중요한 역할을 했다. 특히 고려 말까지 제사의 공간이 사찰이면서 제자녀윤회봉사의 방식으로 제사를 지냈을 것이며, 제사음식이나 제사절차는 당연히 불교적이기 마련이다.

성리학적인 이념을 바탕으로 조선이 건국되자 그에 따라 예학이 정립되면서 불교식 제례가 폐지되고, 집에서 후손들이 봉행하는 제사의례로 바뀌었다. 즉 제사의 공간이 사찰에서 가정으로 이동하게 되고, 불교적인 제사내용이 유교적인 제사내용으로 바뀌었음을 의미한다. 이것은 불교적인 사회관으로부터 혈연집단을 중요시하는 성리학적 사회관으로 변화를 강화시켰다.[34] 그러한 이념적 확립을 위한 의례적인 장치로《주자가례》와《사례편람》이 중요한 역할을 하였다. 조선시대에도 제사의례가 많은 변화를 겪게 되는데, 제사방식도 딸은 배제하고 아들들 중심으로 제자윤회봉사의 방식이 17세기까지 지속되다가, 18세기 이후에는 아들 중에서도 장자를 우선으로 하는 장자봉사 방식으로 제사를 지내게 되면서 오늘날까지 지속되고 있다.

오늘날 우리가 경험하고 있는 제사의례는 성리학적 의례서의 영향을 받아 체계화된 것들이다. 제사의례는 기본적으로 이승과 저승의 공간을 연결하는 의례이면서 망자에 대한 기억을 소환하여 추모하고 재현하는 의례이다. 뿐만 아니라 단순히 망자를 추모하는 것에 그치는 것이 아니라 조상신을 대상으로 안녕과 번창을 기원하는 신앙적 의미를 갖기도 한다. 즉 제사의례가 망자에 대한 기억을 소환하여 재현하는 것이고, 신격화된 조상신을 대상으로 행해지는 신앙적 행사임을 알 수 있다. 제사의례의 대표적인 사례로 기제, 차례, 시제 등을 들 수 있는데, 기제는 4대조까지의 조상을 기일에 지내는 제사이고, 차례는 명절날에 지내는 제사를, 시제는 5대조 이상의 조상을 묘소에서 행하는 제사를 말한다. 이들 제사의 핵심적인 내용은 독축과 음복이다.

독축은 후손들의 소망을 기록한 글을 조상신에게 읽는 것을 말한다. 그러한 글을 제문 혹은 축문이라 하여 혼용하고 있지만, 사실은 마을제사에서는 축문으로, 기제사에서는 제문으로 구분하여 이해할 필요가 있다. 다만 글의 형식에서 축문과 제문이 크게 다르지 않고,[35] 마을제사는 지연적인 신을, 기제사에서는 혈연적인 신을 대상으로 한다는 점에서 차이가 있을 뿐이다. 축문이든 제문이든 간에 이들 모두가 인간과 신이 소통할 수 있는 언어적 기호인 것이다. 언어적 기호라 함은 단순히 문자기호만을 지칭하는 것이 아니라 문자기호가 율문의 형태로 음성적으로 불리어지는 것을 포함한다. 인간과 신이 언어적 기호를 통해 소통함으로써 인간의 요구가 신에게 전달될 수 있는 것이고, 이에 따른 신의 감응을 인간에게 전달할 수 있는 것이다. 이와 같은 언어적 기호는 불교에서는 스님이 독경하듯이 구송할 것이고, 무속에서는 노래하듯이 구연할 것이다.[36] 이러한 것은 기본적으로 인간의 소망을 신에게로 전달하고자 하는 글이면서 노래이고 구술물인 것이다. 그러한 까닭에 글의 형식은 고려시대 한시의 영향을 받으면서 체계화되었을 가능성이 있고, 그 이전에는 단순한 망자의 기억을 소환하여 추모하거나 신앙적인 목적으로 소원을 말하는 비손[37]과 같은 구술물의 형식을 띠었을 것으로 보인다.

음복은 신과 인간의 연결이면서 접촉이기도 하다. 음식의 섭취를 통해 신과 인간이 연결된 것이고, 신과 인간이 서로 결합되었다고 경험한다. 따라서 음복은 인간과 신의 일체성(신명성)을, 인간과 인간의 통합성, 즉 개인→가족→마을로 확장되는 공동체성을 구현하는 절차인 것이다.[38] 따라서 제사에 참여하여 음복을 한다는 것은 수직적으로는 후손과 조상신의 통합을, 수평적으로는 가족과 친척 등 혈연집단의 통합을 경험한다는 것을 의미한다. 그렇기 때문에 제사에서 독축을 하는 것도 중요하지만 음복을 하는 것이 무엇보다도 중요하다. 제사 지내러 가서 음복을 하지 않는 것은 마치 교회에 가서 기도를 하지 않는 것과 다를 바 없다. 이러한 음복은 기본적으로 제상에 차려진 음식을 토대로 이루어지지만, 별도의 음식을 준비하여 가족이나 이웃들이 함께 나누어먹는 음복문화로 확대되기도 한다. 제사를 지내고 남은 음식을 가족이나 일가친척들에게 나누어 주는 것도 음복이고, 이웃을 초청하여 음식을 나누어 먹는 것도 음복인 것이다.

하지만 1990년대 이후 의례적 공간이 집 밖으로의 이동이 본격화되면서 제사에서도 많은 변화를 겪고 있다. 제문에서 문자는 한자가 아닌 한글로, 내용은 추모하는 형식의 내용을 담고 있는 경우가 많아지고 있고, 그것마저 생략한 경우 구술로 구연하는 경우도 적지 않다. 이러한 변화는 음복에서도 나타나는데, 게다가 제사를 지내지 않고 제삿날 성묘하고 가족들이 음식을 먹는 것으로, 마치 제삿날 가족식사 정도로 인식하는 경우가 많아지고 있다. 비록 음복문화를 바탕으로 그 기능은 어느 정도 지속되고 있는 것으로 보이지만, 제사가 가지고 있는 신앙적인 의미는 상당부분 퇴조하고 있는 것으로 보인다. 이것은 기독교 등의 종교 영향을 받아 다양하게 이루어지고 있지만, 중요한 것은 망자의 기억을 소환하여 추모한다는 것은 공통적이다.[39] 이와 같이 독축이나 음복에 대한 관념의 변화가 제사의례의 변화와 무관하지 않음을 알 수 있다.

(2) 반복적 기념일의 지속과 변화

매년 기념일을 맞이하는 것은 의례적 사건의 재생산, 즉 의례적 의미의 재현을 의미한다. 의례적 사건은 직선적인 시간 속에서 발생하고 의미화 되지만, 기념일은 1년이라는 시간적 주기를 통해 순환적 시간 속에서 의례적 의미를 재현하고 있다.[40] 기념일은 사회, 역사, 문화적 요인 등은 물론 개인이나 지역에 따라 다르게 인식할 수 있고, 그에 따른 행사 내용도 다양할 수밖에 없다. 개인과 관련된 대표적인 기념일은 생일, 결혼기념일, 기일 등을 들 수 있다. 이 가운데 생일과 기일은 오랜 역사성을 가지고 있는데, 특히 조상 모시기가 신문왕 2년에 국학이 설치되고, 6년에 당나라에서 《예기》가 수입됨으로써 비로소 제도화되면서[41] 생일과 기일이라는 기념일이 형성되었을 것으로 생각한다. 물론 이러한 것은 시간을 인식하는 태음력과 태양력 등의 역법의 발전과도 밀접한 관련이 있기 마련이다.

생일은 생명이 시작된 날로서 생물학적 탄생일이자, 인간이 직립형 인간으로서 이동하기 시작한 날, 즉 직립형 인간의 탄생일이라는 이중적인 의미를 가지고 있다. 물론 생일의 원초적인 의미는 생명이 시작한 날로서 의미이고, 그것이 돌잔치를 통해 생일의 의미가 확장되어 직립형 인간으로서 시작하는 날이라는 의미를 갖게 된 것이다. 그래서 생일은 생명이 시작하는 날이고, 인간으로서 시작하는 날이기 때문에 새로 출발하는 날로서 의미가 크게 반영되어 있다. 이러한 원리가 기일이 갖는 의미에서도 나타난다. 기일이 분리의례를 통해 이승적 존재로서 이별하는 날이고, 통합의례를 통해 저승적 존재로 새로 태어나는 날이기 때문에 조상신으로 새로 출발하는 날의 의미를 지니고 있는 것이다.

생일에는 개인이나 시기마다 많은 차이가 있겠지만, 주인공의 만수무강을 축원하는 노래를 부르기도 하는데, 그것은 농암 이현보(1467~1555)의 〈생일가〉를 통해서 확인할 수 있다. 이와 같은 생일노래는 특별한 날을 기념하기 위하여 창작된 노래였으므로 당연히 사대부가의 생일잔치를 중심으로 전승되었다.[42] 생일은 생명체로서 지속되는 기간 동안만 지내는 것이 아니라 사후에도 생일을 지냈음을 확인할 수 있다. 그것이 생신제(生辰祭)인데, 생신제는 부모뿐만 아니라 아내, 자식, 동생 등의 가족으로 대상으로 이루어졌고, 조선시대 퇴계학맥뿐만 아니라 율곡학맥에서도 원칙적으로 생신제를 반대하는 분위기가 형성되면서 조선 후기에 거의 소멸된 것으로 파악된다.[43] 따라서 생신제는 주로 사대부가에서 이루어졌을 것으로 보이며, 최소한 조선시대 이전 고려시대로 거슬러 올라갈 수 있을 것으로 생각한다. 생신제는 망자와 관련된 기억을, 즉 생전에 즐거웠던 기억을 소환하여 슬픔으로 표현하는 내용이 주류를 이루는 애상(哀傷)의 정서가 강하게 반영된 의례라고 할 수 있다. 이와 같이 생신제처럼 기일의 행사도 마찬가지이었을 것으로 보인다.

1970년 이후에는 생일날에 미역국을 먹고, 주인공에게 축하케이크를 자르게 한다든지, 꽃이나 선물을 하거나 식사하는 정도로 보내는 경우가 일반적이다. 미역국은 산모가 아이를 출산하고 처음으로 먹는 음식으로, 첫국밥이라고 부른다. 산모가 아이를 출산하고 처음으로 젖을 먹일 경우 젖꼭지에 미역국을 바른 다음 아이에게 젖을 먹이기도 한다.[44] 이처럼 미역국은 출산의 상징적인 음식이고, 생일날 미역국을 먹는다는 것은 처음으로 태어나는 날을 재현한다는 것을 의미한다. 인간의 원초적인 처음의 재현을 통해 삶의 원동력의 근거로 삼고자 한 것이다. 그 근거가 바로 미역국인 셈이다. 이처럼 음식이 갖는 기념일의 의미는 기일의 제사음식에서도 확인할 수 있다. 가장 중요한 것은 떡이며, 떡은 원초적인 음식으로서 의미를 갖는다. 떡을 통해 원초적인 처음을 재현하는 것이다. 뿐만 아니라 제사음식을 준비할 때 간을 하지 않고 싱겁게 조리하는 것은 신과 인간의 합일을 추구하고, 자손들 간의 일체감을 조성하기 위한 음복의 정신을 구현하려는 데서 비롯된 것으로 생각할 수 있다. 하지만 이런 음식에 대한 관념도 많은 변화를 겪고 있다. 생일이나 기일과 관련된 음식이 갖는 의미는 점차 약화되고, 기념일을 맞이하여 가족이나 친척들이 모여 식사하는 정도로 변화해 가고 있는 것이다.

결혼기념일은 성년이 결혼하여 부부가 된 날을 기념하는 날이다. 결혼과 관련된 기념일로 회혼례(回婚禮)가 있는데, 회혼례는 결혼 후 60주년이 되는 해의 기념일이다. 이 날은 자녀들이 회혼을 맞이하는 부모를 위해 마련하는 의례이면서 잔치로, 친척과 친지를 모셔놓고 60년 전의 결혼식을 재현하여 의미를 되새기고 축하하는 날이다. 하지만 1주년 단위의 결혼기념일이 19세기 기독교 유입과 더불어, 특히 1980년대 이후 산업사회로의 발전과 도시화, 핵가족의 증가, 부부 중심의 생활이 강화되면서 형성된 것이라 할 수 있다. 1년마다 지속적으로 반복되는 결혼기념일은 산업화 이후에 형성된 것이며, 가족 중심으로 간단하게 행사를 거행하는 경우가 일반적이다. 그러한 예로 여행을 가거나 축하케이크를 자른다든지, 꽃이나 선물을 하거나 부부 혹은 가족과 함께 식사를 하는 등 다양한 행사를 거행하여 결혼의 의미를 재현하는 것이다.

기념일에 대한 시간적 관념은 음력과 양력을 근거로 형성되었다. 특히 1896년부터 태양력을 쓰기 시작했는데, 그 이전에는 모든 삶의 질서가 음력에 근거한 것이었다. 태양력을 사용하기 시작하면서부터는 음력과 양력을 공유하는 경우가 많았지만, 특히 기념일은 산업화 이전에는 여전히 음력을 기준으로 삼는 경우가 많았다. 하지만 1949년 10월 1일 공포한 〈국경일에 관한 법률〉과 1970년 6월 15일의 〈관공서의 공휴일에 관한 규정〉, 1973년 3월 30일의 〈각종 기념일 등에 관한 규정〉이 제정되고 공포되면서 국경일, 공휴일, 기념일이 모두 양력에 근거하면서 삶의 시간적인 질서체계가 음력에서 양력으로 급격히 변화되었다. 요즈음은 음력을 인지하는 사람이 거의 없고 대부분 양력 중심으로 시간을 인식하고 생활하는 경우가 일반적이다. 그에 따라 기념일도 양력 중심으로 반복되고 있다. 뿐만 아니라 최근 들어서는 기념일의 행사가 당일에 이루지지 않고, 국경일이나 공휴일 혹은 일요일에 이루어지는 경우가 많아지고 있는데, 대부분 기념일 이전에 적당한 날을 선택하여 기념행사를 하고 있다.

2) 성장민속의 지속과 변화 요인

민속이 지속되기 위해서는 그 효용성이 유지되어야 하고, 효용성이 약화되면 그것을 지속시킬 수 있는 원동력이 뒷받침되어야 한다. 그것은 다름 아닌 끊임없이 인간의 삶과 상호작용하고 있는 환경적인 요인을 반영한 새로운 의례적 패러다임을 말한다. 정신적이고 추상적인 경험이 지속되려면 물리적 경험과 환경의 상호작용이 끊임없이 작용되면서 새로운 돌파구를 모색하는 것만이 가능한 일이다. 그 돌파구는 다름 아닌 변화이다. 인간의 삶이 변화 없이 성장할 수 없고, 변화를 통해서만이 목표를 실현해 갈 수 있다. 즉 변화라고 하는 것은 지속과 발전을 전제로 이루어져야 한다. 지속되지 않는 것은 약화되고 소멸되어 기억의 잔존물로 남게 된다. 성장민속이 변화를 수용하지 못하고 그 효용성과 가치가 소멸되면서 기억의 잔존물로 전락하는 경우도 있지만, 새로운 변화를 모색해 지속되는 경우도 많다. 새로운 변화의 모색은 기호적 전이를[45] 통해 이루어진다.

성장민속의 지속과 변화 요인은 긍정적인 면과 부정적인 것으로 구분할 수 있다. 대개 긍정적인 면이 성장민속의 지속에 중요한 역할을 했을 것이고, 부정적인 면은 성장민속의 소멸을 초래하는 계기를 만들었을 것이다. 인간의 삶이 다양한 변화 속에서 지속적으로 발전하는 것처럼 민속 또한 마찬가지이다. 그런데 과거를 기준으로 현재의 삶을 진단하면서 과거와는 너무 다르게 변화되었다고 해서 현재의 삶을 축소 해석하는 것은 바람직하지 않다. 이러한 것은 고정된 시각을 기준으로 삼는데서 비롯되는 것으로, 무엇보다도 중요한 것은 역동적이고 유동적인 시각을 기준으로 과거의 삶이 현재의 삶으로 이것이 미래의 삶으로 전개된다고 인식하는 것이 중요하다. 그러한 점에서 모든 현상은 이동의 관점에서 생각할 필요가 있다. 성장민속의 지속과 변화 또한 긍정적인 것과 부정적인 것으로 구분해서 파악하기 보다는 통합적으로 약화와 소멸, 변화와 지속 등의 원인이 무엇인가를 파악하는 것이 바람직하다.

돌잔치와 생일, 결혼식과 결혼기념일, 상장례 및 제사의례와 기일이 지속되는 요인은 무엇보다도 의례가 갖는 의미가 여전히 유효하고, 삶의 성장을 위한 의례의 효용성이 유지되며, 그것을 끊임없이 재현하려는 욕구적 갈망이 강하게 남아 있기 때문이다. 비록 이들의 행사가 내용이나 형식에서 많은 변화를 겪고 있지만 그 본질적인 의미가, 즉 의례와 기념일의 정체성을 유지하려는 문화적인 욕구가 존재하기 때문에 성장민속은 여전히 지속되고 있는 것이다. 먼저 돌잔치와 생일은 인간이 생명체로서 출발하는 것과 직립적인 인간으로서 출발하려는 삶의 변화를 도모하고, 그것을 기억하고 재현하여 성장으로 발전시키려는 인간학적 욕구 실현을 위해 지속되고 있다. 두 번째로 결혼식과 결혼기념일의 지속은 인간이 남녀의 결합을 통해 가족을 만들고 문화의 계승과 전승 주체인 사회적 인간으로서 시작하는 의미가 강하고, 그것을 지속적으로 의미화 시키면서 가족의 성장을 추구하려는 사회적 욕구에서 비롯되고 있다고 할 수 있다. 세 번째로 상장례가 인간을 현세적 존재에서 내세적 존재로 변화시켜 조상신적 존재로 변화시키기 위한 준비과정인데, 조상숭배적 관념이 여전히 강하게 남아있기 때문에 지속되고 있고, 이것이 궁극적으로 조상신을 섬기는 종교적 욕구의 실천으로 발전하면서 제사의례와 기일이 지속되고 있는 것이다. 즉 이와 같은 성장민속은 인간학적 욕구, 사회적 욕구, 종교적 욕구 등에 의해 지속되고 있는 것이라 하겠다.

성장민속에서 의례경험의 물리적 기반이라고 할 수 있는 환경은 물리적인 것뿐만 아니라 인간적인 것을 포함하며, 동시에 지역의 자연환경뿐만 아니라 전통과 제도까지 포함한다. 인간은 환경에서 주어진 것을 수동적으로 받아들이기만 하는 존재가 아니라, 상호작용의 성격 그 자체에 영향을 미칠 수 있는 힘을 갖고 있는 존재이다.[46] 그러므로 인간은 환경의 변화와 상호작용한 결과를 토대로 다양한 경험을 하게 되고, 그에 따라 다양한 표상을 갖는다. 그것은 고정적이지 않고 끊임없이 유동적이기 때문에 획일적이지 않고 다양성으로 표출된다. 인간이 삶 속에서 경험하는 의례도 마찬가지이다. 하지만 의례경험은 어느 정도 패턴화 되어 있고 본질적인 의미가 지속되고 있지만, 그것을 실현하는 방법이나 내용이 다소간의 변화를 수반하고 있다. 그 변화 요인을 몇 가지로 정리하면, ㉠의학의 발전, ㉡의례적 관념의 변화, ㉢종교의 영향, ㉣시간관념의 변화, ㉤노동방식의 변화, ㉥주거환경의 변화 등을 들 수 있다.

성장민속에서 의학의 발전이 적지 않은 영향을 미쳐왔다. 의례경험에서 보면 상당부분 인간의 수명장수를 기원하는 행위가 많은데, 이것은 의례적 목표가 삶의 변화만을 추구하는 것이 아니라 장수를 기원하기도 한다는 것을 의미한다. 기본적으로 의료기술이 발전하면서 아이의 출산의 장소와 죽음을 마무리하는 임종의 장소가 가정에서 병원으로 이동하게 되었고, 뿐만 아니라 인간이 조사(早死)하는 경우가 줄어들면서 더불어 수명이 연장되는 결과를 초래하였다. 그에 따라 출산의례가 거의 소멸되었지만, 육아의례인 돌잔치 정도 지속되고 있고, 회갑잔치가 약화되어 칠순잔치나 팔순잔치로 이동하고 있다.

교육이 의례적 관념의 변화에 적지 않은 영향을 미치는데, 교육은 기본적으로 인간의 성장을 목표로 이루어진다. 성장은 현존하는 상황을 변화시키는 능동적인 과정이다. 이러한 성장을 경험하면서 의례에 대한 태도나 관념이 변화된 것이다. 이것은 종교 교육과도 밀접한 관련을 맺고 있다. 종교가 단순히 초월적인 존재를 숭배만 하는 것이 아니라 종교적 윤리에 따라 성장을 목표로 하는 교육이기 때문이다. 불교나 기독교에서 각기 윤리적이면서 실천적인 행동강령에 따라 삶을 질서화 하듯이, 그와 같은 삶의 태도가 과거로부터 지속되어왔던 의례경험에 많은 영향을 미치기 마련이다. 특히 상장례를 비롯한 죽음의례와 제사의례에서 강하게 반영되어 나타나고 있다.

시간관념과 노동방식의 변화가 성장민속에 많은 영향을 미치기도 한다. 시간은 노동에서 뿐만 아니라 정치, 사회, 종교 전반에서 권력의 도구로 이용되었는데, 특히 노동에서는 생산의 효율성을 극대화하기 위해 시간을 활용해 왔다. 노동은 형태나 방식에 따라 육체적 노동, 정신적 노동, 조작적(操作的) 노동 등으로 구분되고, 농경사회의 농업노동에서 산업사회의 산업노동으로, 이것이 다시 4차 산업시대에는 조작노동으로의 변화되고 있다.[47] 이러한 변화 속에서 시간이 공간상의 이동의 관념에서 물질적 관념으로, 오늘날에는 속도적 관념의 차원에서 시간을 인식하고 있다. 즉 농경사회에서는 공간상의 이동의 관점에서 시간을 인식하여 농사를 지었지만, 산업사회에 와서는 시간이 물질적으로 관념화되면서 '시간은 돈이다'라는 관념이 형성되어 시간관념이 상품화의 전략으로 활용되기도 한다.[48] 그것이 바탕이 되어 시간의 속도성을 중요시하는 노동환경이 형성되고 있다.

시간관념과 노동방식의 변화가 국경일, 공휴일, 기념일 등을 포함한 일주일 중심의 생활문화를 초래하였고, 그에 따른 주거환경의 변화를 통해 공동체는 물론 삶의 태도와 가치관도 변화되었다. 이것은 자연스럽게 의례경험에도 영향을 미치게 되었고, 의례 내용은 말할 것도 없지만, 의례 시기가 공휴일이나 주말 중심으로 이동하고, 의례 공간이 집에서 집밖으로 이동하는 결과를 초래하였다. 의례의 중심이었던 집의 기능이 급속히 약화된 것이다. 이처럼 시간관념과 노동방식의 변화는 주체 중심의 내부지향적이고 정신적 의례가 아니라 객체 중심의 외부지향적이고 물질적 의례로 변화시키는 결과를 만들었다고 할 수 있다.

각 주

1 존 듀이/이윤선 옮김, 『철학의 재구성』, 대우학술총서 601, 아카넷, 2014, 203~259쪽.

2 노양진, 「성장으로서 문화(culture as growth): 나의 문화란 무엇인가?」, 영암청소년수련관의 강의자료(2019.10.29.) 참조.

3 존 듀이/박철홍 옮김, 『경험으로서 예술2』, 나남, 2017, 153쪽.

4 체험주의는 전통적인 객관주의와 허무주의적 상대주의를 거부하는 제3의 시각으로, 몸의 중심성을 강조하고 우리의 사고와 언어의 뿌리가 몸이라고 주장하는 몸의 철학이다. 마음이라고 부르는 일련의 경험이 몸의 활동을 통해 드러나는 확장적 국면이라고 주장한다.(노양진, 『몸이 철학을 말하다』, 서광사, 2013, 27쪽)

5 통과의례와 관혼상제를 비교하면, 통과의례는 출생의례가 포함되고 제사의례가 포함되지 않고 있지만, 관혼상제는 출산의례가 포함되지 않고 제사의례를 포함하고 있다는 점에서 차이가 있다. 이를 극복하기 위해 평생의례 혹은 일생의례라는 용어를 사용하고 있지만 이들 용어도 불안하긴 마찬가지이다.

6 이광규, 『한국인의 일생』, 형설출판사, 1985.

7 장철수, 『한국의 관혼상제』, 집문당, 1995.

8 표인주, 『남도민속학』, 전남대학교출판부, 2014.

9 회혼례는 해로하는 부부의 혼인 60돌을 기념하는 의식으로서, 조선시대에는 회갑, 회방(과거에 급제한 지 60주년이 되는 해)과 더불어 3대 수연(壽宴)이라 하였다. 회혼례는 자녀들이 준비하여 부부의 결혼식을 재현하고, 회갑잔치처럼 큰 상을 차려놓고 술잔을 올리고 절을 한다.(『한국일생의례사전』, 국립민속박물관, 2014, 771~773)

10 이광규, 앞의 책, 35쪽.

11 장철수, 앞의 책, 183쪽.

12 『한국일생의례사전』, 국립민속박물관, 2014, 736쪽.

13 장철수, 앞의 책, 145쪽.

14 표인주, 앞의 책, 43쪽.

15 알라이다 아스만/변학수·채연숙 옮김, 『기억의 공간』, 그린비, 2011, 110쪽.

16 의례는 다양한 환경, 즉 자연, 역사, 사회, 문화 등의 환경이라는 물리적 경험을 근거로 형성된 정신적인 경험이다. 이러한 1차 기호과정을 통해 형성된 의례적 경험을 다시 물리적 경험과 기호적 경험으로 구분하면, 돌잔치, 결혼식, 장례식은 물리적 경험에 해당하고, 생일, 결혼기념일, 기일은 기호적 경험이라는 2차 기호과정을 통해 형성된 것임을 알 수 있다.

17 표인주, 「일생의례의 상상적 구조와 해석」, 『호남학』 제65집, 전남대학교 호남학연구원, 2019, 173쪽.

18 표인주, 위의 논문, 161쪽.

19 이광규, 앞의 책, 68쪽.

20 표인주, 앞의 논문, 164쪽.

21 표인주, 위의 논문, 168쪽.

22 김시덕, 「일생의례의 역사」, 『한국민속사논총』, 지식산업사, 1996, 429쪽.

23 이광규, 앞의 책, 55~56쪽.

24 돌잔치의 핵심적인 내용은 아이와 부모를 소개하는 것과 하객들이 아이의 건강과 미래를 축원하

는 내용을 주고받는 것, 그리고 아이의 돌잡이를 통해 아이의 미래를 예측하는 내용 등으로 구성되어 있다. 이러한 절차가 끝나면 음식을 나누어 먹으면서 여흥을 즐기는 순서로 진행되는 경우가 많다.(표인주, 앞의 논문, 170쪽)

25 서옥제는 신부 집 뒤에 조그마한 집을 짓고, 그곳에서 신부 부모의 허락을 받아 신랑과 신부가 머무르다가 자식을 낳아 장성하게 되면 부인을 자신의 집으로 데려가는 혼인풍속이다.

26 서정화, 「전통혼례에 대한 반성적 고찰」, 『동양철학연구』 제75집, 동양철학연구회, 2013, 237~245쪽.

27 박혜인, 「여가에서의 혼례식의 연원 및 그 변천」, 『여성문제연구』 12권, 대구가톨릭대학교 사회과학연구소, 1983, 11~12쪽.

28 박혜인, 위의 논문, 15쪽.

29 장철수, 앞의 책, 42쪽.

30 씻김굿에서 망자의 영혼을 정화시키기 위해 영돈말이를 하고 씻김하는 과정에서 쑥물과 향물을 뿌리거나 씻겨내는 행동을 한다. 이러한 것은 마치 습염의례에서 망자를 쑥물과 향물, 그리고 맑은 물로 씻기는 과정을 굿으로 표현하고 있는 것이다. 이러한 절차는 모두 망자를 정화시키기 위한 의례적 의미를 가지고 있음을 알 수 있다.(표인주, 앞의 책, 195쪽)

31 표인주, 「호남지역 상장례와 구비문학에 나타난 죽음관」, 『한국민속학』 32, 민속학회, 2000, 26~28쪽.

32 장철수, 앞의 책, 48~51쪽.

33 장철수, 위의 책, 75쪽.

34 장철수, 위의 책, 84쪽.

35 축문은 서두(序頭), 본문, 말미(末尾)의 구조로 이루어져 있고, 서두에는 제사를 지내는 시기와 주재자를 밝히고, 본문에서는 신의 영험함을 찬양하고 신에게 소망하고자 하는 내용을 담고 있으며, 말미는 상향(尚饗)으로 처리하여 이는 기독교의 기도문에서 말하고 있는 아멘(amen)과 같은 의미를 지니고 있다.(표인주, 「전남 촌제의 축문연구」, 전남대학교 대학원 석사학위논문, 1989, 23~41쪽)

36 표인주, 「마을축제의 영상도식과 은유체계의 이해」, 『한국학연구』 제68집, 고려대학교 한국학연구소, 2019, 317~318쪽.

37 비손은 어머니들이 간단한 음식상을 차려놓고 그 앞에서 자손들의 안녕과 번창을 기원하기 위해 손비빔 하면서 구술하는 언어적 행위를 말한다. 그것은 굿당에서 무당이 신을 대상으로 손을 비비면서 비손하거나, 풍물에서 상쇠가 꽹과리를 치면서 비나리 하는 것과 같다.

38 표인주, 앞의 논문, 318쪽.

39 제사의례가 가족 구성원의 종교적 성향에 따라 유교식이나 기독교식 혹은 불교식으로 진행되는 경우가 많아지면서 조상신의 숭배는 점차 약화되고 망자에 대한 기억을 소환하여 추모하는 행사로 바뀌는 경우가 많아지고 있다. 그것은 고증조부모를 비롯해 부모의 제사를 통합하거나, 제사 참여자가 갈수록 줄어들고 있고, 제사를 공휴일 중심으로 옮기는 것을 통해 확인되고 있다.(표인주, 「일생의례의 상상적 구조와 해석」, 『호남학』 제65집, 전남대학교 호남학연구원, 2019, 172~173쪽)

40 표인주, 위의 논문, 173~174쪽.

41 『한국일생의례사전』, 국립민속박물관, 2014, 305쪽.

42 이상원, 「조선시대 생일노래의 성격과 전승 연구」, 『국제어문』 26권, 국제어문학회, 2002, 1~15쪽.

43 강민구, 「죽음에서 자아올린 생의 기억」, 『한국한문학연구』 제70집, 한국한문학회, 2018, 54~59쪽.

44 표인주, 앞의 책, 250쪽.

45 기호적 전이가 멈추면 기호적 경험은 인간의 모든 기억에서 사라진다. 왜냐면 기호적 경험은 인간의 삶을 특징짓는 핵심적인 기제이기 때문에 기호적 경험의 단절과 변화는 문화의 소멸과 지속을 의미한다. 그렇기 때문에 인간 삶의 방식이 오랜 시간 동안 축적되어 형성된 문화가 지속되려면 기표의 수명이 끝난다고 해도 기호적 내용의 전승을 위해 기호적 전이(metastasis)가 이루어져야 한다. 예컨대 농사의 풍요를 기원하기 위해 마을제사를 지냈지만, 마을제사가 농사의 풍요와는 무관하게 마을의 전통성이나 정체성의 확보 수단으로 지속되거나, 관광객들을 위한 하나의 문화상품으로 변형되는 경우, 이것은 동일한 기표이지만 기호내용의 전이가 일어나고 있음을 보여주고 있는 것이다.(표인주, 「홍어음식의 기호적 전이와 문화적 중층성」, 『호남문화연구』 제61집, 전남대학교 호남학연구원, 2017, 6~8쪽)

46 존 듀이/박철홍 옮김, 앞의 책, 111쪽.

47 표인주, 「시간민속의 체험주의적 이해」, 『민속학연구』 제46호, 국립민속박물관, 2020, 9~11쪽.

48 표인주, 「민속신앙 지속과 변화의 체험주의적 탐색」, 『무형유산』 제8호, 국립무형유산원, 2020, 256쪽.

제13장

민속예술

1. 판소리의 개념과 유파

　문화라 함은 인간이 시간과 공간을 경험하면서 형성되고 축적된 생활양식을 일컫는 말이다. 인간의 생활양식은 변화되기 마련이다. 고대사회와 오늘날 삶의 양식이 같지 않듯이 문화 또한 변화되었다. 문화는 항상 불변하는 것이 아니라 유동적인 성격을 지닌다. 마치 계곡에 흐르는 물과도 같다. 물은 지형적인 조건에 의해서 흘러간다. 계곡의 물이 고이지 않고 흐르듯이 문화도 사회적이거나 역사적인 조건에 의해서 변화된다.

　문화는 흔히 자연적, 역사적, 사회적 조건에 의해서 형성된다고 한다. 그 가운데 자연적인 조건은 인간의 생활양식을 결정하는데 중요한 역할을 한다. 자연적인 조건으로는 온도, 습도 등의 기후적 조건을 비롯해서 공간적인 조건을 들 수 있다. 인간의 생활양식은 기후적인 조건에 따라 결정되고, 더불어 산과 강이라고 하는 공간 환경에 따라 결정된다. 가령 추운 지역 사람들은 생존을 위해 활동량이 많고 격정적인 행위를 많이 하는가 하면, 더운 지역 사람들은 활동량이 적고 유연한 행동을 많이 하기 마련이다. 그렇기 때문에 추운 지역의 춤 문화를 보면 춤동작의 폭이 크며 춤의 템포가 빠른 경향이 있고, 더운 지역의 춤은 동작이 완만하면서도 유연하고 템포가 느린 경향을 보여주는 것은 인간이 경험하고 있는 삶의 생태적인 조건에서 비롯된다.

뿐만 아니라 산이 많은 산악지역과 강줄기 따라 펼쳐진 평야가 많은 지역에서도 문화적 차이가 있다. 그것은 생업적인 환경이 다르기 때문이다. 우리나라의 경우 한강이남 서부 지역은 한강, 금강, 동진강, 만경강, 영산강이 흐르고 있어서 평야가 많아 논농사가 주류를 이루고 있는 곳이라면, 한강이남 동부 및 중부 이북지방은 밭농사가 많은 지역이다. 산이 많은 지역은 노래보다는 춤이 발달하는 경우가 많다.

예컨대 굿판에서 굿은 춤과 노래로 구성되어서 연희되어진다. 강신무당은 소리보다는 춤을 중심으로 굿을 진행하는 경우가 많고, 세습무당은 소리를 중심으로 굿을 진행하는 특징을 가지고 있다. 다시 말하면 강신무당은 춤을 위주로 굿을 하고, 세습무당은 소리를 위주로 굿을 하는데, 그 분포권을 보면 강신무당은 산간지대에, 세습무당은 논농사를 짓고 있는 평야지역에 분포하는 경향이 많다. 호남지역은 누가 뭐라고 해도 세습무당이 많이 분포하고 있는 곳이다.

호남의 음악하면 남도창이라고 말하는 판소리를 빼놓을 수 없다. 판소리는 호남지역 무속음악의 배경 속에서 발생한 호남의 대표적인 민속예술이다. 판소리의 기원을 여러 가지로 설명하고 있지만 대개는 세습무당의 무가(巫歌)로부터 비롯되어 발전한 것으로 설명하는 경우가 많다. 그것이 바로 판소리의 무가기원설이다.[1] 그런 까닭에 초창기 판소리는 무속음악적인 성격이 강하게 반영되어 있다. 그래서 판소리의 청중계층 또한 무속신앙의 신앙 집단이라고 할 수 있는 서민들이 주류를 차지하고 있어서 서민의 예술이라고 말하기도 한다.

그렇지만 초창기의 판소리에 당시 양반들이 선호하던 시조 창법을 가미하면서 서민층은 물론 양반계층에 이르기까지 다양한 청중계층을 확보하게 되었다. 그것은 민요나 탈춤과는 달리 다양한 청중들을 포용할 수 있는

폭과 유연성을 지녔음을 의미한다. 판소리가 이와 같이 폭넓은 청중들에 의해 국민음악으로 성장하여 오늘날까지 지속되어 왔던 것이다.

판소리는 판에서 연행되는 소리이다. '판'이라 함은 놀이판인 무대를 의미한다. 그것도 원형적인 무대를 말한다. 흔히 농악을 판굿, 줄타기를 판줄, 소고놀음을 판소고, 굿을 하는 무대를 굿판, 씨름하는 공간을 씨름판, 탈춤을 추는 무대를 탈판이라고 부른다. 이들 연행예술들은 둥그런 야외무대에서 공연된다.

서구 연행예술은 이분화된 공간에서 공연되는 경우가 많다. 가령 서구의 연극을 보면 공연 무대와 객석이 나란히 마주하고 있어서 연기자와 구경꾼이 서로 마주보는 구도 속에서 공연된다. 그리고 연기자와 구경꾼이 함께 어우러져 참여할 수 있는 계기가 주어지지 않는다. 다시 말하면 연기자가 공연하는 공간과 객석이 반드시 분리되어 있어서 객석 가운데 어떤 사람이 무대 위로 올라가면 당연히 무대 위의 공연은 방해를 받는다. 그렇기 때문에 객석에서 누구든지 무대 위로 올라가는 것을 금기처럼 여기고 있는 것이 서구의 예술이다.

그러나 우리 전통예술의 무대인 원형적인 무대는 그렇지 않다. 전통예술이 원형적인 놀이 공간을 무대로 삼았던 것은 다름 아닌 연기자와 구경꾼의 일체감을 조성하기 위해서다. 가령 농악이 야외의 원형적인 무대에서 공연되면 당연히 농악의 구경꾼들이 흥에 취하여 자연스럽게 농악 대열에 합류하는 경우가 많다. 그것은 농악의 연행을 방해하는 것이 아니라 도리어 농악의 축제적인 분위기를 고조시키는 역할을 한다. 이렇듯 탈춤이 그렇고 판소리 등 전통예술이 이와 같다. 그것은 한마디로 연기자와 구경꾼이라고 하는 주체와 객체가 하나 되는, 즉 주객일체의 관계 속에서 연행되어지고 있는 셈이다.

판소리는 소리꾼이 혼자서 소리를 하는 것이 아니라 고수와 청중들이 함께 호흡을 하면서 공연된다. 고수는 북 하나를 가지고 반주하면서 소리꾼과 관객을 연결시켜 주는 역할을 하고, 소리판의 분위기를 주도적으로 이끌어간다. 그리고 청중은 눈을 지그시 감은 채로 서구음악을 감상하듯 단순한 청중으로서 판소리를 감상해서는 안된다. 최소한 엉덩이를 들썩거리거나 혹은 손바닥으로 장단을 맞추면서 추임새를 넣을 수 있는 적극적인 자세로 판소리를 감상해야 그 묘미를 만끽할 수 있다.

판소리의 유파는 동편제, 서편제, 중고제[2]로 나누어진다. 동편제와 서편제는 호남지역에 분포하고 있는데, 호남의 산간지대인 섬진강 동쪽에 동편제가, 섬진강 서쪽인 영산강 유역에 서편제가 많이 불리어지고 있다. 이렇게 호남의 동부지역과 서부지역의 민속음악이 차이가 있는 것은 생태적인 조건과 관련되어 있다고 볼 수 있다.

동편제는 송흥록의 소리를 기준으로 삼아 주로 무주, 진안, 장수, 임실, 남원, 순창, 구례, 곡성 등의 산간 지대에 분포하고 있다. 소리의 창법은 특별히 기교를 부리지 않고 목으로 우겨서 소리하는 막자치기창법을 구사하고 있으며, 남성적이며 위풍당당한 우조를 바탕으로 하고 있어서 남성적인 소리라고 부르기도 한다.[3] 그리고 동편제는 소리의 템포가 빠르기 때문에 잔가락보다는 대마디장단이 주축을 이루고 있다. 동편제의 명창으로 송흥록을 비롯해서 그의 동생인 송광록, 송우룡, 송만갑, 유성준, 김정문, 강도근 등[4]을 들 수 있다.

그런가 하면 서편제는 박유전의 소리를 기준으로 삼아 만경강, 동진강, 영산강 유역인 평야지역에 분포하고 있는 소리이다. 서편제는 기교적이며 마치 서리 내리는 가을 달밤에 기러기 우는 소리와 같은 계면조를 바탕으로 하고 있어서 여성적이고, 애정성을 잘 반영하고 있는 소리이다. 동편제보다 소리의 템포가 느린 특징을 지니고 있어서 잔가락이 많다.

　이처럼 소리의 템포에 있어서 평야지대 사람들보다는 산간지대 사람들이 빠른 템포를 선호하는 경향이 있다. 이는 농악의 가락과도 일맥상통하다. 호남의 농악은 좌도농악과 우도농악으로 구분되는데, 좌도농악은 호남의 동부 산간지대에 전승되고 있고, 농악의 빠른 가락이 주류를 이루고 있어서 연기면에서는 개인연기가 잘 발달되어 있다. 그리고 우도농악은 호남의 서부 평야지대에 전승되고 있고, 농악의 느린 가락이 주류를 이루고 있어서 음악적인 면에서 기교적인 가락이 잘 발달되어 있으며, 연기면에서 단체연기가 발달되어 있다는 특징을 지니고 있다.[5] 이처럼 좌도농악이 동편제권에, 우도농악은 서편제권에 분포되고 있다는 점에서 자연적인 조건에 따라 그 음악적인 성격이 다름을 알 수 있다.

　뿐만 아니라 문학을 크게 서사문학과 서정문학으로 나누는데, 산간지대에는 서정문학보다는 서사문학이 발달하고, 예술과 학문의 관계 속에서 평야지대에서는 학문보다 예술이 발달하는 경향이 있다. 호남은 논농사가 중심이 된 평야지역이다. 그래서 호남은 세습무당의 무속음악적 배경을 토대로 한 판소리 등의 민속예술이 발달하는 고장이요, 서정문학의 하나인 시가문학권이라고 부르기 때문에 '예향'이라고 부르는 것이다.

2. 판소리의 지속과 변화

　판소리는 17세기 말~18세기 초에 형성된 민중 예술의 하나로, 민중의 삶을 구체적으로 반영시켜 노래한 대표적인 서민예술이다. 조선 후기는 사회적인 변화가 크게 일어났던 시기로서 모든 문화예술 분야에 많은 영향을 미쳤다. 특히 조선 후기에 이앙법(모판을 만들어 싹을 티운 모가 한 움큼 이상 자라면 논에 옮겨 심는 농법)이라는 농사법이 실시되면서, 농업 생산력을 크게 발전시켜 사회의 계층 분화를 촉진시켜 중세 체제의 붕괴를 촉진시켜 나갔다. 이와 같은 사회 변화 속에서 형성되어 발전한 것이 평민문학인 판소리인 것이다.

판소리는 무속음악의 영향을 받아서 형성된 까닭에 음악적인 분위기가 당연히 무속적이었다. 시나위권에서 무속음악은 판소리의 계면조(界面調)처럼 슬프고 흐느끼는 느낌을 주며, 한의 심성이라고 할 수 있는 애정성(哀情性)이 극명하게 반영된 음악이다. 그래서 초창기 판소리는 당연히 서리 내리는 가을 달밤에 마치 기러기 우는 소리처럼 애처로운 분위기를 띠고 있었다.

요즈음 도자기를 빚는 사람, 전통음악을 하는 사람, 그림을 그리는 사람들이 '시나위'라는 이름을 붙이는 경우를 종종 볼 수 있다. 시나위라는 말은 무속음악의 전문 용어로서, 신을 즐겁게 할 목적으로 신에게 바치는 음악을 한자어로 신악(神樂)이라고 하는 데서 비롯된 말이다. 다시 말해서 시나위라는 말은 신에게 바치는 음악이라는 뜻을 지니고 있다. 시나위라는 용어는 한강 이남에 분포하고 있는 세습무권에서 주로 사용한다.

초창기의 판소리가 굿을 하면서 부르는 노래인 무가(巫歌)와 굿이 서로 관련이 있기 때문에 당시 판소리의 사회적 기반은 당연히 서민들일 수밖에 없었다. 이 시기의 유명한 명창은 최선달, 하한담, 우춘대 등이다.[6] 이들은 18세기쯤에 살았을 것으로 알려져 있는데, 박만순과 이날치가 '소리풀이'를 하는 과정 속에서 당대의 명창을 호명하면, 제일 먼저 부른다고 알려진 전설적인 인물이다.

판소리가 성장하던 19세기 초반에 민중의식은 더욱 성장하여 판소리에서 지배체제를 풍자하고, 신분제도의 모순을 지적하기도 했다. 이 시기의 이름난 명창은 <흥보가> 중에서 '제비가'를 잘 불렀던 권삼득, <춘향가> 중

'십장가'를 잘 부른 염계달, <적벽가>를 잘 하고 <춘향가> 중 '이별가'를 잘 했다고 하는 모흥갑, 판소리의 장단 가운데 진양조를 완성했다고 알려져 있으며,[7] 특히 <귀곡성>을 잘 불렀고, 가왕(歌王)의 별명을 가지고 있는 송흥록 등을 들 수 있다. 송흥록은 동편제 소리의 창시자이다. 이 시기의 판소리의 중요한 특징 가운데 하나는 양반층이 판소리의 청중으로 편입되었다는 점이다.

판소리가 동편제, 서편제, 중고제라고 하는 유파 형성은 19세기 초반에서부터 시작되었을 것으로 추정된다. 특히 판소리가 부의 축적을 보증하는 예술이 되면서 소리꾼들은 자신들의 법통을 강조하는 경향이 생겨났고, 이러한 것은 사제관계를 통해서 하나의 유파를 형성하게 되었다. 따라서 판소리가 동편제, 서편제, 중고제로 나뉘어졌던 것은 적어도 19세기 중반 이후였을 것으로 생각한다.

가장 먼저 동편제와 서편제가 대립적으로 존재하고, 이어서 중고제가 생겨났다. 동편제와 서편제도 최소한 50년 이상의 시간적인 차이를 가지고 있다. 동편제가 남원 운봉 출신인 송흥록의 소리를 기준으로 삼고 있는데, 그가 1790년경의 사람이고, 서편제가 순창군 복흥면 서마리에서 1834년에 태어난 박유전의 소리를 기준으로 삼고 있다는 점에서 알 수 있다.

동편제는 우조(羽調)를 바탕으로 하고 있는데, 여기서 우조는 조선시대의 가곡이나 시조와 같은 정악의 가락을 판소리에 응용한 것으로 웅장하고 씩씩한 느낌을 주기 때문에 주로 남성적인 장면에서 적용되는 가창방식이다. 그래서 동편제를 호탕하며 남성적인 판소리라고 말한 이유가 여기에 있는 것이다. 동편제는 양반 취향의 미의식을 지니고 있다.

동편제의 소리는 주로 송흥록의 소리가 중심을 이루지만, 김세종과 정춘풍의 소리도 동편제의 소리로 구분한다. 송흥록의 소리는 그의 동생인 송광록에게 전수되고, 다시 구례에서 태어난 그의 아들 송우룡에게, 송우룡은 다시 그의 아들인 송만갑에게로 전수되었다. 그런가 하면 김세종의 소리는 김찬업에게, 김찬업은 정응민에게, 정응민은 정권진, 조상현, 성우향, 성창순에게 전수되었다.[8] 여기서 정권진, 조상현, 성우향, 성창순은 보성소리 소리꾼이기도 하다.

서편제는 박유전의 소리를 기준으로 삼는데, 그는 대원군의 총애를 받고 한양에서 크게 활약하다가 말년(末年)에 보성군 강산리로 옮겨 살았으며, 판소리에 장식과 기교를 덧붙여 서편제를 발전시킨 인물이다. 서편제는 주로 계면조를 바탕으로 하고 있으며, 기교적인 소리이다. 판소리의 미학적 지향을 보면 서편제는 온갖 나무에 꽃이 화려하게 피듯 현란하게 소리를 하고 있으며, 민중 취향의 미의식을 지니고 있다.

그래서 서편제는 음악적으로 슬프고 원망스런 느낌을 처절하게 잘 그려내고 있는 소리이다. 박유전의 소리를 이어받은 명창은 정창업, 이날치, 정재근을 들 수 있고, 특히 정재근의 소리는 가문 중심으로 계승되었다. 즉 정재근은 그의 아들인 정응민에게, 정응민 또한 그의 아들인 정권진에게로 계승했던 것이 그것이다.

여기서 박유전이 서편제에 장식과 기교를 덧붙인 소리를 강산제(江山制)라고도 한다. 현재의 <심청가>는 애초의 출발이 박유전으로부터 비롯되었기 때문에, 그가 보성 출신인 정재근에게 전수시킨 <심청가>를 특별히 '강산제'라고 부르며, 정재근이 정응민에게 전수시킨 소리를 '보성소리'라고 부른다.[9] 이로 보면 보성소리는 19세기 말엽에 보성을 거점으로 형성된 판소리의 유파인 셈이다.

보성소리 안에는 동편제 소리인 김세종제의 <춘향가>와 강산제 <심청가>, 그리고 정응민으로 상징되는 정씨 가문의 대대로 이어져 내려온 내림

소리가 혼합되어 있다. 따라서 보성소리는 강산제와 서편제와는 다른 음악적인 모습을 지니고 있다. 그렇다고 보성소리가 강산제와 서편제의 소리가 아니라는 것은 아니다. 다만 보성소리가 강산제와 서편제의 음악적인 범위보다 더 크다는 점에서 서로 다르다.[10] 보성소리는 동편제의 <춘향가>, 강산제의 <심청가>, <적벽가>, <수궁가>라고 하는 음악적 범위를 가지고 있다.

판소리가 20세기 초반에 이르면 사설과 창곡(唱曲)에서 많은 변화를 하게된다. 일제시대가 진행되면서 급격히 밀려오는 식민지 문화정책으로 말미암아 판소리의 지지기반이 무너지기 시작했다. 판소리의 전성기에는 평민예술에서 양반층의 미의식을 반영한 예술로 변모되면서 지지기반 또한 양반층으로 바뀌었다. 양반층의 지지기반이 무너지면서 소리꾼들이 다시 서민들에게 눈을 돌리게 되었던 것이다. 다시 말하면 양반 취향의 우아한 예술을 버리고 민중 취향의 노래를 부르기 시작했던 것이다.

일제시대의 명창으로 <춘향가> 중 '농부가'를 잘한 구례 출신의 송만갑, <심청가> 중 '적벽가'를 잘한 이동백, <춘향가>와 <적벽가>를 잘한 정정렬 등을 들 수 있다. 일제시대의 판소리의 특징으로 반일 정서를 노래한 창작판소리로서 박동실 명창이 보급시킨 <열사가>가 창작되어 불리어졌다는 점이다.

판소리가 개화기에 이르고 일제의 지배가 강화되면서 판소리가 창극(唱劇)으로 변하게 되는데, 창극은 연극처럼 여러 명의 인물이 등장해서 각기 배역에 따라 연기를 하면서 창(唱)을 하는 음악극이다. 이와 같은 창극은 20세기 후반에 들어서면 창극이 고전극이기 때문에 정형화하여 보존해야 한다는 입장과 창극도 현대적 감각에 알맞도록 재창조해야 한다는 입장과 갈등이 형성되기도 한다. 창극은 어디까지나 형식은 고전 판소리에서 빌려오되, 내용은 현대화한 새로운 소재의 창극으로 전승되는 것이 바람직하다.

특히 20세기 후반에는 판소리의 현대화로서 '마당놀이'가 많은 인기를 누리기도 하였다. 창극과 마당놀이는 어떤 면으로 유사하기도 하나, 창극은 판소리의 어법을 존중하면서 진행되는 음악극이라는 것이고, 마당놀이는 전통 음계인 오음계를 사용하기는 하지만 발성은 완전한 판소리가 아니며, 관객의 취향에 영합하여 어설프게 재미만 추구하거나 코미디화하는 경향이 있어서 서로 다르다고 할 수 있다.

3. 농악의 기원과 구성

농악이라는 명칭은 우리나라 예능을 한자로 정리할 때 나온 어휘로 '농촌의 음악'이라는 뜻으로 사용되었는데, 1936년 조선총독부에서 발행한 《부락제》라는 책에서 처음으로 사용하기 시작했다.

농악의 기원으로 추측하여 인용하는 문헌으로 《삼국지》〈위서 동이전〉에 의하면, 마한에서는 5월에 파종이 씨뿌리기를 마치고 항상 귀신에게 제를 올렸다. 마을사람들이 무리 지어 주야를 쉬지 않고 노래하고 춤을 추고 술과 음식을 먹었다. 그 춤은 수십 명이 함께 일어나서 뒤따르고 몸을 낮게 높게 굴리며, 손발을 서로 맞추었다. 절주는 마치 중국의 탁무와 비슷하였다. 10월에 농사를 마쳤을 때도 이와 같이 하였다.[11] 이와 같은 내용을 토대로 보면 마한에서는 농사와 관련된 제천의식을 행할 때에 중국의 탁무와 비슷한 절주가 있었던 예능적 내용이 있는데, 이러한 연희과정을 농악의 시원적인 형태로 해석한 견해들이 많다. 그 외 농악의 기원설로 군악설(軍樂說), 불교관계설(佛敎關係說), 안택기원설(安宅祈願說) 등[12]이 있다.

군악설은 농악의 기원이 군악에서 시작되었다는 설로 농민을 반농 반군의 제도로 조직하여 농군으로 훈련시키고 유사시에는 군인으로 징집하여 쓴 데서 비롯되었다고 하는 견해이다. 그러한 근거로 풍물굿의 진(陣)풀이와 같은 무형(舞形)이나, 영기(令旗), 전립(戰笠)과 같은 도구와 복색에서 군대의 요소가 보인다는 것이다.

불교관계설은 중이 농악기를 들고 걸립한 것이 농악 발생의 기원이라는 설로, 사찰 건립 또는 중수, 혹은 사답(寺畓) 등을 장만하기 위하여 화주승이 다른 중들과 함께 고깔을 쓰고 농악기를 들고 민가를 돌며 걸립하던 굿중패가 있는데, 이것이 농악의 기원이라고 보는 것이다. 그러한 근거로 삼색띠나, 고깔, 사물(四物), 그리고 무동들의 나비춤에서 불교적인 요소가 보인다는 것이다.

안택기원설은 농악의 발생을 농사 파종과 추수를 신에게 축원하는 굿, 또는 안택을 기원하는 뜻으로 농가에서 신을 진압하기 위해서 행하는 지신밟기, 매구굿을 하는 데서부터 비롯되었다는 설이다.

농악의 명칭은 지방마다 조금씩 달리 불리어지기도 하는데, 영남지방에서는 매구, 중부지방에서는 풍물, 남도지방에서는 풍장, 두레, 걸궁, 걸립 등으로 부른다. 하지만 농악을 연주예능으로 표현하는 경우 굿친다, 금고(金鼓)친다, 매구친다, 쇠친다라고 하기도 하고, 종교적 예능으로 표현한 경우 굿, 매굿, 지신밟기, 마당밟기 등[13]으로 표현하기도 한다.

농악기를 굿물, 풍물, 금고라고 하는데, 꽹과리, 징, 장고, 북, 소고, 새납(태평소), 나발 등이 있고, 복색에 관계된 도구로는 전립, 상모, 고깔 등이 있다.[14] 꽹과리는 일명 '쇠'라고 부르며 풍물악기 중에서 고음부의 금속성 소리로 가락을 이끌어나가는 가장 중요한 악기이고, 징은 일명 '쟁'이라고 부르며 풍물악기 중의 저음부의 금속성 소리를 내주고 잔가락을 연주하지 않고 징의 점수에 따라 1채, 2채, 3채 등 채를 구분하는 역할을 한다.

장고는 모든 음악에 중요하게 쓰이는 악기로서 꽹과리와 함께 가락을 이끌어가는 중요한 피혁악기이며, 장고는 바가지장고, 옹기장고, 나무장고, 양철장고 등이 있었으나 요즈음은 나무장고만이 사용되고 있다. 북은 장고처럼 잔가락을 연주하지 않으나 징처럼 단순한 원 박만을 연주하지도 않는다. 지방에 따라 대북, 중북, 소북으로 나누어 사용하기도 하며, 북은 주로 소나무로 만들거나 가죽은 쇠가죽을 사용한다.

새납은 호적(胡笛), 날나리, 태평소 등으로 부르나 풍물놀이에서는 유일한 선율악기로 일정한 악보나 형식이 없이 풍물놀이의 흥을 돋우는 역할을 한다. 나발은 길이가 3자 8치 정도의 금속성 악기로 신호용 금관악기이다. 소고는 큰 것과 작은 것으로 구분되는데, 큰 것을 법고라고도 하며, 음악적 구실을 하기보다는 춤 도구의 구실에 치중한다.

4. 농악의 유형과 기능

1) 농악의 유형

(1) 연희목적에 따른 분류

농악은 연희 목적에 따라 유형화시켜 볼 수 있는데, 가장 흔히 연주되는 것은 당산굿, 지신밟기, 걸립굿, 두레굿, 판굿[15]이라 할 수 있다.

당산굿은 마을굿 의식행위로 연행하는 농악을 전라도, 충청도에서는 흔히 당산굿이라 부르고, 경상도에서는 천왕굿(서낭굿) 또는 천왕매기(서낭매구)라 부른다. 마을굿의 의식은 무당의 굿이나 제관의 독축헌작(讀祝獻酌)이나 마을 사람들이 농악으로 연행되는데, 여기서 당산굿은 바로 마을 사람들이 농악으로 연행하는 마을굿을 가리킨다. 중부와 북한 지방에서는 마을굿을 무당이 전적으로 행하기 때문에 마을굿으로 연주되는 농악이 따로 없다.

지신밟기는 풍물패들이 당산에서 당산제를 모시고 풍물을 치며 마을에 내려와 집집마다 돌아다니며 액을 물리치고 복을 불러들이는 의식으로, 풍물패들이 지신밟기를 하게 되면 집집마다 들러 고사굿을 치는데, 문굿·마당굿·성주굿·조왕굿·터주굿·장독굿·마구간굿·샘굿·측간굿 등 집안 구석구석 굿을 쳐준다. 각 굿에는 고사반이 있는데 구호로 외치거나 소리로 축원한다. 특히 성주굿의 경우에는 주인이 대청이나 마루에 쌀과 돈으로 고사상을 차려 놓으면 굿패 가운데 고사꾼(비나리꾼)이 고사소리(비나리)를 불러 축원해 준다. 고사상에 내놓은 쌀과 돈은 풍물패가 가져간다.

걸립굿은 풍물을 치고 집집마다 돌아다니며 고사를 지내주고 쌀과 돈을 걷는 농악을 말한다. 걸립행위는 어느 종교집단이나 있는 것이지만 풍물을 치고 하는 걸립행위는 무속에서 나온 것이다. 걸립을 목적으로 마당밟이를 하는 굿패를 걸립패라 이른다. 전문적으로 마을을 도는 걸립패는 먼저 마을에 들어가 허락을 받은 후 동구 밖에서 문굿을 치고 그 마을 서낭에 가서 들당산굿을 치고 집집마다 들러 마당밟이를 해준다. 밤에는 마을 사람들을 위해서 판굿을 치는데 이는 단순히 보여주기 위한 순수농악이다. 걸립을 끝내고 마을을 나올 때에는 날당산굿을 친다. 전문적인 걸립패에 의하여 농악의 기예가 오늘날과 같이 발달하게 되었다.

두레굿은 두레패들이 김매기하며 연주하는 농악이다. 농악을 치며 일을 하는 두레는 주로 김매기 두레이다. 두레패가 김매기를 나갈 때에는 반드시 농기를 앞세우고 풍물을 치면서 들로 나간다. 두레패가 농악을 치는 이유는 농기를 모시고 나가기 때문이다. 김매러 나갈 때 두레잽이(두레의 농악수)의 복색은 농복 그대로이며 따로 복색을 차리지 않는다. 들로 나가는 길에는 꽹과리·징·장고·북·소고로 편성되면 따로 잡색(雜色)이 딸리지 않는 것이나 전라도와 같이 들이 넓은 지역에서는 패랭이에 가화(假花:어사화)를 꽂은 잡색이 딸리는 수도 있다.

김맬 때에는 일손이 부족하기 때문에 방구라 하여 북 하나만 치는 지역도 있고, 북·꽹과리·장구를 단잽이로 하나씩만 치는 지역도 있다. 북·꽹과리·장고·징 네 악기를 단잽이로 치는 지역도 있으나 소고는 치지 않는다. 김매기를 모두 마치고 마을로 들어올 때면 농사일을 잘한 머슴을 장원으로 뽑아서 소에 태우고, 소년들을 무동 태워 춤추게 하는 풍물을 치고 소리를 하며 마을로 들어오는데 이를 장원질굿이라 한다.

판굿은 스스로 즐기기 위해서, 구경꾼을 위해서 치는 농악을 말한다. 대부분의 농악이 의식이나 노동이나 행진을 위해서 연행되는데 견주어 판굿은 즐기기 위해서 치는 것이기 때문에 순수농악이라 할 수 있다. 마을 굿패들이 당산굿이나 마당밟이를 할 때 대가댁 큰마당에서 치기도 하고, 걸립패들이 밤에 마을 사람들을 위해서 치기도 하고 두레패들이 호미걸이에서 즐기기 위해서 치기도 한다. 이런 판굿의 기예가 발달하게 되면서 남사당패와 같이 판굿을 쳐 구경꾼에게 돈을 걷는 놀이패들이 생겼다. 오늘날 농악경연대회에서 연주하는 농악은 거의가 판굿이다. 판굿은 어느 경우나 갖가지 잽이를 갖추고 복색도 갖추어서 공연한다.

(2) 지역성에 따른 분류

농악은 마을을 단위로 연행되어왔다. 따라서 그 지역의 향토성으로 인해 연행 내용이 강조되어 독특한 쇠가락과 춤사위 그리고 구성을 구사하여 나름대로 멋을 지니면서 지역적인 특징을 지니게 되었다. 따라서 농악을 지역에 따라 좌도농악, 우도농악, 경기농악, 충청농악, 영서농악과 영동농악, 영남농악 등으로 나누고,[16] 그 지역성으로 대별하여 차이를 찾아볼 수 있다.

① 좌도농악

　좌도농악이란 전라도 동부지역을 가리키는 것으로 전북인 경우 전주, 남원, 임실, 순창 등지에 전승되고 있고 전남인 경우 화순, 보성, 구례, 곡성, 순천, 광양, 여천과 같은 지역에 전승되고 있다. 좌도농악은 비교적 산악지역의 농악으로서 전북지방은 남원의 평야를 중심으로 농악이 성행하였고, 전남지방은 곡성, 구례 등 섬진강 유역에서 발달하였다. 그러므로 호남좌도농악이 전남, 전북 지방으로 전파된 것은 남원의 평야와 섬진강의 영향이라 할 수 있다.

　좌도농악은 당산제와 마당밟기 등 마을 농악을 비롯하여 매굿, 기굿, 두레굿, 걸궁굿, 판굿, 노디고사굿 등이 있고, 편성은 우도농악처럼 쇠와 장구가 중요한 역할을 하며, 잡색의 배역과 놀이가 다양하다. 그런데 잡색은 대포수·양반·각시·조리중·무동과 같은 기본적인 것과 지역에 따라 창부·농부·화동(花童)·할미광대·비리쇠가 있고, 여천지방의 농악에는 잡색이 인형으로 가장한 무동·각시·거사 등이 있으며, 또 소·말·곰·사자·호랑이·닭 등과 같은 동물가장들이 있다.

　좌도농악 복색의 기본은 흰옷에 조끼를 착용하는 경우와 신라복을 입는 경우, 그리고 검은색 바탕의 마고자를 입는 경우로 나누어진다. 그런데 전립은 보통 쇠와 소고가 쓰이며, 나머지 장구와 북은 징은 고깔을 쓰는 경우가 있다. 그리고 전립 농악에서는 잡색을 제외한 나머지 잽이들 전원이 전립을 쓰는 경우도 있다. 전립농악 쇠꾼의 전립에는 채상모가 달려있다. 그리고 대포수는 머리 위에 길게 올린 꽃관을 쓰거나 호랑이 상이 그려져 있는 관을 쓰는 것이 특이하다.

　좌도농악의 가락은 우도농악에 비해 빠르고 거칠며 일채부터 칠채까지의 가락과 짝드름은 이 지역 농악의 특색이라고 하겠다. 판굿은 연주를 위주로 하는 채굿을 비롯하여 노래굿, 연극놀이 등 다양하며, 예능적으로 보았을 때 쇠꾼들의 부들상모 놀이를 비롯하여 설장구춤, 북춤, 소고잽이들의 소고춤과 채상모놀이가 돋보인다. 좌도농악은 우도농악에 비해 개인놀이보다는 단체연기에 치중하고 있으며, 밑놀이 보다는 윗놀이가 발달하였다.

결국 좌도농악은 빠른 가락이 중심을 이루고 동작이 빠르며, 연기 면에서 개인연기에 치중하고, 음악적인 면에서 단체놀이가 발달되어 있다. 복색의 특징으로 부들상모를 쓴다.

② 우도농악

우도농악은 전라도 서부지역 농악을 가리키는 것으로 전북의 익산, 김제, 이리, 부안, 정읍, 고창 등지에서 전승되고 전남의 영광, 장성, 완도, 진도, 영암, 해남, 장흥, 무안, 함평, 나주 등지에서 전승되고 있는 농악을 말한다. 호남우도농악은 농경이 발달한 평야지대의 농악이다.

우도농악의 내용은 당산제와 마당밟기를 중심으로 한 마을굿을 비롯하여 기싸움굿, 술매기굿, 배굿, 주당매기, 화전굿 그리고 지심매기굿·슈풀베기·보매기굿 등 두레 농악판, 걸립패들이 하는 걸굿 등 다양한 내용을 가지고 있다.

우도농악의 편성은 앞치배로 사물, 뒷치배로 소고와 잡색 등으로 나누어지는데 이중에서 쇠와 장구는 중요시되어 있고 잡색들의 배역이 다양하다. 그런데 잡색은 가면을 쓰기도 하는데, 영광농악은 나무가면을 쓰고 있다.

우도농악의 복색은 주로 흰옷에 조끼를 입으며, 쇠꾼의 전립에는 꽃상모(뻣상모)라고하는 부포가 달려있고, 설장구나 소고들의 고깔은 지방에 따라 꽃송이 속에 종이로 만든 나비를 꽂는 곳도 있다. 또한 전북의 우도농악에는 이른바 창부(倡夫)가 쓰는 어사화가 있는데, 이것은 호남농악에서만 볼 수 있는 것이다.

　우도농악의 쇠가락은 대체적으로 머드림가락을 비롯하여 인사굿가락, 느린오채, 잦은오채, 풍년굿(풍류굿), 양산도, 늦은삼채, 긴삼채, 잦은오채, 잦은삼채, 잦은몰이, 굿거리일체, 이채, 오마치질굿, 호호굿, 잦은호호굿, 좌질 등이 대표적인 가락이다.

　우도농악 판굿의 짜임새는 내드림, 오채질굿, 잦은 오채굿 등 연주 목적의 채굿과 점호굿인 호호굿, 노래굿, 군사놀이인 도둑잽이나 일광놀이, 그리고 탈머리에서 하는 성쌓기와 개인놀이 등 다양하다. 개인놀이에 있어서 쇠꾼들의 부포놀이는 다른 지역에서는 볼 수 없는 독특한 것이며, 설장고춤과 소고놀이춤을 좌도농악과 비교해보면 가락은 비교적 느린 가락이 많으며, 가락 하나하나가 치밀하게 변하여 리듬이 다채롭고 구성지다. 또한 오채질굿은 우도굿에만 있는 가락이다. 그리고 이 지역은 윗놀이 보다는 밑놀이에 치중하고 있으며 장구가락이 발달되어 있다.

　결국 우도농악에서는 느린 가락이 많으나 빠른 것도 곁들여 비교적 가락이 다양하고, 연기 면에서 단체연기에 치중하고, 음악적인 면에서 개인놀이가 잘 발달되어 있다. 특히 장고가락이 발달되어 있다. 복색의 특징으로 뻣상모를 쓴다.

　③ 경기농악

　경기농악은 스스로 윗다리농악이라 부르기도 한다. 경기농악을 엄밀히 구분하면 남부지역 농악과 북부지역 농악이 약간 다르다. 그러나 평택평야를 중심으로 한 남부 농악이 예부터 발달하였으므로 평택과 안성지방은 두레농악이나 걸립농악이 성행했으며, 특히 안성은 남사당패농악의 본거지이기도 하다.

경기농악은 마을굿인 대동굿(당제)은 하지 않고 지신밟기만 하며, 여름철에는 두레굿(둥기레)을 한다. 그리고 절걸립과 낭걸립패들이 하던 걸립농악이 다른 지방에 비하여 발달한 곳이라 할 수 있다. 경기농악은 다른 지방에 비하여 징과 북의 수가 적고, 소고와 법고의 구별이 없으며, 잡색은 무동과 중애(사미)·양반 등이 있는데, 무동의 수가 많다. 그리고 이천과 같이 지방에 따라서는 거북이를 가장한 잡색들도 있다.

경기농악의 복색은 기본적으로는 흰 옷차림에 삼색띠를 두르나 지방에 따라서는 청색 조끼를 착용하는 곳도 있다. 그리고 전립이나 고깔을 쓰지 않고 머리수건을 동이는 수가 있으며, 사미와 같은 작은 무동은 흰 장삼을 입고 꽃이 없는 고깔을 쓴다.

경기농악의 형식에 있어서 특이한 것은 판굿의 짜임새가 다양하고, 어린 무동들이 추는 깨끼춤과 동리·삼동·곡마당·논고리·맛동리와 같은 다양한 무동타기가 있다. 또한 판굿의 진행에 있어서 가새벌림과 같은 사각행진법과 당산벌림과 같은 ㄷ자형놀이 그리고 농부가를 부르는 대목이 있는 것도 특징의 하나라 할 수 있다.

④ 충청농악

충청농악은 가락과 판굿의 짜임새 또는 연기(演技)가 대체적으로 경기농악과 같으나, 충남의 논산이나 금산 등 남쪽 지역의 농악은 호남좌도농악과 유사하다. 그러나 충남농악이 경기농악과 다른 점은 마을굿인 당산제농악을 하는 곳이 있다는 점이다. 또한 농악의 편성에 있어서 설장구가 있고, 잡색에는 대포수·각시·양반 등이 있으며, 무동은 어린이가 하지 않고 주로 어른들이 하는 것도 다른 점이라 하겠다.

충청농악의 판굿에는 법고들의 춤인 쩍쩍이나 잽이들 전원이 춤추는 영산다드라기가 있으며, 잽이들이 백 번 절하는 당산채가 특이하다. 그런데 예능적인 면에서 보면 남부지방의 농악에는 호남우도농악처럼 상쇠가 꽃상모를 사용하는 부포놀이와 설장구춤이 있다. 이는 호남우도농악의 영향이라 할 수 있다. 또한 충청농악은 경기농악의 특징이라 할 수 있는 무동타기는 발달하지 않았으나 무동들의 단체무용인 나부춤(나비춤)이 특이하다.

⑤ 영서농악과 영동농악

강원농악은 악기편성이나 음악, 판굿의 구성 등으로 보아 원주, 횡성, 춘성 등지의 영서농악과 강릉, 삼척, 평창 등지의 영동농악으로 나눌 수 있다. 영서농악은 경기농악과 같고, 영동농악은 영동 특유의 향토적 특색을 지니고 있다. 영동농악은 마을굿으로, 당굿은 별로 하지 않으며 지신밟기가 성행된다.

그런데 다른 지역에서는 볼 수 없는 달맞이굿을 비롯하여 횃불놀이(다리밟기)가 있으며, 이밖에 두레농악이라 할 수 있는 김매기농악이 있고, 단오날 대관령 성황제의의 길놀이 농악이 있다. 영동농악의 편성은 농기 이외에도 신대를 사용할 수 있고, 사물과 소고·법고·무동 등 잽이들의 수가 각각 동수(同數)로 4분화되어 있는 것이 특색이며, 소고와 법고가 따로 분류되어 있다.

그리고 무동을 제외한 모든 잽이들의 복색이 흰 바지저고리를 입는다. 판굿 진행에 있어서 두드러지게 나타나는 것은 외가락을 반복하면서 제자리 춤 없이 앞으로 전진하는 것이다. 그 행진법은 정방형이라든지 체조대형, 그리고 ㄷ자형, 멍석말이나 오방진과 같은 것이 있다. 그런데 이러한 행진놀이(진풀이)를 보면 다른 지역과는 달리 마치 기마민족들이 수렵을 하는 것처럼, 농군이 전투에 임하는 것처럼, 혹은 소나 말이 논밭을 갈고 있는 것처럼 거칠고 전투적인 면이 보인다.

⑥ 영남농악

영남농악은 경북농악과 경남농악을 말한다. 영남농악은 동북쪽으로 올라갈수록 영동농악과 비슷한 특징을 가지며, 서남쪽으로 내려갈수록 호남 좌도농악과 유사해진다. 그러나 경북농악은 비교적 영동농악에 가깝다고 할 수 있다. 경북농악에서도 안동과 영주와 같은 동북지방의 농악은 영동 농악의 특색이 짙고, 대구나 청도 차산농악과 같은 것은 비교적 경남농악에 가까우며, 금천, 선산 지방의 농악은 경기·충청농악과 비슷한 점이 나타나기도 한다.

경남농악은 함양, 진주, 삼천포, 마산, 통영, 거창 등지의 서남지방의 농악과 밀양, 울산 등지의 동북지방 농악으로 가를 수가 있다. 또한 부산, 양산, 진해 등지의 농악은 중간 형태로 보인다. 영남농악의 내용은 다른 지역에 비하여 판굿보다도 지신밟기 등과 같은 마을굿이 성행한 흔적이 여러 지역의 농악에 나타나고 있다.

그런데 경북농악은 당산제굿은 없고 지신밟기만 하는 굿이 있으나, 경남농악은 당산굿이 있는 가운데 지신밟기를 한다는 것이 조금 다르다. 영남농악은 고형의 농악인 지신밟기와 같은 축원농악이 잘 계승되어 있는 지역이다.

영남농악의 편성은 대기로서 성황기(천왕기라 하기도 함)가 있으나 영기는 없는 곳이 많으며, 곳에 따라서는 신대를 사용하기도 한다. 영남농악에는 다른 지방에서는 볼 수 없는 나무로 만든 나팔(고동 또는 목덩강)이 있다. 악기는 꽹과리나 장구에 비하여 징과 북이 발달하였으며, 잡색은 색시·양반·포수·무동들이 기본이 되어 있으나, 지방에 따라서는 화동이나 집사가 있다. 서남지방의 농악에는 잡색(각시)들이 가면을 쓰는 곳도 있다.

영남농악의 판굿은 진풀이를 비롯하여 노래굿이나 덧배기춤, 농사굿, 법고놀이, 장구놀이, 북놀이, 징놀이, 상모놀이와 같은 것이 있는데, 예능적인 면에서 보면 대체적으로 개인놀이보다는 집단놀이가 발달하였다.

2) 농악의 기능

농악의 기능을 네 가지로 정리할 수 있다.[17] 먼저 농악은 종교적 기능을 수행한다. 당제는 자연마을을 중심으로 마을의 안녕과 행운을 비는 것으로 전국적으로 행해지고 있는데, 이 때 풍물패가 참여하는 지역은 전라남북도와 경상남도 지역이다. 전라도와 경상남도에서는 마을의 수호신인 나무나 산신 등을 모셔 놓은 곳을 당산이라 하는데 정초나 정월보름, 또는 10월에 당제를 지낼 때는 유교식 제의와 풍물굿이 혼합하여 마을의 안녕을 기원하는 굿을 하는데 이를 당산굿이라 한다. 이는 풍물굿이 무당을 대신하여 신에게 마을의 안녕을 비는 것으로 종교적 축원기능을 갖는다고 할 수 있다.

두 번째, 농악은 생존의 기능을 수행한다. 일과 관련된 협동 노동조직체인 두레패를 결성하여 모심기를 할 때나 김을 매러 갈 때나 항상 풍물을 준비하여 두레 풍물굿을 하면서 일을 하는 것이다. 힘든 노동을 노래나 풍물가락으로 해소시키거나 통일된 두레조직의 힘을 이끌어내는데 사용되었다. 풍물굿을 노동에 사용한 것은 농촌뿐만 아니라 어촌에서도 바다에서 고기를 잡을 때 그물을 내리거나 올릴 때 풍물을 치면서 일을 하기도 했다.

세 번째, 농악은 군사적 기능을 수행한다. 판굿에서 진법의 내용이나 해남군 송지면이나 황산면, 완도군 장좌리, 전북의 김제 등 호남 우도 풍물굿 지역에서 전해져 내려오는 이야기들에서 추측된다. 예를 들어 완도 장도에서 장보고 장군이 승선할 때 승선굿을 하였다는 이야기나 동학혁명 때 농군들이 풍물굿을 활용하였다는 이야기 등이 풍물패가 곧 군사의 역할을 하였었음을 의미한다.

네 번째, 농악은 민속예술적 기능을 수행한다. 연행 주체가 일반 민중들에 의해 이루어지고 있고 정초부터 섣달까지 마을 사람들이 모이는 모든 행사에는 빠짐이 없는 민속적으로 아주 중요한 부분이다.

각 주

1 판소리학회 엮음, 『판소리의 세계』, 문학과 지성사, 2000, 94~98쪽.

2 정노식, 『조선창극사』, 조선일보사 출반부, 1940, 64쪽.

3 최동현·유영대 편, 『판소리 동편제 연구』, 태학사, 1998, 71~74쪽.

4 최동현·유영대 편, 앞의 책, 23~30쪽.

5 표인주, 『한국인의 생활양식과 전통문화예술』, 민속원, 2004, 266쪽.

6 강등학 외, 『한국구비문학의 이해』, 월인, 2000, 355쪽.

7 최동현·유영대 편, 앞의 책, 67쪽.

8 판소리학회 엮음, 앞의 책, 112~113쪽.

9 최동현·유영대 편, 앞의 책, 77~83쪽.

10 강등학 외, 앞의 책, 376쪽.

11 馬韓常以五月 下種乾 祭鬼神 群聚歌舞飮酒 晝夜無休 其舞數十人 俱起相隨踏地低昻 手足相
    應 節奏有以鐸舞 十月農功畢 亦復如之

12 홍현식, 「호남농악소고」, 『문화재』4, 문화재관리국, 1969, 46쪽.
    김택규, 「한국농악개관」, 『한국의 농악』, 한국향토사연구전국협의회, 1994, 7쪽.

13 정병호, 『농악』, 열화당, 1986, 17~18쪽.

14 지춘상 외, 『남도민속학개설』, 태학사, 1998, 423~426쪽.

15 정병호, 앞의 책, 105~132쪽.

16 정병호, 앞의 책, 135~264쪽. 김택규, 앞의 책, 12~15쪽.

17 지춘상 외, 앞의 책, 420~422쪽.

제14장

민속학의 새지평

1. 민속과 축제

1) 축제의 개념

(1) 축제의 개념

축제에 관한 정의는 매우 광범위하고 다양하게 해석되고 있다. 축제(祝祭)란 사전적으로 "축하하고 제사를 지냄 혹은 축하하여 벌이는 큰 규모의 행사를 이르는 말"[1]로 정의되고 있다. 여기서 축하하는 것은 기쁘게 빌어서 마음의 안락을 가지는 것을 말하는 것이요, 제사지내는 것은 신에게 믿음과 지성으로 정성과 음식 등을 바쳐 신의 감응을 얻기 위하는 것을 말한다. 그리고 축하하여 벌이는 행사는 다름 아닌 잔치인 것이다.

① 서구 학자들의 축제 정의

축제에 대한 정의는 서구학자들에 의해 설명된 경우가 많은데, 그것을 살펴보면 먼저 고르동(Gordon)은 성속의 구분에 기초한 일종의 의례적 사건이나 집단 상징으로 축제를 '신성성이 부여되는 시간'[2]이라고 정의하였다. 축제는 곧 인간이 신성한 시간에 성스러운 공간 속에서 경험하는 초자연적인 신과의 접촉인 것이다. 이것은 축제가 종교적인 것이기 때문에 종교와 관계없이 설명되기 어렵다는 것을 의미한다. 즉 축제는 인간의 종교적인 감성을 표현하고 있기 때문에 축제의 경험을 통해 신성한 경험에 도달할 수 있는 것이다.

뒤르켐은 축제를 "사회적 통합을 위해 기능하는 일종의 종교 형태"[3]라고 규정한다. 이것은 종교가 개인적이고 신비적인 것으로만 머무는 것이 아니라 사회적 기능을 수행하고, 이 사회적 기능을 수행하고 있는 것이 다름 아닌 축제라고 생각하는 것이다. 곧 축제는 종교와 밀접한 관련이 있고, 제의적인 의식 혹은 의례라 할 수 있다.

프로이트는 축제를 공정성과 즉흥성, 디오니소스적인 부정과 인간 본능을 억압하는 것의 폐기, 해방을 향한 문화라고 본다.[4] 그는 축제를 일상적 삶의 통합과 질서를 파괴하고, 도리어 삶의 금기를 위반하여 난장을 트는 것이라고 생각한 것이다. 따라서 제의와 난장트기는 축제의 본질이라고 할 수 있다. 프로이트 이론을 계승한 바흐친은 축제를 카니발이라고 했다. 카니발에서 보이는 전도적, 비일상적 성격을 축제의 가장 기본적인 성격으로 지적하고 있다. 축제를 일상생활의 단절, 즉 하나의 의례적인 상황으로 간주할 때 축제는 초자연적인 존재에 대한 의식이 치러지는 신성하고 종교적인 순간과 장소가 된다.[5] 프로이트와 바흐친은 기본적으로 축제를 신성성을 지닌 종교적인 행사로 인식하고 있는 것이다.

한편 네덜란드의 역사학자인 호이징가는 《호모 루덴스》에서 인간의 유희적 속성에 주목하여 "인간의 유희적 본성이 문화적으로 표현된 것이 축제이며, 이 축제적인 상황에서 벌어지는 놀이는 비일상적이고 비생산적인 것이지만 일상과 생산을 위해서는 필수불가결한 일"[6]이라고 말하고 있다. 축제는 곧 유희적 본성을 표현하는 놀이인 것이다. 인간의 유희적 본성은 놀이로 표현되며, 인간은 놀이를 통해서 기본적인 욕구충족의 충만함을 느낀다. 놀이는 종교적인 행사나 세시풍속에서 출발한 것으로 가장 오래된 문화형태 중의 하나이다. 놀이는 인간의 단순한 욕구충족의 수단뿐만 아니라 높은 수준의 문화활동을 가능하도록 하는 원동력이 되기도 한다. 따라서 놀이는 비생산적인 것이 아니라 일상의 삶을 풍요롭게 하는 문화적인 장치인 것이다.

호이징가의 견해를 더욱 발전시킨 하비 콕스(Harvey Cox)는 축제는 일상적인 자질구레한 일들을 걷어치우고 한동안 무엇인가를 경축하고, 무엇이든지 좋은 것으로 긍정해 주며 신들이나 영웅들을 기념하는 특수한 시간을 가지는 인간적인 행위라고 보았다. 즉, 인간만이 지닌 특이한 능력의 발로로서 이를 통하여 인간은 남들의 기쁨과 지난 여러 시대의 경험을 자기의 생명 안에서 융화, 음미하는 것이라고 하였다.[7] 축제는 일상적인 삶으로부터 벗어나 신을 대상으로 하는 특별한 행위를 의미한다고 볼 수 있다. 특별한 행위는 일상적인 삶 속에서 억압되고 간과되었던 감정표현이 허용되는 행위로서 축제적인 표현인 것이다. 이것은 인간이 일상의 이성적인 사고와 축제의 감성적 욕망을 넘나드는 계기로 작용된다. 축제는 일상적인 인간에서 놀이하는 인간, 축제하는 인간, 환상적인 인간으로 전환시켜 준다.

독일의 현대철학자 헬루트 쿤은 〈예술의 존재발생〉이라는 논문에서 10개 항목에 걸쳐 축제의 개념을 자세히 기술하고 있다.[8] ①축제는 고유한 시간 형식을 가진다. ②축제는 고유한 공간, 곧 축제장소 내지 축제공간을 요구한다. ③축제의 핵심은 기분에 있다. ④축제의 동기는 어떤 반복되는 사건이나, 일회적인 사건이다. ⑤축제를 통해 무엇인가 의미 있는 사건이 일어나고 있다는 사실은 이미 일상성을 뛰어넘는 고양된 진행이 행해짐을 뜻하고 있다. ⑥축제는 일상적 삶에서 두드러지게 벗어남으로써 일상적인 삶의 압박으로부터 자유롭다. ⑦놀이와 그것의 직관은 상호 밀접하게 섞여서 축제에 속하고 있다. ⑧축제는 아무렇게나 생기는 것이 아니라 다소간 엄밀히 준수되는 규칙에 따라 수행된다. ⑨축제는 그의 시간적 경과에 있어 삶을 뛰어넘으면서 다시 삶을 정렬하고 동시에 삶 속으로 번져 들어간다. ⑩축제는 자기 자신을 넘어간다. 헬루트 쿤은 축제를 고유한 시간과 공간 속에서 행해지는 놀이로 인식하고 있음을 볼 수 있다. 곧 축제는 놀이인 것이다.

이를 종합해 보면 서구에서 축제를 크게 두 가지 방향으로 정의하고 있음을 볼 수 있다. 하나는 축제는 제의와 같은 종교적인 행사라는 것이고, 다른 하나는 놀이와 같은 유희적 행사라는 것이다. 즉 축제란 일상과는 다른 특정한 시간과 장소에서 행해지는 것이며, 종교적이며 의례적이고, 유희적인 행위가 펼쳐지는 것이라고 볼 수 있다.

② 한국 학자들의 축제 정의

축제에 관한 정의를 한국에서도 많은 학자들이 언급하고 있다. 먼저 이상일은 《축제의 정신》에서 축제의 관념과 발상 자체가 서구적이었고, 한국적 축제에 대한 성찰과 인식은 훨씬 늦었다고 하였다. 그리고 전형적인 축제 관념은 축일(祝日)이나 제일(祭日)이 갖는 제사드림인데, 축하의 제전이나 축하와 제사 정도에 그치는 게 아니라 우리 민족이 고유하게 지내 온 생활습속인 잔치관념과도 어우러진다고 하였다.[9] 여기서 축일은 기쁘게 빌어서 마음의 안락을 가지는 날이요, 제일은 신에게 음식 등을 바치며 예절을 표하는 날이다. 곧 축제라 함은 축일과 제일에 제사지내는 것을 말함이요, 여기에 일생의례나 세시명절에 거행되는 의례도 포함하고 있음을 알 수 있다.

류정아는 축제는 인간의 기본적 속성의 흐름을 차단하는 것을 파괴하는 것에서부터 시작한다고 하였다. 다시 말하면 축제는 기존의 질서를 파괴하여 새로운 질서를 확립하기 위해 기득권, 불평등적 모순, 억압과 갈등, 어두움과 희미함을 걷어내고자 하는 것이 축제라는 것이다. "축제는 흔히 축(祝)과 제(祭)가 포괄적으로 표현되는 문화현상"이라고 정의된다.[10] 특히 고대사회 및 전통사회의 축제야말로 성스러운 종교적 제의에서 출발하는 경우가 많다. 전통사회의 축제는 종교를 중요한 토대로 삼고 있음을 알 수 있는데, 오늘날의 축제에서도 비록 종교성이 약화되었다 하더라도 축제를 이해하기 위해서는 종교적인 제의를 고려하지 않을 수 없다.

김태경은 축제란 농업과 밀접한 관련을 가지는 의례에서 나온 것으로 특정한 사건이나 시간적 상황을 기념하여 순환·반복적으로 행하여지며, 종교성을 특징으로 하는 행위[11]라고 정의하고 있다. 다시 말하면, 축제란 반복적으로 거행되는 제의적 행사라고 인식하고 있는 것이다. 그렇기 때문에 축제는 일상생활 속에서 행해지는 특별한 활동으로서 신격화된 대상이 있고, 제의적 시간과 공간이 있으며, 삶의 질서를 회복하기 위한 행위들을 가지고 있다. 따라서 축제란 일상의 생활에서 펼쳐지거나 일상적인 시간과 공간에서 행해지는 활동이 아니라 거룩하고 초자연적인 활동이라 할 수 있다.

김명자는 축제라는 용어는 옛 문헌에서 나타나지 않은 것으로 보아 후대에서 만들어진 조어(造語)일 가능성이 높다고 보았으며, 우리에게는 잔치라는 용어가 더 익숙하다고 하였다. 잔치가 축제보다는 소규모의 행사를 일컬을 때 사용되는 면이 있지만, 잔치는 주로 가정의 생일잔치·혼인잔치·회갑잔치 등 일생의례에 사용했으므로 이 말에는 의례적인 성격이 내포되어 있다고 하였다.[12] 축제라는 용어보다 우리나라의 문화에 더 가깝게 느껴질지언정 잔치라는 용어로는 축제라는 용어의 정확한 뜻을 내포하고 있지는 않다. 따라서 잔치는 축제의 한 부분의 요소로서 축제라는 큰 틀 속에 포함되어 있다고 하겠다.

이와 같이 한국에서는 종교적인 제의와 의례적인 행사를 축제로 정의하고 있음을 알 수 있다. 축제는 비일상적인 시간과 공간을 택하여 신을 맞이하고 잘 대접하여 인간의 소망을 기원하는 의례로, 신과 인간은 물론 인간

과 인간의 긴밀한 유대관계를 조성하는 연중행사이다. 축제에 참석한 인간
은 신으로부터 축복을 받고 그들 삶의 갈등을 해소하려 하기 때문에 신과
인간, 인간과 인간이 서로 화해하는 형식이 다름 아닌 축제인 것이다.[13] 여기
서 인간과 신의 화해 형식이 제의적인 행사이며, 인간과 인간의 화해 형식은
유희적인 행사라 할 수 있다. 그렇기 때문에 축제야말로 종교적 상징성과
유희성이 유기적으로 결합되어 있다 하겠다.

③ 축제의 광의적(廣義的) 정의

지금까지 서구 및 한국에서 논의된 축제에 대한 정의를 검토한 결과 다소
간의 차이가 있음을 알 수 있다. 비록 이러한 논의는 전통축제를 토대로 이
루어지는 경우가 많았지만, 서구에서는 축제를 제의적 행사 및 유희적 행사
로 정의하고 있다면, 한국에서는 거기에다 의례적 행사라는 의미가 첨가되
어 있음을 알 수 있다. 이처럼 축제의 개념을 정의하는 데에는 아직도 미흡
하고, 또 한계가 있다.

실질적으로 산업화 이후의 축제 실현양상들을 살펴보면 매우 복잡하고
다양하게 전개되고 있음을 알 수 있다. 과거의 축제가 종교적 제의를 중심
으로 놀이와 종합예술이 펼쳐진 오신적인 장의 성격이 강했다면, 오늘날의
축제는 종교성이나 신성성 이외에도 경제성, 유희성을 중심으로 한 놀이와
종합예술이 펼쳐진 오인적인 장의 성격이 강하다. 따라서 축제에 대한 개념
도 외연을 넓혀서 생각해 볼 필요성이 제기된다.

최근 지방자치제의 실시와 더불어 관광 및 경제 활성화 차원, 지역 애향
심 고취 및 공동체성 확립 등을 위한 방안으로 각 지방자치단체에서 1~2개
이상 축제를 개최하고 있다. 오늘날 개최되고 있는 현대축제는 전통축제의
개념에서 벗어나는 경우가 많다. 그것은 사회적인 변화에 따라 축제에 대한

인식의 태도가 달라졌기 때문인데, 축제에 대한 정의도 시의성을 반영하지 않을 수 없는 상황이다. 물론 시의성을 반영한다고 해서 축제의 본질에 입각한 정의를 훼손하자는 것은 아니다. 다만 축제의 정의를 다소 광의적으로 접근할 필요가 있다는 것이다. 다시 말해 지나치게 전통축제를 토대로 한 축제의 정의에만 매몰될 것이 아니라 축제의 시간과 공간 그리고 컨텐츠를 검토하여 축제의 개념을 확대하여 정의하는 것이 바람직하리라고 본다.

전통사회로부터 현대사회에 이르기까지 모든 축제를 포괄할 수 있는 개념을 크게 네 가지로 나누어 생각할 수 있다.

먼저, 축제는 제의적인 행사다. 신과 인간의 화해 형식이 제의이다. 제의는 인간과 신이 소통하기 위한 수단으로서 인간이 신에게 의지하여 신의 감응을 통해 삶의 풍요를 꾀하고자 하는 방식이다. 이러한 제의는 개인적인 경우도 있겠지만 공동체적인 경우가 많다. 따라서 제의는 개인이라기보다는 공동체의 화해와 풍요를 기원하기 위한 문화적인 장치인 것이다. 가정에서 조상신을 대상으로 행해지는 제의적인 형태가 축제의 형식을 지니고 있고, 마을신을 대상으로 하는 마을신앙은 마을공동체의 축제라고 할 수 있다. 마을축제는 때론 지역축제로 발전하기도 한다.

두 번째, 축제는 유희적인 행사다. 인간과 인간의 화해 형식이 놀이이다. 인간은 놀이를 통해 갈등을 해소하고, 일상적인 삶 속에서 억압받았던 감정을 표출함으로써 공동체적 유대감을 회복한다. 이처럼 놀이는 일상의 삶 속에서 발생한 갈등과 억압을 해소하기 위한 유희적 행사이지만 때로는 제의성을 지니기도 한다. 고대에는 제의가 생활이었고 그 제의 형식이 놀로 변모하여, 즉 놀이의 신성성이 감소하고 유희성이 강조되는 것으로 변모하였다. 놀의가 제의성을 지니고 있다는 것은 지금도 유희적 놀이를 통해 풍요를 기원하거나 재액초복을 꾀하고자 하는 경우를 보아 알 수 있다. 예컨

대 줄다리기, 고싸움놀이, 액맥이놀이, 축귀놀이, 마당밟기 등 정월의 민속
놀이가 그것이다. 놀이는 기쁨과 자발성에 의한 하나의 축제적인 표현인 것
이다. 이것은 신 앞에서의 놀이며, 인간이 논다는 것은 신이 논다는 것이
고, 축제적인 공간은 인간과 신의 놀이터인 셈이다.

세 번째, 축제는 의례적인 행사다. 의례라 함은 특별히 경축하고자 하는
행사라든가, 인간이 태어나서 죽기까지 여러 가지 의례를 경험하게 되는데,
그 가운데 축제적 형식을 지니는 경우가 있다. 특히 경축행사는 당연히 축
제적인 형식을 지니고 있지만, 의례는 그렇지 않은 경우도 있다. 의례 가운
데 혼례식이나 장례식 및 제례는 축제적인 성격을 지닌다.[14] 일반적으로 축
제가 공동체적 질서를 회복하기 위해 개최된다면 혼례식 및 장례식은 가족
공동체적 질서를 회복하기 위해 진행된다는 점에서 축제적인 성격이 강하
다. 축제로서 혼례는 친영(親迎)에 해당하는 전안례(奠雁禮), 교배례(交拜禮), 합
근례(合巹禮) 등이 축제적인 성격이 강하며, 혼례 풍경은 혼례상 준비와 손님
접대 등 축제 그 자체였고, 축제의 분위기 속에서 술과 음식을 먹으며 하루
를 즐겁게 보내는 한 집안의 잔치인 것이다. 장례식 또한 축제적인 형식을
지니고 있다. 장례를 치루기 전의 상여놀이는 단순히 상두꾼들의 놀이가 아
니라 공동체의 결속을 다지는 계기가 되기도 한다. 상여놀이를 비롯해 진도
의 다시래기 및 곽머리씻김굿, 완도의 밤달애놀이는 춤과 노래 그리고 연극
이 어우러진 종합예술로서 축제이다. 장례의 행렬에서 상여 맨 앞에 향두꾼
이 풍물을 치기도 하고 소리를 하기도 하는데, 이는 가무(歌舞)를 중심으로
행해지는 죽음의례라는 것을 입증하고 있다. 장례식은 단순히 이승과 이별
을 의례화한 것이 아니라 저승에서 조상적 존재로 새로 태어남을 축하하는
의례이기 때문에 축제이다. 제례 또한 축제라고 할 수 있는데, 차례, 기제,
시제가 있다. 제례는 조상신에게 공희를 함으로써 조상신의 신성과 동일성

을 가지려는 의식이다. 특히 차례는 세시명절에 지내는 의례적인 행사이어서 차례를 수반한 세시명절도 축제적인 행사인 셈이다.

네 번째, 축제는 경제적인 행사다. 경제적인 행사를 축제로 간주하는 것은 단순히 경제적인 행위만이 아니라 축제의 형식과 본질을 지니고 있는 경우이다. 축제는 예나 지금이나 경제적인 목적을 달성하기 위해 개최된다. 전통사회의 축제는 제의성이 강했다면, 현대축제는 경제성이 강한 경향이 있다. 여기서 제의성이 강한 축제라고 해서 경제적인 성격이 없는 것은 아니다. 농업을 생산 기반으로 하고 있는 전통축제는 공동체적인 삶의 안녕을 기원하고 왕권의 확립과 국가의 안위를 기원하였지만, 한편으로는 최소한 자급자족의 목적을 달성하기 위해 공동체의 번창, 동물의 번식, 농사의 풍요를 기원하고 있기 때문에 이 또한 경제적인 목적을 구현하기 위한 것임을 알 수 있다. 당연히 현대축제는 산업사회를 기반으로 하고 있기 때문에 무엇보다도 경제적인 생산성을 추구하는 경향이 강하다. 다만 경제적인 목적을 달성하고자 하는 구체적인 경제적인 행위가 드러나고 드러나지 않음의 차이가 있다. 전통축제는 경제적인 행위가 구체적이기보다는 함축적인데 반해, 현대축제는 구체적이며 통계적이고 가시적이다. 최근에 경제 활성화를 목적으로 개최되는 지역축제는 제의적이며 의례적인 성격을 가지고 있지 않다. 예컨대 함평나비축제, 백양사단풍축제, 광양전어축제, 강진청자축제 등 생태·자연·특산품·문화예술품 등을 소재로 한 축제는 전통축제의 면모를 갖추고 있다고 말하기 어렵다. 하지만 축제의 본질이라고 할 수 있는 통합성을 도모하고 있고, 겨루기 및 보여주기 형식의 유희적인 행사가 보완되어 축제의 형식을 갖추고 있다는 점에서 축제라고 간주하지 않을 수 없다.

결론적으로 축제는 제의적인 행사요, 유희적인 행사요, 의례적인 행사요, 경제적인 행사라고 정의할 수 있다. 오늘날 모든 축제가 이와 같은 의미를 지니고 있는 것은 아니다. 이들 가운데 부분적으로 한두 가지 혹은 네 가지를 모두 포함하고 있는 경우도 있다. 다만 축제라고 한다면 최소한 네 가지 중에 하나라도 가지고 있어야 하고, 더불어서 축제의 본질을 지니고 있어야 하며, 축제의 기능을 수행하고 있어야 한다.

일반적으로 전통사회의 축제일수록 제의성과 의례성이 강하고, 현대사회의 축제일수록 유희성과 경제성이 강한 모습을 볼 수 있다. 앞에서 언급했듯이 전통사회의 축제라고 해서 경제성이 전혀 없는 것은 아니다. 풍요를 기원하는 전통축제가 당연히 경제적인 목적을 달성하기 위해 개최되기도 한다는 점에서 어느 정도 경제적인 성격을 지니고 있다. 그리고 축제의 규모가 가정인 경우는 의례성이, 마을인 경우는 제의성이, 지역인 경우는 경제성이 강함을 알 수 있다. 또한 주기적이면서 반복적으로 개최되는 축제는 제의성과 유희성 그리고 경제성이 강하고, 비주기적으로 개최되는 축제는 의례성이 강하다.

(2) 축제의 명칭

축제는 1990년대 중반에 들어서자 문화에 대한 관심이 증폭되면서 문화행사의 하나로 선호되었고, 지역경제 활성화 차원에서 21세기형 문화산업의 하나로 인식되었다. 축제를 단순히 소비가 아닌 지역경제의 활성화를 돕는 생산의 장치로 인식하게 된 것이다. 이에 따라 각 지방자치단체는 축제를 개최하기 시작하여 2005년도에는 문화관광부에 등록된 축제의 개수가 무려 601개에 이르고 있고, 등록되지 않는 축제를 포함하면 1000여개는 넘을 것으로 생각한다. 이처럼 축제가 증가하게 된 원인은 험난한 IMF 위기를 겪으면서 일상의 고단함으로부터 벗어나고자 하는 개개인의 다양한 욕구들이 사회적으로 분출된 결과라고 볼 수 있고, 보다 효율적인 지방문화

육성 정책이라는 문화정책 차원과 관계가 있을 것이다.[15] 뿐만 아니라 경제 성장과 더불어 삶의 질을 향상시키고자 하는 욕구가 축제에 반영되고, 지방 자치단체가 지역경제의 활성화 수단으로 축제를 개최하면서 축제가 증가 한 것으로 보인다.

축제가 증가하면서 축제의 명칭도 다양하게 나타나고 있는데, 이것은 축 제의 개념이 올바르게 정립되지 않는 데서 비롯된 것이라 할 수 있다. 축제 는 우리 문화 속에서 다양한 문화행사의 명칭으로 사용되고 있는데, 그것은 축전(祝典), 제전(祭典), 제사(祭祀), 제향(祭享), 대제(大祭), 대회(大會), 잔치, 한마 당, 박람회, 전람회, 비엔날레 등으로 표현되고 있다. 축전은 정치적이거나 사회적인 사건을 축하하는 의식이나 식전을 의미하고, 제전은 성대한 예술· 문화·체육 등과 같은 사회적 행사를 의미하며, 제·제사·제향·대제는 신 혹 은 조상을 비롯한 망자의 넋에게 음식을 차려 놓고 지내는 의식을 의미한 다. 그리고 대회는 실력이나 기술 등을 겨루기 위한 모임이나 많은 사람들 이 모이는 성대한 회합을 의미하고, 잔치는 경사가 있을 때 음식을 차려 놓 고 여러 사람을 초청하여 즐기는 일을 의미하며, 한마당은 큰 마당을 의미 한다. 또한 박람회는 특산품 및 생산물품 등을 여러 사람들에게 보이는 모 임을 의미하고, 전람회는 여러 가지 물품 혹은 작품을 진열해 놓고 보이는 모임을 의미하며, 비엔날레는 2년마다 열리는 행사를 의미한다.[16] 여기서 축 전과 제전은 축하 의식 및 대중적인 행사의 성격이 강하고, 대제는 종교적 인 의식의 성격이 강하다는 점에서 의례적인 명칭으로 보인다. 그런가 하면 대회 및 한마당은 겨루기의 성격이 강하기 때문에 기량을 향상시키기 위한 대규모의 모임에 해당하는 명칭이라면, 박람회 및 전람회는 대중들에게 보 여주기 위한 전시적인 행사에 해당하는 명칭이라 할 수 있다. 이와 같이 축 제와 유사한 명칭은 축하 행사, 제의적 행사, 겨루기 행사, 보여주기 행사 등의 의미를 바탕으로 사용되고 있다 하겠다.

서구에서는 축제를 카니발(Carnival), 셀러브레이션(Celebration), 컬트(Cult), 피스트(Feast), 페스티벌(Festival) 등으로 표현된다. 카니발은 기독교의 사순절에 앞서 펼쳐지는 사육제 내지 고대 디오니소스 제전에 기원을 둔 광란의 축제로 알려져 있다.[17] 따라서 카니발은 순회쇼, 진탕만탕 놀기 등의 의미를 지니고 있기도 한다. 셀러브레이션은 축하, 축전, 의식, 성찬식, 찬양을 의미하고, 컬트는 예배식, 의식, 제례를 의미하며, 피스트는 향연, 연회를 의미한다.[18] 페스티벌은 축제, 축전, 제전의 의미를 지니고 있어서 라이트(Rite), 리츄얼(Ritual), 세리머니(Ceremony) 등의 용어로도 쓰인다. Fest와 같은 의미의 라틴어는 Festum이고 이것은 계속하여 festus(>feierlich>festlich), Feast로 바뀌고, 또 오늘의 Fest, Festival 등으로 변이되었는데, 그 원래의 의미는 종교적인 축하행사였다.[19] 라이트는 의례(儀禮)로, 리츄얼은 제의(祭儀)라고 번역하기도 하는데, 리츄얼이 라이트보다도 전통적 구속력이 다소 강한 것은 사실이나 같은 의미로도 볼 수 있다. 세리머니는 의례보다도 비종교적인 성격이 강하다.[20] 서구에서도 축제 명칭 또한 면밀한 검토가 필요하지만, 축하행사, 제의적 행사 등의 의미를 토대로 사용되고 있음을 알 수 있다.

결론적으로 한국에서나 서구에서 축제의 명칭은 전통적으로 축하 행사와 제의적 행사라는 의미를 토대로 사용되고 있음을 알 수 있고, 농경사회에서 산업사회로 전환되면서 겨루기 행사 및 보여주기 행사와 판매행사를 목적으로 하는 다양한 전시회, 박람회, 이벤트[21] 등의 명칭이 축제적인 개념에 수용된 것으로 보인다. 축제의 명칭은 축제의 본질적인 의미를 규정한다.[22] 다시 말하면 축제의 명칭은 축제의 기본적인 틀과 내용을 규정짓기 때문에 축제의 고유한 성격을 반영하기 마련이다. 따라서 축제의 명칭은 축제의 본질적인 의미와 부합되도록 적합하게 사용될 필요가 있다. 그것은 축제의 정체성을 확립하고, 축제의 변별성을 확대하는 데도 크게 기여할 수 있기 때문이다.

2) 축제의 본질

고대인들은 축제를 통해 재액초복을 추구하고, 풍요와 안녕을 기원하고자 하였는데, 이것은 축제 속에 민족의 종교적 심상이 반영되어 있음을 의미한다. 그런데 현대 축제에 이르러서는 종교성은 약화되고, 인간의 이성적·합리적 사고에 따라 오락성이 증대된다. 이렇게 시대적인 변화에 따라 축제의 종교적 기능보다는 오늘날 산업사회의 기능이 강조되었다 하더라도 축제의 본질적인 의미를 간과할 수 없다. 축제는 인간의 생존욕구를 충족시켜주기 위해 개최된다. 축제는 인간의 생존을 위해 거행된다는 것이다. 축제가 삶과 현실이 반영된 문화양식으로서 역사적인 표현이라고도 할 수 있다. 축제의 주체는 역사의 주체가 되기도 하기 때문에 곧 축제는 역사를 인식할 수 있는 장치이기도 하다.

인간은 축제를 통해 삶의 변화를 도모한다. 인간의 존재를 '축제하는 인간'(Homo Festivus)이라고도 표현하는데, 이것은 축제가 인간이 갖는 본능적인 사회적 행동욕구를 표현해주는 수단이기 때문이다. 그리고 축제를 통해 궁극적으로 즐거움을 추구하고, 평소 절제되는 규범과 도덕에 의해 통제받았던 삶의 양식을 과감히 탈피할 수 있는 기회를 갖는다. 인간은 일상적인 삶 속에서 억눌리고 규제받았던 행위를 축제를 통해 표현함으로써 새로운 삶의 활력소를 얻고자 한다. 축제는 인간에게 새로운 즐거움을 제공하고 삶의 풍요로움을 제공하는 계기가 된다.

축제에는 삶과 현실에 대한 비판과 더불어 삶과 현실을 구성하는 틀을

잠정적으로 파괴하는 형태로 나타난다. 축제는 삶의 질서를 파괴함으로써 탈문화의 세계를 추구한다. 그렇기 때문에 장 뒤비뇨는 때로는 유쾌하고 때로는 가혹하게 파괴적인 긴장을 축제에서 재발견할 수 있고, 축제의 본질을 문화 또는 문명과 대척되는 지점에서 찾고자 함으로써 축제가 벌어지는 시공간은 흔히 "문명들이 변화하는 순간" 또는 "두 문명 사이에 균열이 생길 때"라고 지적하였다.[23] 이것은 지극히 전쟁과 같은 혼란스러운 상황 속에서 발견된다. 즉 축제를 통해 일상적인 삶과 사회적인 규범이 정지되고 파괴되는 순간이 축제의 순간이기 때문이다. 축제는 문명이 체계적으로 제거해왔던 그런 요소들을 다시 회복하고자 하는 행위라고 할 수 있다.

축제의 본질에 대해서도 다양한 각도에서 접근이 가능하리라 생각되지만, 축제의 본질은 축제를 주체하는 '인간의 삶'과 밀접한 관련이 있다. 건강하고, 풍요로우며, 즐겁게 사람들과 어울리기 위해 그 일환으로 축제를 행했다고도 볼 수 있다. 인간이 살아가는 한 축제는 영원히 지속될 것이라는 말은 이와 같은 맥락에서 볼 때 타당하다. 축제의 본질이라 함은 축제를 이루고 있는 가장 중요한 근본적인 성질이나 요소를 뜻한다고 할 수 있다. 시대가 변하더라도 관통할 수 있는 성질이나 요소가 곧 축제의 본질이라 하겠다. 축제의 본질로 오신성(娛神性), 의례성(儀禮性), 오인성(娛人性), 생산성(生産性), 전도성(顚倒性), 통합성(統合性) 등을 들 수 있다. 이와 같은 본질을 오늘날 개최되고 있는 모든 축제가 가지고 있는 것은 아니다. 전통축제에서는 흔히 볼 수 있는 요소이지만 현대의 축제에서는 다소 미흡하게 나타나기도 한다. 이처럼 다소간의 차이는 있겠지만 본질적인 요소를 최소한 어느 정도 갖추고 있어야 축제라고 할 수 있다.

(1) 오신성

인간은 축제의 쾌락 속에서 혼미하면서도 즐겁게 신과 인간, 신과 나 사이의 짝지음이 가능해진다.[24] 여기서 신과 인간의 화해 형식이 축제인 것이다. 화해 방식은 제의적인 방법으로 이루어지며, 제의의 목적은 신을 즐겁게 하여 신으로부터 감응을 받아 삶의 풍요를 기원하기 위함이다. 인간은 삶의 안녕과 풍요를 기원할 목적으로 자연신을 비롯한 인격신 등 많은 신들을 받들어 모신다. 신을 즐겁게 하기 위한 수단은 다름 아닌 희생물을 포함한 제물(祭物)을 봉헌하는 것과 신을 흥겹게 하기 위한 가무(歌舞)와 놀이 등을 연희하는 것 등 종합연희 형태로 이루어진다.

고대인들은 제천의례를 통해 신께 자신들의 건강과 풍요를 기원하고, 일상으로 되돌아가기 위한 재충전의 시간으로 연일 음주가무를 즐기는 시간을 가졌다. 고구려의 동맹, 부여의 영고, 동예의 무천 등이 그것이다. 이러한 제천의례에서 신과의 만남은 제사(祭祀)로도 이루어지지만 즐거운 춤과 노래로 즐겁게 오신(娛神)하면서도 이루어진다. 무당이 관여하는 제사의례에서 무당이 신을 불러 대접하고 기원하며 이러한 대접과 기원이 끝나면 다시 신의 세계로 보내는 청신(請神) → 오신(娛神·대접·기원) → 송신(送神)의 제의과정은 축제에도 해당되었다.[25] 이러한 제의적 과정에서 카오스상태로 빠져들면서 일상과는 다른 난장이 허용되고, 난장을 통해서 새로운 코스모스를 구축한다. 따라서 이러한 제의는 오직 신을 즐겁게 하기 위한 오신적인 행위이며 신성유희인 것이다. 이것을 제의성(祭儀性)이라 할 수 있는데, 제의성은 곧 종교성(宗敎性)을 의미한다. 축제는 종교적이기도 하기 때문에 인간은 축제를 통해 종교적인 감성의 표현 형태를 갖기도 한다.[26] 따라서 인간은 축제에서 집단적인 체험을 통해 신성한 경험에 도달하게 되고, 그것은 인간에게 초자연적인 것과의 접촉, 그리고 신성성이 부여되는 시공간의 경험을 통해 새로운 삶의 돌파구를 모색하도록 해준다.

(2) 의례성

축제의 기원을 종교성에서 찾고 있는 것과 같이 축제에 대한 이해를 의례적인 측면에서 접근하기도 한다. 축제를 의례적인 관점에서 분석할 경우 축제와 의례의 긴밀한 관계를 상정하지 않을 수 없다. 축제는 신에게 기원하여 신의 감응을 받을 목적으로 행해지기도 하지만, 영웅이나 역사적인 사건과 같은 기념할만한 것들을 의례화하고 그것을 축하하여 경축하는 행사이기도 하다. 예컨대 고대국가시대에 한 국가의 건국을 찬양한다거나, 고조선의 통치자이자 한민족의 조상으로서 단군을 신격화시키는 다양한 행사를 하고, 지역의 역사적인 사건을 기념하고 가치화시키기 위해 의례적인 행사를 개최하는데, 이것도 축제인 것이다. 축제의 의례성은 지역공동체나 개인적인 차원에서 표현되기도 한다. 공동체적인 가치를 구현하기 위한 세시풍속과 같은 세시의례라든가, 한 개인의 삶의 과정을 의미화 시키기 위한 일생의례도 축제 표현 양식 중의 하나이다.

이와 같은 축제는 의례와 긴밀한 관계를 가지고 있다. 왜냐하면 의례는 한정된 시공간에서 축제를 포함하고 있는 경우가 많으며, 축제 또한 의례적인 상황에서 시작하는 경우가 흔히 발견되기 때문이다.[27] 축제의 의례적인 성격은 세시풍속과 같은 계절적인 순환이나 종교의식, 특정한 역사적 사건의 기념식에서 보다 분명하게 드러난다. 그래서 축제는 자연스럽게 신화라든가 역사적인 사건과 연결되기 마련이다. 축제는 제의뿐만 아니라 의례를 근본형태로 한다.[28] 의례는 인간이 살아가는 데 있어서 요구되는 순리 그 자체가 의식화된 행동이기 때문에 형태와 절차 혹은 공간과 시간의 차이에 따라 동일하지 않다. 축제의 본질로서 의례는 인간사와 관련되어 인간들 사이에서 일어나는 일시적인 축제와 계절적인 순환에 따라 주기적으로 행해지는 반복적 축제의 성격을 지니고 있다.

(3) 오인성

축제는 인간과 인간의 화해 형식이다. 인간은 근본적으로 신과의 관계를 회복해 신의 감응을 얻고자 하고, 인간과의 관계를 개선하여 갈등관계를 극복하고자 한다. 인간과의 화해 방식 중의 하나가 놀이인 것이다. 놀이를 한다는 것은 자신을 신비의 세계에 맡겨 미래를 얻고 혼란한 세계의 허상을 벗겨내는 것이다. 그리고 놀이는 이전까지 허용하지 않았던 모든 것들에 대한 수용태세가 이루어지고, 모든 억압으로부터 자유로워질 수 있는 초월의 상태에 이르게 한다.[29] 놀이는 기본적으로 오락성을 가지고 있고, 그것만이 놀이가 지속될 수 있고 전승기반을 확보할 수 있도록 해준다.

오락성은 곧 유희성(遊戲性)인 것이다. 호이징가는 "인간의 유희적 본성이 문화적으로 표현된 것이 축제"[30]라고 설명한 것처럼 축제야말로 근본적으로 유희성이라는 요소로 이루어져 있음을 알 수 있다. 축제는 인간의 유희적 본성을 충족시켜주는 놀이의 가장 대표적인 형태 중의 하나이다. 유희의 특성으로 긴장감, 반복감, 폐쇄성과 제한성, 일상적 혹은 본래 삶으로부터 일탈을 들 수 있는데, 이것은 축제에서도 나타난다.[31] 축제도 시공간적인 제한성, 일상적인 삶의 배제, 경건한 분위기라는 특성을 가지고 있다는 점에서 축제와 유희는 긴밀한 공통점을 가지고 있다 하겠다.

(4) 생산성

축제는 낭비가 아닌 생산의 장치이다. 현대의 축제는 경제적인 목적을 달성하기 위해, 혹은 전통문화 계승·발전의 명분으로 지역경제의 활성화를 도모코자 개최하는 경우가 많다. 구체적으로 지역의 특산물이나 토산품의 판로를 개척하고 매출 실적을 향상시키기 위해 축제를 개최하기도 하고, 축제를 관광 상품으로 개발하거나 지역의 브랜드로 개발하여 지역경제적인 효과를 극대화하고자 축제가 개최된다. 이와 같이 축제의 경제적인 목적은 전통사회의 축제에서도 나타난다. 축제의 기원이라고 할 수 있는 고대의 제천의례가 국가와 백성의 안녕을 기원하기 위해 거행되기도 하지만, 중요한 것은 풍요를 기원하는 궁극적인 목적도 가지고 있다는 것이다. 농사의 풍요, 가축의 번식, 가족의 번창 등 재액초복은 삶의 풍요를 갈망하고자 하는 것으로 생산성의 신장을 추구하고자 제사를 지내는 것이다. 그것은 곧 제사가 축제이기 때문에 축제는 생산성 추구라는 근본적인 요소로 이루어져 있다 하겠다. 다만 현대축제와 전통축제의 생산성의 표현은 함축적이냐 아니면 구체적이냐의 차이가 있을 뿐이다.

(5) 전도성

바흐친은 축제에서 보이는 전도적, 비일상적 성격을 축제의 가장 기본적인 성격으로 지적하고 있다.[32] 축제는 이성적인 세계를 찾아내는 것을 목적으로 하는 것이지, 현실 자체를 부정하는 것은 아니다. 그렇기 때문에 인간은 축제를 통해 공동체적 질서의 회복을 추구하고, 일상적인 삶 속에서 만족스럽지 못할 때 축제를 통해 역설적으로 삶의 의미를 찾고자 한다. 그래서 축제에서는 흔히 비일상적인 전도현상이 발견된다.

축제는 일상생활의 단절을 통해 신성하고 종교적인 순간과 장소가 된다. 빅터 터너는 이러한 신성하고 종교적인 순간을 '리미널리티(Liminality) 단계'라고 칭하고, 이러한 단계에 머물러 있는 사람들이나 그들이 모여 있는 상황이나 공간을 '커뮤니타스(Communitas)'라고 부른다.[33] 리미널리티 단계는 장기간 지속되는 것이 아니라 일시적으로 끝나는 단계이다. 그렇기 때문에 일시적인 시간에 극도의 흥분이나 위험성, 일탈성 등이 허용된다. 이와 같은 일시적인 시간은 축제 속에서 일상적 시간의 흐름을 단절시킨다. 이것을 리치는 "축제에 들어가는 일반인들은 본래의 자기 지위를 상실하고 의례적으로 죽게 된다."[34]고 하였다. 의례적인 진행 과정에 머물러 있는 동안은 일상의 모든 권리와 의무로부터 벗어나게 된다. 그렇다고 해서 완전히 일상과 대립하는 것은 아니고 도리어 일상을 보완하고 드높여주는 것이다. 결국은 기존의 체제를 강화하는 역할을 하게 된다. 커뮤니타스가 위치한 리미널리티는 일시적인 시간이며 그 시간을 경험한 뒤 현실적인 삶으로 회복된다. 그렇기 때문에 인간은 축제를 통해 새로운 삶의 에너지를 획득하게 되는 것이다. 하지만 오늘날 축제가 일상과는 다른 새로운 삶의 이념을 실현시켜주기보다는 오히려 축제 자체가 삶 자체로 혹은 삶을 구성하는 요소로 인식되는 경향이 많아지고 있는 것 같다.

(6) 통합성

축제는 제의적인 행위를 통해 신과 인간이 하나이도록 하는 것이고, 인간과 인간의 유대관계를 돈독하게 해 주는 것이다. 고대부족국가 시대의 제천의례를 통해 신과 인간이 서로 소통하여 일체감을 갖게 되고, 집단적인 놀이를 통해 인간과 인간이 서로 갈등을 해소하여 한마당을 이루게 된다. 그렇기 때문에 축제는 인간과 신, 인간과 인간의 커뮤니케이션을 도모하기에 화합을 이끌어내는 통합의 장치이다. 나라는 개체와 공동체, 그리고 초월자 사이에 대립과 갈등이 해소되고 화해하여 하나 되는 것을 통합성이라 하겠는데, 통합성은 모든 축제의 본질이라고 할 수 있다. 통합성은 기본적으로 제의나 의례 그리고 유희적인 놀이를 통해 구현된다는 점에서 축제야말로 통합성을 구현하기 위한 장치인 셈이다. 전통사회이건 현대사회이건 간에 기본적으로 축제는 상징을 의식화하고 시민이 국가로 완전히 통합되는 무대가 되기 때문에[35] 가족과 지역 간의 통합을 도모하는 데 크게 기여한다.

3) 축제의 기능

축제의 기능은 축제의 본질과도 밀접하게 연관된다. 장주근은《향토축제의 현대적 의의》에서 원초적 제의성의 보존, 향토민의 일체감, 전통문화의 보존, 경제적 의의, 그리고 관광적 의의를 들었다.[36] 그런가 하면 축제의 기능을 더 세분화하여 나누기도 하였는데, 김명자[37]는 축제의 기능을 전통사회와 산업사회의 경우로 나누고, 먼저 전통사회의 기능으로는 종교적인 기능, 윤리적인 기능, 사회적 기능, 정치적 기능, 예술적 기능, 오락적 기능, 생산적 기능을 들었다. 산업사회에 들어와서 이런 기능들은 약화되기는 했으나 그 명맥은 유지하면서 산업사회에 적합한 의미로는 지연적인 소속확인 기능, 전통문화의 보존기능, 관광의 기능이 부가된다고 하였다.

이상일은 다소 포괄적인 축제의 기능을 설명하고 있는데,[38] ①사회적 기능으로서 의사소통과 사회통합, ②문화 예술적 기능으로서 가무연희, 카타르시스와 정서순화로 작용, ③경제적 기능으로서 축제의 현장에 떨어지는 교역, 시장 관광, 산업의 수익을 무시할 수 없다. 그러나 축제의 ④종교적 기능과 ⑤전통 수호기능 그리고 ⑥역사인식 기능이야말로 오늘날에도 축제가 존속되어야 할 당위성을 지닌 덕목이라고 했다.

이와 같이 몇몇 학자들이 주장한 축제의 기능에서 공통적으로 발견할 수 있는 것으로 종교적 기능, 사회적 기능, 경제적 기능을 들 수 있다.

축제의 기능을 논의하는 것은 기능주의적 입장에서 축제를 이해하는 일이다. 일반적으로 기능주의 학자들은 하나하나의 문화현상이 그가 속한 각각의 사회와 밀접한 관계를 맺고 있으며, 또 서로 다른 여러 개의 문화항목은 한 사회 내에서 상호 의존하고 있으므로 문화현상을 연구할 때는 연구대상과 그 사회와의 종합적인 관계 안에서 이해해야 한다고 한다.[39]기능주의적 시각은 현재의 측면에서 문화를 이해하는 노력이다. 따라서 현재 통용되는 문화를 전체 사회적인 맥락에서 그 기능적인 측면을 이해하기 위해서는 결국 현지조사와 참여관찰을 주된 조사방법으로 활용할 수밖에 없다. 문화현상의 요소들 가운데 어떤 것이 기능을 담당하는지 구체적으로 밝혀져야 한다. 그리고 문화의 요소들은 하나의 기능만을 갖는 것이 아니라 여러 기능과 의미를 동시에 가질 수도 있다는 점도 유념할 필요가 있다.

결론적으로 기능주의적 접근 방법은 총체적 접근(holistic approach)과 맥락에 따른 분석(contextual analysis)을 통하여 문화를 담당하는 사람들의 입장에서 그 문화 현상의 기능과 의미를 생생하게 파악하는 것이다.[40] 따라서 축제를 기능주의적 시각으로 축제의 기능과 의미를 파악해 볼 필요가 있는데, 축제를 개최하고 참여하고 있는 입장과 축제의 사회문화적인 맥락 안에서 기능을 파악하고자 한다. 축제의 기능을 논의하기 위해서는 수단으로서 기능에 초점을 맞추어 분류할 필요가 있으며, 수단으로서 기능은 실제적인 결과에 관한 것이다. 이러한 것을 염두에 두고 축제의 기능을 나누자면, 종교적 기능, 사회적 기능, 정치적 기능, 심리적 기능, 경제적 기능, 교육적 기능 등으로 나누어 이해할 수 있다.

(1) 종교적 기능

축제는 제의적 의미를 지니고 있고 축제의 본질인 원초적 제의성과 관련되어 있기 때문에 종교적 기능을 수행한다. 민속신앙 등 제의적 행사는 종교적 체험을 강화하고 성스러운 정화를 시도하여 신성성을 확보한다. 종교적 신성성은 실제적 공감대보다는 축제의 정당성을 보장해주는 역할을 하기도 한다. 가족 중심의 신앙이라든지 마을 중심의 신앙을 근간으로 한 종교적 기능은 축제의 생명력이라 보아도 무방할 것이다. 가정을 단위로 하는 설날, 대보름, 추석의 차례라든가, 조상신을 위한 기제, 문중을 중심으로 하는 시제, 마을공동체의 마을신앙은 종교적 구조를 갖추고 있어서 그 어떤 것보다도 종교적 기능을 강하게 수행한 것으로 보인다. 특히 제의 과정 속에서 인간이 신에게 고하는 글인 제문과 축문을 읽는데, 이것은 오늘날 기독교의 기도문과 그 형식과 내용이 다를 바 없다. 가정과 마을에서 행해지는 제사는 기풍제의적이고 추수감사적인 의미를 지니고 있어서 종교적 목적을 달성하기 위한 축제라고 할 수 있다.

그리고 현대의 축제보다는 전통사회 혹은 고대로 거슬러 올라갈수록 축제는 종교적 기능을 수행하는 경우가 많다. 부여의 영고, 고구려의 동맹, 동예의 무천 등 고대 제천의례, 삼국시대의 시조묘 및 산천신에 대한 제사, 고려의 팔관회와 연등회, 조선의 종묘 및 산천에 대한 제사는 국가 단위의 축제이면서 종교적 기능을 강하게 수행한다. 현대 축제가 비록 종교적 기능이 약화되었다고 하지만, 지금까지 행해지고 있는 마을 단위의 당산제나 역사적 인물을 추모하고 기리는 제사 등 지역 단위의 특정신을 모시는 제사를 보아서도 종교적 기능은 앞으로도 계속 존속할 것으로 보인다.

(2) 사회적 기능

축제는 여러 사람들이 함께 모여 어울리며, 사회 성원으로서 자기 확인과 자기 인식 그리고 타인을 확인하는 장이기도 하다. 축제는 인간과 인간의 대립과 갈등을 해소하고 화해를 이끌어내기에 구성원들 간의 일체감을 조성하는 데 크게 기여한다. 따라서 축제는 지배계층과 피지배계층의 수직적인 유대관계라든가, 이웃과 이웃의 수평적인 유대관계를 강화시켜 준다. 축제를 통해 공동체 의식을 고양할 수 있게 되고 사회적 결속력 강화와 통합을 도모할 수 있다는 면에서 축제는 사회적 기능을 지닌다고 볼 수 있다. 이것을 혈연공동체와 지연공동체로 나눠서 생각해 볼 수 있다. 먼저 혈연공동체는 삼국시대의 시조묘 제사로 거슬러 올라가 볼 수 있는데, 왕실의 혈통인 혈연공동체를 통합하여, 왕실의 권위를 보다 강화하였다. 후대로 올수록 국가 중심에서 민간 중심으로 계층이 확대되어 각각의 가족 중심의 혈연공동체가 강화되어 왔다. 그 대표적인 예로 문중제사나 세시명절, 통과의례를 들 수 있겠다.

마을신앙은 마을 공동체의 안녕과 번영, 풍요와 다산을 기원하며 지역민의 일체감을 도모하였다. 농업이라는 공통적인 경제적 기반을 가지고 있었기에 서로 간의 도움 없이 농사를 짓기란 불가능한 일이었다. 또한 생활주기가 농사력에 의해 결정되었기에 비슷한 삶의 양식을 지니고 있었다. 그리고 마을제사를 지내기 위해서 회의를 통해 제관을 뽑는 것과 같은 전반적인 사항을 결정하였다. 그런데 현대사회는 산업화, 도시화로 인한 생활패턴의 변화와 함께 공동체의 해체를 가져왔다. 이런 와중에 축제는 현대 사회의 생활패턴과는 다르게 역행하여 공동체성을 회복하는 데 목적이 있다. 축제가 지역사회나 국가에 대한 소속감과 정체성을 확립시켜 자신이 속한 집단에 대한 자긍심 내지는 자부심을 갖는 데 기여하고 있는 것이다. 축제야말로 현대사회에 있어서 메말라 가는 정서의 고향이라 할 수 있다.

(3) 정치적 기능

축제는 기존의 질서를 파괴하고 새로운 질서를 모색하여 기존 질서의 틀을 강화하는 수단으로 개최되기도 한다. 질서의 유지와 위계의 수립을 위해 축제가 활용되고 있는 것이다. 가정 단위의 축제는 그렇다 하더라도 마을축제는 마을의 원로회의를 통해 준비되고, 동네회의를 통해 결산된다. 여기서 원로회의와 동네회의는 지극히 민주적인 절차에 따라 진행되고 동네회의에 참석한 마을 사람들은 모두가 평등한 입장이라는 점에서 마을축제의 정치적인 면모를 엿볼 수 있다. 지역축제도 마찬가지로 지역축제의 개최를 위해서는 그 지역의 대표들로 구성되는 대동회에서 개최절차와 내용을 논의하고 결정하는 것을 보면 축제가 정치적 기능을 수행하고 있음을 엿볼 수 있다.

고대축제의 제천행사에서부터 오늘날의 축제에 이르기까지 축제는 사회 구성원들의 결속력을 다질 수 있게 했다. 고대의 제천행사는 천부지모(天父地母)의 후손이라는 유대감을 강화시키며, 힘을 하나로 모으는 데 전력을 다하였다. 삼국시대의 시조묘 제사와 산천제사, 고려시대의 팔관회와 조선의 나례 또한 국가공동체의 성격을 강조하면서 통합을 꾀하였다. 이러한 제의는 궁극적으로 정치적 목적을 실현하기 위한 수단으로 거행되었음을 알 수 있다. 오늘날의 지역축제도 축제를 정치적으로 활용하려고 하기도 하는 데, 각 지역 단체장의 선거유세나 홍보를 위한 장이 되는 모습에서 부정적인 시선으로 바라보기도 하지만, 지역축제를 통한 정치인의 입지를 강화하는 수단으로 활용하고 있다는 점에서 정치적 기능은 무시할 수 없는 중요한 기능이 되었다.

(4) 심리적 기능

축제는 일상적인 삶의 억압에서 해방되는 자유로움을 만끽하게 하여 인간으로 하여금 충만한 자유를 갖도록 해 준다. 인간은 즐거움과 만족감을 축제를 통해 성취하기 때문에 축제야말로 심리적 기능을 수행하고 있는 것이다. 즐거움과 만족감은 축제뿐만 아니라 유희를 통해서도 갖게 된다. 그러한 면에서 축제와 유희는 유사점을 가지고 있다. 여기서 축제의 본질인 유희성은 심리적 기능을 수행하는 데 크게 기여한다. 축제의 심리적 기능은 유희적 기능 혹은 오락적 기능이라고 말할 수 있다.

네덜란드의 역사학자인 호이징가는 《호모 루덴스》에서 "인간의 유희적 본성이 문화적으로 표현된 것이 축제이며, 이 축제적인 상황에서 벌어지는 놀이는 비일상적이고 비생산적인 것이지만 일상과 생산을 위해서는 필수불가결한 일"[41]이라고 말하였다. 각 지역마다 마을단위로 제사를 지내고 나면, 형식은 다르지만 남녀노소가 풍물을 치고 굿을 한다. 고대제의에서도 연일 술을 마시며 춤을 추고 밤새도록 놀았는데, 제의의 엄숙함 속의 긴장을 풀어줄 수 있는 놀이를 행하게 된다. 과거에는 신을 즐겁게 하여 자신들의 기원을 담아 빌었다면, 오늘날은 인간 스스로가 일상에서 벗어나 자유롭게 즐기면서 카오스상태로 빠져든다.

오늘날의 지역축제는 유희적 기능이 더욱 강조되고 있는데, 행사 프로그램을 통해서도 확인할 수 있다. 제의는 하고 있으나, 간단하게 형식적인 절차에만 따른다든지 제의를 하지 않는 경우도 발견되고 있다.[42] 지자체나 이벤트 회사들은 행사 프로그램을 흥미 있는 프로그램으로 만들기 위해 더 늘리고 다양화시키고 있다. 물론 그런 과정에서 부정적인 시각도 발생한다. 축제의 주제와 전혀 상관없는 프로그램이나 인기 가수들을 초청하는 등의 문제가 제기되는데, 축제가 상업화되고 있는 상황에서 생길 수밖에 없는 문제이기도 하다. 주 5일 근무제의 도입으로 주말에는 가족들 또는 친구들과 여가생활을 누리기 위해 외지로 나가는 경우가 많은데, 축제는 여가생활을 누리기 위한 좋은 장소를 제공하기도 한다.

(5) 경제적 기능

축제는 경제적인 측면에서 한편으로 이율배반적인 성격을 지니고 있다. 축제란 주관하는 사람이 소비를 통하여 사회적 명망을 얻게 되는 기회가 되고, 사람들은 그 축제를 준비하는 동안에 생산성을 높이며 잔치에서 음식을 나누어 먹는 것은 소비를 통한 재화의 재분배를 꾀하는 것이라는 경제적인 기능에 초점을 맞추어 해석을 내릴 수 있다. 그러나 한편으로는 축제기간 동안은 사람들이 생산 활동과 격리되어 있는 것이므로 비경제적이기도 한 것이다.[43] 이처럼 축제에 대한 이해의 초점을 어디에 두느냐에 기능이 달라짐을 알 수 있다. 그렇지만 축제의 유희성을 단순한 오락으로 보기보다는 일상생활에 복귀하였을 때, 생산을 위한 의욕으로 생산력을 촉진시키는 순기능을 지니고 있다는 점에서 축제는 경제적인 기능을 수행하고 있는 것이다.

그리고 축제는 경제적 목적을 달성하기 위해 개최되기도 하는데, 전통축제이건 현대축제이건 간에 공통적으로 삶의 풍요를 기원한다는 점에서 경제적인 기능을 수행한다고 볼 수 있다. 삶의 풍요는 여러 가지 측면이 있지만 그 가운데 가장 중요한 것은 경제적 풍요이다. 특히 현대의 지역축제일수록 이러한 경향이 강하다. 지역의 공업, 농업, 수산업, 임업 등의 생산물과 특산물의 판로를 개척하고 지역경제의 활성화를 모색하기 축제를 개최하는 경우가 많다. 예컨대 완도 전복축제라든가 광양 전어축제, 강진 청자축제, 광주 김치축제 등이 그것이다. 이러한 축제는 경제적인 효과가 구체적으로 드러나는 반면에 산업화 이전의 전통사회의 축제나 고대의 축제는 함축적으로 나타난다는 점에서 차이가 있다. 마을공동체에서 행해진 제의에서 풍농, 풍어, 다산 등의 기원은 직접적인 경제적 성취를 위한 목적 행위라는 점에서 경제적인 기능을 수행한다.

(6) 교육적 기능

교육적 기능 속에는 마을의 미풍양속을 진작하는 윤리적 기능과 음악과 무용 등 예술인들의 활동을 사기 진작시키는 예술적 기능, 전통문화를 계승·발전시킬 수 있는 전통문화교육의 기능 등이 포함된다.

축제가 행해지는 시간과 공간은 일상의 것과는 구분되는 비일상의 신성한 공간으로 축제 때는 난장이 벌어지고, 천민이 양반을 풍자하고 놀리는 등 신분이 서로 바뀌어 전통적인 윤리의식이 해체되는 모습을 볼 수 있다. 그리고 축제가 끝나면 일상의 윤리의식이 다시 회복된다는 점에서 윤리적 기능을 수행한다고 볼 수 있다. 이 경우는 민속극과 같은 연희적인 축제에서 나타나는 경우가 많다.

축제는 음악과 무용 그리고 다양한 연희들이 연행된다는 점에서 종합예술의 성격을 지니고 있다. 축제에는 전통적인 음악이라 할 수 있는 풍물이 연행되고, 판소리, 민요 등 다양한 민속음악이 가창되며, 줄다리기, 고싸움놀이, 동채싸움, 놋다리밟기 등 다양한 놀이가 이루어진다. 뿐만 아니라 대중문화예술을 비롯한 현대의 음악과 무용 등이 공연된다는 점에서 축제는 시대를 초월한 종합예술의 성격을 지닌다. 이러한 종합예술이 계승되고 발전되는 장이 축제의 마당이기 때문에 축제는 예술적 기능을 수행한다고 할 수 있다. 때로 축제는 예술가들이 뿌리 깊은 한국인의 모습을 표현할 수 있는 좋은 기회가 되는 곳이라는 점에서 예술창작의 공간이 되기도 한다.

오늘날 축제는 전통문화를 보존하고, 체험할 수 있는 장이 되기도 하는데 이것은 교육적 기능과도 관련이 있다고 볼 수 있다. 이는 오늘날의 축제에만 해당하는 것이 아니라 과거의 축제에도 해당된다. 선조들의 문화를 축제를 통해 체험할 수 있고, 또 우리는 전통문화를 후대에 남겨줄 수 있다. 현재 진도 영등제나 광주고싸움놀이축제, 보성소리축제 등 민속문화를 주제로 활용하는 축제뿐만이 아니라 민속문화 외의 다른 축제들의 체험행사나 부대 행사 등에서 전통문화를 체험할 수 있는 프로그램은 어렵지 않게 발견할 수 있다. 이것은 지역의 역사와 문화 및 예술을 교육시킬 수 있는 계기를 만들어준다는 점에서 축제의 교육적 기능은 중요하다고 볼 수 있다.

4) 축제의 유형

축제는 지역마다 다양한 내용과 성격을 가지고 있어서 축제를 유형화시켜 거시적이며 효율적으로 이해하기란 쉽지 않다. 그렇다보니 그간의 축제에 관한 연구가 개별적이며 미시적으로 검토되는 경우가 많았다. 따라서 축제의 개괄적인 이해와 원론적인 검토를 위해서는 어느 정도 체계적인 축제의 분류가 요청된다. 분류는 어떤 기준을 묶거나 나누어 유형화하는 기술로서 분류에서 가장 중요한 것은 일정한 기준의 설정이다. 기준을 설정하여 축제를 분류하여 이해하는 것도 하나의 방법이다. 지금까지 몇몇 학자들이 축제를 분류하여 분석한 바 있는데, 이를 검토하고 이를 바탕으로 다각적인 분류를 검토할 필요가 있다.

이상일은 축제의 순화를 위하여 우리는 농촌·향토축제와 도시의 축제를 구별하고 과거의 축제와 현대의 축제를 식별해 내야 한다고 했다. 과거의 농촌·향토축제가 전통사회의 자연발생적 기원을 갖는다면, 현대의 도시축제는 어쩌면 만들어지는 인공적 특성을 갖는다고 말하고 있다.[44] 따라서 농촌을 기반으로 하고 있는 축제는 향토축제요, 산업화 이후 이농현상과 도시인구의 집중에 따라 형성되는 도시를 기반으로 한 축제는 도시축제라고 인식하고 있음을 볼 수 있다. 그렇지만 축제의 내용상 향토축제나 도시축제가 크게 다르지 않는 경우가 있어서 이 경우 단순히 축제적 기반만을 가지고 분류하는 것은 한계가 있다. 그리고 농촌과 도시를 기준으로 축제를 분류하고 있지만 너무 포괄적이어서 향토축제의 세분화된 분류가 필요하다.

류정아는 축제를 주제별로 분류하였는데, 마을굿으로서 축제, 지역정체성의 강화로서 축제, 관광과 여흥거리로서 축제, 도시적 성격의 축제로 나누었다. 그리고 지역정체성 강화로서 축제를 다시 지역의 전통을 중시하는 축제, 지역의 자연적 특징을 강조하는 축제, 지역의 특산물을 중심으로 한 축제로 구분하였다.[45] 하지만 분류된 축제의 항목을 보면 전혀 주제적인 요소가 나타나지 않는다는 점에서 한계가 있다. 게다가 분류 기준을 축제의 성격을 토대로 하는 것인지 목적이나 기능을 토대로 하는 것인지도 불분명하다.

김태경은 축제를 의례대상의 유무를 토대로, 축제를 대표하는 상징물의 존재 여부를 기준으로 전통축제와 현대축제로 나누고 있다. 다시 전통축제를 전승축제와 복원축제로 나누고, 전승축제가 제의를 시작으로 놀이로 이어지는 형태를 취하고 있다면, 복원축제는 구성 및 구조적인 측면에서 전승축제에 기반을 두고 있다고 하였다. 그리고 현대축제를 이벤트로서 축제, 정치·사회적 도구로서 축제, 경제적 도구로서 축제, 문화적 매체로서 축제로 나누고 있다.[46] 그렇지만 축제를 이분법으로 전통축제와 현대축제로 분류하는 것은 너무 포괄적이며, 전승축제와 복원축제의 분류도 명확하지 않다. 복원축제라고 한다면 전승축제의 변이형태에 불과하고, 기능적인 기준에 따른 현대축제의 분류는 전통축제의 분류 기준과 서로 상이하다는 점에서 일관성이 결여되어 있다.

박동준은 축제의 성격에 따라 한국 축제의 유형을 9가지로 제시하고 있는데, 예술문화축제, 관광문화축제, 지역특산물축제, 자연환경축제, 전통민속축제, 주민화합축제, 역사 및 인물형 축제, 조형물축제, 음식문화축제로 나누고 있다.[47] 그리고 전통축제의 제의 속에 내재되어 있는 샤머니즘 요소를 살펴보기 위해 축제를 종교적인 축제, 계절변화에 따른 놀이 축제, 혈연적인 축제, 지연적인 축제로 구분하여 그 속에 내재된 성과 속의 요소와 의미를 고찰하고자 했다.[48] 이처럼 박동준은 연구 목적에 따라 축제를 달리 분류하고 있어서 일관성이 결여되어 있고, 축제는 종합예술로서 과거와 현재를 연계해서 이해하고자 할 때는 한계가 있다. 하지만 현재적 관점에서 축제를 이해하기 위한 분류로서는 효과적이고, 가정에서 행해지는 의례와 세시풍속, 마을에서 행해지는 마을신앙 등을 축제적 맥락에서 검토하는 것은 일견 타당성 있는 것으로 보인다.

최경은은 그나마 많은 학자들에 비해 다각적으로 축제를 분류하고 있음을 볼 수 있다. 그는 축제의 제목을 통해 알 수 있는 소재의 선택에 따라 예술문화축제, 관광문화축제, 지역특산물축제, 자연환경축제, 전통민속축제, 주민화합축제, 역사 및 인물형 축제, 조형물 축제, 음식문화 축제로 나누었고, 축제의 목표에 따라 내부지향적 축제, 외부지향적 축제, 쌍방향 축제로 나누었으며, 운영주체에 따라 광역단체 중심형 축제, 기초단체 중심형 축제, 자치단체와 민간단체 혼합형 축제, 민간 중심형 축제로 나누었다.[49] 축제의 소재, 축제의 지향점, 축제 운영주체를 기준으로 축제를 분류하는 것은 어느 정도 축제를 체계적으로 이해하는 데 크게 기여할 것으로 생각되나, 이 또한 축제의 내용에 집중되어 있고, 현대 지역축제만을 대상으로 삼고 있으며, 축제의 이해 지평을 확대하는 데는 다소 미흡할 수밖에 없다.

결론적으로 지금까지 축제를 분류하는 것을 보면, 축제 개최 지역을 기준으로 하여 분류하거나, 축제의 성격을 토대로 분류하는 경우가 많고, 분류 기준이 너무 포괄적이라는 점과 축제 분류 대상을 지나치게 시군구에서 거행되는 지역축제만을 대상으로 삼고 있다는 점에서 문제로 지적된다. 축제가 종합예술로서 연행되기 위해서는 최소한 3가지 구성요소를 갖추고 있어야 한다. 그것은 축제를 개최하는 시기(시간성), 축제를 개최하는 장소(공간성), 축제의 내용(컨텐츠)인데, 이 세 가지 기준을 설정하여 분류하고 유형화시켜 축제의 특징을 검토하는 것이 바람직하리라고 본다.

(1) 축제의 통시적 분류

시간성을 기준으로 축제를 분류하자면, 세시축제(세시명절)와 비세시축제(의례적 행사), 전통축제와 현대축제, 계절축제로 분류할 수 있다.

먼저, 세시축제와 비세시축제는 반복성과 주기성을 기준으로 나누어진다. 세시축제는 특정한 날에 반복적으로 거행되는 축제를 말하는 것으로 세시명절인 설, 대보름, 단오, 추석 등의 축제와 마을축제, 지역축제 등을 들 수 있다. 거의 주기적으로 거행되는 모든 축제가 세시축제라 할 수 있다. 그런가 하면 비세시축제는 혼례잔치, 상장례, 제사의례 등 일생의례와 관계된 축제를 들 수 있다. 비세시축제는 반드시 주기적으로 거행되는 것은 아니고, 그때그때 의례적 상황이 발생했을 때 행하는 일시적인 축제이다. 세시축제는 가정을 단위로 하는 축제에서 국가 단위 축제에 이르기까지 공간적 규모가 다양하고, 그 성격도 조상숭배와 관계된 축제에서 마을신앙과 관계된 축제, 지역경제 활성화를 도모하고자 하는 지역축제 등 다양한 성격을 지니고 있으며, 축제공동체[50]도 혈연공동체와 지연공동체의 성격을 지니고 있다. 이에 비해 비세시축제는 가정 단위의 축제로서 공간적인 규모가 가정 혹은 문중이고, 조상숭배와 관계되어 있으며, 혈연공동체라는 축제공동체를 가지고 있다.

두 번째, 전통축제와 현대축제는 근대성을 기준으로 나누어진다. 축제공동체의 규모는 큰 차이가 없지만 근대성을 바탕으로 한 현대축제가 산업사회를 기반으로 하고 있다면, 전근대성을 바탕으로 한 전통축제는 농업사회를 기반으로 하고 있다. 공간적으로 농촌지역을 기반으로 하고 있는 축제는 전통축제의 성격이 강하다면, 도시를 기반으로 하고 있는 축제는 현대축제의 성격이 강하다. 그리고 축제공동체의 규모가 가정이거나 마을인 경우가 전통축제라면, 지역인 경우는 현대축제가 훨씬 많다. 전통축제와 현대축제의 차이는 축제의 컨텐츠에서도 나타난다. 전통축제가 민속예술이 중심이라면 현대축제는 대중예술 및 현대예술을 비롯한 경제적인 효과를 꾀할 수 있는 내용이 중심이 된다. 예컨대 진도 영등제, 고싸움놀이축제, 보성 소리축제 등이 전통축제라면, 강진 청자축제, 광양 전어축제, 함평 나비축제 등은 현대축제라는 것이다. 오늘날 새롭게 구성되어 개최되고 있는 축제는 거의 현대축제에 가깝다.

세 번째, 계절축제는 계절성과 시간성을 기준으로 나누어지는데, 음력을 기준으로 봄, 여름, 가을, 겨울로 나눌 수 있고, 월별로 나눌 수 있다. 봄철의 축제는 1월부터 3월의 축제를, 여름철의 축제는 4월부터 6월의 축제를, 가을철의 축제는 7월부터 9월의 축제를, 겨울철의 축제는 10월부터 12월의 축제를 말한다. 하지만 양력을 기준으로 하면 봄철은 3~5월, 여름철은 6~8월, 가을철은 9~11월, 겨울철은 12~2월이라 할 수 있다. 가정을 단위로 하는 축제로 1월의 설날과 대보름, 5월 단오, 8월 추석의 세시명절과 관계된 축제가 있다면, 마을축제는 거의 1월에 거행되고 있다. 그리고 지역축제는 봄과 가을에 치중된 경향이 많다.

문화관광부에서 발간한 《한국의 지역축제》[51]를 보면 다음과 같은 결과를 볼 수 있다. 지역축제의 월별 개최 시기는 부정기적인 4개의 축제사례와 개최시기를 응답하지 않은 4개의 축제 사례를 제외한 404개의 축제를 대상으로 시기를 분류해 보면, 10월에 개최되는 지역축제가 46.3%로 전체 지역축제의 거의 반수가 10월에 집중적으로 개최되고 있음을 알 수 있다. 이어서

5월에 개최되는 축제가 14.5%, 4월에 개최되는 지역축제가 11.3%, 9월에 개최되는 지역축제가 7.6%로 나타나, 가을철인 9~10월과 봄철인 4~5월에 개최되는 지역축제가 개최시기가 일정한 지역축제의 약 80%를 차지하는 시기적 집중성을 보여준다. 특히 10월에 개최되는 지역축제가 189개로 나타난다. 이를 단순비교하면 현재 우리나라의 기초자치단체 230개의 80%정도에서 10월에 지역축제를 개최한다는 사실을 확인할 수 있다.

지역축제의 개최시기를 보여주는 월별 분류표는 다음 <표 1>과 <표2>와 같다.

<표 1> 개최월별 지역축제의 분포

계절	시기구분	코드	빈도	백분율	유효백분율	누적백분율
겨울철	1월	1	1	0.2	0.2	0.2
	2월	2	20	4.9	4.9	5.1
봄철	3월	3	11	2.7	2.7	7.8
	4월	4	46	11.2	11.3	19.1
	5월	5	59	14.3	14.5	33.6
여름철	6월	6	12	2.9	2.9	36.5
	7월	7	9	2.2	2.2	38.7
	8월	8	12	2.9	2.9	41.7
가을철	9월	9	31	7.5	7.6	49.3
	10월	10	189	45.9	46.3	95.6
	11월	11	14	3.4	3.4	99.0
겨울철	12월	12	0	0.0	0.0	99.0
부정기적		13	4	1.0	1.0	100.0
		0	4	1.0	무응답	
		총계	412	100.0	100.0	

<응답한 수 : 408개, 무응답 수 : 4개>

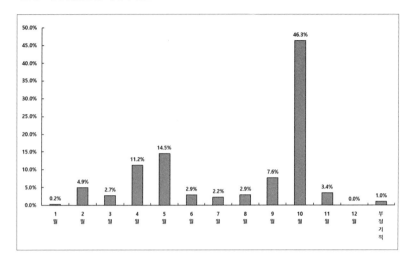

(2) 축제의 공시적 분류

축제를 공간적인 규모를 기준으로 나눌 수 있는데, 공간적인 규모는 다름 아닌 전승적 기반이요 축제공동체의 규모이다. 축제공동체 규모에 따라 가정축제, 마을축제, 지역축제, 국가축제, 아시아축제, 세계축제 등으로 나누어진다. 가정축제는 한 가정과 집안을 단위로, 마을축제는 마을공동체를, 지역축제는 면이나 시군구를, 국가축제는 국가를, 아시아축제는 아시아를, 세계축제는 지구촌을 기반으로 하는 축제이다.

먼저, 가정축제는 가족이 주관하고 가정에서 행해지는 축제이다. 축제공동체는 혈연적인 성격을 지니고 있다. 가정축제는 크게 두 가지 유형이 있다. 하나는 세시축제인 설날, 대보름, 단오, 추석 등이 있는데, 특히 대보름축제는 때로는 마을축제와 연계되기도 한다. 두 번째는 일생의례로서 일시적 축제인 혼례잔치, 상장례, 제사의례 등이 있다. 이와 같이 가정축제는 혈연이라고 하는 가족적 가치, 즉 혈연공동체의 가치를 추구하는 축제로서 세시명절에 이루어지는 경우가 많지만 특별한 날에 이루어지기도 하며, 조상숭배로서 제의적이거나 의례적인 성격을 가지고 있다는 점에서 특징이 있다.

두 번째, 마을축제는 마을공동체가 주관하고 마을을 기반으로 하는 축제이다. 마을축제의 축제공동체는 지연적인 성격을 지니고 있다. 물론 동족마을인 경우는 혈연적인 성격이 강하지만 타성받이가 참여한다는 점에서 지연공동체라 할 수 있다. 마을축제는 마을의 안녕과 풍농, 풍어를 기원하는 제의적인 행사로서 시대에 따라 많은 변화를 겪었다. 그래서 현재의 마을축제는 그 내용에 따라 유교적인 마을축제, 무속적인 마을축제, 유교 및 무속적인 마을축제 등으로 나눌 수 있다. 이와 같은 마을축제는 마을공동체의 집단적 가치를 추구하는 축제로서 세시명절에 이루어지고, 종교적 구조를 가진 마을신앙과 집단적인 민속놀이가 중심이 된다는 점에서 특징이 있다.

세 번째, 지역축제는 지역의 축제추진위원회가 주관하고 면이나 시군구를 기반으로 하는 축제이다. 오늘날 흔히 축제하면 지역축제를 연상하고 있는데, 각 시군구에서 많게는 2~3개의 지역축제를 개최하기도 하지만, 대체적으로 그 지역을 대표할 수 있는 하나의 지역축제를 개최하는 경우가 일반적이다. 축제의 공동체는 지연공동체이다. 지역축제의 내용으로는 민속문화적인 것을 비롯해 역사, 인물, 환경, 음식, 특산물, 현대예술, 스포츠 등으로 다양하게 구성되어 있다. 마을축제가 때로는 지역축제로 발전하기도 한다. 예컨대 한 마을의 고싸움놀이가 광주를 대표할 수 있는 지역축제로 발전한다든지, 한 마을의 2월 초하루 영등제가 군의 대표적인 축제로 발전한 진도 영등제가 그것이다. 지역축제는 지역공동체의 가치를 추구하는 축제로서 계절축제의 성격이 강하고, 무엇보다도 지역민의 화합과 지역경제 활성화를 목적으로 개최된다는 점에서 특징이 있다.

네 번째, 국가축제는 국가가 주관하고 국가 단위로 거행되는 축제이다.

축제공동체는 지연공동체이다. 고대역사시대에는 부여의 영고, 동예의 무천, 고구려의 동맹, 삼국시대의 시조묘 제사 및 산천에 대한 제사, 고려의 팔관회와 연등회 등 국가에서 주관하는 제사가 있고, 오늘날 현대사회에서는 국가가 주관하는 3·1절, 8·15광복절이나 제헌절, 개천절 등의 경축일 행사라든가, 스포츠 행사인 전국체전, 전국민속예술경연대회 등이 있다. 국가축제는 국가라고 하는 국가적 가치를 추구하고 정치적인 이념을 실현하기 위한 축제로서 주기적으로 거행되고, 고대의 행사는 제의적이며 현대의 행사는 의식적(儀式的)인 성격이 강하다는 점에서 특징이 있다.

다섯 번째, 아시아축제는 아시아의 규모로 구성된 위원회가 주관하고 아시아에서 거행되는 축제이다. 주로 스포츠 행사인 아시안게임이나 다양한 현대 문화예술 행사가 가장 대표적이다. 여기서 스포츠행사는 국가별로 순회하면서 개최되고 있지만, 문화예술행사는 특정의 국가에서 고정적으로 개최된다. 아시아축제는 아시아적 가치를 추구한다거나 아시아의 정치적인 이념을 구현하기 위해 개최되는 경우는 많지 않다. 다만 경쟁 대상이 아시아일 뿐이다. 아시아축제는 주기적으로 개최되고 경쟁적인 요소를 가지고 있다는 점이 특징이다.

다섯 번째, 세계축제는 국제적인 규모로 구성된 위원회가 주관하고 지구촌 단위로 거행되는 축제이다. 세계축제로 부산 국제영화제나 광주 비엔날레, 세계올림픽, 월드컵축구 등이 있다. 스포츠 행사는 국가 별로 순회하면서 개최되고 있지만, 문화예술 행사는 특정한 국가에서 세계를 지향할 목적으로 개최되고 있다. 마찬가지로 세계축제는 아시아축제와 마찬가지로 세계적인 가치를 추구하거나 세계 평화의 이념을 실현하기 위해 축제가 개최되는 경우는 드물다. 이와 같은 세계축제는 주기적으로 거행되고 경쟁적인 요소를 지니고 있다는 점에서 특징이 있다.

(3) 축제의 컨텐츠적 분류

컨텐츠를 기준으로 축제를 분류하면 민속문화축제, 역사인물축제, 생태환경축제, 향토음식축제, 특산물축제, 현대예술축제, 스포츠축제 등으로 나누어진다.

먼저, 민속문화축제는 세시명절이나 마을신앙과 집단적인 민속놀이 등 민속문화를 내용으로 하는 축제이다. 민속문화축제의 가장 대표적인 것은 가정축제와 마을축제가 있으며, 지역축제의 일부와 전국민속예술경연대회 등이 있다. 가정축제는 설, 대보름, 단오, 추석과 관계된 축제로서 세시의례와 민속놀이로 구성되어 있듯이, 마을축제도 마을신앙과 민속놀이 및 기타 세시행사로 구성되어 있다. 하지만 지역축제가 민속문화를 내용으로 축제화한 경우는 많지는 않지만 진도 영등제, 광주 고싸움놀이축제, 보성소리문화축제 등이 대표적이다. 민속문화축제는 문화적 전통성과 지역민의 일체성을 추구하려는 축제적 목적으로 개최되는 경우가 많다.

두 번째, 역사인물축제는 역사적인 사건과 인물의 행적을 내용으로 하는 축제이다. 역사인물축제로는 지역축제와 국가축제가 있는데, 지역축제는 지역의 역사적 인물의 행적을 기린다거나 그에 대한 가치를 구현할 목적으로 개최되는 경우로 장성홍길동축제, 곡성심청축제, 영암왕인문화축제, 완도장보고축제, 해남초의문화제 등이 있다. 국가축제는 국가의 정치적인 이념을 구현하기 위한 축제로서 고대의 축제를 비롯해 경축일의 행사가 여기에 해당된다. 역사인물축제는 지역의 구술문화 및 역사적 상황과 연계한 축제라는 점에서 축제의 주제와 역사성이 부각되고 있다.

세 번째, 생태환경축제는 생태환경을 소재로 한 축제이다. 생태환경축제는 지역축제가 중심을 이루며, 함평나비축제, 구례산수유축제, 광양매화축제, 목포유달산축제, 무안백련대축제, 장성백양단풍축제 등이 있는데, 꽃,

단풍, 나비 등 주변경관과 지형적 특징을 활용하여 축제의 소재로 활용하고 있다. 생태환경축제는 여타의 축제에 비해 인간과 자연의 일체성과 인간의 자연에 대한 체험을 중요시한다.

네 번째, 향토음식축제는 향토음식을 축제의 핵심으로 삼고 있는 축제이다. 향토음식축제는 지역축제가 대부분인데, 남도음식축제, 광주김치축제, 광양숯불구이축제, 광양전어축제 등이 있다. 향토음식축제는 음식의 상품화에 주안점을 두고 있으며, 음식 재료의 생산시기와 연계하여 지역음식을 브랜드화 하기 위한 축제로 발전하고 있다. 향토음식축제는 지역의 관광성과 경제성을 추구하는 경우가 많다.

다섯 번째, 특산물축제는 지역의 특산품을 축제의 핵심으로 삼고 있는 축제로서 지역경제의 활성화를 도모코자 개최되는 경우가 많다. 따라서 특산물축제는 지역축제인 경우가 대부분이며, 담양대나무축제, 보성다향제, 강진청자문화제 등이 있다. 특산물축제는 무엇보다도 특산물 판로를 개척하고 이미지를 제고하기 위해 개최되기 때문에 경제성 추구를 지향한다.

여섯 번째, 현대예술축제는 현대예술을 축제의 핵심으로 삼고 있는 축제로서 예술작품의 생산자와 소비자들이 하나가 되고 서로 소통하는 축제이다. 현대예술축제는 지역축제보다는 규모가 큰 경우가 많은데, 현대예술축제는 아시아 및 세계축제로서 광주 비엔날레와 부산 국제영화제 등이 있다. 이들은 현대미술과 영화를 축제의 소재로 삼고 있으며, 전시관과 영화관의 입장객 수입을 극대화하여 현대예술의 활성화 및 산업화를 도모하는데 주안점을 두고 있다는 점에서 특징이 있다.

일곱 번째, 스포츠축제는 운동경기를 소재로 한 축제이다. 축제를 통해 스포츠 경기 능력을 향상시키고 스포츠의 발전을 도모하는 축제이며, 체육인은 물론 스포츠를 좋아하는 모든 사람들의 축제이다. 스포츠축제는 개막식, 본 행사, 폐막식으로 구성되어 있는데 개막식은 의례적인 성격이 강하고 본 행사는 유희적인 성격이 강하다. 스포츠축제로는 학교 및 시군구의 체육대회를 비롯해 전국체전, 아시아올림픽, 세계올림픽, 월드컵축구 등이 있다.

2. 민속과 감성

1) 감성의 개념과 형성과정

감성의 개념을 정의하는 작업은 그 명칭에 대한 확장을 꾀하기 위함이기도 하다. 이것은 다시 말하면 감성의 개념을 정의하는 것은 문화에 표현된 감성을 핵심적으로 요약하는 작업임을 의미한다. 그런데 감성에 대한 정의가 아직까진 명쾌하지 않을 뿐만 아니라 용어마저도 통일되지 않고 있는 실정이다. 그러다 보니 감성의 본질이나 양상 등을 파악하는데 한계가 있을 수밖에 없었다. 따라서 감성의 정의 규정은 무엇보다도 기초적이면서 필수적이라 하지 않을 수 없다. 그것은 곧 다양한 방식으로 표현되고 있는 감성의 여러 양태를 분석하는데 출발점이 되기 때문이다.

감성의 용어가 통일되지 않고 있다는 것은 감성에 대한 정의를 다르게 정립하고 있는데서 비롯된다. 일반적으로 사물의 본질에 입각하여 그 명칭이 명명되듯이, 감성을 어떻게 인식하고 정의하느냐에 따라 명칭도 달라질 수 있다. 지금까지 감성의 동일계열 용어로 감정, 정서, 열정, 느낌 등이 언급되어 왔다. 지금까지 논의된 것을 검토하면, 먼저 감성의 정의가 감정의 개념에서 벗어나지 못한 경우가 많았다. 감성을 감정과 연계하여 이해하는 것은 바람직하지만, 오히려 감정과 감성을 서로 혼용해서 사용하는 것은 한계라 할 수 있다.[52] 두 번째로 감성을 정서와 동일한 의미로 사용하고 있는

가 하면,[53] 세 번째로 감성과 정서를 구분하여 설명[54]하기도 한다. 여기서 전자는 감성을 정서와 동일한 개념으로 인식하고 있지만 이 또한 감정의 개념으로부터 크게 벗어나지 못하고 있다. 후자는 감정과 정서를 구분하여 감성의 개념을 설정하려하는 것은 진일보한 것이라 생각된다. 다만 감정과 정서의 관계를 좀더 세밀하게 검토할 필요가 있고, 그 후 정서와 감성의 관계를 확인할 필요가 있다. 아니면 감정과 감성의 관계를 파악하는데, 굳이 정서를 끌어들일 필요가 있을까 싶기도 하다. 정서를 감정이나 감성의 개념으로 통합하여 이해할 수도 있기 때문이다. 네 번째로 감성의 용어를 열정으로 바꾸어 표현한 경우도 있다. 이것은 감정과 감성의 상위 개념으로서 감성을 인하고 있는데, 이것을 기호학적인 용어로 열정이라 하고 있다.[55] 그런가 하면 이성은 긍정적이고 합리적인 것으로 특권화된 반면, 감정은 부정적이고 비합리적인 것으로 주변화 된다고 하여 이성과 열정, 인지와 정서, 생각과 느낌, 남성과 여성, 일과 여가 같은 용어들은 합리성과 감정에 대한 이원적인 대립항이라고 말하기도 한다.[56] 여기서 감정은 열정, 정서, 느낌과 관계된 언어로 이해하고 있는 것으로 보면, 감성을 감정으로 이해하고 있어서 한계이기도 하다.

이렇듯 감성에 대한 정의를 보면, 연구자들마다 다소 차이가 있음을 볼 수 있는데, 중요한 것은 감성의 개념을 감정과 구분하고 있다는 것이고, 그것보다 상위의 개념으로 감성을 인식하고 있다는 것을 확인할 수 있다. 따라서 감성은 감정과 밀접한 관계를 갖고 있기 때문에 그 관계 속에서 정의되어질 필요가 있는 것이다. 감정에 생활경험이라고 하는 개인적인 요인(연령, 성별, 교육, 건강, 심리상태 등), 사회적인 요인(가족관계, 정치, 지역사회, 경제, 자연환경 등), 문화적인 요인(전통, 풍습, 종교, 인종, 생활문화 등)이 작용하여 발생한 것이 감성이라고 말하기도 하기 때문에[57] 감성은 감정의 관계 속에서 이해되어야 함을 알 수 있다.

감성에 대한 인식은 이데올로기에 따라 다르기도 하는데, 예컨대 유가(儒家)에서 감성은 자연정감을 바탕으로 하면서도 합리적인 사유 세계를 버리지 않는, 즉 정감과 사유의 결합을 통한 실천을 유발하기 위한 것[58]이라 하여 실천을 전제로 감성을 이해하기도 한다. 여기서 자연정감이라 함은 감정이고, 합리적인 사유라 함은 이성적 사유이니, 곧 감정이 이성적 사고에 의해 규제되어 실천으로 이행되는 것을 감성이라는 것으로 읽혀진다. 이러한 논의는 감성이 행위를 직접적으로 유발하거나, 혹은 간접적으로 유발시키는 요인이 되기 때문에 무엇보다도 감성을 감정의 관계 속에서만 이해하는 것뿐만 아니라 행위의 관계 속에서도 이해해야 함을 제시하고 있다는 점에서 의미가 있다. 특히 유가에서 실천적인 감성은 도덕적이고 윤리적인 감성을 중요시할 수밖에 없었을 것이다. 그렇다고 이러한 감성이 전부라고 하기 어렵다. 이 또한 지극히 일부에 지나지 않기 때문이다. 감성은 윤리적인 것과 상관없이 다양한 행위를 전제로 반응하고 표현되는 경우가 많아서 감정과 감성, 감성과 행위 관계 속에서 이해할 필요가 여기 있는 것이다.

감정이 어떻게 감성으로 발현되고, 이것이 사회에서 어떻게 행동으로 연결되는가를 확인하는 것은 일종의 감성의 매카니즘을 규명하기 위한 것이다. 감성의 매카니즘은 감정이 사회적인 환경, 역사적인 환경, 문화적인 환경에 따라 역동적이며 단계적인 과정을 통해 감성으로 발현되고, 이것이 행동을 유발시키는 원동력이 되거나, 혹은 행동을 유발시키는 요인이 되기도 한다. 그래서 그 행동은 사회적 관점에서 혹은 도덕적으로 평가되어 의미화된다. 요약하자면 감성의 매카니즘은 감각적 자극→감정→감성→행동→의미화로 연결된다고 할 수 있다.

따라서 감성의 매카니즘을 이해하는 것은 곧 감성의 발현 통로를 파악하는 길이 된다. 감성발현의 통로를 보면 감정으로부터 출발하여 이성적 사고의 관여를 통해 감성으로 발전하고 행동으로 연결되는 경로를 가지고 있다. 이것이 곧 감성발현 경로인 것이다. 이와 같은 경로를 다음 그림과 같이 설명할 수 있다.

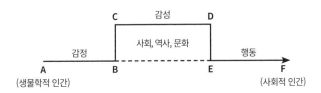

감정은 일차적으로 어떤 대상에 대한 본능적인 반응에서 출발한다. 다시 말하면 인간이 어떤 대상에 대해 어떠한 판단을 하기 전에 촉각, 후각, 미각, 청각, 시각이라고 하는 감각적인 자극을 통해 거의 무의식적으로 반응하는 것이 감정이다. 이러한 인간의 자연적인 감정에 다양한 사회적인 규칙이 가해짐으로 인해 감성이 형성되기도 하고, 역사적인 환경에 따른 이데올로기의 반영으로 인해 형성되기도 한다. 뿐만 아니라 지극히 개인적이고 주관적인데 문화적인 영향을 받아 감성으로 발전되기도 한다.

감성은 사회적인 규칙에 따라 지극히 복합적이고 다양한 요인들이 중복되고 충돌하는 결과로서 나타나기도 하고, 시간 속에서 즉각적으로 나타날 수도 있는가 하면, 일정한 시간이 지난 뒤에 나타날 수도 있다. 이와 같이 감성은 사회적인 제도나 역사적인 시대나 문화권에 따라 서로 다양한 모습으로 조직된다고 볼 수 있다.[59] 감성이 공동체 구성원들과 함께 공유하게 되면서 집단적인 감성을 형성하기도 한다. 집단적인 감성은 기본적으로 개인적인 감성이 집단화되어 형성된다. 궁극적으로 이러한 것은 민족이나 지역의 정체성을 형성하는데 적지 않게 영향을 미치게 된다.

인간은 어떤 대상에 대한 자극으로 인해 무의식적으로 표출되는 것을 감정이라 하고, 그것이 사회, 역사, 문화라고 하는 의식적인 장치들에 의해 가공된 것을 감성이라 하기도 한다. 여기서 감정은 외부자극의 종류에 따라 그 내용이 결정되지만, 감성은 동일한 자극이라도 개인의 생활경험에 의해 달라진다. 그렇기 때문에 감정은 자의적으로 조절이 가능하며, 감성은 조절이 불가능하다는 점이다.[60] 그래서 감성을 이해하기 위해서는 생활경험이 형성된 사회, 역사, 문화를 분석하는 것이 중요하다고 생각한다.

위의 그림에서 보듯이 감정과 감성을 행위와 연결시켰을 때 행위가 무의식적으로 이루어지는 경우(ABEF)와 의식적으로 이루어지는 경우(ABCDEF)로 나눌 수 있다. 전자는 감정의 표출로 이루지고, 후자는 감성의 표현으로 이루어진다고 할 수 있다. 다만 표출은 심리적 현상을 직접적으로 겉으로 드러내는 것을 말하고, 표현은 심리적인 움직임을 어떤 형태를 통해 겉으로 드러내고 있다는 점에서 차이가 있다. 이렇듯 인간의 심리적 현상이 무의식적으로 표출된 것이 감정이고, 어떠한 것을 통해 의식적으로 가공하여 표현된 것이 감성임을 알 수 있다.

그렇기 때문에 감정을 이성의 대립개념으로 이해하는 것은 바람직하나, 감성을 이성의 대립개념으로 인식하는 것은 다소 문제가 될 수 있다. 그것은 감성이 이성의 대립적인 요소도 있겠지만 그렇지 않은 경우도 있기 때문이다. 왜냐면 사회, 역사, 문화적인 조작이 이성적인 사고에 의해 형성된 것으로, 감성은 상당부분 이성적인 요소가 개입되어 형성된 인간의 심리현상이서 더욱 그렇다. 도리어 감정에서 이성으로 이행해가는 과정이 감성이라 할 수 있다.

2) 감성의 유형과 체계

감성의 유형을 체계화한다는 것은 그리 쉬운 일이 아니다. 기본적으로 감성의 실체가 확인되어야 하고, 시간적이고 공간에 따라 감성이 다르기 때문에 그 차이를 구분할 수 있어야 유형화가 이루어지기 때문이다. 그렇지만 감성의 본질이나 양상을 파악하는 데는 무엇보다도 감성의 유형화가 효과적이라 생각하기 때문에 그 시도가 필요한 것이고, 여기서 유형화는 분류를 근간으로 이루어지고, 분류는 사물의 체계적인 이해의 하나의 방법으로 그 기준 설정이 무엇보다도 중요하다.

감성을 분류하는 데는 기본적으로 그것이 다양한 형상으로 발현된다는 것이 전제되어야 한다. 하지만 감성이라고 하는 것에는 분명 그 실체가 존재하지 않기 때문에 그에 대한 분류가 있을 수도 있어도 안된다고 하면[61] 감성의 분류는 무의미할 수밖에 없다. 그렇지만 일반적으로 감성을 다양한 방식으로 분류하고 있는 것은 감성의 발현양상이 다양하게 나타나고 있음을 전제로 하는데서 출발하고 있다는 점을 직시할 필요가 있다.

감성을 응용하고 하고 있는 공학분야에서는 감성을 발생시키는 주요인에 따라 미시적인 감성과 거시적인 감성으로,[62] 개인의 의사결정이나 행동에 미치는 영향에 따라 긍정적 감성, 부정적 감성, 중립적 감성으로 나누기도 하고,[63] 감성의 종류를 심리학에서는 공포, 분노, 절망, 수치, 환희 등으로,[64] 기호학에서는 표현양상에 따라 분노, 질투, 욕심, 공포, 연민 등으로 나누기도 한다.[65] 음악에서 감성은 음악이 주는 느낌을 표현하는 감각언어로서 평조, 낙시조, 계면조, 우조의 4조체(四調體)인데, 이것은 음조직이 아닌 감성적인 개념으로 인식하여 분류하기도 한다.[66] 유가철학에서는 감성의 표출 형태를 기준으로 사단과 칠정이라고 하는 4가지 혹은 7가지로 분류하기도 한다.[67]

여기서 사단칠정이라 함은 《맹자》에서 나온 사단과 《예기》에서 나온 칠정의 개념인데, 사단은 도덕적 가치가 인간에게 개입된 인의예지(仁義禮智)라는 네 가지 심리현상이고, 칠정은 가치가 개입되지 않는 희(喜)·노(怒)·애(哀)·구(懼)·애(愛)·오(惡)·욕(欲)이라는 일곱 가지의 심리현상을 말한다. 여기서 사단칠정론에 대한 논쟁은 인간과 마음의 문제에 있어서 가치와 사실의 관계를 어떻게 설정할 것인가에 대한 논의이다.[68] 하지만 이와 같은 것은 전통 농경사회를 근간으로 한 심리체계이고, 사회적인 변화와 더불어 심리체계도 다양하게 나타나기 때문에 그 유형은 훨씬 확대되었을 것으로 보인다. 그래서 기본적으로 감성의 유형화는 최소분류에서부터 확대시키나가는 것이 바람직하다고 생각한다.

먼저 희노애락(喜怒哀樂)과 같은 가장 기본적인 감정의 유형을 토대로 감성을 유형화하고 그 체계를 확인할 필요가 있다. 그것은 감성의 유형이 감정의 유형과 어느 정도 일치하는 면도 있고, 감성이 감정과 밀접한 관계를 맺고 있기 때문이다. 덧붙여서 사단칠정을 오행과 사시로 대응시켜 ①木-春-喜·愛·慾, ②金-秋-怒·惡, ③水-冬-哀·懼, ④火-夏-樂로 구분하기도 한다.[69] 여기에 동서남북의 방향관, 음양사상과 색채 등을 고려하면 감정과 감성을 기본적으로 네 가지 유형으로 나누는 것이 기본적일 것으로 생각된다. 그리고 시간과 사회적인 변화에 따라 확대된 분류는 추후 논의를 통해 보완할 필요가 있다.

인간이 경험하는 희노애락은 일차적으로 어떤 대상에 대한 본능적인 반응에서 출발한 것으로 개인의 생활경험, 즉 연령, 성별, 건강, 교육정도, 종교, 가정환경, 사회환경, 전통과 풍습, 자연환경 등 같은 많은 요소들에 의해 다르게 나타나며, 동일한 사람이라도 심신의 상태, 주변적인 환경, 시간의 흐름에 따라 변화될 수 있다. 이러한 것은 지극히 주관적으로 나타나며 가시적인 모습으로 발현되고, 그것이 생활 속에서 반복되고 공유되면 객관화되기도 한다. 희노애락을 기호사각형 그림을 활용해 정렬시키면 다음과 같다.

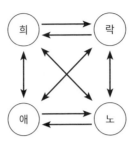

인간은 다양한 삶 속에서 외부적인 요인을 통해 표출된 감정이 기쁨과 슬픔이요, 분노와 즐거움, 기쁨과 분노, 슬픔과 즐거움이다. 이들은 서로 대립적인 자질을 가지고 있으면서 양극단에 위치하여 상황에 따라 교체되는 관계이기도 하다. 즉 이들 감정은 서로 극복되거나 좌절되면 서로 자리바꿈하는 관계라는 것이다. 그것은 감정의 상태가 직선적이고 일방적이지만 않고 통섭적(通涉的)인 상태가 되기도 한다는 것을 의미한다. 예를 들면 다양한 환경 속에서 인간의 욕구가 실현되면 기쁘거나 즐거운 감정을 표출할 것이고, 그렇지 않고 누군가로 인해 좌절되면 슬프거나 분노의 감정을 표출할 것이다. 반대로 슬픔과 분노가 극복되면 기쁨과 즐거움의 상태가 된다는 것이다. 그런가 하면 기쁨과 슬픔은 즐거움과 분노로 발전되기도 하고, 즐거움이 진정되면 기쁨의 상태를 유지하게 되며, 분노가 표출되지 않으면 체념화되어 슬픔의 상태에 머무르기도 한다.

이와 같은 감정은 사회, 역사, 문화적인 환경에 의해 감성화된다. 먼저 기쁨은 욕구의 실현에 의해 표출되는 감정으로, 개인과 집단의 성향에 따라 다르지만 그것을 경험하고 나면 화평(和平)에 이르게 되어 인간의 행동을 유발시킨다. 화평 상태의 행동은 가장 안정된 모습일 것이고, 흥겨워하는 삶의 리듬을 갖게 될 것이다. 두 번째, 분노는 외부적인 환경으로 인해 욕구가 좌절되어 나타난 심리로, 이것이 극복되지 않고 절정에 다다르면 격정(激情)으로 전개되어 격렬한 행동을 유발하게 되어 다소 공격적인 행동을 취하게 할 수 있다. 세 번째, 슬픔은 개인의 부당한 대접이나 욕구 좌절에서 비롯되는 감정으로, 이것을 풀어내지 못하고 누적되면 체념의 상태가 되어 애정(哀情)을 가슴속에서로부터 표출하지 못하는 한의 상태가 된다. 네 번째, 즐거움은 기쁨이 토대가 되어 역동적이고 최고조의 감정상태에 달하여 인간과 신이 하나 되는 신명(神明)으로 발전된다. 이러한 감성을 앞서 감정의 기호 사각형처럼 정리할 수 있다.

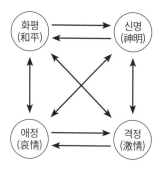

위의 감성은 화평과 애정, 신명과 격정, 화평과 격정, 애정과 신명이 서로 대립적인 관계임을 보여주고 있다. 그러면서도 화평과 신명, 애정과 격정은 상호 간의 교섭관계를 갖는 관계이기도 하다. 이와 같은 감성은 민속에 그대로 표현되어 나타나는 문화적인 표현으로서 민속을 통해 다양한 감성의 발현양상을 확인할 수 있다. 특히 민속에 나타난 감성은 궁극적으로 화평의 감성을 추구하고자 하는 역학관계를 가지고 있음을 알 수 있다. 특히 화평의 감성을 지향하는 것은 그것이 인간 행복의 지표라 생각한 것이기 때문에, 애정이나 격정, 신명은 근본적으로 인간의 행복을 실현하고자 하는 문화적인 행동인 셈이다. 그래서 인간이 행복을 추구하기 위해 화평, 신명, 애정, 격정의 감성이 개별적으로 전개되기도 하지만 이들이 통합적으로 실현되기도 한다. 감성들이 통합적으로 실현된다는 것은 동일한 목적을 가지고 있기 때문이다. 그렇지만 그 발현양상은 개별적이고 부분적으로 나타나고, 이것이 쇠사슬처럼 연쇄적으로 전개되면서 통합적인 관계를 갖는다.

3) 감성의 발현양상

인간은 희노애락의 감정을 표출하는 방법이 개인마다 민족마다 혹은 시간이나 공간에 따라 다르기 때문에 다양한 양태를 띠었다. 두말할 필요 없이 이러한 것은 문화적인 산물로 표현되었을 터인데 그것은 바로 다름 아닌 감성이었다. 즉 화평, 격정, 애정, 신명이라는 감성인 것이다. 이와 같은 감성은 개인마다 민족마다 다양한 방식으로 표현되었다. 따라서 민속현상에 나타난 감성의 실체를 파악하기 위해 무엇보다도 감성의 유형에 따라 개별적으로 반영하고 있는 민속을 토대로 검토하고, 이를 통해 그 본질을 파악할 필요가 있다.

민속에 나타난 감성은 특정의 감성만이 표현된 것이 아니라 복합적으로 나타나는 경우가 많다. 예컨대 민요라고 해서 애정이라는 하나의 감성만이 표현되고 있는 것이 아니라 화평이나 신명을 반영하기도 한다. 민속놀이도 마찬가지로 신명과 격정의 감성을 반영하는 경우가 많지만, 즉 종교적인 성격이 강한 놀이에서는 신명을, 싸움형 놀이에서는 격정의 감성이 잘 반영되어 나타나지만, 개인놀이에서는 화평의 감성을 반영하기도 한다. 비단 이러한 것은 민속의 장르별로 검토한 것이기는 하지만 실제로 구체적인 사례에서도 이와 같은 경우가 많다. 따라서 민속현상 가운데 어떠한 감성이 중점적으로 나타나는가를 파악하여 그것을 대표적인 표지로 삼고 감성의 발현

양상을 검토하고자 한다.

(1) 화평(和平)

화평이란 인간이 가장 평화롭고 한가로우며 유유자적한 심정으로, 물질적으로 넉넉함과 정신적인 여유로움에서 비롯되는 심리현상이다. 인간은 넉넉함 속에서 여유로움을 찾고자 하기 때문에, 이것은 여가생활로 이어지기도 한다. 여가란 일상생활 속에서 잠시 휴식을 취하거나 재충전을 위해 할애한 시간이나 혹은 남은 시간이서 느긋함과 여유를 의미한다. 따라서 여가생활은 제도화되고 긴장된 삶에 활력소를 불어넣어주는 역할을 하기도 하고, 삶의 반성적인 역할을 하기도 한다. 이러한 것은 궁극적으로 자연친화적인 풍류와 인간미 넘치는 멋으로 발전되어 표현되는데, 기본적으로 화평의 상태에서 출발한다. 그래서 화평은 바로 인간이 추구하는 가장 이상적인 감성의 상태로서 생동감을 갖게 하고, 포용력을 갖게 해준다. 이러한 것은 풍류와 멋을 추구하는 삶의 출발점이 되기도 한다. 화평의 감성을 잘 표현하고 있는 민속현상을 보면, 그 가운데 화전놀이, 단오놀이, 강강술래 등을 들 수 있다.

화전놀이는 만물이 싹트는 삼월 삼짇날에 여성들이 주축이 되고 하나 되는 봄놀이축제로서, 이 무렵에는 강남 갔던 제비가 돌아오는 날이라 하여 제비맞이라는 풍속도 전해진다. 홍석모의 《동국세시기》 3월조를 보면 "진달래꽃을 따다가 찹쌀가루에 반죽하여 둥근 떡을 만들고 그것을 기름에 지진 것을 화전(花煎)이라 한다.[70]"라는 기록이 있다. 이에 따르면 진달래가 만발할 즈음에 부녀자들이 간단한 취사도구를 챙겨서 삶의 공간으로부터 이탈하여 계곡이나 산 속으로 들어가 하루를 즐기는 봄나들이를 했음을 알 수 있다. 원래 조선 전기까지만 해도 남녀가 한데 어울려 음주가무를 즐겼던 것으로, 백호 임제의 '화전회시(花煎會詩)'를 보면 남녀가 함께 어울렸음을 알 수 있다.[71] 그렇지만 조선 후기에는 여성 중심의 화전놀이로 바뀌게 되었는데, 화전놀이를 하면서 화전가를 지어 돌아가면서 읊조리기도 했고, 민요들을 부르기도 했다. 비록 여성들이 시집살이와 같은 생활환경을 반영한 민요를 부르기도 했기 때문에 애정의 감성이 반영되기도 한다. 이러한 감성은 민요를 반복적으로 가창함으로써 해소되어 화평을 추구할 수 있는 계기가 되고, 그리고 민요는 화전놀이 가운데 지극히 일부분으로 화평의 감성이 크게 훼손되지 않는다. 게다가 풀각씨놀이와 같은 여성들의 다양한 놀이와 더불어 언어유희적인 놀이 등이 행해졌다는 것을 감안하면, 화전놀이가 봄철의 민속놀이로서 화평의 감성이 대표적인 지표라고 할 수 있다. 이와 같은 것은 단오놀이에서도 잘 나타난다.

단오는 1년 중 양기가 가장 왕성한 때이므로 단오놀이야말로 화평의 감성이 강하게 나타난다고 볼 수 있다. 그러한 예로 그네타기와 씨름을 들 수 있다. 여기서 그네타기와 씨름은 반드시 단오날에만 하는 것은 아니고 추석이나 명절에 행하기도 하지만 단오명절의 대표적인 놀이임은 분명하다. 그네타기는 주로 나뭇가지에 줄을 매어 늘이고 줄 아래에 앉을깨를 걸쳐 놓고 올라가 양손으로 줄을 잡고서 몸을 날려 앞으로 나갔다 뒤로 물러났다가 하는 놀이로, 혼자 타거나 둘이 타는 것이 일반적인 놀이 방법이다. 이와 같이 그네타기는 그야말로 인간의 기대와 희망을 갖게 하는 놀이지만, 씨름은 두 사람이 서로 맞잡고 힘과 기술을 이용해 상대를 먼저 땅에 넘어뜨려 승부를 결정하는 놀이다. 그렇기 때문에 씨름은 승부욕과 개인적인 격정의 감성이 표현되는 놀이기도 하다. 이처럼 씨름이 그네타기와는 다른 모습을 보여주지만 실질적으로는 씨름이 평화로움의 표지라는 점에서 화평의 감성을 표현하고 있다고 해도 과언이 아니다. 따라서 그네타기와 씨름이 생동감이 넘치는 놀이라는 점에서 화평의 감성을 표현한 대표적인 놀이라고 할 수 있다. 이와 같은 것은 강강술래에서도 찾아 볼 수 있다.

　강강술래는 서남해안지역에 전승되는 추석놀이의 대표적인 부녀자들의 놀이이다. 강강술래는 수십 명의 부녀자들이 밝은 달밤에 손에 손을 잡고 둥글게 원을 그리며 노래하면서 추는 춤인데, 놀이의 구성은 늦은강강술래, 중강강술래, 잦은강강술래로 되어 있으며, 원무(圓舞)를 추면서 소리를 메기면 "강강술래"라는 후렴구를 받아 소리한다. 그리고 그 부수적인 놀이로 지역에 따라 약간씩 차이가 있기는 하나 남생아 놀아라, 청어 엮자, 청어 풀자, 지와 밟기, 덕석몰기, 쥔쥐새끼놀이, 문열어라, 가마등, 도굿대당기기 등이 있다. 이와 같은 놀이 과정 속에서 늦은 강강술래가 삶의 애환을 반영한 애정의 감성을 표현하기도 하지만, 전반적으로 강강술래가 경쾌하고 생동감이 넘치는 놀이로 구성되어 있다는 점에서 가부장권 사회에서 여성들에게 삶의 활력소를 제공하는 역할을 해왔다. 특히 놀이 시기와 장소를 보면 여성의 활동반경에 대한 제약이 심했던 시절에 한밤중에 밤새도록 놀이에 참가할 수 있었던 것은 여성들에게 구속으로부터 해방을 만끽할 수 있도록 하기 때문에 이 놀이야말로 화평의 감성을 잘 반영하고 있다고 말 할 수 있다.

　결론적으로 화평은 삶의 긴장과 침체에 새로운 활력소를 제공하여 여유를 갖게 하고, 여가생활의 확대는 물론 삶의 질을 향상시키는 역할을 하게 된다. 궁극적으로는 여가생활을 통해 풍류와 멋을 추구하는 삶으로 발전되기도 한다. 지금까지 논의 된 화평의 동기와 표현 그리고 화평 유지의 과정을 다음과 같이 다시 정리할 수 있다.

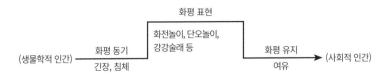

(2) 격정(激情)

격정이란 강렬하고도 급작스러워 누르기 힘든 심정으로, 그 어떤 강한 욕망의 상승이나 좌절의 반사작용으로 생성하는 심리현상이다. 특히 이러한 것은 개인이나 집단 혹은 외부적인 요인에 의해 욕구나 동기가 좌절될 때 형성되고, 심화되면 분노와 복수심을 갖게 된다. 격정을 풀거나 극복하기 위한 방법은 개인적인 것보다는 공동체적인 측면에서 모색되는 경우가 많다. 그것은 가상적인 대결상황을 설정한 편싸움 계통의 놀이문화가 대표적인 예이다. 대결과 경쟁의 장이 마련되면 경쟁의식을 바탕으로 격정을 풀어내어 마음을 진정시키고자 했던 것이다. 궁극적으로 격정의 해소는 화평한 마음을 갖게 되니 삶의 활력소로서 역할을 하게 되었다.

그런가 하면 격정을 바탕으로 행해진 놀이가 때로는 항거의 정신으로 승화되어 발전하기도 한다. 특히 일제시대에 줄다리기나 등싸움이 항일의 행동으로 전개되기도 했는데, 전북 고창군 고창읍 오거리 줄다리기와 등싸움을 들 수 있다.[72] 그 내용을 소개하자면, 등이 제작되면 줄다리기 양편에 서서 화려한 불빛을 뿜내는 등을 세우고 줄다리기가 행해진다. 이 과정 속에서 등싸움이 벌어지는데, 상대편의 사람들이 몰래 간짓대에 매달린 등을 흔들거나, 혹은 줄을 잡아 당겨 등을 넘어뜨리든지 한다. 심지어는 등을 맞히도록 돌을 던져 등에 불이 붙도록 하기도 한다. 하나의 등에 불이 붙으면 전체의 돌을 던져서 등을 맞혀 등불이 붙도록 하기도 한다. 그래서 먼저 등이 넘어지거나 불타 없어지면 승패가 결정되니 등지기(등을 지키는 사람)들이 필사적으로 등을 보호하려고 해서, 때로는 심한 몸싸움이 벌어지기도 한다. 뿐만 아니라 등싸움이 투석전으로 발전되기도 하고, 줄다리기와 등싸움이 끝나면, 그 일행들이 주재소에 달려가 돌을 던지기도 하여 항일의식을 드러내기도 했다. 그로 인해 줄다리기나 등싸움을 하지 못하도록 하는 일본 경찰의 탄압이 있었고, 때로는 줄을 매고 혹은 등을 들고 도망 다니는 경우도 있었다고 한다.

고창읍 오거리 줄다리기처럼 격정성이 강한 것은 광주광역시 남구 칠석동 고싸움놀이에서도 찾아볼 수 있다. 이곳에서는 정월 초에 어린이들의 고샅싸움으로 시작해서 차차 규모가 커져 정월 대보름에 농악대와 더불어 본격적인 마을 대항전으로 전개된다. 처음 줄패장을 태운 고를 메고 동네 앞 논으로 갈 때 상대방의 고가 보이면 서로 사기가 충천하여 길놀이를 하고, 놀이판에 도착하면 상호 간의 전의를 북돋울 수 있는 노래와 환호성을 지르면서 전열을 가다듬는다. 서로가 싸울 수 있는 분위기가 고조되면 줄패장의 지휘에 따라 두 고가 정면을 대하고 싸움을 준비한다. 앞으로 전진했다가 뒤로 후퇴하는 것을 몇 번 거듭하다가 줄패장이 "밀어라"하는 명령이 떨어지면 놀이꾼들은 함성을 지르며 상대방 고의 정면에 부딪친다. 그러면 상대방의 줄패장을 밑으로 밀어내려고 줄패장들 간의 격렬한 몸싸움이 벌어진다. 싸움이 끝나면 패한 팀이 다시 도전하려고 드나 승리한 팀은 고머리를 돌려 응전하지 않고 승전가를 부르면서 자기 마을로 향한다.

이처럼 고창 오거리 줄다리기나 광주 고싸움놀이 이외에도 강진 땅뺏기놀이와 남원의 용마싸움 등에서 격정성이 강하게 나타나기도 한다. 강진 땅뺏기놀이는 유월 유두나 칠월 백중 무렵에 모를 심고 김매기를 마지막으로 하고 나서 마을과 마을이, 혹은 한 마을 안에서 동군과 서군으로 편을 나누어 힘을 겨루는 놀이다. 이 놀이는 상머슴을 황소에 태우고 덕석기를 앞세워 마을로 돌아오다가 외길에서 이웃마을의 농군을 만나게 되면 먼저 길을 가려고 다투게 되고, 그 과정 속에서 덕석기를 넘어뜨리기 위한 공격과 이를 지키기 위한 방어가 교차되면서 상대방 마을의 농기(덕석기)를 먼저 넘어뜨린 후에 짓밟아야 승부가 결정된다. 그렇기 때문에 놀이가 심한 몸싸움이 바탕이 되어 격렬하게 전개될 수밖에 없다. 이러한 것은 용마싸움에서도 마찬가지다. 용마놀이는 매년 섣달 그믐이나 정월 보름에 마을에서 남과 북으로 두 팀으로 나누고, 각각 나무와 대나무로 만든 큰 용마를 만들어 외바퀴 수레에 싣고 이를 보호하는 수비팀과 상대의 용마를 공격하는 공격팀을 구성해 전진과 후퇴를 반복한다. 그러다가 먼저 공격팀이 상대방의 용마를 탈취하여 부수면 승리가 결정이 난다. 이러한 과정 속에서 당연히 심한 몸싸움이 벌어지기 마련이고 때로는 심한 부상자가 속출하기도 한다.

결론적으로 등싸움이나 고싸움놀이, 땅뺏기놀이, 용마싸움은 편싸움 계통의 대표적인 놀이로서 점풍과 기풍놀이 뿐만 아니라 지역민의 누적된 한이 편싸움이라는 매체를 통해서 상승작용을 일으켜 격정성을 유발시키고 나아가 하나의 비장미로 승화되는 민속놀이라 할 수 있다. 이 놀이를 통해 격정의 감성을 해소하고 평온함을 유지하여 일상으로 되돌아가게 된다. 지금까지 논의 된 격정의 동기와 표현 그리고 해소 과정을 다음과 같이 다시 정리할 수 있다.

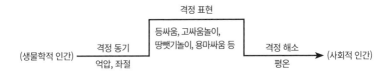

(3) 애정(哀情)

애정이란 비통하고 구슬픈 심정으로, 이 애정은 그 어떤 대상의 자극을 자기의 능력으로 극복하지 못할 때 일어나는 일종의 심리현상이다. 인간은 한의 심리상태에서 기회만 되면 한을 풀기 위해 극복하려고 노력하고, 이것이 상승작용을 일으켜 격정을 불러 일으켜 강력한 한풀이로 이행되기도 한다. 하지만 한풀이가 되지 않는 경우는 더욱 체념의 상태가 강화되어 강력한 한으로 자리잡게 되고, 이러한 것은 행동적인 것보다는 자연스럽게 노래로 표현되는 경우가 많다. 따라서 그 노래는 슬프기 한량이 없고 눈물을 흘리고 싶을 정도로 가슴이 저미는 노래로서, 비록 슬픔을 대성통곡을 하며 눈물로 해소하기보다는 비통함이 극에 달하도록 노래로서 표현하여 해소하기 때문에 애정이 잘 반영되기 마련이다. 이러한 것은 계면조를 바탕으로 하는 판소리를 비롯해 육자배기, 시집살이민요, 아리랑 등 민요에 잘 표현되고 있음을 볼 수 있다.

판소리는 무속음악의 영향을 받아 형성된 까닭에 음악적인 분위기가 당연히 무속적이었다. 시나위권에서 무속음악은 신을 즐겁게 하기 위한 음악이기는 하지만 슬프고 흐느끼는 느낌을 주며, 한의 심성이라고 할 수 있는 애정성이 극명하게 반영된 음악이다. 그래서 초창기 판소리는 무속음악적인 성격이 강했기 때문에 당연히 서리 내리는 가을 달밤에 마치 기러기 우는 소리처럼 애처로운 분위기를 띠고 있었다. 그러다가 양반계층의 정악가락을 판소리에 접목한 우조를 바탕으로 한 동편제가 등장하면서 판소리의 청중계층이 대폭 확대되어 흥행예술로 자리 잡게 되었고, 더불어 동편제와 사뭇 다른 모습을 지니고 있는, 즉 민요가락을 접목한 계면조를 기본 바탕으로 한 서편제가 형성된다. 여기서 민요가락을 접목한 서편제야말로 느린 템포가 많은 비중을 차지하고 있고 한의 심성을 잘 표현하고 있는 음악이라 할 수 있다. 판소리에서 빠른 템포는 경쾌하고 긴장감을 갖도록 하는데 효과적이듯이 소리가 느린 템포로 진행된다는 것은 인간의 억눌린 감정을 표현하거나 슬픔을 노래로 표현하는데 가장 효과적인 템포이다. 그래서 흔히 서편제를 한의 소리라고 말하기도 하고, 여성적인 판소리라고 말하기도 한다. 특히 서편제에서 기교적인 가락을 구사하여 한의 심성을 더욱 강하게 표현하기도 한다. 이러한 것은 육자배기에서도 잘 나타나고 있다.

시나위 가락으로 부르는 육자배기는 애정의 심성을 극명하게 반영하고 있는 전라도 지역의 대표적인 민요로서 6박자로 불리어진다고 해서 붙여진 이름이라고도 한다. 이 노래는 주로 진양조로 불리어지며, 전라도 특유의 계면조 선율형태를 취하는 데 '도'음에서 '시'음으로 꺾어 내리는 '꺾는 목' 기법이 그 특징이다. 따라서 이 가락은 전라도 지역에서 널리 불려진 구슬프고 처량하고 한스러우면서도 세련된 음악의 아름다움을 간직하고 있는 노래였다. 이처럼 육자배기처럼 불려진 음악어법을 육자배기토리라고 하는데, 홍타령, 개구리타령, 농부가, 둥당이타령 등이 육자배기토리로 불리어진다고 한다. 이들 민요는 애처롭고 서러움을 잘 표현하고 있는데, 이러한 것은 시집살이민요나 아리랑 등에서도 찾아 볼 수 있다.

시집살이는 결혼과 함께 친정에서 출가외인으로 인정되어 남편 따라 시가의 한 구성원이 되어 며느리로서 겪는 고난의 생활을 말한다. 그래서 시집살이민요란 봉건적인 가족 관계 속에서 여성에게 강요되는 모든 불행, 즉 시부모의 확대, 남편의 배신, 첩으로 인한 고민, 남편의 죽음, 애정 결핍, 친정 부모에 대한 그리움 등을 노래한 것을 일컫는다. 이러한 노래는 후렴이 없이 길게 불리어지는 형식적 특징을 가지고 있고, 서정성이 강한 경우가 있는가 하면 서사성이 강한 경우도 있는데, 여성들이 부르는 노래 가운데 가장 많은 비중을 차지하기도 한다. 그러다 보니 시집살이민요는 여타의 민요에 비해 여성들의 억눌린 슬픈 감정을 표출하여 애정의 감성으로 승화한 경우가 많다. 이러한 것은 아리랑에서도 마찬가지다. 아리랑은 민요의 하나로서 일제시대에 민족적인 감정과 울분을 쉽게 표현하여 남녀노소가 함께 부를 수 있는 노래였다. 이 노래는 지역별로 밀양아리랑, 강원도아리랑, 정선아리랑, 진도아리랑 등이 있듯이 지역마다 다소 차이가 있기는 하지만, 나라를 빼앗긴 설움을 표현한 노래이기도 하다는 점에서 공통적이다.

결론적으로 서편제의 판소리나 육자배기, 시집살이민요와 아리랑을 보면 슬프고 애처로우며 구슬픈 심정을 잘 표현하고 있어서 애정의 감성이 강하게 나타난 민속음악임을 알 수 있다. 이러한 것은 노래를 반복적으로 가창하면서 애정을 극복하고, 궁극적으로는 해방을 통해 화평의 상태를 추구하고자 한다. 지금까지 논의 된 애정의 동기와 표현 그리고 해소 과정을 다음과 같이 다시 정리할 수 있다.

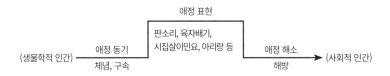

(4) 신명(神明)

신명이란 즐겁고 경쾌한 심정으로, 인간과 신이 일체가 되어 신나고 신명나는 최고의 경지에서 비롯되는 심리현상이다. 본래 인간과 신의 활동공간은 구분되어 있는데, 인간의 공간은 일상적인 공간이고, 신의 공간은 신성하고 거룩한 공간이다. 이것은 인간과 신이 각각의 공간에 위치하고 있음을 보여주는 것으로, 특별한 계기가 아니고서는 함께하기가 어렵다는 것을 말한다. 다만 인간이 신을 숭배하면 신은 그에 따른 감응을 베풀어주는 관계일 따름이다. 이러한 관계 속에서 신과 인간이 함께할 수 있는 곳은 제의적인 공간인데, 이곳에서 인간들의 노래나 춤 등 다양한 제의적인 행위들이 연행되자 신도 인간과 함께할 정도로 인간들의 유희가 최고조에 달했을 때 우리는 '신나게 혹은 신명나게 놀았다'라고 표현한다. 이것이야말로 바로 신명의 심리적 상태로서 조상숭배와 차례, 마을제사와 달집태우기, 지신밟기(풍물놀이) 등에 잘 표현되고 있다.

가정에서 조상숭배의 일환으로 지내는 차례는 설, 대보름, 단오, 추석 등의 세시명절마다 명절음식을 준비하여 조상님께 지내는 제사이다. 차례는 제사 중에서 간략한 제사를 '차(茶)를 올리는 예'라는 뜻에서 비롯된 것으로 기제사의 절차보다 간편하다. 우선 독축을 하지 않는 점이 다르지만 차례에서 가장 핵심적인 대목은 음복이라 할 수 있다. 음복은 차례상에 올려져 있는 음식을 자손들끼리 나누어 먹는 것을 말하는데, 이것은 조상과 자손의 혈연적인 유대관계를 강화시켜 주는 구심점 역할을 한다. 이처럼 차례가 신과 인간이 함께하는 제사라는 점에서 신명성을 강조하지 않을 수 없다. 물론 차례는 엄숙한 분위기 속에서 거행되기 때문에 신명나는 놀이는 없다. 하지만 그 정신만은 이어가고 있기 때문에 신과 인간이 하나됨을 볼 수 있다.

마을신앙은 부족국가시대로 거슬러 올라가는 긴 역사성을 지니고 있다. 마을신앙은 주로 정월에 집중되어 있으며, 그것도 대보름에 집중되어 있는 것이 특징이다. 마을신앙은 제의의 내용에 따라 독축을 중심으로 유교식의 제의 절차에 따른 제사형(靜肅型)과, 유교식 제의 절차에 따른 제의 내용을 가지고 있으면서 음악과 춤 그리고 극 등을 통해 축제적인 분위기 속에서 이루어지는 풍물굿형과 무당굿형으로 구분할 수 있다. 이러한 마을신앙은 기본적으로 마을의 안녕과 풍요를 기원하고 있기 때문에 마을사람들이 정성스럽게 제사를 지내고 있고, 신을 즐겁게 하기 위해서 온갖 정성을 다하는 공동체신앙이다. 마을신앙은 제사를 통해서 인간과 신이 하나 되고, 마을 구성원들간의 일체감을 조성하는 역할을 하고 있기 때문에 신명을 강조하지 않을 수 없다. 이러한 신명이 강한 마을신앙은 때로는 지역축제의 소재로 활용되기도 한다. 가령, 진도 영등제라든가, 안동 하회별신굿, 강릉 단오제, 부여 은산 별신제, 완도 장보고당제 등이 그 예이다.

달집태우기는 지역마다 다소 형태적인 차이가 있으나 일반적으로 마을의 청장년들이 주축이 되어 짚을 모으고, 생솔이나 생대를 쪄다가 마을의 공터에 원추형의 달집을 만들어 놓았다가 14일 밤 달이 떠오를 때를 기다려 함성을 지르면서 불을 지른다. 그런가 하면 달이 솟아오르는 것을 맨처음 본 사람이 달집에 불을 당기고 달을 향해 절을 하기도 한다. 달집을 태울 때 마을사람들은 농악을 신명나게 치며 한바탕 즐겁게 뛰고 놀면서 환성을 지른다. 이러한 놀이는 밝음에 대한 소망으로서, 즉 불행이나 질병, 고통과 같은 어두운 세계를 몰아내고 밝음의 세상을 이룩하려는 희망의 표현이라 할 수 있다. 그러한 까닭에 달집태우기는 신명나게 행해질 수밖에 없었던 것이고, 때로는 달집태우기가 횃불싸움으로 발전되기도 한다.

달집태우기와 더불어 지신밟기도 신명을 잘 표현하고 있는 민속놀이로서 정월 초사흗날부터 정월 대보름까지 그 사이에 행한다. 놀이의 선두에는 '농자천하지대본'이라는 글씨를 쓴 농기를 앞세우고, 그 뒤에 농악대가 악기를 울리며, 또 그 뒤에는 가장행렬이 뒤따른다. 이러한 행렬은 집집마다 돌아다니며 이루어지기 때문에 이웃과 이웃을 통합시켜주는 역할을 한다. 일반적으로 지신밟기는 지신(地神)을 달래기 위해 연주되는 농악을 말하는 것으로, 농악이 있는 마을은 마을제사를 지낸 후 뒷풀이 행사처럼 가가호호 방문하면서 지신밟기를 했다. 게다가 지신밟기는 단순히 풍물패만 참여하는 것이 아니라 마을의 남녀노소 불문하고 모두 참여하기 때문에 하나의 공동체적인 축제인 것이다. 따라서 지신밟기야말로 신명성이 가장 강하게 표현된 민속놀이라고 할 수 있다.

결론적으로 차례와 마을제사는 인간과 신의 소통방식으로서 신과 인간이 일체가 되는 의례적 장치이고, 이에 비해 달집태우기와 지신밟기는 인간과 신이 하나되어 이것을 역동적으로 표현하고 있는 유희적 장치라는 점에서 신명성을 그 바탕으로 하고 있음을 알 수 있다. 궁극적으로 그것은 새로운 희망을 갖게 하는데 중요한 역할을 한다. 지금까지 논의 된 신명의 동기와 표현 그리고 신명 유지 과정을 다음과 같이 다시 정리할 수 있다.

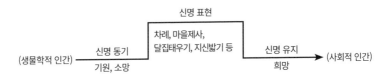

3. 민속과 실크로드

1) 산악잡희의 기예로서 줄타기

줄타기는 '줄어름타기'라고도 부르나 고환(高絙), 무색(舞索), 주색(走索), 승기(繩伎) 등으로 쓰며, 《역어유해》에는 <索軟索>이라 하고, 《성호사설》에는 이것을 <踏索戲>라 하였다.[73] 줄타기는 처용무, 오방귀무, 사자춤, 불 토하기, 칼 삼키기, 서역의 호인희(胡人戲) 등과 함께 연행된 백희, 산대희, 잡희로 부르던 연희다. 줄타기에 관한 구체적인 기록은 이규보가 오세문의 《삼백

운시》에 답한 시에 나타난다. 이 시에 은하수에 닿을 정도로 줄을 높이 매달고 줄타기를 연행했음을 보여준다. 이 때 줄타기는 국가의 공식적인 행사가 아닌 관리들의 유흥행사에 연행되었다. 또 다른 이규보의《동국이상국집》에 의하면 임금의 행차를 맞이하는 줄타기의 연행을 "장대에 기어오르는 놀이와 줄을 타는 놀이는 장안사람들이 모두 구경하고 북소리와 현악소리를 팔가에 늘어서서 듣사옵니다"라고 묘사하고 있다[74]. 그렇다면 줄타기는 최소한 고려시대 이전부터 연행되었을 가능성이 있다. 삼국시대의 팔관회나 연등회에서 가무백희나 잡희 등이 연행되었다고 하는 것으로 보아 줄타기도 그 중 하나로 연행되었을 법하다.

줄타기하는 사람을 광대 혹은 줄광대라고 부르며, 줄타기는 쌍줄타기와 외줄타기가 있다. 쌍줄타기는 외줄타기보다도 훨씬 기예가 높은 줄타기이다. 이익의《성호사설》에 의하면 조선의 줄타기 재주가 매우 뛰어났고, 쌍줄 위에서 온갖 기예를 부렸다고 하는 것으로 보아 쌍줄타기가 외줄타기보다도 어려운 줄타기임을 알 수 있다. 외줄타기는 청나라 사신 아극돈이 1725년에 완성한《奉使圖》제7폭에 나타난다. 이 그림에는 삼현육각과 어릿광대가 등장하지 않는 외줄타기가 그려져 있다. 그렇지만 1857년에 제작된 여흥(驪興) 민씨의《회혼례도》에는 삼현육각의 반주에 맞추어 어릿광대를 대동한 줄광대가 외줄타기 하는 장면이 그려져 있다[75]. 이것은 오늘날 전승되고 있는 줄타기와 비슷하다. 따라서 악사와 어릿광대를 동원한 외줄타기는 최소한 18세기 중엽 이후 성립되었을 가능성이 많다.

줄타기는 줄광대가 줄 위에서 펼치는 연기와 재담 그리고 노래가 삼위일체를 이루어 연행되는 종합예술의 성격을 지니고 있다. 줄타기의 연기는 35종 이상의 기예(技藝)로 구성되어 있다. 현재까지 알려져 있는 줄타기의 기예는 고전줄타기, 뒤로 걸어가기, 앞으로 종종걸음, 뒤로 종종걸음, 서서 돌아서기, 앉아서 좌로 돌기, 닭의 홰타기, 닭의 홰타고 좌우로 가기, 외홍잽이, 외홍잽이 풍치기, 양다리 외홍잽이, 쌍홍잽이, 겹 쌍홍잽이, 옆 쌍홍잽이, 옆 쌍홍잽이 풍치기, 쌍홍잽이 거중틀기, 외무릎 꿇기, 외무릎 풍치기, 외무릎 가새트림, 외무릎 황새 두렁넘기, 외무릎 훑기, 두 무릎 꿇기, 두 무릎 풍치기, 두 무릎 가새트림, 두 무릎 황새 두렁넘기, 두 무릎 종종 훑기, 책상다리, 책상다리 풍치기, 책상다리 가새트림, 책상다리 황새 두렁넘기, 앞 쌍홍잽이 뒷 상홍잽이, 칠보면장, 앞 칠보 뒷 칠보, 칠보 다래치기, 칠보 거중틀기, 허공잽이, 앵금뛰기, 종짓굽 붙이기, 칠보 보십빼기, 깃발 붙이기, 배 돛대 서기, 살판, 얼음치기 등이 있다.[76] 그리고 재담은 줄오르기 전에 <고사문>을 외우는 데서부터 시작되는데, 줄을 타는 묘기와 같은 비중으로 재치와 익살을 부려가면서 관중을 웃기고, 혼자서 하는 재담보다는 줄광대와 장단을 쳐주는 사람과 주고받는 재담이 흥미롭다.[77] 그리고 줄타기를 하면서 줄광대가 부르는 노래는 <중타령>, <왈자타령>, <새타령> 을 삼현육각에 맞추어 부르기도 한다. 여기서 줄광대와 어릿광대가 주고 받는 재치있는 대사와 상황에 맞추어 부르는 가요를 줄재담이라고 할 수 있다.[78] 줄재담은 민중적 언어의 특징인 노골적인 음담과 비속어 등으로 이루어져 있어서 줄타기가 단순한 기예만을 보여주는 것이 아니라 종합연희로서 면모를 갖추었음을 말해준다.

이와 같이 줄타기의 기예는 중국으로부터 전파되었을 가능성이 있고, 줄재담이라고 하는 우리나라의 구술연희문화가 줄타기 기예와 복합되어 독특한 줄타기 연행문화가 형성되었을 것으로 보인다. 중국의 줄타기는 한(漢)대에 서역의 수준 높은 줄타기가 불교의 중국 전래와 함께 들어와서 원단(元旦)이 되면 궁중에서 연희되기 시작하여 그 후 육조와 수·당을 거쳐 송에 이르러 이후 대중적인 잡기가 되었다[79]고 한다. 여기서 서역은 오늘날 중국 서북부인 신강성 위그루족 자치구에 해당하는 지역이다. 이곳을 중심으로 중국의 대외교섭과 교류가 확대됨에 따라 서역의 범위도 인도, 페르시아, 아랍까지 포함되기도 한다. 중국의 줄타기 또한 서역으로부터 전파되어 중국의 전통문화와 결합하여 고도의 줄타기 연행문화로 발전했음을 알 수 있다.

지금도 줄타기는 신강성에 거주하는 위그루족[80]의 전통민속놀이로 전승되고 있다. 줄타기를 위그루족은 '다와즈(達瓦孜)'라고 부른다. 다아즈[81]라는 말은 위구르어에서 '공중줄걷기'라는 뜻이다. 요즈음은 8·9층 빌딩 높이만큼 장대를 세우고 줄이나 철사로 장대를 고정시킨다. 밝은 색의 옷을 입은 소녀가 5m 정도의 장대를 들고 바닥에서부터 올라간다. 바닥과 20m 정도 놀이에 도착하면 돌아와 내린다. 그 다음에 중년 남자가 장대를 들고 올라가면서 여러 가지 위험한 동작을 하며 장대 꼭대기에 올라가서 기예를 연기한다.[82] 이 다아즈의 역사는 1000년이 되었다고 한다.

이와 같이 한국의 줄타기와 다와즈를 비교해 보면 줄 위에서 하는 기예는 크게 다를 바 없으나, 가장 큰 차이는 한국에서는 줄을 타면서 소리를 하기도 하고 재담을 한다는 점이다. 이러한 차이는 줄타기가 한국에 전파되면서 한국의 연행문화와 복합되어 독특한 한국의 줄타기로 발전하게 된 것으로 보인다.

결론적으로 이익은《성호사설》에서 줄타기는 본래 중국에서 유래된 것으로 우리의 연행현장에서도 그대로 연행되고 있다고 줄타기의 연원을 밝힌 바[83] 있듯이, 줄타기는 서역으로부터 실크로드를 통해 중국에 전파되고 그것이 다시 최소한 고려시대 이전에 우리나라에 전파되었을 가능성이 많다. 우리나라에 전파된 줄타기가 조선시대에 이르면 중국의 사신을 영접하기 위한 국가 행사뿐만 아니라 지방관의 부임 환영행사에서도 연행되면서 문희연, 회혼례 등의 민간행사에서도 연행되었다. 그리고 조선 후기에는 민간의 여흥 현장뿐만 아니라 상업적인 목적으로 줄타기가 연행되기도 했다.

2) 장치기의 유래와 변화

장치기는 주로 10~20대 남자 젊은이들이 농한기인 겨울에 논바닥이나 산기슭 등 주변 공터에서 행해지는 편싸움 계통의 집단놀이다. 놀이 도구는 공, 장치기대, 구문(毬門)이 있다. 지역에 따라 공은 얼레공, 장공, 장치기공 등으로 부르며, 장치기대는 장채, 공채, 짱매, 짝지, 공치는 채 등으로 부른다.[84] 놀이의 인원은 지역에 따라 다양하나 5명~11명 이상으로 구성된다. 놀이의 방식은 양면에 구문(毬門)을 만들어 놓고 공을 장치기대로 쳐서 상대의 구문에 넣으면 득점을 하는 것으로 많은 득점을 하는 편이 승리 한다.

장치기를 타구(打毬) 혹은 격구(擊毬)라고 부르기도 한다. 따라서 장치기는 격구가 민간화되었다고 말하기도 한다. 즉 조선 후기에 지상격구의 형태인 구문통과형이 민중집단에 널리 전승되면서 장치기놀이화 되었다는 것이다.[85] 곧 장치기 놀이는 격구가 변모하여 형성된 것이라 할 수 있다. 격구는 마상격구와 지상격구로 나누어지며, 지상격구는 구멍투입형, 구문통과형, 포구락(抛毬樂), 장치기 등 4가지로 나누어진다.[86] 여기서 구문통과형은 마상격구를 지상화한 것으로 마상격구와 지상격구가 쇠퇴하면서 민간화된 것이 장치기놀이인 것이다. 본래 격구의 전승집단은 왕실 및 양반계층이나 기마병들이었지만, 몽고족 침입 이후 고려 말기에는 격구의 향유층이 대폭 확대되어 일반인들도 참여하는 세시놀이로 발전했을 것으로 생각한다.

격구는 고려시대에 크게 성행한 것으로 보아 문헌기록으로 나타나지 않지만 삼국시대에 이미 무예의 연마 수단으로 활용되었을 가능성이 있다. 특히 《고려사》권1(태조 원년 9월 갑오조)에 의하면, "상주의 적수 아자개가 사자를 보내어 귀순한 뜻을 전하니, 왕이 명하여 그를 맞이하는 의식의 거행을 구정(毬庭)에서 하였다"고 한 것으로 보아 왕이나 무인들이 무예를 연마하는 수단으로 격구를 즐겼을 것으로 보인다.

이러한 격구는 중국으로부터 전파되었을 것이다. 당나라 태종 때부터 격구희(擊毬戱) 혹은 타구(打毬)라는 것이 시작되고 있었고, 그 발상지가 페르시아이다.[87] 그렇다면 격구는 페르시아로부터 터어키를 경유하여 실크로드를 통해 중국에 전파되고 그것이 다시 한국에 전파되었을 것으로 추론된다. 결론적으로 장치기는 페르시아→터어키→중국(당나라)→한국(삼국시대)으로 전파된 격구가 무인들의 무예 연마용으로 성행하다가 조선 중기 이후에 민간화된 놀이라 할 수 있다.

3) 벽사진경의 사자놀이

사자놀이는 사자의 탈을 쓰고 행하는 민속놀이의 총칭으로서 사자놀음, 주지놀음, 사지놀음 등으로 부르기도 하며, 주로 정초 혹은 대보름에 호남 지역을 제외한 전국 각 지역에서 행해졌다. 사자놀이는 그 주목적이 벽사진경(辟邪進慶)에 있으며, 백수의 왕으로서 벽사할 힘을 가졌다고 믿어지는 사자로서 잡귀를 쫓고 동리의 안과태평을 비는 것이며,[88] 이것은 사자가 마을의 악귀를 잡아먹는다는 관념에서 악귀를 쫓기 위해 행해졌다. 중국에서 사자는 벽사물(辟邪物)로서 문신(門神)의 역할을 한다. 궁궐이나 민가의 입구 혹은 무덤 앞에 사자상을 놓아두는데, 이것은 궁궐이나 집안으로 들오는 잡귀를 물리치기 위함이다. 사자상은 본래 수호신상으로 활용되었지만 후대에 권위와 관직을 상징하는 의미가 첨가되기도 했다. 불교에서도 사자 또한 불법(佛法)을 수호하는 역할을 한다. 예컨대 불교의 문수보살을 수행하는 동물로 사자가 등장하는가 하면 사찰의 대웅전 입구에 사자상을 안치하는 경우가 있다.

사자놀이는 나무나 대광주리를 가지고 만든 사자탈을 두 사람이 뒤집어 쓰고 풍물을 쳐 울리면서 마을을 돌아다니거나 가가호호를 순회하면서 벽사하고 그 대가로 출연된 곡물이나 금전 등을 받는다.[89] 그것은 마을의 공공사업, 즉 장학금, 빈민구제, 경로회 비용 및 사자놀이 비용에 충당되어 왔다. 사자놀이는 탈춤에서 한 과장(科場)을 차지하기도 하는데, 현존하는 탈춤 가운데 사자놀이가 있는 것은 봉산탈춤, 강령탈춤, 은율탈춤, 수영야류, 통영오광대, 북청사자놀이, 하회별신굿탈놀이 등을 들 수 있다.

사자에 관한 기록은 《삼국사기》에서 발견되는데, 5세기 경 신라시대에는 우륵(于勒)의 가야금 12곡 중에 사자기(獅子伎)가 들어 있음을 볼 수 있고,[90] 우산국을 정벌하기 위해 나무 사자를 만들어 전선에 가득 싣고 갔다고 한다.[91] 따라서 사자무(獅子舞)는 이미 이때부터 존재했을 가능성이 있다. 특히 최치원이 지은 <향악잡영> 5수 중 산예(狻猊)에 "멀리 유사(流沙)를 건너서 만 리를 오니 털은 다 빠지고 먼지만 남았구나, 머리를 흔들고 꼬리를 저어 어질게만 보이니 호기는 어찌 뭇짐승 같을 것인가"[92]라는 기록이 있다. 여기서 유사는 고비사막일 것이고, 그 내용은 사자놀이의 모습을 묘사하는, 즉 사자무를 설명하고 있는 것으로 보인다. 그렇다면 사자무는 최소한 9세기 이전에는 이미 존재했을 것으로 보인다.

이와 같은 신라의 사자무는 수나라의 오방사자무(五方獅子舞)의 영향을 받았을 것으로 생각된다. 《舊唐書》에 의하면 6세기 후반 수나라 초의 궁중 연악(宴樂) 중에 태평악(太平樂) 혹은 오방사자무라고 부르는 사자놀이가 있는데, 동서남북 및 중앙을 상징한 다섯 마리의 사자가 함께 나와서 태평악을 부르는 140명의 노래와 춤에 맞추어 춤을 춘다. 이 놀이는 구자(龜玆)의 놀이에 속하는 무악(舞樂)로서 당시 서역 일대에 성행하던 놀이로서 인도 영향을 받았다. 구자의 놀이는 372년(소수림왕 2년)에 불교를 고구려에 전한 것으로 알려진 전진왕 부견(前秦王 符堅)의 시대(357~384)에 구자국을 정벌한 것이 계기가 되어 북중국에 들어왔다.[93] 따라서 구자(龜玆)의 놀이인 오방사자무(五方獅子舞)가 북중국을 통해 전파되었을 가능성이 높다.

　이와 같이 사자놀이는 불교의 전래와 밀접한 관련이 있다. 인도에서는 사자가 불교와 관련이 있는 영물(靈物)이었고, 이것이 구자국에 전파되었다. 구자국은 남북조시대 및 당 초기에는 불교가 융성한 나라로 일명 굴지(屈支), 구자(丘慈)라고도 쓰며, 한나라 때에 서역국의 하나였다. 지금의 중국 신강성 천산남로 쿠차(庫車) 부근이다.[94] 구자의 오방사자무가 중국에 전파되면서 사자는 벽사진경의 동물로 발전했을 것으로 생각된다. 따라서 사자놀이는 오방사자무의 영향을 받아 여러 가지 기악(伎樂)과 함께 신라시대에 당나라로부터 들어와 시일이 지나면서 점차 벽사에 이용되어 민간에 전파된 것으로 생각된다.

　결론적으로 사자놀이는 인도로부터 발원하여 서역의 구자국에 전파되고, 다시 한나라 때에 중국에 들어와 수당시대에 이 놀이가 중국 각지에서 성행되었으며, 그것이 신라에 전파된 것으로 추론할 수 있다. 다만 신라의 사자무는 구자 및 수당나라의 오방사자무와 다른 것이어서 전파 과정 속에서 당시 생활과 감정에 적합하도록 그 형식과 내용이 독창적으로 민간화 된 것으로 보인다.

각 주

1 신기철 외,『새우리말큰사전』, 삼성출판사, 1986.

2 류정아,『축제인류학』, 살림, 2003, 9~10쪽 재인용.

3 류정아, 앞의 책, 15쪽.

4 윤선자,「프랑스 대혁명기의 민중축제와 엘리트축제에 관한 연구」, 고려대학교 대학원 역사학과,
   박사학위논문, 2001, 10~11쪽.

5 류정아, 앞의 책, 16쪽.

6 류정아,「축제, 그 현대적 의미와 표상」,『축제와 문화』, 연세대학교 출판부, 2003, 10쪽 재인용.

7 하비 콕스(김천배 역),『바보제』, 현대사상사, 1979, 18쪽.

8 이광진,『민속과 축제의 관광적 해석』, 민속원, 2004, 13~17쪽.

9 이상일,『축제의 정신』, 성균대학교 출판부, 1998, 10~11쪽.

10 류정아,『축제인류학』, 살림, 2003, 4~5쪽.

11 김태경,『한국의 축제 다시보기』, 한국학술정보, 2006, 14~15쪽.

12 김명자,「축제의 기원」,『한국의 지역축제』, 문화체육부, 1996. 14쪽.

13 표인주,「광주·전남 지역축제의 분석과 창조적 계승」,『호남문화연구』제 37집, 2005.

14 김태경, 앞의 책, 17~27쪽.

15 류정아,「축제, 그 현대적 의미와 표상」,『축제와 문화』(유럽정보문화센터), 연세대학교 출판부
    2003, 40쪽.

16 박동준,「한국 축제의 명칭과 변용에 관한 고찰」,『축제의 정책과 지역 현황』(유럽사회문화연구
    소), 연세대학교 출판부, 2006, 97쪽.

17 류정아,『축제인류학』, 살림, 2003, 53쪽.

18 김태경, 앞의 책, 11~12쪽.

19 이정재,「한국 축제의 어제와 오늘」,『한국문화연구』, 경희대민속학연구소, 2004.

20 김명자,「축제의 기원」,『한국의 지역축제』, 문화체육부, 1996, 15쪽.

21 이벤트는 산업화 이후에 생긴 개념으로서 축제를 포괄하는 개념이며, 일정 기간에 어느 장소에서
    일어나는 것을 말한다. 그러나 최근에는 비일상적이고 특별한 일이라는 의미로 쓰이고 있으며, 이
    내용에는 기획 및 연출이라는 요소가 포함되어 있다. 또한 서구에서는 주로 마케팅 용어로서 판매
    촉진을 위한 특별행사의 개념으로 사용하고 하고 있다.(추명희,「전남지역 이벤트관광의 특성과
    변화과정에 관한 연구」, 전남대학교대학원 박사학위논문, 1999.)

22 박동준, 앞의 논문, 90쪽.

23 남덕현,「문화이론을 통해 본 축제의 의미 -문화적 정체성과 열린 축제의 문제를 중심으로-」,『축
    제와 문화적 본질』, 연세대학교 출판부, 2006, 8쪽.

24 Jean Duvignaud(류정아 역),『축제와 문명』, 한길사, 1998, 39쪽.

25 김명자, 앞의 책, 19쪽.

26 류정아,『축제인류학』, 살림, 2003, 10쪽.

27 류정아, 앞의 책, 8쪽.

28 김태경, 앞의 책, 17쪽.

29 김태경, 앞의 책, 29쪽 재인용.

30 류정아, 「축제, 그 현대적 의미와 표상」, 『축제와 문화』, 연세대학교 출판부, 2003, 42쪽 재인용.

31 최문규, 「축제의 일상화, 일상의 축제화」, 『축제와 문화』(유럽문화정보센터), 연세대학교 출판부, 2003, 119쪽.

32 류정아, 『축제인류학』, 살림, 2003, 16쪽.

33 류정아, 『축제와 문화』, 연세대학교 출판부, 2003, 45쪽 재인용.

34 류정아, 『축제인류학』, 살림, 2003, 20쪽 재인용.

35 Jean Duvignaud(류정아 역), 앞의 책, 95쪽.

36 장주근, 「향토축제의 현대적 의의 - 향토축제의 새로운 검증」, 경희대학교 민속학 연구소, 1982.

37 김명자, 「세시풍속의 기능과 그 변화」, 『민속연구』 제 2집, 안동대학교 민속학 연구소, 1992, 233~255쪽.

38 이상일, 「축제의 기능과 향토문화제 비판」, 『한국문화인류학』11권, 문화인류학회, 2004.

39 김열규 외, 『민담학개론』, 일조각, 1985, 154쪽.

40 김광억, 「구조기능주의적 방법」, 『한국민속학의 과제와 방법』(성병희 외), 정음사, 1986, 165쪽.

41 류정아, 『축제와 문화』, 연세대학교 출판부, 2003, 42~43쪽 재인용.

42 과거에는 마을 단위로 공동체신앙을 가지고 있었으나, 오늘날은 종교가 다양해져 동일한 믿음을 가지고 제를 지내기가 어려워진 측면도 이와 같은 현상을 초래하게 되었다.

43 김광억, 앞의 책, 1986, 163쪽.

44 이상일, 『축제의 정신』, 성균관대학교 출판부, 1998, 87쪽.

45 류정아, 『축제인류학』, 살림, 2003, 71쪽.

46 김태경, 앞의 책, 77~91쪽.

47 박동준, 「한국 축제의 명칭과 변용에 관한 고찰」, 『축제정책과 지역현황』, 연세대학교 출판부, 2006, 91쪽.

48 박동준, 「세시풍속에 나타난 축제의 성과 속」, 『축제와 문화적 본질』, 연세대학교 출판부, 2006, 146쪽.

49 최경은, 「현대 한국사회의 지역축제 현황과 분석」, 『축제정책과 지역현황』, 연세대학교 출판부, 2006, 206~210쪽.

50 축제는 신과 인간 그리고 인간과 인간의 갈등을 해소하여 즐거움과 만족감을 구성원들에게 배분하고 그 집단을 통합시키는 기능을 수행하기 때문에 축제참여집단이 구성되기 마련이다. 축제추진위원회를 포함한 축제참여집단은 축제공동체(Festival-group)로 호칭될 수 있다. 축제공동체는 카오스적 경험을 통해 새로운 코스모스적인 삶의 질서를 회복한다는 점에서 사회와는 상보적인 관계를 유지하고 있다.

51 『한국의 지역축제』, 문화체육부, 1996, 102~103쪽.

52 백대웅은 우리나라 최초의 음악이론서인 《악학궤범》을 토대로 감성의 시대적인 변화와 음악의 시대적인 변화를 비교하면서 전통음악에 나타난 한국인의 감성을 파악하고자 했다. 희노애락을 감성으로 인식하고 있고, 감성을 느낌이라 했으며, 음악의 상징성을 감각언어라고 하는 것으로 감성을 감정과 같은 의미로 사용하고 있음을 볼 수 있다.(백대웅, 「전통음악에 나타난 한국인의 감성」, 『민족문화연구』제30집, 고려대학교민족문화연구원, 1997, 87~88쪽.)

53 우한용은 정서를 감정, 느낌, 감동, 기분, 감상과 같은 개념으로 파악하여 주체의 정서는 복합적으로 발달되고 미분화된 상태로 지속된다. 그리고 일정 기간을 거치는 동안 소통이 이루어지고,

그 결과 해소되거나 강화된다고 했다. 하지만 기본정서로 분노, 공포, 기쁨, 혐오, 수용, 예상, 기대, 놀람을 제시하는 것을 보면 감정에 가까운 용어로 정서를 이해하고 있음을 알 수 있다.(우한용, 「정서의 언어화 구조와 소통형식」, 호남학연구원 콜로키움 발표문, 2009. 4. 29. 2쪽.)

54 조태성은 감성의 개념을 정의하면서 감정은 어떤 현상이나 일에 대하여 일어나는 마음이나 느끼는 기분이고, 정서는 사람의 마음에 일어나는 여러 가지 감정, 또는 감정을 불러일으키는 기분이나 분위기이며, 감성은 자극이나 자극의 변화를 느끼는 성질 혹은 이성에 대응하는 개념으로 외계의 대상을 오관으로 감각하고 지각하여 표상을 형성하는 인간의 인식능력이라 했다. 그리고 감정에 대한 긍정으로서 주체의 경험적 작용을 통해 정서가 형성되고, 정서에 대한 이성적 통찰을 통해 형성된 것이 감성이라 하였다. (조태성, 「두려움으로부터의 소외, 감성」, 『현대문학이론연구』제37집, 현대문학이론학회, 2009, 213쪽.)

55 열정이라는 단어는 인간의 모든 감정과 감성들을 총체적으로 지칭하는 말로서 정서, 감정, 애정의 포괄적인 상위 개념이라 했다. 유럽언어에서는 이성에 대한 대립개념으로 감정과 감성을 포괄적으로 지칭하는 용어가 없기 때문에 그것을 총칭하는 우리말 용어로 감성이 가장 적합하다고 했다.(정운찬, 『현대기호학과 문화분석』, 열린책들, 2005, 181쪽.)

56 윤명희, 「합리성의 감성적 고찰」, 『문화와 사회』제4권, 문화사회학회, 2008, 53쪽.

57 이구형, 「감성과 감정의 이해를 통한 감성의 체계적 측정 평가」, 『한국감성과학회지』Vol.1. NO.1. 한국감성과학회, 1998, 118쪽.

58 김경호, 「유학적 감성 세계」, 호남학연구원 콜로키움 발표문, 2009. 4.15, 11쪽.

59 정운찬, 앞의 책, 192쪽.

60 이구형, 「인간감성의 특성과 감성적 공학적 기술」, 『한국정밀공학회지』제18권 제2호, 한국정밀공학회, 2001, 11쪽.

61 조태성, 앞의 논문, 224쪽.

62 미시적인 감성은 하나의 사물이나 사건에 대하여 일시적으로 갖게 되는 감성을, 거시적인 감성은 여러 사물들과의 복합적인 관계나 환경, 또는 생활 속에서 갖게 되는 감성을 가르킨다.(이구형, 앞의 논문, 11쪽.)

63 긍정적인 감성은 예쁘다, 마음에 든다, 좋다, 상쾌하다, 멋있다 등과 같은 느낌을, 부정적인 감성은 싫다, 불쾌하다, 밉다 등의 느낌을, 중립적 감성은 특별한 느낌을 갖지 않는 것을 말한다.(이구형, 「감성과 감정의 이해를 통한 감성의 체계적 측정 평가」, 『한국감성과학회지』Vol.1. NO.1. 한국감성과학회, 1998, 118쪽.)

64 이구형, 위의 논문, 116쪽.

65 정운찬, 앞의 책, 183쪽.

66 백대웅은 감성을 분류하면서 1620년에 편찬한 ≪현금동문유기≫를 토대로 평조와 낙시조는 한가롭고 유려한 감성을, 계면조는 슬프고 애처로운 감성을, 우조는 드세고 시원한 감성을 나타내는 개념으로 설명하기도 한다.

67 김경호, 앞의 논문, 7쪽.

68 김태년, 「17~18세기 율곡학파의 사단칠정론」, 『동양철학』제28집, 동양철학회, 2007, 35쪽.

69 김태년, 위의 논문, 45쪽.

70 "採杜鵑花拌糯米粉作圓餻以香油煮之名曰花煎"

71 권영철·주정달, 『화전가연구』, 형설출판사, 1981.

72 표인주, 『남도민속문화론』, 민속원, 2002, 207쪽.

73 박순호, 「줄타기에 대하여」, 『민속예술』, 교문사, 1989, 448면.

74 이호승, 「동아시아 줄타기의 역사와 연희양상」, 『비교민속학』 제32집, 비교민속학회, 2006, 289면.

75 이호승, 앞의 논문, 301~302면.

76 심우성, 『줄타기』(중요무형문화재 제58호), 화산문화, 2000, 29~50면.

77 박순호, 앞의 논문, 454면.

78 이호승, 「한국 줄타기 재담 연구」, 『한국민속학』44, 한국민속학회, 2006, 433면.

79 이호승, 「동아시아 줄타기의 역사와 연희양상」, 『비교민속학』제32집, 비교민속학회, 2006, 279면.

80 위그루족은 중국의 55개 소수민족의 하나로 인구가 700만 명 정도이며, 주로 실크로드의 중심지인 신강성에 거주하고 있는 민족이다. 신강성은 주로 면화의 중요한 생산지이고, 위그루족의 종교는 이슬람교가 많으며, 언어는 알타이어계의 위구르어를 사용한다. 그리고 음식으로 돼지고기와 개고기를 먹지 않는다.

81 다와즈에 얽힌 전설을 보면, 옛날에 어떤 괴물이 항상 공중에서 비, 바람을 일으키고 사람을 죽인다고 했다. 한 총각이 괴물을 죽이려고 높이가 30m의 장대를 세우고, 길이가 60m의 줄을 장대 꼭대기와 연결시켜 손에 무기를 들고 맨발로 줄을 따라 올라갔다. 총각이 괴물과 3박 4일 동안 싸워 괴물을 죽였다. 그런데 총각도 싸움에서 부상을 당해 죽었다. 나중에 이 총각을 기념하기 위해 다와즈가 시작되었다고 한다.(위망호(樓望皓), 『중국신강민속』, 신강미화촬영출판사, 2006, 198면)

82 위망호(樓望皓), 앞의 책, 198~199면.

83 이호승, 앞의 논문, 293면.

84 정형호, 「한국 격구의 역사적 전승과 변모양상」, 『국제아세아민속학』제3집, 국제아세아민속학회, 2006, 142~144면.

85 정형호, 앞의 논문, 142면.

86 정형호, 앞의 논문, 127~129면.

87 심우성, 「경기」, 『한국민속대관』4, 고려대학교 민족문화연구소, 1995, 599면.

88 이두현 외, 『한국민속학개설』, 일조각, 1993, 309면.

89 최상수, 「어른놀이」, 『한국민속대관』4, 고려대학교 민족문화연구소, 1995, 456면.

90 『삼국사기』권32 잡지 제1악 에 "于勒所製十二曲⋯⋯六曰勿慧 七曰下奇物 八曰獅子伎⋯⋯"

91 『삼국사기』권4 신라본기 제4 지증마립간 13년 여름 6월조에 "⋯⋯乃多造木偶獅子 分載戰船 抵其國海岸⋯⋯"

92 『삼국사기』악지에 "遠涉流沙萬里來 毛衣破盡着塵埃 搖頭掉尾馴仁德 雄氣寧同百獸才"

93 김일출, 『조선민속탈놀이연구』, 과학원출판사, 1958, 69면.

94 최상수, 앞의 글, 460면.

• 『곡성군 문화유적 학술조사』, 전남대학교 박물관·전라남도·곡성군, 1996.

• 『여수시의 문화유적』 여수시·조선대학교 박물관, 2000.

• 『여천군의 문화유적』, 조선대학교국사연구소·전라남도·여천군, 1988.

• 『완도군의 문화유적』, 국립목포대학교박물관·전라남도·완도군, 1995.

• 『장성군의 문화유적』, 장성군·조선대학교 박물관, 1999.

• 『한국민속대관』3~4, 고려대학교 민족문화연구소, 1995.

• 『한국민속신앙사전-가정신앙㉠~㉦』, 국립민속박물관, 2011.

• 『한국세시풍속사전』(가을편), 국립민속박물관, 2006.

• 『한국세시풍속사전』(여름편), 국립민속박물과, 2005.

• 『한국세시풍속사전』(정월편), 국립민속박물관, 2004.

• 『한국의 마을제당』, 국립민속박물관, 1995.

• 『한국의 성신앙 현지조사』, 국립광주박물관, 1984.

• 『한국의 지역축제』, 문화체육부, 1996.

• 『한국일생의례사전』, 국립민속박물관, 2014.

• 『해남군의 문화유적』,국립목포대학교 박물관·전라남도·해남군, 1986.

• 『호남좌도풍물굿』, 전북대학교 박물관, 1994,

• 『화순 지석묘군』, 목포대학교박물관·전라남도, 1999.

• G.레이코프·M.존슨 지음(임지룡·윤희수·노양진·나익주 옮김), 『몸의 철학』, 도서출판 박이정, 2018.

• M.존슨 지음/노양진 옮김, 『마음 속의 몸』, 철학과 현실사, 2000.

• 강등학 외, 『한국구비문학의 이해』, 월인, 2000.

• 강무학, 『한국세시풍속기』, 집문당, 1987.

• 강민구, 「죽음에서 자아올린 생의 기억」, 『한국한문학연구』 제70집, 한국한문학회, 2018.

• 강윤주 외, 『축제와 문화콘텐츠』, 다할미디어, 2006.

• 고대민족문화연구소, 『한국민속대관』 4, 고대민족문화연구소 출판부, 1995.

• 구중회, 『계룡산 굿당 연구』, 국학자료원, 2001.

- 국립광주박물관, 『한국의 성신앙 현지조사』, 삼화문화사, 1984.

- 국립민속박물관, 『전남지방 장승·솟대신앙』(국립민속박물관 학술총서 18), 1996.

- 국립민속박물관, 『한국의 마을제당』, 국립민속박물관, 1995.

- 국립안동대학교민속학연구소 공동체문화연구사업단 엮음, 『민속학과 공동체문화연구의 새로운 지평』, 민속원, 2019.

- 권선정, 「비보풍수와 민간신앙」, 『지리학연구』 제37권 4호, 국토지리학회, 2003.

- 권영철·주정달, 『화전가연구』, 형설출판사, 1981.

- 김 면, 『축제로 이어지는 한국과 유럽』, 연세대학교출판부, 2004.

- 김경학 외, 『암소와 갠지스』, 산지니, 2005.

- 김경호, 「유학적 감성 세계」, 호남학연구원 콜로키움 발표문, 2009. 4.15.

- 김동혁, 『관광과 축제이벤트론』, 신지서원, 2000.

- 김두헌, 『한국가족제도연구』, 서울대학교출판부, 1980.

- 김둘이·소현수, 「문화역사마을가꾸기 사업의 역사문화자원 활용 방식 고찰」, 『농촌계획』 제24권 제1호, 한국농촌계획학회, 2018.

- 김명자, 「업신의 성격과 다른 가택신의 친연성」, 『한국민속학보』, 한국민속학회, 1996.

- 김명자, 「지역축제의 방향을 위한 시론」, 『비교민속학』 12권 1호, 1995.

- 김명자, 「축제의 기원」, 『한국의 지역축제』, 문화체육부, 1996.

- 김문환 역, 『축제와 일상』, 한국신학연구소, 1985.

- 김병모, 「한국거석문화원류에 관한 연구」(1), 『한국고고학보』 10·11합집, 한국고고학회, 1981.

- 김선풍 외, 『민속문학이란 무엇인가』, 집문당, 1995.

- 김선풍 외, 『한국 축제의 이론과 현장』, 월인, 2000.

- 김선풍 외, 『한국민간문학개설』, 국학자료원, 1991.

- 김선풍, 『아시아인의 축제와 삶』, 민속원, 2001

- 김성배, 『한국의 민속』, 집문당, 1980.

- 김승현, 『축제 만들기 - 방리외 블뢰 째즈 페스티벌에서 배우는 문화 전략』, 열린책들, 2000.

- 김시덕, 「도시 장례식장에서 지속되는 상례의 문화적 전통」, 『실천민속연구』 제9호, 실천민속학회, 2007.

- 김시덕, 「일생의례의 역사」, 『한국민속사논총』, 지식산업사, 1996.

- 김양주, 「일본지역사회의 '마츠리'와 그 사회문화적 역동성 - 유스하라의 사례를 중심으로」, 『민족과 문화』 3집, 한양대학교 민족학연구소, 1995.

- 김열규, 「한국민속신앙의 생생상징 연구」, 『아세아연구』 제9권 제2호, 고려대학교 민족문화연구소,

　1966.

• 김열규, 『한국민속과 문학연구』, 일조각, 1989.

• 김영순, 『축제와 문화』, 인하대출판부, 2004.

• 김용덕, 『한국풍속사 I』, 밀알, 1994.

• 김용환 외, 「전통문화의 보존과 민속마을」, 『비교민속학』 제12집, 비교민속학회, 1995.

• 김원, 「서벌턴은 왜 침묵하는가?」, 『사회과학연구』 제17집 1호, 서강대학교 사회과학연구소, 2009.

• 김원룡, 「멘힐(입석)잡기」, 『고고미술』 5, 한국미술사학회, 1960.

• 김월덕, 『한국 마을굿 연구』, 지식산업사, 2006.

• 김의숙, 「솟대의 형성고」, 『강원인문논총』 제1집, 강원대학교 인문과학연구소, 1990.

• 김의숙, 『강원도민속문화론』, 집문당, 1995.

• 김의숙, 『한국민속제의와 음양오행』, 집문당, 1993.

• 김일출, 『조선민속탈놀이연구』, 과학원출판사, 1958.

• 김재호, 「그린 투어리즘에서 전통문화 체험프로그램과 민속의 활용」, 『한국민속학』 제46집. 한국민속학회, 2007.

• 김종대, 「축제와 전설」, 『한국축제의 이론과 현장』, 월인, 2000.

• 김천배 역, 『바보제』, 현대사상사, 1979.

• 김태경, 『한국의 축제 다시보기』, 한국학술정보, 2006.

• 김태곤, 『한국무속연구』, 집문당, 1985.

• 김태곤, 『한국민간신앙연구』, 집문당, 1983.

• 김태년, 「17~18세기 율곡학파의 사단칠정론」, 『동양철학』 제28집, 동양철학회, 2007.

• 김택규, 『한국농경세시의 연구』, 영남대학교 출판부, 1985.

• 김택규, 『한국민속문예론』, 일조각, 1980.

• 김홍경 역, 『음양오행설의 연구』, 신지서원, 1993.

• 김홍우, 『한국의 놀이와 축제 1』, 집문당, 2002.

• 김홍우, 『한국의 놀이와 축제 2』, 집문당, 2004.

• 나경수, 『전남의 민속연구』, 민속원, 1994.

• 나경수, 『한국의 신화연구』, 교문사, 1993.

• 나승만, 「영등제의 전승과 축제화」, 『비교민속학』 제13집, 비교민속학회, 1996.

• 나승만, 「전남의 민속축제와 문화관광 상품화」, 『호남문화연구』 26집, 1998.

• 남덕현, 「문화이론을 통해 본 축제의 의미 -문화적 정체성과 열린 축제의 문제를 중심으로-」, 『축제

와 문화적 본질』, 연세대학교 출판부, 2006.

- 남덕현, 『축제와 문화적 본질』, 연세대학교 출판부, 2006.
- 노양진, 「기호의 전이」, 『철학연구』 제149집, 대한철학회, 2019.
- 노양진, 「민속학의 체험주의적 탐구」, 『체험주의민속학』(표인주), 박이정, 2019.
- 노양진, 「성장으로서 문화: 나의 문화란 무엇인가?」, 영암청소년수련관의 강의자료(2019.10.29.)
- 노양진, 『몸 언어 철학』, 서광사, 2009.
- 노양진, 『몸이 철학을 말하다』, 서광사, 2013.
- 노양진, 『철학적 사유의 갈래』, 서광사, 2018.
- 류정아 옮김, 『축제와 문명』, 한길사, 1998.
- 류정아 외, 『유럽의 축제문화』, 연세대학교 출판부, 2003.
- 류정아, 「축제, 그 현대적 의미와 표상」, 『축제와 문화』, 연세대학교 출판부, 2003.
- 류정아, 『축제인류학』, 살림, 2003.
- 문화공보부 문화재관리국 편, 『한국민속종합조사보고서』(전라남도 편), 1969.
- 문화공보부 문화재관리국 편, 『한국민속종합조사보고서』(전라북도 편), 1971.
- 문화관광부, 『문화관광축제』, 2000.
- 문화체육부, 『한국의 지역축제』, 1996.
- 민속학회, 『한국민속학의 이해』, 문학아카데미, 1994.
- 박계홍, 『한국민속학개론,』, 형설출판사, 1992.
- 박동준, 「세시풍속에 나타난 축제의 성과 속」, 『축제와 문화적 본질』, 연세대학교 출판부, 2006.
- 박동준, 「한국 축제의 명칭과 변용에 관한 고찰」, 『축제의 정책과 지역 현황』, 연세대학교 출판부, 2006.
- 박수현·김태영·여관현, 「문화마을만들기에서 공동체의식 형성요인 연구」, 『한국지역개발학회지』 25권 5호, 한국지역개발학회, 2013.
- 박순호, 「전북 솟대고」, 『한국민속학』 Vol 18, 한국민속학회, 1985.
- 박순호, 「줄타기에 대하여」, 『민속예술』, 교문사, 1989.
- 박용재, 『광산농악』, 광산문화원, 1992.
- 박전열, 「동제에 있어서 걸립의 문제」, 『한국민속학』 34집, 한국민속학회, 2001.
- 박준규, 「진도의 세시풍속」, 『호남문화연구』 10·11집, 전남대학교 호남문화연구소, 1979.
- 박진규 외, 『지역문화와 축제: 기획과 연출』, 글누림, 2005.
- 박진태 외, 『세계의 축제와 공연문화』, 대구대학교출판부, 2004.

- 박혜인, 「여가에서의 혼례식의 연원 및 그 변천」, 『여성문제연구』 12권, 대구가톨릭대학교 사회과학 연구소, 1983.

- 박흥주, 「도시마을굿의 축제성 전승 방안」, 『한국문화연구』 6, 경희대학교 민속학 연구소, 2002.

- 백대웅, 「전통음악에 나타난 한국인의 감성」, 『민족문화연구』 제30집, 고려대학교민족문화연구원, 1997.

- 서정화, 「전통혼례에 대한 반성적 고찰」, 『동양철학연구』 제75집, 동양철학연구회, 2013.

- 서해숙, 「가택신앙과 주거공간의 상관관계」, 『남도민속학연구』 7권, 남도민속학회, 2001.

- 서해숙, 『호남의 가정신앙』, 민속원, 2012.

- 성병희, 「민속놀이 연구」, 『한국민속연구사』, 지식산업사, 1996.

- 손진태, 「조선의 누석단과 몽고의 오보에 就하여」, 『손진태선생전집』 제1, 태학사, 1981.

- 송복, 『효녀심청의 역사적·국문학적 고증』, 연세대학교사회발전연구소, 2000.

- 송화섭, 「풍수비보입석과 불교민속」, 『한국사상사학』 Vol 17, 한국사상사학회, 2001.

- 심우성, 「경기」, 『한국민속대관』 4, 고려대학교 민족문화연구소, 1995.

- 심우성, 『줄타기』(중요무형문화재 제58호), 화산문화, 2000.

- 심형철, 「중국 하사커족의 띠야오양과 꾸냥줴이 비교 연구」, 『국제아세아민속학』 제3집, 국제아세 아민속학회, 2006.

- 안진오 외, 『섬진강유역사연구』, 한국향토사연구전국연합회, 1997.

- 알라이다 아스만/변학수·채연숙 옮김, 『기억의 공간』, 그린비, 2011.

- 양계초 외, 『음양오행설의 연구』, 신지서원, 1993.

- 에릭 캔델/전대호 옮김, 『기억을 찾아서』, ㈜알에이치코리아, 2013.

- 여중철, 「제사분할상속에 관한 일고」, 『인류학연구』, 영남대문화인류학연구회, 1980.

- 연세대출판부 편, 『축제와 문화』, 연세대출판부, 2003.

- 오경환, 『종교사회학』, 서광사, 1990.

- 오순제, 「고대의 동굴신앙유적과 거북바위에 대한 연구」, 『명지사론』 14·15합집, 관산 김위현 교수 정년기념논문집, 명지사학회, 2004.

- 오순환, 「한국의 전통축제와 놀이형태에 관한 고찰」, 『관광학연구』 25권 2호, 한국관광학회, 2001.

- 오춘세, 「전통의례에 따른 민속놀이 攷」, 『동악어문논집』 35, 동악어문학회, 1999.

- 우한용, 「정서의 언어화 구조와 소통형식」, 호남학연구원 콜로키움 발표문, 2009. 4. 29.

- 위망호(樓望皓), 『중국신강민속』, 신강미화촬영출판사, 2006.

- 유승우, 『지역축제가 농촌지역 활성화에 미치는 영향』, 한국농촌경제연구원, 2005.

- 윤광봉, 「한국 축제의 역사」, 『한국축제의 이론과 현장』, 월인, 2000.

- 윤명희, 「합리성의 감성적 고찰」, 『문화와 사회』 제4권, 문화사회학회, 2008.

- 윤선자, 「프랑스 혁명기의 민중축제와 엘리트축제에 관한 연구」, 고려대학교 대학원 역사학과, 박사학위논문, 2001.

- 윤수종, 「농업생산조직과 지역발전」, 『현대사회과학연구』 13권, 전남대학교 사회과학연구소, 2009.

- 윤여송, 「통과의례」, 『남도민속연구』 제12집, 남도민속학회, 2006.

- 윤충로, 「새마을운동 이후의 새마을운동」, 『사회와 역사』 109권, 한국사회학회, 2016.

- 이강렬, 『민속과 축제』, 원방각, 1990.

- 이경엽, 「무속신앙」, 『전라남도지』, 제19권, 전라남도지편찬위원회, 1995.

- 이광규 외, 『한국민속학개설』, 형설출판사, 1982.

- 이광규, 『한국인의 일생』, 형설출판사, 1985.

- 이광진, 『민속과 축제의 관광적 해석』, 민속원, 2004.

- 이구형, 「감성과 감정의 이해를 통한 감성의 체계적 측정 평가」, 『한국감성과학회지』 Vol.1. NO.1. 한국감성과학회, 1998.

- 이구형, 「인간감성의 특성과 감성적 공학적 기술」, 『한국정밀공학회지』 제18권 제2호, 한국정밀 공학회, 2001.

- 이동하 역, 『성과 속』, 학민사, 1983.

- 이두현 외, 『한국민속학개설』, 일조각, 1993.

- 이두현, 『한국연극사』, 보성문화사, 1982.

- 이무용, 「서울시 거리축제의 성격에 관한 연구」, 서울대학교 대학원 지리학 석사논문, 1996.

- 이보형 외, 『중요무형문화재해설-농악편』, 문화재관리국, 1983.

- 이상영, 「작목반 육성과 농협의 과제」, 『한국농촌지도학회지』 제3권 제2호, 한국농촌지도학회, 1996.

- 이상원, 「조선시대 생일노래의 성격과 전승 연구」, 『국제어문』 26권, 국제어문학회, 2002.

- 이상일, 「한국축제의 기능과 구조」, 『비교민속학』 9집, 비교민속학회, 1992.

- 이상일, 『놀이문화와 축제』, 성균관대출판부, 1988.

- 이상일, 『축제의 정신』, 성균관대학교 출판부, 1998.

- 이상진, 『한국농악개론』, 민속원, 2002.

- 이송미, 『한국의 축제』, 성하출판, 1999.

- 이승수, 『새로운 축제의 창조와 전통축제의 변용』, 민속원, 2003.

- 이승종 외, 『축제와 문화』, 연세대학교 출판부, 2003.

- 이영진, 「주거민속을 통해 본 주거공간의 영역화」, 『비교민속학』32집, 비교민속학회, 2006.

- 이영진, 「풍수지리를 통해서 본 마을의 공간개념」, 『한국민속학』18, 민속학회, 1985.

- 이은봉, 『놀이와 축제』, 주류, 1982.

- 이정재, 「한국 축제의 어제와 오늘」, 『한국문화연구』1집, 경희대학교 민속학연구소, 1998.

- 이종철, 「장승의 기원과 변천시고」, 『이화사학연구』제13·14합집, 이화사학연구소, 1983.

- 이종철, 「장승의 현지유형에 관한 시고」, 『한국문화인류학』제17집, 한국문화인류학회, 1985.

- 이창식, 「민속놀이의 유형과 의미」, 『민속놀이와 민중의식』, 집문당, 1996.

- 이호승, 「동아시아 줄타기의 역사와 연희양상」, 『비교민속학』제32집, 비교민속학회, 2006.

- 이호승, 「한국 줄타기 재담 연구」, 『한국민속학』44, 한국민속학회, 2006.

- 임동권 역, 『결혼의 풍속사』, 깊은사랑, 1993.

- 임동권, 「한국의 축제」, 『중앙민속학』5집, 중앙대학교 한국민속학연구소, 1993.

- 임동권, 『고수레』, 깊은사랑, 1996.

- 임동권, 『대장군 신앙의 연구』, 민속원, 2002.

- 임동권, 『민속의 슬기』, 민속원, 2000.

- 임동권, 『한국의 세시풍속』, 서문당, 1972.

- 임재해 편, 『한국민속사논총』, 지식산업사, 1996.

- 임재해, 「지역축제 발전을 위한 지역사회와 지역대학의 역할」, 『비교민속학』20집 1권, 비교민속학회, 2001.

- 임재해, 「축제의 세계화」『한국축제의 이론과 현장』, 월인, 2000.

- 임재해, 『한국 민속과 전통의 세계』, 지식산업사, 1997.

- 장덕순 외, 『구비문학개설』, 일조각, 1987.

- 장석만 역, 『상징과 해석』, 서광사, 1991.

- 장정룡, 「강릉지방 솟대연구」, 『강원민속학』Vol 5, 강원민속학회, 1988.

- 장주근, 「줄다리기에 대하여」, 『한국문화인류학』제 1집, 한국문화인류학회, 1968.

- 장주근, 「향토축제의 현대적 의의 - 향토축제의 새로운 검증」, 경희대학교 민속학 연구소, 1982.

- 장주근, 『한국의 세시풍속』, 형설출판사, 1989.

- 장철수, 『옛무덤의 사회사』, 웅진출판, 1995.

- 장철수, 『한국의 관혼상제』, 집문당, 1995.

- 정경주, 『한국 고전의례 상식』, 신지서원, 2000.

- 정구복·주영하, 「삼국 및 통일신라시대 세시풍속연구」, 『한국세시풍속자료집성 - 삼국·고려시대편-

　』, 국립민속박물관, 2003.

• 정근식 외,『축제 민주주의 지역활성화』, 새길, 1999.

• 정근식,「지역사회의 장기구조사의 구상」,『호남문화연구』제28집, 전남대학교 호남문화연구소, 2001.

• 정명중,『신자유주의와 감성』, 전남대학교출판문화원, 2018.

• 정병호,『농악』, 열화당, 1986.

• 정수일,「실크로드의 개념과 확대」,『실크로드와 동서문명교류』, 전남대학교발물관, 2006.

• 정운찬,『현대기호학과 문화분석』, 열린책들, 2005.

• 정진홍,『종교학 서설』, 전망사, 1985.

• 정형호,「한국 격구의 역사적 전승과 변모양상」,『국제아세아민속학』제3집, 국제아세아민속학회, 2006.

• 조선총독부,『부락제』민속원(영인), 1989.

• 조성애,『축제문화의 제현상』, 연세대학교출판부, 2006.

• 조태성,「두려움으로부터의 소외, 감성」,『현대문학이론연구』제37집, 현대문학이론학회, 2009.

• 조후종,『세시풍속과 우리 음식』, 한림출판사, 2002.

• 조흥윤,「한국적 향토축제의 정립」,『민족과 문화』3권, 한양대학교 민족학연구소, 1995.

• 존 듀이/박철홍 옮김,『경험으로서 예술2』, 나남, 2017.

• 존 듀이/이윤선 옮김,『철학의 재구성』, 대우학술총서601, 아카넷, 2014.

• 주채혁,「거북 신앙과 그 분포」,『한국민속학』제6호, 한국민속학회, 1973.

• 지성태·이요한,「ODA관점에서 본 새마을운동의 범분야(Cross-Cuting) 이슈에 관한 연구」,『한국지역개발학회지』28권 4호, 2016.

• 지춘상 외,『남도민속학 개설』, 태학사, 1998.

• 지춘상,「민간신앙」,『전라남도지』3, 전라남도, 1984.

• 지춘상,「줄다리기와 고싸움에 관한 연구」,『민속놀이와 민중의식』, 집문당, 1996.

• 지춘상,「진도의 통과의례」,『호남문화연구』10·11집, 전남대학교 호남문화연구소, 1979.

• 지춘상,『무형문화재조사보고서』제9집, 문화재관리국, 1969.

• 진성기,『남국의 민속』, 교학사, 1975.

• 진인혜,『축제정책과 지역현황 문화 권력』, 연세대학교출판부, 2006 .

• 천득염 외,「가택신앙을 통한 한국전통주거공간의 의미 해석」,『호남학』제28권, 전남대학교 호남학연구원, 2001.

• 村山智順(최길성 옮김),『조선의 풍수』, 민음사, 1993.

- 최경은, 「현대 한국사회의 지역축제 현황과 분석」, 『축제정책과 지역현황』, 연세대학교 출판부, 2006.

- 최광식, 「한국고대의 제의 연구」, 고려대학교 박사학위논문, 1989.

- 최길성 역, 『조선의 풍수』, 민음사, 1993.

- 최길성, 「도시축제와 민족주의」, 『비교민속학』21집, 비교민속학회, 2001.

- 최길성, 『한국무속의 이해』, 예전사, 1994.

- 최길성, 『한국민간신앙의 연구』, 계명대학교출판부, 1989.

- 최남선, 『조선상식(풍속편)』, 동명사, 1948.

- 최덕원, 『다도해의 당제』, 학문사, 1983.

- 최명환, 「현대의 지역축제와 전설」, 『구비문학연구』16집, 한국구비문학회, 2003.

- 최문규, 「축제의 일상화, 일상의 축제화」, 『축제와 문화』(유럽문화정보센터), 연세대학교 출판부, 2003.

- 최상수, 「어른놀이」, 『한국민속대관』4, 고려대학교 민족문화연구소, 1995.

- 최상수, 『한국 지연의 연구』, 고려서적, 1958.

- 최운식 외, 『한국민속학개론』, 민속원, 1998.

- 최인학 외, 『기층문화를 통해 본 한국인의 상상세계』(중)-시간민속·물질문화, 민속원, 1998.

- 최인학 외, 『한국민속연구사』, 지식산업사, 1996.

- 최인학 외, 『한국민속학 새로 읽기』, 민속원, 2001.

- 최인학, 「축제와 신화」, 『한국축제의 이론과 현장』, 월인, 2000.

- 최정호, 「복의 구조」, 『계간사상』, 여름호, 1990.

- 최정훈·오주환, 『조선시대의 역사문화여행』, 북허브, 2013.

- 최창조, 『한국의 풍수사상』, 민음사, 1984.

- 최협 외, 『공동체론의 전개와 지향』, 선인, 2001.

- 최협 외, 『공동체의 현실과 전망』, 선인, 2001.

- 추명희, 「지역전통의 활성화와 이벤트관광」, 『한국지역지리학회지』17권 1호, 한국지역지리학회, 2001.

- 표인주 외, 『무등산권 굿당과 굿』, 민속원, 2011.

- 표인주 외, 『무등산권 무속신앙의 공간』, 민속원, 2011.

- 표인주 외, 『한국민속학 새로읽기』, 민속원, 2000.

- 표인주 외, 『한국의 馬 민속』, 집문당, 1999.

- 표인주, 「광주 점복문화의 실상과 특징」, 『문화재』 제43권 4호, 국립문화재연구소, 2010.
- 표인주, 「광주·전남 지역축제의 분석과 창조적 계승」, 『호남문화연구』 제 37집, 전남대학교 호남문화연구소, 2005.
- 표인주, 「광주굿의 지속과 변화 양상」, 『한국학연구』 34, 고려대학교 한국학연구소, 2010.
- 표인주, 「마을축제의 영상도식과 은유체계의 이해」, 『한국학연구』 제68집, 고려대학교 한국학연구소, 2019.
- 표인주, 「만덕사 굿당의 변용과 기능」, 『호남문화연구』 제55집, 전남대학교 호남학연구원, 2014.
- 표인주, 「무형문화재 고싸움놀이의 변이양상과 축제화 과정」, 『한국문화인류학』 33권2호, 한국문화인류학회, 2000.
- 표인주, 「민속신앙 지속과 변화의 체험주의적 탐색」, 『무형유산』 제8호, 국립무형유산원, 2020.
- 표인주, 「민속에 나타난 감성의 본질과 발현양상」, 『호남문화연구』 제45집, 전남대학교 호남학연구원, 2009.
- 표인주, 「민속에 나타난 불의 물리적 경험과 기호적 의미」, 『비교민속학』 제61집, 비교민속학회, 2016.
- 표인주, 「법성포의 구술문화와 축제문화」, 『영광법성진성』, 순천대학교박물관, 2001.
- 표인주, 「순천 낙안읍성 공동체 민속과 공동체의 변이양상」, 『민속학연구』 제6호, 국립민속박물관, 1999.
- 표인주, 「시간민속의 체험주의적 이해」, 『민속학연구』 제46호, 국립민속박물관, 2020.
- 표인주, 「암석의 신앙성과 서사적 의미 확장」, 『용봉논총』, 전남대학교 인문학연구소, 2010.
- 표인주, 「여성 중심의 공동체신앙 고찰」, 『남도민속학의 진전』, 태학사, 1998.
- 표인주, 「영산강 유역 줄다리기문화의 구조적 분석과 특질」, 『한국민속학』 제48집, 한국민속학회, 2008.
- 표인주, 「인물전설의 전승양상과 축제적 활용 : 왕인박사전설과 도선국사전설을 중심으로」, 『한국민속학』 41권, 한국민속학회, 2005.
- 표인주, 「인물전설의 전승적 토대로서 지역축제」, 『비교민속학』 제18집, 2000.
- 표인주, 「일생의례의 상상적 구조와 해석」, 『호남학』 제65집, 전남대학교 호남학연구원, 2019.
- 표인주, 「전남 촌제의 축문 연구」, 전남대학교 대학원 석사학위논문, 1989.
- 표인주, 「전남의 입석과 조탑에 관한 고찰」, 『비교민속학』 12집, 비교민속학회, 1995.
- 표인주, 「전북의 민속」, 『전북학연구』, 전라북도, 1997.
- 표인주, 「칠석마을 공동체의 지속과 변화」, 『호남문화연구』 제50집, 전남대학교 호남학연구원, 2011.
- 표인주, 「호남지역 민속놀이의 기호적 변화와 지역성」, 『민속연구』 제35집, 안동대학교 민속학연구소, 2017.

- 표인주, 「호남지역 상장례와 구비문학에 나타난 죽음관」, 『한국민속학』 32, 민속학회, 2000.
- 표인주, 「홍어음식의 기호적 전이와 문화적 중층성」, 『호남문화연구』 제61집, 전남대학교 호남학연구원, 2017.
- 표인주, 『공동체신앙과 당신화 연구』, 집문당, 1996.
- 표인주, 『광주칠석고싸움놀이』, 피아, 2005.
- 표인주, 『남도 민속과 축제』, 전남대학교출판부, 2005.
- 표인주, 『남도민속문화론』, 민속원, 2002,
- 표인주, 『남도민속의 이해』, 전남대학교출판부, 2007.
- 표인주, 『남도민속학』, 전남대학교출판부, 2014.
- 표인주, 『남도설화문학연구』, 민속원, 2000.
- 표인주, 『민속의 지속과 변화의 체험주의적 해명』, 박이정, 2022.
- 표인주, 『체험주의 민속학』, 박이정, 2019.
- 표인주, 『축제민속학』, 태학사, 2007.
- 표인주, 『한국인의 생활양식과 전통문화예술』, 민속원, 2004.
- 표인주·조경만, 『월출산·바위문화조사』, 전라남도, 1988.
- 한국문화상징사전편찬위원회, 『한국문화상징사전』, 동아출판사, 1992.
- 한국문화예술진흥원, 『한국의 축제』, 1987.
- 한규량, 「한국선돌의 기능변천에 대한 연구」, 『백산학보』 제28호, 1984,
- 한양명, 「화전놀이의 축제성과 문화적 의미 - 경북지역을 중심으로」, 『한국민속학』 33집, 한국민속학회, 2001.
- 한양명, 『용과 여성 달의 축제』, 민속원, 2006.
- 한양명, 「元典과 變換 -도시축제로서 제주입춘굿놀이의 문제와 가능성」, 『한국민속학』 37집, 2003.
- 한정섭, 「불교토착신앙고」, 『불교학보』 제1집, 한국불교학회, 1975.
- 황경숙, 『한국의 벽사의례와 연희문화』, 월인, 2000.
- 황병주, 「새마을 운동을 통한 농업 생산과정의 변화와 농민 포섭」, 『사회와 역사』 90권, 한국사회사학회, 90권, 2011.